奋力走进前列

内蒙古现象研究

布和朝鲁　著

人民出版社

　　布和朝鲁，内蒙古阿拉善盟阿拉善左旗人，蒙古族，研究生学历，先后担任过内蒙古阿拉善右旗旗委书记、阿拉善盟盟委宣传部长和秘书长、内蒙古党委组织部副部长、锡林郭勒盟盟委书记、内蒙古党委副秘书长兼政策研究室主任，现任内蒙古自治区人大常委会委员。内蒙古党校、内蒙古行政学院客座教授。

实现跨越式发展的榜样

邬书林

　　进入 21 世纪以来，内蒙古自治区的经济发展犹如一匹疾速奔驰的黑马，跑在全国各省（区、市）前列。自 2002 年开始，内蒙古的经济增长速度连续 7 年位居全国第一，保持着领跑者地位。从 2003 年到 2008 年的 6 年间，全区地区生产总值年均增长速度达到 19.6％，比同期全国平均水平高出 8.7 个百分点。2008 年内蒙古人均 GDP 达 32586 元，远远高于全国平均水平，保持在全国前十位之内。内蒙古在新世纪的跨越式发展，不仅成为西部开发的一面旗帜，而且对全国各地区贯彻落实科学发展观，实现经济又好又快发展树立了新的榜样。

　　内蒙古奇迹是如何创造的？

　　由内蒙古自治区原党委副秘书长、政研室主任布和朝鲁撰写的《奋力走进前列——内蒙古现象研究》一书，为我们提供了最好的答案。布和朝鲁长期在基层担任领导工作，曾任锡林郭勒盟党委书记，亲自参与组织和见证了内蒙古经济腾飞的全过程。布和朝鲁又是一位勤于思考的领导干部，根据自己多年的调研成果，对"内蒙古现象"从经济学的角度进行了解读和概括。这本书真实地记录了内蒙古人民贯彻落实科学发展观，创造性地落实党中央关于经济发展的各项方针、政策的伟大实践活动，展现了内蒙古广大干部、群众积极忘我地投身西部大开发的工作热情和精神风貌，揭示了创造内蒙古奇迹的宝贵经验。我相信，每一个关心中国经济发展的人，每一个渴望本地区经济发展的人，都会对这本书感兴趣，并能从中得到启发，从而激发出加快经济发展的信心和勇气。

我认识布和朝鲁，是在 2000 年之后。2005 年，我借到呼和浩特市开会的机会，沿内蒙古境内京津风沙源考察一周，布和朝鲁全程陪同。一路上，我们对内蒙古的生态治理、发展道路等问题进行了充分的讨论，从中了解了许多情况，学到了许多知识。我们曾商量联合写一篇论述改善内蒙古生态的文章，虽成初稿，但后因其他事情而搁置。在本书中，关于牧区如何恢复生态的内容，作为一个重要方面进行了详细的论述。

概括创造内蒙古奇迹的原因，我想主要有四条：

一是发挥矿产资源优势，大规模引进资金、技术，加大开发力度，发展资源深加工产业，以工业化带动经济起飞。实施这一发展战略，主要在于他们的开放意识，同时得益于全国经济发展对能源和资源深加工产业带来的巨大需求，以及沿海经济崛起所拥有的跨地区投资能力。正是由于内蒙古抓住了新世纪的新机遇，正确决策，不断改善投资环境，才吸引了大批外地和境外企业前来投资建厂。用内蒙古人的话说，就是"内蒙古这块富饶的土地被资本烤热了"。全区固定资产投资从 2000 年的 430 亿元增加到 2007 年的 4400 亿元，2008 年达到 6000 亿元，2009 年将超过 7000 亿元，其中工业投资占 50％以上，工业投资中能源投资又占 50％以上。引进战略投资者建设了一大批现代化大型煤矿和发电厂，建设了一大批采用当代最先进技术的资源深加工企业，有 70 多项国内外新技术在内蒙古被首次采用，如煤炭直接液化、间接液化在国内首家投入工业化生产，煤制甲醇、二甲醚等煤化工项目纷纷投产，稀土金属的提炼和应用得到发展，从而大大降低了煤矿安全事故，提高了劳动生产率和煤炭回采率，延长了资源开发的产业链，改变了传统资源输出地低价卖初级产品的状况，走出了一条依靠资源开发和深加工迅速发展的新型工业化道路。

二是培育畜产品深加工龙头企业,带动畜牧养殖业发展,提高以畜产品为原料的制成品的技术含量和市场竞争力,把工业发展与农牧民增收紧密结合起来。20 世纪 90 年代,鄂尔多斯、鹿王、伊利、蒙牛、草原兴发等龙头企业不断发展起来,成为国内外知名品牌。之后,这些企业逐步向全国各地扩展,不断增强辐射能力,对带动全国特别是粮食主产区乳、肉、绒、饲等产业发展做出了重要贡献。目前,内蒙古农牧民收入中有 55% 来自畜产品加工企业,农畜产品加工增值率不断提高。全区牛奶、羊肉、山羊绒、绵羊毛产量居全国第 1 位,拥有规模以上农畜产品加工企业 1500 家,驰名商标 22 个,销售收入 1500 亿元,出口 8 亿美元。2007 年,农畜产品加工业完成增加值 482 亿元,占工业增加值的 17.8%。

三是实施草原禁牧、休牧、轮牧制度,坚持草畜平衡,推行退耕还牧、舍饲圈养,走集约式畜牧业发展道路,实现了草原生态由不断恶化到总体稳定、局部改善的转变。内蒙古是我国北部的生态屏障,是京津风沙天气的主要发源地。2000 年 5 月,国务院领导同志在视察内蒙古时发出了"治沙止漠,刻不容缓"的号召。10 年来,内蒙古人民在国家的支持下,把改善生态环境作为主要任务,逐步摸索出一套防止草原沙化的可持续发展道路。其基本路径就是通过工业化吸纳农牧业富余劳动力,为发展集约型畜牧业积累资金。按照一般规律,人均 GDP 3000 美元是生态环境变化的拐点。在此之前,解决温饱问题作为主要矛盾,生态环境的恶化往往难以避免;到人均 GDP 3000 美元之后,人们才会有一定的财力投入到生态环境建设上。内蒙古的发展过程再次验证了这个规律。2008 年,内蒙古人均 GDP 已达 4500 美元左右,对生态环境治理的投入不断增加,形成了生态环境不断改善的趋势。这个经验对青海、新疆、西藏、甘肃、云南、贵州等生态脆弱并仍在恶化的地区极为重要。也就是说，要首先帮助这些地区发展经济，把生态脆弱地区过量的人口转移出来，再逐步增加对这些地区生态环境治理的投入，这也许能成为从根本上改善我国生态环境的必由之路。

四是地方党委、政府正确的决策和有效的组织领导，广大干部群众齐心协力、奋力拼搏，是创造内蒙古奇迹的关键。进入21世纪后，内蒙古自治区党委、政府正确地分析形势，充分认识内蒙古的经济优势和劣势，牢牢把握党的十六大提出的实现跨越式发展的战略机遇期，制定了"对内对外开放，引进资本技术，加快发展煤电工业和资源深加工产业"的战略决策，动员各盟市、旗县的干部，围绕实施自治区的发展战略，积极开展创造性的工作，全区涌现一大批牛玉儒式的"拼命三郎"干部，他们为创造内蒙古发展奇迹贡献了全部精力和智慧。人们到了内蒙古，一个突出的感觉就是，人人在谋发展，到处充满着你追我赶的热烈氛围。正是内蒙古2400万名干部群众的共同奋斗，才赢得了今日内蒙古的辉煌。

感谢布和朝鲁同志的辛勤笔耕，给我们奉献了一份宝贵的精神食粮。作为内蒙古经济崛起的真实记录，希望本书的出版能得到全社会的关注，把内蒙古的经验转变为西部大开发、中部崛起、东北振兴的强大动力，转变为支撑我国经济在未来二三十年平稳较快发展的强大动力，转变为中华民族伟大复兴的强大动力！

（作者为全国政协经济委员会副主任）

前　言

　　新世纪新阶段最鲜明的特征是创新,而最突出、最具有历史意义和现实意义的创新是党的理论创新——提出了科学发展观。以 2003 年中国共产党提出科学发展观为标志,我国进入了实现科学发展的新阶段。科学发展观作为马克思主义关于发展的世界观和方法论的集中体现,是我国经济社会发展中的重要指导方针,也是我们认识发展、审视发展的最锐利的思想武器。毛泽东曾形象地称马克思主义为望远镜和显微镜。科学发展观作为当代中国的马克思主义,既是指引新阶段经济社会科学发展的旗帜和向导,又是我们观察和分析新阶段经济社会发展的望远镜和显微镜。

　　科学发展观提出和贯彻落实的这几年,也大体上是内蒙古经济超常速增长的几年。从 2002 年到 2008 年①,内蒙古 GDP增速连续 7 年居全国第 1 位,人们将内蒙古经济增速连年名列前茅为特点的跨越式增长称为"内蒙古现象"。这是一个什么现象,为什么在这一时期出现这个现象,怎样认识这个现象,它给人以什么样的启示……这是人们观察"内蒙古现象"时必然要提出的问题。在新阶段,回答这些问题肯定不能用传统的思维方式和认识方法,而必须用科学发展观这个强大的思想武器去分析和研究。本书力求以我们正在做的事情为中心,着眼于科学

---

　　① 由于《内蒙古统计年鉴》出版时间的原因,本书分析的数据截至2007 年。

发展观的运用，着眼于对实际问题的理论思考，着眼于指导和推动新的实践和新的发展，把科学发展观作为认识的武器，深入分析和解读"内蒙古现象"、探索和回答发展中的矛盾和问题，思考和梳理科学发展的路径。

马克思曾经说过，问题就是公开的、无畏的、左右一切个人的时代声音。问题是时代的口号，是时代表现自己精神状态的最实际的呼声。问题就是在实际工作生活中需要研究解决的矛盾。本书试图站在时代背景下，努力用求真的态度、历史的眼光、前瞻的思维来研究"内蒙古现象"，既把"现象"梳理清楚，就像人们讲的那样，把成绩讲足、把问题讲够，又把原因分析透，同时，通过现象看本质，探索其中有规律性的东西。当然，这些都以统计数据为依据做经济学分析，让读者比较清晰地看现象、比较深入地看现象的内里，从中受到一些启发。这是撰写本书的目的所在。

本书分上下两篇，各8章。上篇主要研究内蒙古现象，其中，第一章是全书的主题立论和历史起点；第二章到第六章从经济总体、各产业及区域发展进程上，具体分析内蒙古现象；第七章从比较优势、主导力量、思路模式上切入，具体解读内蒙古现象；第八章集中分析内蒙古发展的阶段性特征，具有上篇总结的性质。下篇主要阐述走进前列的思路，是上篇的逻辑结论，其中第一章阐述走进前列的发展理念和模式，有下篇总论性质；其余7章除了论述新型工业化、新农村新牧区建设（关于服务业和区域发展的思路，在上篇的相关章节里一并做了阐述）以外，分别阐述了创新型、可持续发展型、开放型内蒙古建设和文化内蒙古、和谐内蒙古建设的思路。

撰写本书的过程中，笔者再一次深深体会到中国共产党的英明伟大，深深体会到提出科学发展观的正确性、及时性和重要性。如果没有中国共产党高瞻远瞩、审时度势，适时提出并深入贯彻落实科学发展观,那么,一段时间内一些地方存在的片面强调 GDP 增长而忽视以人为本的问题,发展的不全面、不协调、不可持续的问题,城乡差距、区域差距和收入差距不断拉大的问题,发展方法缺少统筹兼顾的问题,以及发展方式的粗放型问题,等等,可能要愈演愈烈,后果令人担忧。实践证明,用科学发展观武装全党、教育人民,包括提高领导干部深入贯彻落实科学发展观的自觉性和坚定性,着力转变不适应不符合科学发展观的思想观念,着力解决影响和制约科学发展的突出问题,不是一件轻而易举的事情。特别是用科学发展观改变一些干部头脑中的官本位思想和唯 GDP 论,不像给商品贴标签那样简单。

紧密结合新阶段丰富多彩的发展实践,宣传科学发展观,普及科学发展观,深入贯彻、落实科学发展观,这是各级领导和所有理论工作者义不容辞的历史责任,也是时代赋予的光荣使命。本书试图用科学发展观这个望远镜和显微镜观察和审视发展实践,对发展的成绩和经验进行概括总结,对存在的矛盾和问题进行分析研究,就是为了使读者看到现象、认识本质,做出判断、得到启示,进一步加深对科学发展观科学内涵、精神实质和根本要求的理解和把握,把科学发展观转化为自己的意志和理念,转化为推动科学发展的自觉行动。紧紧围绕人民群众最关心、最直接、最现实的利益问题,依据翔实的数据对经济社会发展现象进行具体分析,用平实的语言对现象里规律性东西进行概括阐述,从现象分析与理论概括相结合的层面上诠释科学发展观的基本原理,这是本书力求体现的特色,也是本书所追求的价值意义。

主观愿望是一回事,客观效果又是一回事,读者自有判断。还请读者不吝赐教。

布和朝鲁

2009 年 8 月 8 日于呼和浩特

目　　录

上篇　　内蒙古现象研究

下篇　奋力走进前列

上　篇　内蒙古现象研究

骏马是草原的精灵。在 21 世纪最初的几年，从北方草原跑来一匹黑马。

进入 21 世纪以来，内蒙古经济超常速增长，主要指标增速连年位居全国第一，经济总量及若干人均指标连续超越几个省区市，在全国的排序不断前移，创造了西部少数民族地区跨越式发展的奇迹。有人称其为"内蒙古现象"，人们用惊奇的目光重新审视内蒙古。

不久以前，在人们的印象中内蒙古还是一个遥远的地方，以为那里的人可能骑着马上班。没想到，现在从北京一登上飞机个把小时甚至几十分钟就能到达内蒙古的任何一个盟市。以前人们以为内蒙古只有草原、蒙古包和牛马骆驼羊，没想到，现在从草原一迈步就站在了星罗棋布的现代都市宽广的马路上。人们尽情享用着名牌产品的优良品质，仔细看了那些名牌的产地，没想到自己喜欢的伊利、蒙牛、鄂尔多斯、鹿王等驰名品牌都是来自内蒙古……是的，内蒙古的确有很多让人们没想到。内蒙古一个地处西部的边疆少数民族欠发达地区为什么会异军突起，内蒙古经济为什么能够跨越式增长？人们需要重新认识内蒙古。认识内蒙古，研究"内蒙古现象"，对于坚定不移地走有中国特色社会主义道路、坚定不移地坚持民族区域自治制度，对于统筹区域协调发展、继续推进西部大开发战略，对于深入贯彻落实科学发展观、实现内蒙古经济社会又好又快发展，都具有十分重要的理论意义和实践意义。

第一章 亲切关怀与厚重基础

内蒙古自治区成立于 1947 年,是我国第一个民族自治区。民族区域自治,是中国共产党解决我国民族问题的伟大创举,是实现少数民族当家作主的重要形式,是发展社会主义民族关系的重要保障,是一项基本政治制度,具有巨大的优越性和旺盛的生命力。几代中央领导核心都特别关注内蒙古自治区的革命、建设和改革发展事业,都情系内蒙古,寄希望于内蒙古,为内蒙古的发展指明了前进方向,为内蒙古的未来描绘了美好蓝图。

第一节 几代中央领导核心情系内蒙古

60 年前的春天,即 1947 年 5 月 1 日,在人民解放战争的隆隆炮声中,我国第一个民族区域自治政府——内蒙古自治政府在王爷庙(今兴安盟乌兰浩特市)宣告诞生,为新中国正确解决民族问题创造了范例。1947 年 5 月 19 日,毛泽东主席、朱德总司令致电祝贺内蒙古自治政府成立。贺电指出,"曾经饱受困难的内蒙古同胞在你们的领导之下,正在创造自由光明的新历史。我们相信,蒙古民族将与汉族和国内其他民族亲密团结,为着扫除民族压迫与封建压迫,建设新蒙古与新中国而奋斗。"[1]短短 6 句话的贺电饱含老一辈革命家的深情,饱含对内蒙古同胞的理解、信任、鼓励和期望,殷切之情跃然纸上。内蒙古自由光明的

---

[1] 《内蒙古大事记》,内蒙古人民出版社 1997 年版,第 415 页。

新历史就是从这里开始的,蒙古民族亲密团结国内其他各民族,为建设新内蒙古、建设新中国而进行的奋斗,也是从这里开始的。

22年前的夏天,即1987年6月29日,中国改革开放的总设计师邓小平会见美国前总统卡特时发表重要谈话,这篇题为《立足民族平等,加快西藏发展》的谈话收入《邓小平文选》第三卷。邓小平在这篇谈话中说:"内蒙古自治区,那里有广大的草原,人口又不多,今后发展起来很可能走进前列。"①邓小平的这段话只有4句,但邓小平站在战略和全局的高度看内蒙古的发展,立意高远,寓意深刻,具有很强的预见性和时代特征。"内蒙古自治区,那里有广大的草原,人口又不多",这是内蒙古的特色和特征,也是内蒙古发展的优势和潜力。"今后发展起来很可能走进前列",这是邓小平就内蒙古的未来做出的一个非常著名的判断。"走进前列"是邓小平寄予内蒙古的殷切希望,也为内蒙古的发展确立了远大目标。要实现这个远大目标必须"发展起来",发展起来是基本前提,发展起来才能实现"走进前列"的目标。今天,理解邓小平的这段话,那就是内蒙古要突出特色、发挥优势,科学发展、走进前列。《邓小平文选》第三卷出版以来,"走进前列"4个字就成为内蒙古各级决策层和全区各族人民为之奋斗的目标。

1999年1月28日至2月1日,江泽民来内蒙古考察。2月1日,他听取内蒙古工作汇报后发表重要讲话,希望内蒙古"发挥资源优势,提高资源的综合开发利用水平,加快把资源优势转化为经济优势,力争使内蒙古成为我们国家下一个世纪经济增长的重要支点。"江泽民的这4句话也是从战略和全局的高度阐述了内蒙古的发展路径和目标。内蒙古资源富集,内蒙古发展

---

① 《邓小平文选》,第三卷,北京:人民出版社1993年版,第247页。

必须"发挥资源优势",发挥资源优势必须走资源综合开发利用的路子。"提高资源的综合开发利用水平",就是对资源的认识上,要树立资源稀缺的理念,珍惜资源、节约资源;对资源的转让上,要遵循市场经济的价值规律,实行资源有偿使用;对资源的开发上,要坚持环保优先、安全生产、综合开发、综合利用;对资源的加工上,要依靠科技进步,信息化管理,做到低投入、低消耗、高产出、高效益;对资源的利用上,要坚持少污染、不浪费、循环利用、可持续发展。提高资源的综合开发利用水平,是"加快把资源优势转化为经济优势"的前提;资源优势转化为经济优势,是提高资源的综合开发利用水平的结果。经济优势直接表现为产品的竞争优势,产品的竞争优势来自持久适应市场需求的能力。"力争使内蒙古成为我们国家下一个世纪经济增长的重要支点",是江泽民站在世纪之交,展望未来,从全局的高度做出的一个重要判断,是寄予内蒙古的殷切希望,也是为内蒙古的发展确立的宏伟目标。内蒙古的资源优势对我们国家来说是至关重要的,内蒙古只有提高资源的综合开发利用水平,加快把资源优势转化为经济优势,才能"成为我们国家下一个世纪经济增长的重要支点"。

2003年1月2日至5日,在党的十六大上当选为总书记的胡锦涛来内蒙古考察。这是十六大之后胡锦涛第一次到地方考察工作。1月5日,胡锦涛听取内蒙古工作汇报后发表重要讲话,他指出:"做好内蒙古的各项工作,不仅关系到内蒙古2300多万群众的福祉,而且对党和国家工作的全局具有重要意义",要求内蒙古"因应新形势,把握新机遇,迎接新挑战,把改革开放和现代化建设继续推向前进。"胡锦涛的这两段话代表了新一代中央领导集体对内蒙古发展的高度重视,反映了新一代中央领导集体对内蒙古的殷切希望。做好内蒙古的各项工作关系到内蒙古2300多万群众的福祉,内蒙古各项工作都要为内蒙古2300多万群众的福祉而做好,这是党中央对做好内蒙古各项工作目的的最明确定位,也是新一代中央领导集体对内蒙古工作最明确的要求。做好内蒙古的各项工作对党和国家工作全局具有重要意义,这是从做好内蒙古各项工作与党和国家工作全局关系的角度,向内蒙古提出的殷切希望,也是新一代中央领导集体对内蒙古战略地位和重要作用的高度重视。这 3 句话的分量是很重的,做好内蒙古的每一项工作,都关系到 2300 多万群众的福祉,也就是说,做好内蒙古的每一项工作,都要以 2300 多万群众的福祉为出发点和落脚点,而这样做了,其意义不仅对内蒙古,而且对党和国家工作全局具有重要意义。做好内蒙古的各项工作,必须"因应新形势,把握新机遇,迎接新挑战",这是基本前提。因应新形势,才能把握新机遇;因应新形势、把握新机遇,才能迎接新挑战,把改革开放和现代化建设继续推向前进。

2007 年 11 月 17 日至 19 日,胡锦涛总书记又一次到内蒙古考察。这是在党的十七大之后他第一次到地方考察工作。11 月 19 日,胡锦涛听取内蒙古工作汇报后发表了重要讲话,他指出:"我国改革开放已经走过了 29 年波澜壮阔的历程,我国发展正站在新的历史起点上,内蒙古发展同样正站在新的历史起点上。希望内蒙古的同志按照党的十七大提出的要求,高举中国特色社会主义伟大旗帜,坚持以邓小平理论和'三个代表'重要思想为指导,深入贯彻落实科学发展观,紧紧抓住国家深入推进西部大开发的宝贵机遇,通过扎扎实实的工作,在继续解放思想、坚持改革开放上迈出更大步伐;在推动科学发展、促进社会和谐上取得更大成绩。"胡锦涛的这段话首先明确了内蒙古发展的历史方位,内蒙古发展同全国一样,正站在新的历史起点上。这是一个非常重要的判断,这个重要判断既是对内蒙古以往发展的肯定,也是对内蒙古今后的发展指明了方向。希望内蒙古高举中国特色社会主义伟大旗帜,坚持中国特色社会主义道路和理论体系,在解放思想、改革开放、科学发展、促进和谐上迈出更大步伐、取得更大成绩。为此,要紧紧抓住宝贵机遇,扎扎实实工作。胡锦涛的这段话精辟地概括了全面建设小康社会关键阶段,内蒙古发展的基础、起点、内容、条件和应坚持的作风,完整阐述了内蒙古的发展站在什么起点、遵循什么要求、高举什么旗帜、以什么为指导、贯彻什么发展观、利用什么条件、以什么样的作风、实现什么样的目标等一系列重大问题,为内蒙古的发展指明了方向。

毛泽东、邓小平、江泽民、胡锦涛在各个历史时期对内蒙古自治区工作的重要论述,充分反映了时代的要求和各族人民的意愿,贯穿着一脉相承的一条红线:要建设自由光明的新内蒙古,要发展起来,要走进前列,要成为国家经济增长的重要支点,这对党和国家的全局具有重要意义;内蒙古的发展要以走进前列为目标,以内蒙古各族人民群众的福祉为目的;内蒙古的发展要突出地区特色,发挥资源优势,提高资源的综合开发利用水平,成为国家经济增长的重要支点;在新世纪新阶段,内蒙古的发展正站在新的历史起点上,要高举中国特色社会主义伟大旗帜,坚持中国特色社会主义道路和理论体系,因应新形势、把握新机遇、迎接新挑战,在解放思想、改革开放、科学发展、促进和谐上迈出更大步伐、取得更大成绩。这条红线鲜明地回答了内蒙古为什么要发展、为谁发展、怎样发展的问题。

几代中央领导核心都关注内蒙古,关怀内蒙古,寄希望于内蒙古。内蒙古没有辜负中央的厚望,内蒙古跟上了时代前进的步伐。周恩来总理曾经指着地图对乌兰夫说,内蒙古的形状就像一匹奔腾的骏马。是的,这匹奔腾的骏马,扬鬃奋蹄,昂首长嘶,演绎着草原的神奇;是的,马背民族的后代正以万马奔腾的气势,共同谱写着当代奇迹。内蒙古自治区成立60年来,政治制度实现了历史性变革,经济发展实现了历史性跨越,文化和社会建设实现了历史性进步,为我国革命建设和改革事业做出了历史性贡献。在新的历史起点上，内蒙古既要加快发展、跨越式发展，更要科学发展、和谐发展。内蒙古的发展要以各族人民群众的福祉为目的，内蒙古要成为国家经济增长的重要支点，内蒙古要走进前列。

第二节　半个世纪奠定跨越式增长的基础

马克思有一句名言：要了解一个限定的历史时期，必须跳出它的局限，把它与其他历史时期相比较。今天解读"内蒙古现象"，也需要把它放在历史的大背景中去把握。

1947年内蒙古自治区的成立，开启了内蒙古发展的新纪元，开辟了中国特色民族发展的新道路。内蒙古自治区成立60年来，在中国共产党民族政策的光辉照耀下，内蒙古历届党委、政府团结带领全区各族人民，坚定不移地走有中国特色社会主义道路，成功实践民族区域自治制度，在不同的历史时期创造了无愧于时代的辉煌业绩。今天站在新的历史起点上回首60年的光辉历程，首先应铭记乌兰夫的丰功伟绩，首先要从乌兰夫不可磨灭的光辉业绩说起。

乌兰夫坚持实事求是的原则，一切以各族人民的根本利益为目的。乌兰夫是内蒙古自治区的主要创始人之一，乌兰夫的卓著功勋在于始终坚持实事求是，从内蒙古的实际出发，从各族人民的根本利益出发，办好内蒙古的事情。新中国成立以后，在当时的政治环境下，乌兰夫无私无畏地抵制"左"倾思想的重重干扰，使内蒙古各族人民减少了损失，为内蒙古的长远发展和繁荣兴旺奠定了历史性坚实基础。

1947年5月内蒙古自治区成立了，但却面临着重重困难。当时，蒙古族牧民赖以生存的畜牧业凋敝，蒙古族人口逐年减少，蒙古民族濒临衰亡的命运。面对蒙古民族的危机，乌兰夫提出了内蒙古牧区要实现"人畜两旺"的口号。为此,乌兰夫首先领导牧区实行民主改革,废除王公贵族和宗教上层的封建特权,实行了"牧场公有,放牧自由"和"禁止开荒,保护牧场"的方针。乌兰夫提出的"人畜两旺"的构想和牧区民主改革的正确决策取得了很大成绩。从 1949 年至 1957 年 8 月间,内蒙古的蒙古族人口从 83.5 万人增加到 111.6 万人,增长了 33.65%。从 1947 年至 1953 年,内蒙古牲畜总头数由 695.6 万头(只)增加到 1510.3 万头(只),是 1947 年的 2.1 倍多。20 世纪 50 年代,内蒙古牧民的收入超过了城镇居民和干部的收入。①

1953 年 12 月,在社会主义改造刚开始的时候,乌兰夫根据牧区的特点、畜牧业经济的特殊性,制定和实施了"不斗、不分、不划阶级"和"牧工牧主两利"政策,保证牧区经济稳定发展,组织牧民发展生产,为支援国家建设做出了重大贡献。这一从牧区的民族特点、经济特点、生产特点出发所进行的社会民主改革的创举,受到党和国家领导人的高度评价,并在全国广大牧区得到了有效推广和实施,产生了深远的影响。

1956 年,当农业合作化出现冒进势头的时候,乌兰夫果断地提出牧区不能照搬农区的做法,牧区合作化的步骤一定要稳——就是在稳定发展生产的基础上,逐步实现对畜牧业的社会主义改造;在政策上要宽——就是对个体牧民和牧主的政策要宽,入社与否完全自愿,不能强迫;实现稳与宽,就得时间长。内蒙古畜牧业社会主义改造的"稳、宽、长"方针,又是一个从民族特点出发,成功进行社会主义改造的创举。

邓小平曾指出:"实行民族区域自治,不把经济搞好,那个自治就是空的。"②现在回头看,内蒙古自治区成立之初,在乌兰夫

---

① 何立波:《"红色之子"乌兰夫》,《老人春秋》2007 年第 9 期。

② 2007 年 7 月 31 日《人民日报》。

的领导下，内蒙古实行"人畜两旺"、"三不两利"政策和"稳、宽、长"方针，解放和发展了农村牧区生产力，为内蒙古的长远发展奠定了坚实基础。50年代，在乌兰夫的高度重视和多方努力下，在国家大力支持下，包头钢铁联合企业在内蒙古顺利建成，这不但改善了我国钢铁工业的布局，填补了我国钢铁生产中的多项空白，而且结束了内蒙古"手无寸铁"的历史，为内蒙古工业的发展奠定了坚实基础。乌兰夫高度重视内蒙古教育、文化、卫生事业的发展。为了解决民族地区革命和建设对人才的需求，乌兰夫亲自负责筹建了内蒙古大学，又相继创办了内蒙古师范学院、农牧学院、林学院、医学院、工学院等高等院校，形成了内蒙古较为完整的高等教育体系，为内蒙古高等教育的发展和人才培养奠定了坚实基础。为解决群众看病难的问题，在乌兰夫的关心下，60年代初在呼和浩特建立了最大的综合性医院——内蒙古医院。1961年2月，乌兰夫主持召开内蒙古党委书记办公会议，决定修建新机场——今天的白塔机场。乌兰夫领导开展社会主义思想教育，保证各族人民以主人翁的姿态积极参与管理国家和地方事务。在乌兰夫领导下，内蒙古创造性地实践和完善党的民族区域自治制度，积极探索民族区域自治的成功道路，为全国各民族地区推行民族区域自治制度提供了宝贵的经验。20世纪50年代，内蒙古就被周恩来总理誉为"模范自治区"。

1952年5月，周恩来总理致电祝贺内蒙古自治区成立5周年时，充分肯定了内蒙古自治区所取得的成就，希望内蒙古自治区永远成为我国民族区域自治的良好榜样。

1964年4月，邓小平亲临内蒙古工业城市包头视察，他的足迹遍及内蒙古一机厂、二机厂、包头钢铁联合企业、白云鄂博铁矿，所到之处极大地激发了人们投入经济建设的热情。

1956年7月，乌兰夫指出："经济建设是社会主义建设的中心，是党的根本任务"，"在全面贯彻执行又多、又快、又好、又省的方针时,应该强调必须在好和省的基础上求多、求快"。这是乌兰夫根据当时内蒙古的实际提出的正确指导方针,在今天看来也具有重要的现实指导意义。在整个 50 年代乃至 60 年代初,内蒙古坚持以经济建设为中心的方针,在好和省的基础上求多求快,有力地促进了经济发展。第二个五年计划期间,内蒙古粮食平均年产量达到 76.4 亿斤。包头钢铁联合企业主体工程达到年产量 180 万吨铁、100 万吨钢的规模。1962 年,内蒙古牲畜总头数达到 3264 万头。6 年间,内蒙古上调给国家的粮食达到 43 亿多斤、牲畜 470 万头、木材 1322 万立方米,为国家做出了重要贡献。

从内蒙古自治区成立到"文化大革命"的近 20 年时间,在乌兰夫的直接领导下,内蒙古创造性地实践民族区域自治制度,在国家的大力支持下,坚持以农牧业为基础、以工业为主导的方针,积极发展生产,繁荣经济,争取财政经济情况迅速全面好转,争取经济建设、文化建设新的高涨,争取解决人民吃、穿、用方面新的成绩,改善了人民生活,支援了国家建设,积累了民族地区发展的宝贵经验,为内蒙古的长远发展奠定了坚实基础。内蒙古生产总值由 1947 年的 5.37 亿元增加到 1966 年的 38.32 亿元,增长 6.1 倍;财政收入由 9 万元增加到 1966 年的 4.85 亿元,增长 5380 多倍;农林牧渔业总产值由 4.72 亿元增加到 1965 年的 19.40 亿元,增长 3.1 倍;工业总产值由 0.54 亿元增加到 1965 年的 26.79 亿元,增长 48.6 倍;社会消费品零售总额由 0.83 亿元增加到 1965 年的 13.14 亿元,增长 14.8 倍。各族人民生活状况发生了翻天覆地的变化。内蒙古不愧是"模范自治区",乌兰夫像民族英雄成吉思汗一样,永远活在中国各族人民的心中。

延伸阅读

乌兰夫小传

乌兰夫（学名云泽）于 1906 年 12 月 23 日出生在内蒙古土默特左旗一个蒙古族农民家庭。1923 年,乌兰夫在北京蒙藏学校学习期间受李大钊等人的影响,系统学习马克思主义理论,加入中国社会主义青年团,走上中国共产党领导下的民族解放道路,成为蒙古族第一代觉醒的革命青年之一。1925 年 9 月,乌兰夫经多松年介绍加入中国共产党,10 月被选派赴苏联莫斯科中山大学学习,1929 年 6 月回国。

1931 年,乌兰夫在王若飞领导下,发动群众,扩大组织,将内蒙古西部地区的革命斗争大大向前推进了一步。1936 年 2 月,乌兰夫秘密领导百灵庙军事暴动,打响了蒙古民族武装抗日的第一枪。1937 年年初,根据国共合作新形势,乌兰夫协助傅作义组建了蒙旗保安旅,1937 年"七七"事变后,将蒙旗保安旅改编为蒙旗独立旅,开赴归绥抗日前线,苦战三昼夜,予敌人以重创。

1938 年 5 月,根据毛泽东主席的通知,乌兰夫赴延安向毛泽东汇报工作。1939 年到 1941 年,乌兰夫与师长白海风一起指挥由蒙旗独立旅扩编而建的国民革命军新编第三师,多次击退日伪军向伊克昭盟的进攻,保卫了陕甘宁边区的北大门。

1940 年,党中央调乌兰夫回延安工作,先后任延安民族学院教育长、陕甘宁边区民族事务委员会委员,为革命培养了大批民族干部。1945 年 10 月,乌兰夫奉党中央指示,带领工作队赴苏尼特右旗宣传党的民族自治政策,揭露少数人企图分裂祖国的阴谋,果断取消了所谓"内蒙古人民共和国临时政府"。1946年年初，乌兰夫奉党中央指示，与东蒙自治政府代表团谈判解决东西蒙地区统一问题，以他的雄才大略和高超的斗争艺术，经过艰苦细致地工作，保证谈判成功，通过了具有重大历史意义的"四·三会议"决议，决定撤销东蒙自治政府，实现了内蒙古民族的团结统一。

1947年，乌兰夫成功主持"五一大会"，宣告我国第一个少数民族自治政权——内蒙古自治政府成立，乌兰夫任自治政府主席。1947年至1949年，乌兰夫领导内蒙古地区党、政、军建设，恢复生产、发展经济，完成农村牧区的民主改革，巩固根据地，有力地支援了人民解放战争。同时，指挥内蒙古人民解放军部队，消灭土匪和反动武装，参加辽沈战役和平津战役，为解放战争的胜利做出了重要贡献。

新中国成立后，乌兰夫任中央人民政府委员、民族事务委员会主任、国防委员会委员、中央民族学院院长、中共中央华北局副书记、中央统战部部长，任内蒙古自治区人民政府主席、绥远省军政委员会副主席、中共中央内蒙古分局副书记、绥远省人民政府主席、绥蒙军区司令员兼政治委员、中共内蒙古自治区委员会书记、中共中央华北局第二书记，任第一、二、三届国务院副总理，第四、五、七届全国人大常委会副委员长，第五届全国政协副主席，在第六届全国人代会上当选为中华人民共和国副主席。乌兰夫是七届中央候补委员、八届中央政治局候补委员、十届中央委员、十一届中央政治局委员、十二届中央政治局委员，中国人民解放军上将。

乌兰夫在主持内蒙古工作近20年中，依靠党中央的正确领导，创造性地运用马克思主义理论，从少数民族地区实际出发，提出了"三不两利"和"稳、宽、长"等政策，解决了内蒙古社会主义改造和社会主义建设中的许多重大问题，使内蒙古出现政治稳定,经济昌盛,文化繁荣的大好局面,为其他民族区域自治地方建设提供了宝贵经验,被周恩来总理誉为"模范自治区"。

1988年12月8日,乌兰夫在北京逝世,享年82岁。乌兰夫是久经考验的共产主义战士、党和国家优秀的领导人、杰出的无产阶级革命家、卓越的民族工作领导人,他为中华民族的解放和振兴,为中国各族人民的革命和建设事业,贡献了毕生精力,建立了不朽的光辉业绩。[资料来源:乌兰夫革命史料编研室编:《乌兰夫回忆录》,中共党史资料出版社1989年版;王树盛、郝玉峰主编:《乌兰夫年谱》(上卷),中共党史资料出版社1989年版;内蒙古乌兰夫研究会编:《乌兰夫年谱》(下卷),中共党史出版社1996年版。]

改革开放以来内蒙古开创了实践民族区域自治制度的新局面。80年代初,内蒙古率先在农村实行土地"包产到户",在牧区创造性地实行牲畜"作价归户"、"无偿归户"和草场"承包到户"等制度,使内蒙古农村牧区改革走在了全国前列,又一次解放和发展农村牧区生产力,使农村牧区经济迅速得到恢复和发展,促进了全区经济稳定快速发展。80年代末,内蒙古提出:在努力发展生产的基础上,城乡人民生活水平达到全国中等以上水平;在农牧林工协调发展的基础上,逐步实现粮食基本自给;在不断提高经济效益的前提下,逐步提高财政自给率。在实现经济发展"三项近期奋斗目标"的进程中,内蒙古结束了粮食调入区的历史。

经过改革开放以后短短十几年的发展,到1990年,内蒙古生产总值由1978年的58.04亿元增加到319.31亿元,增长4.5倍;财政收入由6.9亿元增加到32.98亿元,增长3.8倍;

农林牧渔业总产值由 28.35 亿元增加到 156.92 亿元,增长 4.5 倍;工业总产值由 52.96 亿元增加到 263.33 亿元,增长 4 倍;社会消费品零售总额由 36.83 亿元增加到 130.58 亿元,增长 2.5 倍;城镇居民人均可支配收入由 301 元增加到 1155 元,增长 2.8 倍;农村牧区居民人均纯收入由 131 元增加到 647 元,增长 3.9 倍。

90 年代,内蒙古以实现小康为目标,加快社会主义现代化建设步伐,积极调整经济结构,强化开发第一产业,优化提高第二产业,突出发展第三产业,实施资源转换、开放带动、科教兴区、人才开发、名牌推进战略"五大战略",综合经济实力进一步增强。"九五"时期,内蒙古围绕建立社会主义市场经济体制,坚持"全党抓经济,重点抓工业,突出抓效益",加快国有企业产权制度改革,调整工业经济结构,加强基础设施建设,推进农牧业产业化,培育壮大支柱产业,经济运行质量和效益明显提高。特别值得记述的是,20 世纪末,中央开始提出实施西部大开发战略时,内蒙古并不在西部开发省区的名单上。但内蒙古据理力争,积极争取,经过不懈努力,终于被列入西部大开发"10+2"框架,有机会享受西部大开发战略的政策,从而争取到最大的发展机遇。

我国第一个省级少数民族自治区内蒙古,经过 20 世纪 40 年代末到 60 年代初以及八九十年代的持续稳步快速发展,建立了比较完整的国民经济体系,形成了"南粮北牧、东林西铁"的经济格局,基础设施不断完善,农林牧业全面发展,农牧民收入大幅提高,各民族人民生活明显改善,开创了民族团结、经济发展、社会进步、边疆安宁的大好局面。特别是长期坚持以工业为主导,建起了门类较为齐全,结构较为合理,具有地区特点和民族特色的工业经济体系,煤炭、电力、冶金、机械、轻纺、化工、建材、森工等行业快速发展,形成了以煤炭、电力为主的能源工业,以钢铁、有色金属为主的冶金工业，以水泥、玻璃为主的建材工业、以盐碱硝为主的化学工业，以纺织、乳肉为主的农畜产品加工业等支柱产业，成为国家重要的能源原材料基地，为21世纪加快推进工业化奠定了坚实基础。

经过半个多世纪的发展进步，到2000年，内蒙古生产总值由1947年的5.37亿元增加到1539.12亿元，增长286倍；财政收入由9万元增加到155.59亿元，增长17万多倍；农林牧渔业总产值由4.72亿元增加到543.16亿元，增长114倍；工业总产值由0.54亿元增加到1202.85亿元，增长2226倍；社会消费品零售总额由0.83亿元增加到608.55亿元，增长732倍；城镇居民人均可支配收入由1978年的301元增加到5129元，增长16倍，农村牧区居民人均纯收入由1978年的131元增加到2038元，增长14.6倍。这就是"十五"以来内蒙古经济超常速增长的厚重基础。不了解或者不懂得半个多世纪以来几代人经过艰苦卓绝的奋斗奠定的这个厚重基础，就不是唯物主义者，也就无法正确解读"内蒙古现象"。

第二章　内蒙古经济跨越式增长令人瞩目

人们关注"内蒙古现象",其焦点在于内蒙古经济的跨越式增长。经济实现跨越式增长,在不同时期、不同地区、不同条件下具有不同的含义。内蒙古实现的跨越主要表现为经济增长速度超乎常规、总量排序连续跨越几个省区市,工业强劲带动、结构快速变动,效益明显改善、财政收入和企业利润大幅度提高。

第一节　经济超常速增长

"十五"以来,内蒙古工业的超常速增长带动整个经济超常速增长,经济总量持续扩大,主要经济指标排序大幅前移,特别是经济增速自 2002 年至 2007 年连续 6 年位居全国第 1 位,这在内蒙古历史上前所未有。

一、经济增速位居全国前列

"十五"以来,内蒙古地区生产总值实现了两位数增长,特别是 2003 年以来增速始终保持在 17% 以上,增速在全国的排序逐年前移。

"九五"末的 2000 年,内蒙古 GDP 增长 10.8%,增速居全国第 6 位。进入"十五"以来,内蒙古 GDP 继续保持两位数速度增长,2001 年增长 10.7%,增速居全国第 4 位。2002 年增长 13.2%,增速居全国第 1 位,内蒙古第一次跑在各省区市前面,

"内蒙古现象"由此拉开序幕。"十五"后连续 3 年内蒙古经济大幅度提速,分别增长 17.9%、20.5% 和 23.8%,"十一五"头两年速度有所下降,但仍然达到了 19% 和 19.1%(见表 2—1)。

表 2—1 "十五"以来内蒙古三大产业增速及排序

单位:%

年份	地区生产总值		第一产业增加值		第二产业增加值		规模以上工业增加值		第三产业增加值	
	增速	排序	增速	排序	增速	排序	增速	排序	增速	排序
2000	10.8	6	2.6	18	11.7	5	15.8	4	14.5	4
2001	10.7	4	2.0	29	10.9	8	12.9	6	15.5	2
2002	13.2	1	4.4	12	15.7	2	19.1	2	15.3	8
2003	17.9	1	5.9	10	27.7	2	31.5	1	14.5	5
2004	20.5	1	11.7	3	22.8	1	38.5	1	22.0	3
2005	23.8	1	9.1	1	34.9	1	30.9	1	18.1	1
2006	19.0	1	3.2	12	27.1	1	29.8	1	15.8	4
2007	19.1	1	3.9	8	25.8	2	30.0	2	15.7	4

资料来源:《中国统计年鉴》《内蒙古统计年鉴》。

"十五"时期,内蒙古 GDP 年均增长 17.1%,比"九五"时期提高 6 个百分点,比全国"十五"时期平均增速高 7.6 个百分点。"十五"以来的 7 年,内蒙古 GDP 年均增长 17.6%,比全国同期年均增速高 7.4 个百分点,自 2002 年起,内蒙古 GDP 增速连续 6 年居全国第 1 位(见表 2—2)。

表 2—2 "十五"以来全国、内蒙古三大产业增速

单位:%

年份	全国				内蒙古			
	第一产业	第二产业	工业	第三产业	第一产业	第二产业	工业	第三产业
2000	2.4	9.4	9.8	9.7	2.6	11.7	12.2	14.5

年份	全国				内蒙古			
	第一产业	第二产业	工业	第三产业	第一产业	第二产业	工业	第三产业
2001	2.8	8.4	8.7	10.3	2.0	10.9	10.2	15.5
2002	2.9	9.8	10.0	10.4	4.4	15.7	13.9	15.3
2003	2.5	12.7	12.8	9.5	5.9	27.7	21.8	14.5
2004	6.3	11.1	11.5	10.1	11.7	22.8	24.9	22.0
2005	5.2	11.7	11.6	10.5	9.1	34.9	38.5	18.1
2006	5.0	13.0	12.9	10.8	3.2	27.1	29.8	15.8
2007	3.7	13.4	13.5	11.4	3.9	25.8	28.1	15.7

资料来源:《中国统计年鉴》、《内蒙古统计年鉴》,表中工业系全部工业。

内蒙古经济超常速增长,主要是由工业的超常速增长所拉动。2000年,内蒙古规模以上工业增加值增长15.8%,增速居全国第4位。"十五"时期头两年分别增长12.9%和19.1%,增速居全国第6位和第2位。自2003年起,内蒙古规模以上工业增加值以30%以上的速度增长,增速居全国第1位。进入"十一五",内蒙古规模以上工业增加值继续超常速增长,2006年和2007年分别增长29.8%和30.0%。"十五"时期,内蒙古规模以上工业增加值年均增长25.1%,比"九五"时期提高12.4个百分点,比全国"十五"时期平均增速高10.6个百分点。"十五"以来的7年,内蒙古规模以上工业增加值年均增长26.5%,比全国同期年均增速高11.2个百分点,自2003年至2006年4年间,内蒙古规模以上工业增加值增速连续4年居全国第1位(见表2—3)。

表2—3 "十五"以来内蒙古GDP、规模以上工业增加值增速

单位:亿元、%

年份	地区生产总值				规模以上工业增加值			
	总量	排序	增速	排序	总量	排序	增速	排序
2000	1539.12	24	9.7	6	279.54	24	15.8	4

年份	地区生产总值				规模以上工业增加值			
	总量	排序	增速	排序	总量	排序	增速	排序
2001	1713.81	24	10.7	4	307.60	25	12.9	6
2002	1940.94	24	13.2	1	375.82	21	19.1	2
2003	2388.38	23	17.9	1	515.87	21	31.5	1
2004	3041.07	23	20.5	1	807.00	21	38.5	1
2005	3895.55	19	23.8	1	1240.43	19	30.9	1
2006	4841.82	17	19.0	1	1778.17	18	29.8	1
2007	6091.12	16	19.1	1	2365.27	16	30.0	2

资料来源：《内蒙古统计年鉴》。

与工业相比，内蒙古第一产业和第三产业发展相对比较缓慢。"十五"以来，内蒙古第一产业增加值只有2004年增长11.7%，其余年份均未达到两位数，多数年份的增速在5.0%左右。2005年增长9.1%，增速一度居全国第1位。2007年，内蒙古第一产业增加值增速居全国第8位。"十五"时期，内蒙古第一产业增加值年均增长6.6%，比"九五"时期下降0.2个百分点，比全国"十五"时期平均增速高2.3个百分点。"十五"以来的7年，内蒙古第一产业增加值年均增长6.3%，比全国同期年均增速高2.2个百分点（见表2—2）。

"十五"以来，内蒙古第三产业保持了14.0%以上的增长，期间，2004年和2005年分别增长22.0%和18.1%，2005年增速一度居全国第1位。"十五"时期，内蒙古第三产业增加值年均增长17.0%，比"九五"时期提高3.5个百分点，比全国"十五"时期平均增速高7个百分点。"十五"以来的7年，内蒙古第三产业增加值年均增长16.7%，比全国同期年均增速高6.3个百分点。2006年和2007年，内蒙古第三产业增加值增速均居全国第4位（见表2—1）。

内蒙古作为一个地处西部的欠发达边疆少数民族自治区，

经济实现如此超常速增长,GDP 增速连续 6 年居全国第 1 位,规模以上工业增加值增速连续 4 年居全国第 1 位,主要经济指标在全国的排序不断前移。这样的"现象"在沿海发达地区没有,在西部地区也没有,在内蒙古历史上前所未有。同时,上述分析表明,内蒙古经济的超常速增长,主要是由工业的超常速增长所带动,这是"内蒙古现象"的一个突出"表现",说明处于工业化初期的西部地区要加快发展,必须着力推进工业化。以工业的快速增长带动经济发展是欠发达地区经济转型升级的规律性现象。有人说,内蒙古经济超常速增长在全国堪称是一匹"黑马"。"十五"以来,内蒙古这匹让世人瞩目的"黑马"在西部大开发的赛场上确实是在万马奔腾中一路领先。

二、经济总量持续扩大

2000 年,内蒙古人口为 2372.4 万人,占全国总人口的 1.87%,经济总量达到 1539.12 亿元,占全国生产总值的 1.55%,经济比重比人口比重低 0.32 个百分点。进入"十五"以来,这个比例逐年发生了由低到高的变化。2005 年,内蒙古人口为 2386.4 万人,占全国总人口的 1.83%,GDP 达到 3895.55 亿元,占全国 GDP 的 2.13%,经济比重比人口比重高 0.3 个百分点,5 年提高了 0.62 个百分点。2007 年,内蒙古人口为 2405.1 万人,占全国总人口的 1.82%,GDP 达到 6091.12 亿元,占全国 GDP 的 2.44%,经济比重比人口比重高 0.62 个百分点,7 年提高了 0.94 个百分点。

2005 年,内蒙古第一产业增加值达到 589.56 亿元,是 2000 年的 1.68 倍,占全国第一产业增加值的比重由 2000 年的 2.35% 提高到 2005 年的 2.63%,5 年只提高了 0.28 个百分点。2007 年,内蒙古第一产业增加值达到 762.10 亿元,占全国第一产业增加值的比重为 2.71%,7 年提高了 0.36 个百分点。

2005 年，内蒙古第二产业增加值达到 1773.21 亿元，是 2000 年的 3.04 倍，占全国第二产业增加值的比重由 2000 年的 1.28％提高到 2005 年的 2.03％，5 年提高了 0.75 个百分点。2007 年，内蒙古第二产业增加值达到 3154.56 亿元，占全国第二产业增加值的比重为 2.60％，7 年提高了 1.32 个百分点。

2005 年，内蒙古工业增加值达到 1477.88 亿元，是 2000 年的 3.1 倍，占全国工业增加值的比重由 2000 年的 1.21％提高到 2005 年的 1.91％，5 年提高了 0.70 个百分点。2007 年，内蒙古工业增加值达到 2742.67 亿元，占全国工业增加值的比重为 2.55％，7 年提高了 1.34 个百分点。

2005 年，内蒙古第三产业增加值达到 1532.78 亿元，是 2000 年的 2.53 倍，占全国第三产业增加值的比重由 2000 年的 1.56％提高到 2005 年的 2.09％，5 年提高了 0.53 个百分点。2007 年，内蒙古第三产业增加值达到 2174.46 亿元，占全国第三产业增加值的比重为 2.17％，7 年提高了 0.61 个百分点（见表 2—4）。

表 2—4 内蒙古三大产业增加值占全国的比重

单位：％

年份	GDP 占全国的比重	第一产业增加值占全国比重	第二产业增加值占全国比重	工业增加值占全国比重	第三产业增加值占全国比重
2000	1.55	2.35	1.28	1.21	1.56
2001	1.56	2.27	1.32	1.24	1.58
2002	1.61	2.27	1.40	1.30	1.63
2003	1.76	2.42	1.55	1.41	1.79
2004	1.90	2.44	1.69	1.56	1.97
2005	2.13	2.63	2.03	1.91	2.09
2006	2.28	2.64	2.30	2.22	2.16
2007	2.44	2.71	2.60	2.55	2.17

资料来源：《中国统计年鉴》、《内蒙古统计年鉴》。

　　2007 年与 2000 年相比,内蒙古人口占全国总人口的比重下降了 0.05 个百分点,GDP 占全国 GDP 的比重提高了 0.89 个百分点,从人均角度看,内蒙古经济增长对全国经济增长的贡献明显提高了。从三大产业看,内蒙古第一产业增加值占全国第一产业增加值的比重提高了 0.36 个百分点,第二产业增加值占全国第二产业增加值的比重提高了 1.32 个百分点,工业增加值占全国工业增加值的比重提高了 1.34 个百分点,第三产业增加值占全国第三产业增加值的比重提高了 0.61 个百分点。可见,内蒙古经济增长对全国经济增长的贡献主要是第二产业特别是工业增长的贡献。

　　由于经济超常速增长,总量持续扩大,内蒙古 GDP 跃上几个千亿元台阶所用的时间也大大缩短,内蒙古几大步迈上几个千亿元台阶的跨越。从内蒙古自治区成立到 1996 年内蒙古 GDP 跃上 1000 亿元台阶用了 49 年,2003 年跃上 2000 亿元台阶用了 7 年,2004 年跃上 3000 亿元台阶仅用了 1 年,2006 年跃上 4000 亿元台阶用了 2 年,2007 年仅用 1 年时间一举跨过 5000 亿元台阶,直接跃上了 6000 亿元台阶。

　　内蒙古工业增加值 1991 年跃上 100 亿元台阶用了 44 年,1994 年跃上 200 亿元台阶用了 3 年,2001 年跃上 500 亿元台阶用了 7 年,2004 年跃上 1000 亿元台阶用了 3 年,2006 年跃上 2000 亿元台阶仅用了 2 年时间。

　　2002 年,内蒙古人均 GDP 首次突破 1000 美元,达到 1016(按年平均汇率折算,下同)美元。2004 年,人均 GDP 达到 1544 美元,首次超过全国平均水平,列西部地区第 1 位,这在内蒙古发展史上是一个历史性突破。2005 年,人均 GDP 突破 2000 美元,达到 2024 美元。2007 年人均 GDP 突破 3000 美元,达到 3310 美元。从人均 1000 美元到 3000 美元,仅仅用了 5 年时间。

内蒙古的 GDP、工业增加值、财政收入和人均 GDP 等指标几步跃上几个大台阶，这也是"内蒙古现象"的一个突出"表现"。

三、主要经济指标排序大幅前移

2006 年 11 月，内蒙古自治区第八次党代会提出了保持"两个高于"、确保"两个实现"的"十一五"时期经济增长目标，即地区生产总值增长速度高于全国平均水平，城乡居民人均收入增长速度高于全国平均水平；实现地区生产总值和财政收入翻一番，实现经济总量进入全国中等行列、人均主要经济指标力争进入前列。

20 年前，中国改革开放的总设计师邓小平为内蒙古发展设定了走进前列的远大目标。走进前列，就是走进发展的前列。前列者，排在前面、位居先进行列之谓也。全国 31 个省区市，可以说，排在前 10 位是前列，第 11 位到第 20 位是中列，第 20 位以后是后列。所谓"经济总量进入全国中等行列"，就是 GDP 进入全国 31 个省区市第 16 位至第 11 位。所谓"人均主要经济指标力争进入前列"，是指人均 GDP、人均地方财政一般预算收入、城镇居民人均可支配收入和农村牧区居民人均纯收入等指标进入全国 31 个省区市的前 10 位。

从经济总量进入全国中等行列的目标看，2003 年，内蒙古 GDP 超过重庆，在全国的排序由保持多年的第 24 位跃升到第 23 位。2005 年，一举跨过云南、吉林、陕西、天津，在全国的排序由第 23 位跃升到第 19 位。2006 年，再跨过江西、山西、广西，在全国的排序由第 19 位跃升到第 16 位。2007 年，继续保持第 16 位。短短 5 年时间，内蒙古 GDP 跨越 8 个省区市，排序前移 8 位，这个跨越是非常了不起的历史性跨越！这在整个西部地区乃至全国，都是罕见的。实际上，内蒙古经济总量进入全国中等行列的目标在 2006 年跃升到第 19 位时就已经实现。前移到第 16 位以上是在中列的中位线以上。

　　内蒙古经济总量已经进入全国中等行列,正好站在 31 个省区市居中的排序上,可以说是前有差距,后有追兵。要保持和稳居中等行列,还要继续跨越,还必须超过安徽、黑龙江等前面的省份。2007 年,内蒙古 GDP 比后面的山西、广西分别多 357.77 亿元和 135.47 亿元,距离不算远;与前面的黑龙江、安徽分别相差 973.88 亿元和 1273.06 亿元,差距还相当大。按照内蒙古目前的发展势头,几年之内超越前面几个省份的可能性不是没有,当然,被后面的追兵超过去的可能性也不是没有。内蒙古要保持住中等行列的排序,需要做出更加艰苦的努力。

　　从人均主要经济指标进入前列的目标看,2005 年,内蒙古人均 GDP、人均地方财政一般预算收入在全国的排序分别由 2000 年的第 16 位、第 14 位均前移到第 10 位。2007 年,人均 GDP 仍保持第 10 位(见表 2—5),人均地方财政一般预算收入前移到第 8 位。2005 年,内蒙古城镇居民人均可支配收入、农村牧区居民人均纯收入在全国的排序分别由 2000 年的第 22 位、第 16 位变为第 14 位、第 17 位。2006 年,分别前移到第 12 位和第 16 位,2007 年又分别前移到第 10 位和第 15 位。由于内蒙古人口数量较少,人均 GDP、人均地方财政一般预算收入保持住前列的排序是有可能的。2007 年,人均 GDP、人均地方财政一般预算收入排在内蒙古前面的两个省份分别是辽宁和福建,其人均 GDP 分别是 25729 元和 25908 元,分别比内蒙古高出 336 元和 515 元;其人均地方财政一般预算收入分别是 2519 元和 1953 元,辽宁比内蒙古高出 472 元,福建比内蒙古低 94 元。未来几年,内蒙古的人均 GDP 有可能超过辽宁和福建,人均地方财政一般预算收入也可能超过辽宁。内蒙古的难度在于城乡居民收入走进前列。这也是"内蒙古现象"的一个突出"表现"。2007 年,内蒙古城镇居民人均可支配收入居全国第 10

位,但与全国平均水平的差距由 2000 年的 1151 元进一步扩大到 1408 元。城镇居民人均可支配收入排在第 9 位、第 8 位的是重庆和山东,分别比内蒙古高出 213 元和 1887 元。农村居民人均纯收入排在第 9 位、第 10 位的是辽宁和河北,分别比内蒙古农村牧区居民人均纯收入高出 820 元和 340 元(见表 2—6)。内蒙古城镇居民人均可支配收入、农村牧区居民人均纯收入要走进前列,同样需要做出更加艰苦的努力。

表 2—5 "十五"以来全国、内蒙古的人均 GDP

单位:元、美元

年份	全国		内蒙古		
	人均 GDP	折合美元	人均 GDP	折合美元	排序
2000	7858	950	6502	786	16
2001	8622	1043	7216	872	16
2002	9398	1100	8162	1016	16
2003	10542	1273	10039	1212	16
2004	12336	1492	12767	1544	10
2005	14053	1709	16331	2024	10
2006	16165	2019	20264	2531	10
2007	18934	2680	25393	3310	10

资料来源:内蒙古统计局《统计手册》,2008。

表 2—6 2007 年部分省区市城乡居民收入

单位:元、%

地区	城镇居民人均可支配收入			地区	农村居民人均纯收入		
	收入	增长	排序		收入	增长	排序
全国	13786	17.2	—	全国	4140	15.4	—
浙江	20574	12.6	3	山东	4985	14.1	8
广东	17699	10.5	4	辽宁	4773	16.7	9
江苏	16378	16.3	5	河北	4293	12.9	10
天津	16357	14.5	6	吉林	4191	15.1	11

地区	城镇居民人均可支配收入			地区	农村居民人均纯收入		
	收入	增长	排序		收入	增长	排序
福建	15506	12.7	7	黑龙江	4132	16.3	12
山东	14265	17.0	8	江西	4045	18.5	13
重庆	12591	17.5	9	湖北	3997	16.9	14
内蒙古	12378	19.5	10	内蒙古	3953	18.3	15
辽宁	12300	18.6	11	湖南	3904	15.2	16
湖南	12294	17.0	12	河南	3852	18.1	17
广西	12200	23.3	13	海南	3791	16.4	18
河北	11690	13.4	14	山西	3666	15.2	19
山西	11565	15.3	15	安徽	3556	19.8	20
云南	11496	14.2	16	四川	3547	18.1	21
湖北	11486	17.2	17	重庆	3509	22.0	22

资料来源:《中国统计年鉴》。表中增长速度没有扣除价格因素,排序系收入排序。

自 2003 年至 2007 年,内蒙古 GDP 连续超过重庆、云南、吉林、陕西、天津、江西、山西、广西 8 个省区市,在全国的排序由第 24 位上升到第 16 位,前移了 8 位。

第一产业增加值到 2007 年仍然居全国第 18 位,与 2000 年相比,没有变化。第二产业增加值先后超过新疆、重庆、江西、陕西、广西、吉林、天津、云南、北京 9 个省区市,在全国的排序由第 25 位跃升到第 16 位,前移了 9 位。规模以上工业增加值先后超过吉林、安徽、广西、江西、云南、陕西、北京、新疆 8 个省区市,在全国的排序由第 24 位跃升到第 16 位,前移了 8 位。第三产业增加值先后超过吉林、山西、重庆、陕西、云南、天津、江西 7 个省市,在全国的排序由第 24 位跃升到第 17 位,前移了 7 位。

固定资产投资额先后超过江西、山西、广西、吉林、新疆、天津、重庆、陕西、云南、黑龙江、湖南、福建、北京、湖北 14 个省区市,在全国的排序由第 25 位跃升到第 11 位,前移了 14 位。社会消费品零售总额先后超过云南、陕西、重庆、江西、天津、广西

6 个省区市,在全国的排序由第 24 位跃升到第 18 位,前移了 6 位。

地方财政一般预算收入先后超过吉林、江西、陕西、广西、云南、黑龙江 6 个省区,在全国的排序由第 23 位跃升到第 17 位,前移了 6 位。城镇居民人均可支配收入先后超过青海、安徽、辽宁、海南、湖北、新疆、河北、广西、四川、湖南、云南、西藏 12 个省区市,在全国的排序由第 22 位跃升到第 10 位,前移了 12 位。农村牧区居民人均纯收入经历上下波动,在全国的排序由第 16 位上升到第 15 位,前移了 1 位(见表 2—7)。

表 2—7 "十五"以来内蒙古主要经济指标排序

主要经济指标	2000 年	2005 年	2006 年	2007 年	前移位数
地区生产总值	24	19	17	16	8
第一产业增加值	18	18	18	18	0
第二产业增加值	25	20	17	16	9
规模以上工业增加值	24	19	18	16	8
第三产业增加值	24	18	17	17	7
固定资产投资额	25	12	11	11	14
社会消费品零售总额	24	19	19	18	6
地方财政一般预算收入	23	20	20	17	6
城镇居民人均可支配收入	22	14	12	10	12
农村牧区居民人均纯收入	16	17	16	15	1

资料来源:内蒙古统计局《统计手册》,2008。

2000 年,内蒙古主要经济指标中除了第一产业增加值、农村牧区居民人均纯收入两项指标排序在全国中列以外,其他指标排序全都在全国后列。2005 年以后所有指标的排序都在全国中列,其中 2007 年城镇居民人均可支配收入的排序还率先进入前列。7 年间,排序前移最多的是固定资产投资额,前移了 14 位,其次是城镇居民人均可支配收入前移了 12 位。与 7 年前相比,唯独第一产业增加值的排序没有变化,排序前移最少的是农村牧区居民人均纯收入,只前移了1位。

第二节 经济结构加速调整

速度与结构相关性强,速度加快必然带动结构变化。"十五"以来,内蒙古工业超常速增长,工业化进程明显加快,促进经济结构加速调整,产业结构发生了很大变化。

从三大产业结构的变化看,2000年到2007年,内蒙古第一产业增加值由350.80亿元增加到762.10亿元,占GDP的比重由22.8%下降到12.5%;第二产业增加值由582.57亿元增加到3154.56亿元,占GDP的比重由37.9%提高到51.8%;第三产业增加值由605.74亿元增加到2174.46亿元,占GDP的比重由39.3%下降到35.7%。2007年,内蒙古第一产业占GDP比重比全国高1.2个百分点,第二产业比重比全国高3.2个百分点,第三产业比重比全国低4.4个百分点(见表2—8)。

表2—8 "十五"以来内蒙古三大产业增加值增速

单位:亿元、%

年份	第一产业	增速	第二产业	增速	规模以上工业	增速	第三产业	增速
2000	350.80	2.6	582.57	11.7	279.54	15.8	605.74	14.5
2001	358.89	2.0	655.68	10.9	307.60	12.9	699.24	15.5
2002	374.69	4.4	754.78	15.7	375.82	19.1	811.47	15.3
2003	420.10	5.9	967.49	27.7	515.87	31.5	1000.79	14.5
2004	522.80	11.7	1248.27	22.8	807.00	38.5	1270.00	22.0
2005	589.56	9.1	1773.21	34.9	1240.43	30.9	1532.78	18.1
2006	634.94	3.2	2374.96	27.1	1778.17	29.8	1831.92	15.8
2007	762.10	3.9	3154.56	25.8	2365.27	30.0	2174.46	15.7

资料来源:《内蒙古统计年鉴》。

内蒙古三大产业结构由 2000 年的 22.8：37.9：39.3 调整为
2007 年的 12.5：51.8：35.7（见表 2—9）。7 年间,第一产业比重
降低了 10.3 个百分点,第二产业比重提高了 13.9 个百分点,第
三产业比重下降了 3.6 个百分点。第二产业比重大幅度上升,
第一产业比重迅速下降,第三产业比重不断下降,这也是"内蒙
古现象"的一个突出"表现"。短短 7 年间,第二产业比重由 1/3
多一点上升到占据半壁江山,可谓是大幅度调整。这在欠发达
的西部地区由工业化初期向工业化中期演进过程中是很典型
的,也是西部各地区渴望实现而尚未实现的状态,而内蒙古何以
能率先实现？在下面的有关章节中将研究这个问题。

表 2—9 "十五"以来全国、内蒙古三大产业结构

单位：%

年份	全国	内蒙古
2000	15.1：45.9：39.0	22.8：37.9：39.3
2001	14.4：45.1：40.5	20.9：38.3：40.8
2002	13.7：44.8：41.5	19.3：38.9：41.8
2003	12.8：46.0：41.2	17.6：40.5：41.9
2004	13.4：46.2：40.4	17.2：41.0：41.8
2005	12.2：47.7：40.1	15.1：45.5：39.4
2006	11.3：48.7：40.0	13.1：49.1：37.8
2007	11.3：48.6：40.1	12.5：51.8：35.7

资料来源：《中国统计年鉴》、《内蒙古统计年鉴》。

"十五"以来,内蒙古经济结构的加速调整,除了三大产业结
构变化以外,还表现在产业内部结构、经济所有制结构等变
化上。

从第一产业内部结构看,其调整主要表现在农业与畜牧业结
构、畜牧业区域结构和种植业品种结构的良性变化上。这期间,
农区牲畜头数超过了牧区牲畜头数、优质高产高效农作物种植面

积超过了全部农作物种植面积的 50%。这意味着第一产业结构更加符合内蒙古农村牧区自然条件状况,抵御自然灾害的能力将随着产业结构的变化而有所增强,人与草原和谐相处开始提上日程。内蒙古第一产业内部结构的调整优化是如何实现的,具体演进的途径是什么,这些问题将在上篇第四章第三节里做进一步分析。

从第二产业内部结构看,在工业化进程中,经过多年培育、扶持和发展,逐步形成了能源、冶金、化工、装备制造、农畜产品加工和高新技术 6 个优势特色产业。"十五"以来,内蒙古第二产业内部结构的调整主要表现在,工业增长很快,建筑业增长相对缓慢;工业内部规模以上工业增长很快,中小企业增长缓慢;规模以上工业中 6 个优势特色产业增长很快,其他产业增长缓慢;6 个优势特色产业中原材料工业、初级产品增长很快,精深加工的高附加值产品、最终消费产品增长缓慢;规模以上工业中重工业增长很快,轻工业增长缓慢;重工业中高耗能、高排放、高污染的资源性产业增长很快,低耗能、低排放、低污染的非资源性产业增长缓慢。这"六快六慢"就是内蒙古第二产业内部结构变化的集中表现。"十五"以来的 7 年间,内蒙古工业增加值年均增长 23.3%,建筑业增加值年均增长 21.5%,规模以上工业增加值年均增长 26.5%,6 个优势特色产业增加值在"十五"期间年均增长 33.31%;2007 年与 2000 年相比,重工业增加值由198.97 亿元增加到 1886.44 亿元,轻工业增加值由 80.55 亿元增加到 478.83 亿元;轻、重工业比例由 28.8∶71.2 演进为20.2∶79.8(见表 2—10)。

表 2—10 "十五"以来内蒙古第二产业内部结构变化

单位:亿元、%

项目	2000 年	2005 年	2006 年	2007 年	7 年均增
工业增加值	484.19	1477.88	2025.72	2742.67	23.3

项目	2000 年	2005 年	2006 年	2007 年	7 年均增
工业增加值占 GDP 比重	31.5	37.9	41.8	45.0	—
建筑业增加值	98.38	295.33	349.24	411.89	21.5
建筑业增加值占 GDP	6.4	7.6	7.2	6.8	—
规模以上工业增加值	279.54	1240.43	1778.17	2495.34	26.5
规模以上工业增加值占全部工业增加值	57.7	83.9	87.78	90.98	—
规模以上工业增加值占 GDP	18.2	31.8	36.7	40.97	—
6 个优特产业增加值	243	1174.16	1687.78	2352.93	—
优势特色产业增加值占全部工业增加值	50.2	79.4	83.3	85.79	—
优势特色产业增加值占规模以上工业增加值	86.9	94.7	94.9	94.3	—
优特产业增加值占 GDP	15.8	30.1	34.86	38.6	—
重工业增加值	198.97	828.86	1297.19	1886.44	—
轻工业增加值	80.55	306.67	369.97	478.83	—

资料来源：《内蒙古统计年鉴》，规模以上工业增加值、优势特色产业增加值数据来自内蒙古经济
委员会：《内蒙古自治区 2002—2007 年主要工业行业经济指标汇编》。

由此可见，工业超常速增长是内蒙古经济超常速增长的带动力量，6 个优势特色产业又是拉动内蒙古工业超常速增长的主力。2007 年，内蒙古 6 个优势特色产业中的能源、冶金、农畜产品加工 3 个产业增加值已占规模以上工业增加值的 79.2％，而化工、装备制造、高新技术 3 个产业增加值只占规模以上工业增加值的 15％。7 年间，主要拉动内蒙古工业超常速增长的其实是能源、冶金建材、农畜产品加工 3 个产业。

从第三产业内部结构看，传统服务业仍然是服务业的主体，其增加值占服务业增加值的 60％以上，7 年间其比重几乎没有变化；现代服务业包括新兴服务业增长缓慢，其比重略有上升。第三产业增长乏力，除 2004 年、2005 年增速有所加快以外其余年份增速都在 15％左右。由于第二产业增速加快，增速比较稳

定的第三产业比重必然下降。

从所有制结构看,"十五"以来,内蒙古非公有制经济增长速度加快,总量不断扩大,实际利用外资增幅较高,产业分布良好,发挥着吸纳就业主渠道作用,正在成为一个重要税源。其特点是:第一,非公有制经济单位变化情况说明,个体工商户发展环境还不宽松,私营企业和外商及港澳台投资企业抓住了发展机遇,但总数仍然较少。2007 年与 2000 年相比,非公有制经济单位由 83.4 万户减少到 57.2 万户,其中,个体工商户由 80.7 万户减少到 50.9 万户,私营企业却由 2.7 万户增加到 6.3 万户,外商及港澳台投资企业由 874 户增加到 1071 户。总体上数量偏少,2006 年,内蒙古非公有制企业数量只占全国非公有制企业 494.7 万户的 1.1%。第二,经济总量扩大较快。2007 年与 2000 年相比,非公有制经济增加值由 354 亿元增加到 2407 亿元,年均增长 27.2%,占 GDP 的比重由 23% 提高到 39.5%。但总体上经济规模偏小,企业规模偏小,竞争力不强。2006 年注册资金超过 1000 万元的企业只有 300 多户,不到总数的 1%。第三,产业分布逐步优化。2005 年,在非公有制经济增加值中,第一产业 79.8 亿元,占 6%;第二产业 573.1 亿元,占 43%;第三产业 680.7 亿元,占 51%。非公有制工业增加值达 494.6 亿元,占全部非公有制经济增加值的 37.1%,比 2000 年提高 9 个百分点。总体上产业层次较低,企业素质参差不齐。第四,利用外资逐步多元。2007 年内蒙古外资企业投资来源中,亚资近七成,港资占亚资近四成。外资企业户数前 10 位的国别与地区是:中国香港 295 户、美国 129 户、韩国 66 户、日本 55 户、中国台湾 45 户、加拿大 36 户、英属维尔京群岛 35 户、新加坡 21 户、澳大利亚 19 户、俄罗斯 15 户。总体上在固定资产投资总量中的比重还比较低。第五,吸纳就业能力下降。2007 年与 2000 年相比,非公有制经济从业人员由 201.1 万人减少到

176.5 万人。2006 年,内蒙古非公有制企业从业人员占全国非公有制企业从业人员 1.45 亿人的 0.5%。第六,2006 年,内蒙古非公有制企业上缴税收 110.7 亿元,比上年增长 14.6%,占全区税收总额的 18.8%(见表 2—11)。总体上非公有制企业上缴税收在税收总额中的比重还比较低。

表 2—11 "十五"以来内蒙古非公有制经济发展情况

单位:万户、亿元、%

项目	2000 年	2005 年	2006 年	2007 年
非公有制经济单位	83.4	51.6	55.1	57.2
个体工商户	80.7	46.8	49.7	50.9
私营企业	2.7	4.8	5.4	6.3
内资企业	6.6	4.5	4.2	3.5
外商港澳台企业(户)	874	914	1030	1071
非公有制经济增加值	354	1333.6	1772.3	2407
非公有制经济占 GDP	23	34.2	36.6	39.5
个体工商户从业人员	159.7	82.3	87.8	93.6
私营企业从业人员	41.4	68.2	73.6	82.9
非公有制经济从业人员	201.1	150.5	161.4	176.5
非公有制企业纳税额	——	96.6	110.7	184.1

资料来源:内蒙古工商局:《2007 内蒙古自治区市场主体发展情况报告》。

表 2—12 2007 年内蒙古各市场主体的产业分布情况

单位:户、%

项目	内资企业		外资企业		私营企业		个体工商户	
	户数	比例	户数	比例	户数	比例	户数	比例
合计	35492	100	1071	100	63270	100	509393	100
第一产业	929	2.6	97	9.1	1973	3.1	1895	0.4
第二产业	6835	19.3	719	67.1	15507	24.5	28952	5.7
第三产业	27728	78.1	255	23.8	45790	72.4	478546	93.9

资料来源:内蒙古工商局:《2007 内蒙古自治区市场主体发展情况报告》。

第三节　经济效益显著提高

经济效益是经济活动中资源利用、劳动消耗与由此所获得的符合社会需要的劳动成果之间的对比关系。效益与速度、结构、质量紧密相连,没有一定的速度难以取得较好的效益,结构不合理也不会有较好的效益;但这并不意味着速度越快效益越好,有时候快的速度并不能带来好的效益。提高经济效益是经济活动所追求的主要目标。在经济活动中把速度与结构、质量、效益统一起来是科学发展观的基本要求,在经济运行中把速度与结构、质量、效益统一起来是衡量科学发展的重要标准。经济效益既是投入产出关系问题,也是产出成果分配问题。可以从收入分配、投入产出两个方面对内蒙古经济增长的效益情况做一个分析。

先从收入分配看。经济效益直接表现为国民收入分配,主要体现在政府财政收入、企业利润和城乡居民收入上。"十五"以来,内蒙古经济超常速增长,经济效益明显提高,政府财政收入和企业利润大幅度提高,城乡居民收入不断增长,同时也凸显出收入分配的明显不合理。

财政收入是国家或地方财政参与社会产品分配所取得的收入,是实现国家或地方政府职能的财力保证。财政收入包括各项税收、专项收入、行政事业性收费收入和其他收入,财政收入的主要来源是税收收入,目前我国税收收入已占国家财政收入的90%以上。"取之于民、用之于民"是社会主义税收的本质。税收收入要为改善民生提供财力保障。

延伸阅读

财政收入的相关概念

"地方财政一般预算收入"是由各级地方财政部门通过一定的形式和程序组织并纳入预算管理的各项收入。"地方财政总收入"是指地方财政一般预算收入与上划中央税收之和。地方财政总收入＝一般预算收入＋上划中央税收收入。"财政总收入"是指地方财政总收入与基金预算收入之和。财政总收入(老口径)＝地方财政总收入＋基金预算收入。

"十五"以来,内蒙古财政收入大幅提高。2007 年与 2000年相比,内蒙古地方财政一般预算收入由 95.03 亿元增加到492.36 亿元,增长 4.18 倍,增速由 11.7％提高到 43.4％,年均增长 26.5％。财政总收入由 155.59 亿元增加到 1018.35 亿元,增长 5.55 倍,增速由 8.3％提高到 42.8％,年均增长30.8％(见表 2—13)。

表 2—13 "十五"以来内蒙古财政收入增长情况

单位:亿元、％

年份	地方财政一般预算收入				财政总收入	
	收入	排序	增速	排序	收入	增速
2000	95.03	23	11.7	13	155.59	8.3
2001	99.43	25	4.5	27	167.76	7.8
2002	112.85	25	13.5	17	206.81	23.3
2003	138.72	24	22.9	7	258.03	24.8
2004	196.76	23	41.9	1	364.67	41.3
2005	277.46	20	39.4	2	536.36	47.1
2006	343.38	20	23.8	13	712.97	32.91
2007	492.36	17	43.4	1	1018.35	42.8

资料来源:《内蒙古统计年鉴》。

地方财政一般预算收入在全国的排序由 2000 年的第 23 位跃升到 2007 年第 17 位,7 年跃升了 6 位。

2007 年与 2000 年相比,内蒙古生产总值占全国国内生产总值的比重由 1.55% 提高到 2.44%,7 年提高了 0.89 个百分点,地方财政一般预算收入占全国地方财政一般预算收入的比重由 1.49% 提高到 2.09%,7 年提高了 0.6 个百分点。

从内蒙古自治区成立到 1997 年内蒙古财政总收入跃上 100 亿元台阶用了 50 年,2002 年跃上 200 亿元台阶用了 5 年,2004 年跃上 300 亿元台阶用了 2 年,接着仅用 1 年时间跨过 400 亿元而 2005 年跃上了 500 亿元台阶,然后同样用 1 年时间跨过 600 亿元而 2006 年跃上了 700 亿元台阶。2007 年一举跨过 800 亿元、900 亿元两个台阶,首次突破了 1000 亿元。

“十五”以来,内蒙古财政收入增长很快,2007 年的地方财政一般预算收入是 2000 年的 5.2 倍,2007 年的财政总收入是 2000 年的 6.55 倍,从一个侧面体现了经济增长的效益。同时,在财政工作中也存在一些不容忽视的问题,比如,非税收入比重大,可用财力比较少,财政供养人员过多,政府负债过重,财政监管不力等,都影响了公共财政职能的发挥。

企业利润状况是经济效益的重要体现。“十五”以来,内蒙古规模以上工业企业利润由 2000 年的 16.10 亿元增加到 2007 年的 641.99 亿元,增长 38.9 倍。期间,2000 至 2005 年年均增长 69.6%,2002 年至 2006 年年均增长 74.9%,其中,国有工业企业实现利润年均增长 57.3%。2004 年至 2007 年,规模以上工业企业利润连续 4 年保持大幅度增长(见表 2—14)。

表2—14 "十五"以来全国、内蒙古规模以上工业企业利润

单位：亿元、%

年份	全国		内蒙古	
	利润	增速	利润	增速
2000	4393.48	—	16.10	—
2001	4733.43	7.7	19.46	20.9
2002	5784.48	22.5	37.29	91.6
2003	8337.24	44.1	64.97	74.2
2004	11929.30	43.1	142.19	118.9
2005	14802.54	24.1	235.13	65.4
2006	19504.44	31.8	348.69	48.3
2007	27155.18	39.2	641.99	84.1

资料来源：《中国统计年鉴》、《内蒙古统计年鉴》。

"十五"以来，内蒙古规模以上工业企业利润增速比全国快得多。2007年与2000年相比，全国规模以上工业企业利润增长5.2倍，内蒙古规模以上工业企业利润增长38.9倍，增长倍数是全国的7.5倍。内蒙古规模以上工业企业利润占全国规模以上工业企业利润的比重由2000年的0.37%提高到2007年的2.36%。2007年内蒙古规模以上工业企业的利润是2000年的39.9倍。

城乡居民收入状况也是经济增长效益的一个重要方面。"十五"时期，内蒙古城镇居民人均可支配收入由2000年的5129元增加到2005年的9137元，增长78.1%，扣除价格因素，年均增长10.5%，比"九五"时期仅仅高0.8个百分点。"十五"以来，城镇居民人均可支配收入由2000年的5129元增加到2007年的12378元，年均增长13.4%（见表2—15）。

"十五"时期，内蒙古农村牧区居民人均纯收入由2000年的2038元增加到2005年的2989元，增长46.7%，扣除价格因素，年均增长5.1%，低于"九五"时期3.2个百分点。"十五"以来，

农村牧区居民人均纯收入由 2000 年的 2038 元增加到 2007 年的 3953 元,年均增长 9.9％。2007 年,农村牧区居民人均纯收入在农牧业增产、务工收入增加、各类补贴增长以及农畜产品价格上涨等多种因素综合作用下,比 2006 年提高 611 元,创造了改革开放以来年度增收最高纪录。

表 2—15 "十五"以来的内蒙古城乡居民收入

单位:元、％

年份	城镇居民人均可支配收入				农村牧区居民人均纯收入			
	收入	排序	增速	排序	收入	排序	增速	排序
2000	5129	22	7.5	11	2038	16	1.8	14
2001	5536	23	7.9	18	1973	20	—3.2	23
2002	6051	29	9.3	17	2086	22	5.7	14
2003	7013	20	15.9	1	2268	18	8.7	6
2004	8123	14	15.8	2	2606	17	14.9	6
2005	9137	14	12.5	9	2989	17	14.7	1
2006	10358	12	13.4	6	3342	16	11.8	4
2007	12378	10	19.5	4	3953	15	18.3	5

资料来源:《内蒙古统计年鉴》。

"十五"以来内蒙古城乡居民收入增长具有以下几个明显特点。

第一,增速呈现加快趋势。"十五"以来,内蒙古城乡居民收入增长速度总的是加快趋势,增速在全国的排序也是上升趋势。城镇居民人均可支配收入除 2007 年以外 2003 年增长最快,达到 15.9％,增速一度居全国第 1 位。农村牧区居民人均纯收入增长速度总的是加快趋势,增速在全国的排序也是上升趋势,但在 2001 年出现大幅下降。因为,1999 年至 2001 年,内蒙古农牧业遭受历史罕见的大旱,减收反映在 2001 年,农村牧区居民人均纯收入下降 3.2％。此后几年是恢复性增长,除 2007 年以外 2004 年增长最快，达到 14.9％。2005 年略有下降，达到 14.7％，但增速居全国第 1 位。

第二，总量排序明显前移。城镇居民人均可支配收入在全国的排序由 2000 年的第 22 位下降到 2002 年的第 29 位，2005 年跃升到第 14 位。2006 年跃升到第 12 位，2007 年又上升到第 10 位，先后超过青海、安徽、辽宁、海南、湖北、新疆、河北、广西、四川、湖南、云南、西藏等省区，7 年跃升了 12 位。农村牧区居民人均纯收入在全国的排序由 2000 年的第 16 位下降到 2002 年的第 22 位。2006 年恢复到第 16 位，2007 年跃升到第 15 位。在西部省区市中连续 5 年排第 1 位。从 2002 年以来先后超过重庆、四川、安徽、山西、河南、湖南、海南等省市，5 年跃升了 7 位。如果与 2000 年相比，"十五"以来的 7 年中，内蒙古主要经济指标在全国的排序上升最少的唯有农村牧区居民人均纯收入。

第三，城乡居民生活水平逐步提高。主要体现在支出结构明显改变上。2005 年，内蒙古城镇居民家庭恩格尔系数（食物支出在居民消费性支出中所占比例）为 31.4％，比 2000 年降低 3.1 个百分点。2006 年，城镇居民家庭恩格尔系数为 30.3％，低于全国平均水平 5.5 个百分点，2007 年为 30.4％，比 2006 年上升 0.1 个百分点，低于全国平均水平 5.9 个百分点。2005 年，农村牧区居民家庭恩格尔系数为 43％，比 2000 年降低 1.8 个百分点。2006 年，农村牧区居民家庭恩格尔系数为 39％，低于全国平均水平 4 个百分点。2007 年为 39.3％，比 2006 年上升 0.3 个百分点，低于全国平均水平 3.8 个百分点。

第四，城乡居民收入增长与经济超常速增长不协调。"十五"时期，内蒙古 GDP 年均增长 17.1％，财政总收入年均增长 28.1％，企业利润年均增长 69.6％，分别比"九五"时期高 6 个百分点、12.8 个百分点和 58 个百分点，而城镇居民人均可支配收入年均增速比"九五"时期仅仅高 0.8 个百分点，农村牧区居民人均纯收入年均增速甚至低于"九五"时期 3.2 个百分点。

第五，与全国城乡居民收入水平的差距越拉越大。"十五"以来，内蒙古城镇居民人均可支配收入与全国平均水平的差距由 2000 年的 1151 元扩大到 2007 年的 1408 元，7 年拉大了 257 元。农村牧区居民人均纯收入与全国平均水平的差距由 2000 年的 215 元扩大到 2006 年的 245 元，6 年拉大了 30 元。2007 年，内蒙古农村牧区居民人均纯收入与全国平均水平的差距进一步缩小，由 2006 年的 245 元缩小到 187 元，缩小了 58 元（见表 2—16）。

表 2—16 "十五"以来内蒙古城乡居民收入与全国的差距

单位：元

年份	城镇居民人均可支配收入			农村牧区居民人均纯收入		
	全国	内蒙古	差距	全国	内蒙古	差距
2000	6280	5129	1151	2253	2038	215
2001	6860	5536	1324	2366	1973	393
2002	7703	6051	1652	2476	2086	390
2003	8472	7013	1459	2622	2268	354
2004	9422	8123	1299	2936	2606	330
2005	10493	9137	1356	3255	2989	266
2006	11759	10358	1401	3587	3342	245
2007	13786	12378	1408	4140	3953	187

资料来源：《中国统计年鉴》、《内蒙古统计年鉴》。

第六，城镇居民收入与农村牧区居民收入的差距越拉越大。2000 年，内蒙古农村牧区居民人均纯收入与城镇居民人均可支配收入之比是 1:2.52，到 2007 年进一步扩大到 1:3.13。

以上 6 个方面特点说明，"十五"以来，内蒙古城乡居民收入不断提高，增速加快，排序前移，支出结构良好，各族人民生活明显改善。与此同时，城乡居民收入增长与经济超常速增长不协调，城镇居民人均可支配收入水平与全国城镇居民人均可支配收入平均水平的差距越拉越大、城镇居民收入与农村牧区居民收入的差距越拉越大，农村牧区居民人均纯收入与全国农村居民人均纯收入的差距虽然在缩小，但仍有不小的差距。

内蒙古城乡居民收入增长呈现的"三个差距"也是"内蒙古现象"的一个突出"表现"。为什么内蒙古城乡居民收入增长的"三个差距"越拉越大？为什么这几年内蒙古经济超常增长，增速连续6年雄踞全国首位，而城乡居民收入差距没有相应改变？这"三个差距"至少给人们提供以下三点启示：一是经济快速增长、GDP迅速做大并不能自然而然地带来城乡居民收入的快速增长。经济增长是手段，人民福祉才是目的。如果发展经济不以人民福祉为出发点和落脚点，或者不能达到提高各族人民生活水平的目的，手段和目的分离，那就不是科学发展。二是深入贯彻落实科学发展观，首先必须摆正以人为本与GDP增长的关系。坚持以人为本，就必须顺应人民群众过上更好生活的新期待，始终不渝地扑下身子解决人民群众最关心、最直接、最现实的利益问题。三是有没有做到发展为了人民、发展依靠人民、发展成果由人民共享的试金石，不只是GDP增长有多快、GDP做得有多大，更重要的是经济快速增长的同时人民群众的收入有没有相应增加、生活水平有没有相应提高。这三点启示具有一定的普遍意义。

2007年与2000年相比，内蒙古GDP增长近4倍，财政收入增长5—7倍，工业企业利润增长近40倍，而城镇居民收入增长2倍略多，农牧民收入增长不足2倍（见表2—17）。增长最快最多的是工业企业利润，其次是政府财政收入。可以说，"十五"以来的 7 年间，内蒙古经济增长的效益集中体现在工业企业利润上了。同期，全国规模以上工业企业利润仅仅增长了 5.2 倍，而内蒙古规模以上工业企业利润增长近 40 倍，增长倍数差不多是全国的 8 倍。这还仅仅是企业经营利润，企业无偿占有的大量资源包括土地资源还不在其中。这就是在内蒙古投资的回报。有如此丰厚无比的回报，资本怎么能不流入呢？

表 2—17 "十五"以来内蒙古经济增长效益情况

单位:亿元、元、%

项目	2000 年	2007 年	倍数	年均增长
地区生产总值	1539.12	6091.12	3.96	17.6
地方财政一般预算收入	95.03	492.36	5.18	26.5
财政总收入	155.59	1018.35	6.55	30.8
规模以上工业企业利润	16.10	641.99	39.9	69.3
城镇居民人均可支配收入	5129	12378	2.41	13.4
农村牧区居民人均纯收入	2038	3953	1.94	9.9

资料来源:《内蒙古统计年鉴》。

分析国民收入分配，还可以将城乡居民收入与人均 GDP 做一对比。7 年间，内蒙古城镇居民人均可支配收入占人均 GDP 的比重由 2000 年的 78.9％ 逐年下降到 2007 年的 48.7％，下降了 30.2 个百分点；农村牧区居民人均纯收入占人均 GDP 的比重由 2000 年的 31.3％ 逐年下降到 2007 年的 15.6％，下降了 15.7 个百分点。同期，全国城镇居民人均可支配收入占人均 GDP 的比重由 79.9％ 下降到 72.8％，下降了 7.1 个百分点；农村居民人均纯收入占人均 GDP 比重由 28.7％ 下降到 21.9％，下降了 6.8 个百分点。前者的下降幅度，内蒙古是全国的 4.3 倍；后者的下降幅度，内蒙古是全国的 2.3 倍(见表 2—18)。

表 2—18　内蒙古城乡居民收入占人均 GDP 比重

单位:元、%

年份	人均生产总值	城镇居民收入	比重	农牧民收入	比重
2000	6502	5129	78.9	2038	31.3
2001	7216	5536	76.7	1973	27.3
2002	8162	6051	74.1	2086	25.6
2003	10039	7013	69.9	2268	22.6
2004	12767	8123	63.6	2606	20.4
2005	16331	9137	55.9	2989	18.3
2006	20264	10358	51.1	3342	16.5
2007	25393	12378	48.7	3953	15.6

资料来源:《内蒙古统计年鉴》。

合理的收入分配制度是社会公平的重要体现。上述经济增长效益指标倍数的对比和城乡居民收入占人均 GDP 比重的变化,充分显示了内蒙古国民收入分配的基本格局。城乡居民收入在国民收入分配中的比重过低,劳动报酬在初次分配中的比重过低,国民收入分配结构的不合理,已经是特别明显的事实。

再从投入产出看。投资效益是经济效益直接的重要的表现,以最小的能源资源消耗和劳动消耗获得最大的符合社会需要的成果,即以最小的代价获得最大的成果,是经济活动所追求的目标。"十五"以来,内蒙古经济的超常速增长——主要是工业的超常速增长,是投资拉动的增长。分析内蒙古经济增长的效益,必须分析其投资效果。

固定资产投资就是建造或者购置固定资产的活动。固定资产投资额是以货币表现的建造或购置固定资产活动的工作量,它是反映固定资产投资规模、速度、比例关系和使用方向的综合性指标。投资效果系数是衡量固定资产投资经济效益的综合性指标,是一定时期新增国内生产总值与同期固定资产投资额的比率,反映单位固定资产投资额所增加的国内生产总值(地区生产总值)的数量。

2007 年与 2000 年相比,全国投资效果系数由 0.29 下降到 0.27,下降了 0.02,而同期内蒙古投资效果系数由 0.37 下降到 0.28,下降了 0.09。2000 年,内蒙古的投资效果系数比全国高 0.08,到 2007 年内蒙古仅比全国高 0.01,7 年间下降了 0.07。这些数据说明,第一,2000 年的时候,内蒙古的投资效果比全国好;第二,2000 年以来,无论是全国,还是内蒙古,投资效果都下降了,但内蒙古比全国下降的多,是全国的 3 倍(见表 2—19)。

表 2—19　"十五"以来全国、内蒙古投资效果系数

单位:亿元

年份	全国			内蒙古		
	GDP 增量	固定资产投资	投资效果系数	GDP 增量	固定资产投资	投资效果系数
2000	9537.5	32917.7	0.29	159.81	430.42	0.37
2001	10440.6	37213.5	0.28	174.69	496.43	0.35
2002	10677.5	43499.9	0.25	227.13	715.09	0.32
2003	15490.1	55566.6	0.28	447.44	1209.44	0.37
2004	24055.5	70477.4	0.34	652.69	1808.91	0.36
2005	23989.6	88773.6	0.27	854.48	2687.84	0.32
2006	28055.6	109998.2	0.26	946.27	3406.35	0.28
2007	37606.4	137323.9	0.27	1249.3	4404.75	0.28

资料来源:《中国统计年鉴》、《内蒙古统计年鉴》,表中"GDP 增量"是指报告期新增国内生产总值,"固产投资"是指固定资产投资额,"系数"是指投资效果系数。

总之,"十五"以来内蒙古经济增长的效益,虽然对企业来说有丰厚无比的回报,但对地方来说,投资效果并不佳;对老百姓来说,收入分配不合理的问题,显得特别突出。

第三章 优势特色产业
引领经济跨越

　　内蒙古经济的超常速增长主要是由工业的超常速增长所带动,"内蒙古现象"是内蒙古工业化进程中的现象。研究"内蒙古现象",了解内蒙古经济超常速增长的内涵,需要对内蒙古工业化历程有一个大概的把握,特别是对主导内蒙古工业超常速增长的优势特色产业做一些分析。

第一节　内蒙古的工业化历程

　　内蒙古的工业化是新中国成立以后开始的。1950 年年底,地质勘探发现内蒙古白云鄂博有丰富的铁、稀土、铌等矿产资源。当时,新中国的钢铁事业刚刚起步,这一发现立刻引起国家的重视。1954 年,国家"一五"时期 156 个重点项目之一的包头钢铁联合企业开始建设,开发利用白云鄂博铁矿石资源的大会战掀起高潮,这是内蒙古工业发展史上的火热年代。1959 年 9 月,滚滚铁水从包钢一号高炉流出,比原计划提前了一年。10 月 16 日,周恩来总理为包钢一号高炉出铁剪彩,对欢呼的工人们说:"这是世界上一流的大高炉,第一次在我们国家出现,你们要好好管理啊!"草原上千百年来由套马杆和锄头主导经济的历史,开始被工业化进程所取代。仅"一五"时期,国家在内蒙古投资建设工厂、修建铁路的基本建设投入就达 11.39 亿元,奠定了内蒙古工业发展的基础。

改革开放以来,内蒙古工业化进程不断加快。"八五"以来,国有企业改革采取"抓大放小"、"优化资本结构"、产权制度改革"以存量吸引增量、以增量盘活存量"等措施,改革逐步深化,结构不断调整,到"八五"末,初步建起了门类较为齐全,结构较为合理,具有地区特点和民族特色的工业经济体系,基本形成了煤炭、电力、冶金、机械、轻纺、化工、建材、森工等重点产业,成为国家重要的能源原材料基地。"九五"时期,内蒙古工业发展经历了重大调整,形成了以煤炭、电力为主的能源工业,以钢铁、有色金属为主的冶金工业,以水泥、玻璃为主的建材工业,以盐碱硝为主的化学工业,以纺织、乳肉为主的农畜产品加工业等支柱产业,为21世纪加快推进工业化奠定了坚实的基础。"十五"时期,内蒙古紧紧抓住西部大开发、全国经济新一轮高速增长和国际国内产业转移的难得机遇,充分发挥资源优势和区位优势,完善基础设施,改善投资环境,加大招商引资力度,使工业投资规模和工业发展均创历史最高水平,工业经济实现前所未有的高速增长,形成了以煤、电、天然气为主的能源工业,以钢和铝等有色金属为主的冶金建材工业,以煤化工、天然气化工、盐碱化工为主的化学工业,以工程机械为主的装备制造业,以乳、肉、绒、粮加工为主的农畜产品加工业,以稀土、生物制药、电子信息产业为主的高新技术工业6个优势特色产业,成为拉动内蒙古工业超常速增长的主导力量(见表3—1)。

表3—1　"八五"以来内蒙古工业的发展

单位:户、亿元、元/人、年、%

项目	1995 年	2000 年	2005 年	2006 年	2007 年
工业企业单位数	99865	147769	130898	106675	116364
大中型企业数	348	285	365	397	438
规模以上工业企业数	9496	1373	2447	3075	3364
规模以上工业资产总额	1369	1821	4596	5606	7512

项目	1995 年	2000 年	2005 年	2006 年	2007 年
工业总产值	627	1203	3862	5201	7143
全员劳动生产率	11399	21989	135616	190306	271665
工业增加值	254.88	484.19	1477.88	2025.72	2742.67
工业增加值占 GDP 比重	30.6	31.5	37.9	41.8	45.0
规模以上工业占 GDP	—	18.2	31.8	37.1	41.5
6 个优势特色产业占 GDP	—	15.8	30.1	34.86	38.6
规模以上工业经济效益综合指数	—	88.84	204.33	240.68	301
规模以上工业企业实现利润	9.29	16.10	235.13	348.69	641.99

资料来源:《内蒙古统计年鉴》。

第二节　内蒙古工业的优势特色产业

内蒙古工业的优势特色产业是指依托优势资源,长期着力培育,具有地区特色和一定竞争优势,在全国同行业中占有一定份额的产业。特色来自优势。内蒙古工业的优势特色产业,因其资源、规模、技术和品牌等优势,已经成为发展潜力较大、成长性较好、带动能力较强的特色产业,是内蒙古推进新型工业化乃至引领经济发展的主导产业。

经过半个世纪的培育发展,内蒙古工业逐步形成了以煤、电、天然气为主的能源工业,以钢、铝、水泥为主的冶金建材工业,以煤化工、天然气化工、盐碱化工为主的化学工业,以工程机械为主的装备制造业,以乳、肉、绒、粮加工为主的农畜产品加工业,以稀土、生物制药、电子信息产业为主的高新技术工业 6 个优势特色产业。"十五"以来,6 个优势特色产业增加值由 2000 年的 243 亿元增加到 2007 年的 2352.9 亿元,占 GDP 的比重由 15.8% 提高到 38.6%,占全部工业增加值的比重由 50.2% 提高到 85.8%,占规模以上工业增加值的比重由 86.9% 提高到

94.3%。2007年6个优势特色产业对全区经济增长的贡献率达到38.6%。

上述数据说明,能源、冶金、化工、农畜产品加工、装备制造、高新技术6个优势特色产业是内蒙古工业的支柱,是内蒙古经济增长的主要拉动力,是引领内蒙古工业化的主导产业。

一、独具优势的能源产业

能源产业是关系我国经济发展、社会稳定和国家安全的重要产业。能源产业是内蒙古工业的第一大产业,以煤炭开采、火力发电为主,还有石油、天然气、风能、水能、生物质能和太阳能等产业。2007年,内蒙古能源产业增加值由2000年的86亿元增加到845.5亿元,增长8.8倍,其增加值占6个优势特色产业增加值的35.9%,占规模以上工业增加值的33.9%,占全部工业增加值的30.8%,占GDP的13.9%。内蒙古能源产业的大发展,不仅为内蒙古经济发展提供了动力支撑,而且为东北、华北特别是为首都北京送电,为周边地区经济发展做出了贡献。

内蒙古发展能源产业的优势在于煤炭。煤炭是我国重要的基础能源和工业原料,在国民经济发展中具有十分重要的战略地位。煤炭也是内蒙古最富集的资源,具有储量大、品种多、易开采、产量高的特点。2007年,已查明内蒙古煤炭预测资源储量6583.4亿吨,煤炭资源储量居全国首位。2007年,内蒙古原煤产量达到35438万吨,增长19.1%,占全国原煤产量25.26亿吨的14.03%,内蒙古是我国第二大产煤省区。

电力是内蒙古能源产业发展的重点。内蒙古不但煤炭资源富集,而且煤炭资源和水资源的组合条件较好,坑口发电的优势突出。"十五"以来,内蒙古电力实现了突飞猛进的发展。2007年,内蒙古装机容量达到4164万千瓦,发电量达到1931.95亿千瓦小时,增长 30.0％,占全国发电量 32815.53 亿千瓦小时的 5.89％。内蒙古电力具有电源点布局较合理、发电机组较大、输电网络配套较好的特点。"十五"期间,内蒙古电网形成了西起阿拉善、东至锡林郭勒的 500 千伏主网架,建成 500 千伏变电站 10 座、220 千伏变电站 81 座,一批大容量、高参数、高效率、节能且环保的大型机组相继建成投产,30 万千瓦以上的机组占 70％,60 万千瓦机组占 37％。

可再生能源是重要的战略替代能源,开发利用可再生能源是建设资源节约型、环境友好型社会和实现可持续发展的重要战略措施。内蒙古能源产业发展的巨大潜力在于风力发电。内蒙古是一个大风力带,风能总储量 10.1 亿千瓦,可直接开发利用风能资源 3 亿千瓦以上,占我国陆上可直接开发利用风能资源的 40％,居全国首位。2007 年,内蒙古风力发电装机容量达到 165 万千瓦,占全国总量的 27％,居全国第 1 位,成为全国首个风电装机容量突破 100 万千瓦的省区。累计发电 13.34 亿千瓦时,同比增长 2.5 倍。此外,内蒙古在建的风电装机有 180 万千瓦,风电产业呈现快速发展态势,将形成巴彦淖尔、包头、乌兰察布、赤峰、锡林郭勒、通辽、兴安、呼伦贝尔等百万千瓦级风电基地。国家首个 205 千瓦太阳能聚光光伏示范电站在内蒙古鄂尔多斯市建成。

近两年全国性煤电瓶颈制约有所缓解,但随着现代化建设加快推进,煤电能源需求将持续扩大,这是由我国国情和能源结构所决定的。内蒙古发展能源产业具有独特优势。作为我国重要的战略能源基地和国家经济增长的"重要支点",其能源产业发展的潜力和市场需求是巨大的、持续的。在走进前列、全面建设小康社会乃至整个现代化进程中,内蒙古都应更好地发挥这个优势,又好又快地发展能源产业。

专栏 3—1

我国电力工业发展步入新阶段

电是现代社会的动力。我国电力工业步入又好又快发展新阶段。随着我国工业化、城镇化进程加快,从 2002 年下半年起,我国全社会用电需求迅猛增长,从 1997 年开始出现的电力供求缓和重新转为紧张,2003 年发展为全国性供电持续紧张,有 23 个省级电网出现拉闸限电,最大用电缺口达 4000 多万千瓦。出人意料的是,进入 2005 年,全国范围的缺电局面即开始得到遏制,缺电省级电网数量开始减少。到 2006 年,缺电省级电网减少到 2 个,2007 年全国电力已实现总体供求平衡,部分地区还略有富余。

2003 年以前,我国发电装机年投产量最多为 2000 万千瓦,常年稳定在 1000 多万千瓦。但从 2003 年起,全国年均新增发电装机总容量成倍增长,2003 年全国新增发电装机 3480 万千瓦,2004 年新增 5100 万千瓦,2005 年新增 6600 万千瓦,2006 年新增 10650 万千瓦。

由于发电装机连续 4 年以 15％的速度增长,我国发电装机总容量实现了从 4 亿千瓦到 5 亿千瓦再到 6 亿千瓦的大跨越,连续 12 年保持居世界第 2 位。2006 年全国发电装机容量已达 6.24 亿千瓦,预计 2007 年将突破 7 亿千瓦。自 2002 年至 2007 年 6 年间,我国新增发电装机规模约 3.5 亿千瓦,相当于新中国成立至 2002 年 54 年的总和,创造了世界电力发展史上的奇迹。(《人民日报》,2008.8.1)

2003—2006 年,我国全社会用电量增速超过 GDP 增速快速增长。2006 年全社会用电量达到 28248 亿千瓦时,比 2002 年增长 72.39％。

与此同时,电力工业结构明显改善。2004 年水电装机总规模突破 1 亿千瓦,跃居世界第一。目前在建的水电装机总规模达到 1.29 亿千瓦。核电装机总容量已接近 900 万千瓦,到 2020 年将实现 3600 万千瓦目标。可再生能源,风电装机总规模将达到 300 万千瓦。2007 年已经投运和在建的秸秆发电装机总容量将达到 120 万千瓦以上。

电力工业作为耗能和污染大户,5 年来在节能减排方面也走在了全国工业的前列。统计显示,2006 年,全国发电企业每千瓦时供电煤耗已降到 367 克,比 2002 年减少 16 克。

(资料来源:2007 年 10 月 6 日《经济日报》)

二、基础雄厚的冶金产业

冶金产业是内蒙古工业的第二大产业,以钢铁产业、铝产业为主,还有其他有色金属冶炼。2007 年,内蒙古冶金建材产业增加值由 2000 年的 66 亿元增加到 711.2 亿元,增长 9.8 倍,其增加值占 6 个优势特色产业增加值的 30.2%,占规模以上工业增加值的 28.5%,占全部工业增加值的 25.9%,占 GDP 的 11.7%。包钢是内蒙古冶金产业的支柱企业,具有较好的设施设备和人才基础,经过几轮技术改造,企业工艺技术、产品质量和产量都有了大幅提高,带动了整个产业发展。铝产业企业规模较大、设备工艺较先进、生产成本较低、深加工开始起步。不锈钢产业刚刚起步,但发展潜力较好。2007 年,内蒙古粗钢产量由 2000 年的 423.6 万吨增加到 1040.36 万吨,增长 1.46 倍,年均增长 13.7%,占全国粗钢产量 48928.8 万吨的 2.13%;钢材产量由 2000 年的 378.91 万吨增加到 912.32 万吨,增长 1.41 倍,年均增长 13.4%,占全国钢材产量 56560.87 万吨的 1.61%;10 种有色金属产量由 2002 年的 21.1 万吨增加到

134.89万吨,占全国10种有色金属产量2379.15万吨的5.67%,其中电解铝产量由2002年的15.64万吨增加到102.43万吨,占全国电解铝产量344.28万吨的29.75%。内蒙古冶金产业成长潜力较大,如果精深加工发展起来,产业链条得以延伸,将来有可能超过能源产业,成为内蒙古最大的支柱产业。

钢铁工业是重要的基础原材料工业,钢铁产业是内蒙古冶金产业的支柱,具有涉及面广、关联度高、消费拉动大的特点。包钢集团公司是国家"一五"时期156个重点项目之一,是内蒙古工业企业中的头号大企业,目前已具有年产1000万吨钢的能力,体现了内蒙古冶金产业的雄厚基础。做大做强内蒙古冶金产业,首先要做大做强钢铁,要坚持国家关于调整振兴钢铁产业必须以控制总量、淘汰落后、联合重组、技术改造、优化布局为重点的方针,支持包钢控制总量、提高质量,自主创新、突出特色,调整结构、联合重组,推动包钢由大变强。同时,推动铝、铜、铅、锌及金、银的深加工,不失时机地做大做强有色金属。

三、正在崛起的化工产业

化工产业资源资金技术密集,产业关联度高,对促进相关产业升级和拉动经济增长具有举足轻重的作用。内蒙古化工产业以煤化工、天然气化工、氯碱化工为主导,呈现出多元化发展的态势。煤化工产业包括煤焦化、煤气化、煤液化等行业。煤炭是内蒙古最富集的资源,内蒙古发展煤化工产业对于缓解我国石油、天然气等优质能源供求矛盾,促进钢铁、化工、轻工和农业的发展具有重要作用。2007年,内蒙古化工产业增加值由2000年的10亿元增加到174.1亿元,增长16.4倍,其增加值占6个优势特色产业增加值的7.4%,占规模以上工业增加值的

7.0%,占全部工业增加值的 6.3%,占 GDP 的 2.9%。内蒙古发展化工产业的优势来自非常富集的煤炭、天然气、盐碱等资源,特别是具备发展"煤代油"、"煤变油"煤化工产业的水资源、电力、生态、环境、技术、资金和社会配套条件。在鄂尔多斯市建成投产的神华煤直接液化项目和伊泰煤间接液化项目,都是具有自主知识产权的国内第一套煤液化项目,对内蒙古化工产业发展,对保障国家能源安全,都具有战略意义。

专栏 3—2

神华煤直接液化项目

神华煤直接液化项目是调整和优化我国能源结构、保障国家石油安全的战略项目。总建设规模为年产油品 500 万吨,分二期建设。一期工程建设规模为年产油品 320 万吨,由三条主生产线组成,包括煤液化、煤制氢、溶剂加氢、加氢改质、催化剂制备等 14 套主要生产装置。2004 年 8 月开工建设的第一条生产线为煤直接液化示范工程,总投资 123 亿元,建成投产后,每年用煤 345 万吨,可生产各种油品 108 万吨,其中液化石油气 10.2 万吨、柴油 72 万吨、石脑油 25 万吨、酚等其他产品 0.8 万吨。

2008 年 12 月底,神华煤直接液化百万吨级示范工程一次试车成功,生产出合格的石脑油和柴油等目标产品。煤直接液化试车成功是我国煤制油技术的重大突破,其核心装置采用了具有自主知识产权的工艺技术和催化剂,标志着我国成为世界上唯一掌握百万吨级煤直接液化关键技术的国家。

目前,内蒙古化工产业还处于起步阶段,总量比较小,产业链条还不长,但起点较好,技术含量较高,发展前景广阔。应抓

住国家实施重点产业调整和振兴规划的机遇,使其健康发展,努力做大做强化工产业。

四、潜力巨大的装备制造业

装备制造业是为国民经济发展和国防建设提供技术装备的基础性、战略性产业。装备制造业的振兴,是实现工业化、现代化的重要标志。内蒙古装备制造产业的基础是军工企业,经过50多年的发展,形成了具有相当规模和一定水平的产业体系。改革开放以来,面对市场挑战,内蒙古装备制造业坚持自主研发与引进消化吸收再创新相结合,高起点、高水平承接国内外产业转移,加快发展以运输机械、工程机械、风力发电设备为主的装备。2007年,装备制造业增加值由2000年的7亿元增加到105.5亿元,增长14.1倍,其增加值占6个优势特色产业增加值的4.5%,占规模以上工业增加值的4.2%,占全部工业增加值的3.8%,占GDP的1.7%。单从企业规模或产品产量看,内蒙古装备制造业还不能与能源、冶金等产业相比,但它的优势在于大吨位载货汽车等产品填补了国内市场空白,具有本行业良好的技术和人才基础,发展潜力较好。2007年,载货汽车产量达到15837辆,增长46.7%,占全国汽车产量218.31万辆的0.73%。

装备制造产业具有需求弹性大、产业关联度高、吸纳就业较多、带动作用强、科技含量高等特点,是产业升级、技术进步的重要保障和国家综合实力的集中体现,是一个国家和地区工业化水平乃至经济、科技总体实力的重要标志。走向前列的进程中,装备制造业将是内蒙古优势特色产业的一支劲旅,有很大的发展潜力。应抓住国家实施重点产业调整和振兴规划的机遇,使其健康发展,努力做大做强先进制造业。

五、彰显品牌的农畜产品加工业

内蒙古农畜产品加工业以乳类加工、肉类加工、绒毛加工为主,还有粮、油、薯(果蔬)加工等行业,是基础坚实、优势突出、品牌响亮、特色鲜明、最具生命力的产业。农畜产品加工业是内蒙古工业第三大产业。农畜产品加工业的优势特色在于根植于绿色大草原的产业发展环境、渊源于民族文化的产业文化内涵、产业化发展的生产经营机制、受消费者信赖的众多驰名品牌。2007年,农畜产品加工业增加值由2000年的62亿元增加到420.6亿元,增长5.8倍,其增加值占6个优势特色产业增加值的17.9%,占规模以上工业增加值的16.9%,占全部工业增加值的15.3%,占GDP的6.9%。2007年,内蒙古乳制品产量达到366.97万吨,增长4.3%,液体乳产量达到319.42万吨,增长1.1%。2007年,内蒙古有中国驰名商标24个,其中农畜产品商标22个,占91%。

农畜产品加工业是最体现内蒙古优势特色的产业,也是与广大农牧民和消费者利益关系最为密切的产业,因而也是最具生命力的产业。做大做强农畜产品加工业,既要转变农牧业生产经营方式,提高农牧民组织化程度,推动规模化生产、社会化生产、集约化养殖、健康养殖;又要引导龙头企业发展精深加工的同时与农牧民建立紧密型利益联结机制,让农牧户分享加工、营销环节增值收益,保障广大农牧民利益,促进农牧业产业化经营持续稳定发展。

六、后发势强的高新技术产业

内蒙古高新技术产业是以新材料产业、生物医药产业、电子信息产业为主的新兴产业。稀土资源是内蒙古独特的优势资源。邓小平曾说,"中东有石油,中国有稀土。"而中国的稀土主要在内蒙古。内蒙古稀土工业储量为 5738 万吨(折合 REO),稀土氧化物保有储量 7754.40 万吨,占中国稀土工业储量的 87.1%,占世界稀土工业储量的 62%,内蒙古稀土资源储量位居全球首位。2006 年,内蒙古高新技术产业实现总产值 810.93 亿元,有高新技术企业 338 家。2007 年,内蒙古高新技术产业增加值由 2000 年的 12 亿元增加到 95.9 亿元,增长 7.0 倍,其增加值占 6 个优势特色产业增加值的 4.1%,占规模以上工业增加值的 3.8%,占全部工业增加值的 3.5%,占 GDP 的 1.6%。

高新技术产业是 6 个优势特色产业中最弱小的产业,主要分布在呼和浩特、包头、鄂尔多斯 3 个市。目前,稀土资源的开发利用特别是产业化发展还没有破题,真正成为一个优势特色产业还要做出较大的努力;电子信息产业步履维艰,很快做大也不容易;生物制药产业也在成长之中。从长远看,这些产业都是成长性较好、发展潜力较大的产业,关键是要整合研发资源,增强自主创新能力,促进科技进步;延长产业链条,向下游产品发展;打造自主知识产权品牌,奋力开拓市场。要立足发挥稀土这个独特资源优势,依托包头稀土高新技术产业开发区,积极培育核心企业,延长稀土产业链,加快稀土产业化进程。要立足发挥电子信息产业的经济增长"倍增器"、发展方式"转换器"和产业升级"助推器"的重要作用,将电子信息产业作为国民经济的基础性、支柱性、先导性和战略性产业,加快信息化进程,大力推进信息化与工业化融合。高新技术产业,具有知识和技术密集度高、对环境污染少、前导性强、关联度高、附加值高等特点。加快发展高新技术产业,是内蒙古推动经济发展方式转变、实现经济结构优化升级的重要途径。

"十五"以来,内蒙古 6 个优势特色产业中增长最快的是化工产业和装备制造业,分别增长了 16.4 倍和 14.1 倍。但由于其基础小，占经济总量的比重只有 2.9％和 1.7％。真正举足轻重的是能源产业、冶金建材产业和农畜产品加工业，不仅速度快，而且分量重。说是 6 个优势特色产业，其实目前支撑大梁的是这 3 个产业。7 年间，这 3 个产业分别增长 8.8 倍、9.8 倍和 5.8 倍，占经济总量的比重分别达到 13.9％、11.7％和 6.9％。化工产业、装备制造业和高新技术产业 3 个产业所占比重加起来还不到 7％，但这 3 个产业已经具备较好的基础，发展潜力大，成长性好，是内蒙古工业新的增长点（见表3—2）。

表3—2 "十五"以来 6 个优势特色产业增加值

单位：亿元、％

项目	2000 年	2007 年	增长倍数	占工业比重	占 GDP 比重
能源产业	86	845.5	8.8	30.8	13.9
冶金建材产业	66	711.2	9.8	25.9	11.7
化工产业	10	174.1	16.4	6.3	2.9
装备制造业	7	105.5	14.1	3.8	1.7
农畜产品加工业	62	420.6	5.8	15.3	6.9
高新技术产业	12	95.9	7.0	3.5	1.6
合计	243	2352.9	8.7	85.8	38.6

资料来源：《内蒙古统计年鉴》，优势特色产业增加值数据来自内蒙古经济委员会《内蒙古自治区 2002—2007 年主要工业行业经济指标汇编》。

第三节 内蒙古工业发展的特点

一、"十五"以来内蒙古工业发展的特点

"十五"以来，内蒙古工业超常速增长，结构不断调整，效益大幅提高，产品产量排序前移，呈现出以下特点：

第一，工业超常速增长，速度居全国前列。2000—2007 年，

内蒙古工业增加值由 484.19 亿元增加到 2742.67 亿元,增长了 4.66 倍,占全国工业增加值的比重由 2000 年的 1.21% 提高到 2007 年的 2.55%,提高了 1.34 个百分点。规模以上工业增加值由 279.54 亿元增加到 2495.34 亿元,增长了 7.93 倍。7 年间,内蒙古规模以上工业增加值先后超过重庆、广西、新疆、陕西、吉林、安徽、云南、北京 8 个省区市,在全国的排序前移了 8 位,增速连续 4 年居全国第 1 位,占全国规模以上工业增加值的比重由 1.1% 提高到 2007 年的 2.13%,提高了 1.03 个百分点(见表 3—3)。

表 3—3　"十五"以来内蒙古工业增加值

单位:亿元、%

年份	工业增加值		规模以上工业增加值			
	增加值	增速	增加值	排序	增速	排序
2000	484.19	12.2	279.54	24	15.8	4
2001	541.02	10.2	307.60	25	12.9	6
2002	614.89	13.9	375.82	21	19.1	2
2003	773.50	21.8	515.87	21	31.5	1
2004	1015.37	24.9	807.00	21	38.5	1
2005	1477.88	38.5	1240.43	19	30.9	1
2006	2025.72	28.1	1778.17	18	29.8	1
2007	2742.67	27.6	2495.34	16	30	2

资料来源:《内蒙古统计年鉴》,优势特色产业增加值数据来自内蒙古经济委员会《内蒙古自治区 2002—2007 年主要工业行业经济指标汇编》。

第二,工业结构不断改善,比重进一步提高。2007 年与 2000 年相比,内蒙古工业增加值占 GDP 比重由 31.5% 提高到 45.0%,提高了 13.5 个百分点。规模以上工业增加值占 GDP 的比重由 18.2% 提高到 41.0%,提高了 22.8 个百分点。6 个优势特色产业增加值占 GDP 的比重由 15.8% 提高到 38.6%,提高了 22.8 个百分点。规模以上工业增加值占全部工业增加值的比重由 57.7% 提高到 90.98%，提高了 33.28 个百分点。6 个优势特色产业增加值占全部工业增加值的比重由 50.2% 提高到 85.8%，提高了 35.6 个百分点。6 个优势特色产业增加值占规模以上工业增加值比重由 86.9% 提高到 94.3%，提高了 7.4 个百分点。工业增加值对经济增长的贡献率由 2000 年的 34.9% 提高到 2007 年的 61%，提高了 26.1 个百分点。

表 3—4　"十五"以来内蒙古工业结构变化

单位：%

项目	2000 年	2001 年	2002 年	2003 年	2004 年	2005 年	2006 年	2007 年
工业增加值占 GDP	31.5	31.6	31.7	32.4	33.4	37.9	41.8	45.0
规模以上工业占 GDP	18.2	17.9	19.4	21.6	26.5	31.8	36.7	41.0
优势特色产业占 GDP	15.8	—	17.1	20.5	25.3	30.1	34.9	38.6
规模以上工业占工业	57.7	56.9	61.1	66.7	79.5	83.9	87.8	90.98
优势特色产业占工业	50.2	—	54.1	63.2	75.6	79.5	83.3	85.8
优势特色产业占规模以上工业	86.9	—	88.5	94.8	95.2	94.7	94.4	94.3

资料来源：《内蒙古统计年鉴》，优势特色产业增加值数据来自内蒙古经济委员会：《内蒙古自治区 2002—2007 年主要工业行业经济指标汇编》。

　　第三，工业经济效益大幅提高，利润逐年增加。2000—2007 年，内蒙古规模以上工业企业经济效益综合指数由 88.84 提高到 295.80，提高了 206.96；规模以上工业企业利润由 16.10 亿元增加到 641.99 亿元，增长 38.8 倍，年均增长 69.3%。规模以上工业企业全员劳动生产率由 2000 年的 21989 元/人·年提高到 2007 年的 268398 元/人·年，增长了 11.2 倍。

表3—5　"十五"以来全国、内蒙古工业企业经济效益

单位:亿元、%

年份	规模以上工业企业实现利润				内蒙古规模以上工业企业经济效益综合指数
	全国		内蒙古		
	企业利润	增速	企业利润	增速	
2000	4393.48	—	16.10	—	88.84
2001	4733.43	7.7	19.46	20.9	90.62
2002	5784.48	22.5	37.29	91.6	103.73
2003	8337.24	44.1	64.97	74.2	125.56
2004	11929.30	43.1	142.19	118.9	164.65
2005	14802.54	24.1	235.13	65.4	203.61
2006	19504.44	31.8	348.69	48.3	240.68
2007	27155.18	39.2	641.99	84.1	295.80

资料来源:《中国统计年鉴》、《内蒙古统计年鉴》。

专栏3—3

工业经济效益综合指数

　　工业经济效益综合指数是考核和评价地区、行业乃至企业的工业经济效益实际水平和发展变化趋势的综合性指标。现行的工业经济效益综合评价指标体系由总资产贡献率、资本保值增值率、资产负债率、流动资产周转率、成本费用利润率、工业全员劳动生产率和工业产品销售率几项指标组成,它们分别从不同的方面对企业的经济效益水平进行评价。工业经济效益综合指数=Σ(某项指标报告期数值/该项指标全国标准值×该项指标权数)÷总权数。

　　第四,优势特色产业内部比重有升有降,产品产量提高。2007年与2000年相比,内蒙古6个优势特色产业增加值分别

占规模以上工业增加值比重,能源产业比重提高了3.2个百分点、冶金建材产业比重提高了4.9个百分点、化工产业比重提高了3.4个百分点、装备制造业比重提高了1.7个百分点,而农畜产品加工业比重和高新技术产业比重却分别下降了5.2个百分点和0.5个百分点。比重提高最多的是冶金建材产业,比重下降最多的是农畜产品加工产业(见表3—6)。

表3—6 "十五"以来内蒙古优势特色产业各产业
增加值占规模以上工业增加值比重

单位:亿元、%

项目	2000 年	2001 年	2002 年	2003 年	2004 年	2005 年	2006 年	2007 年
能源产业增加值	86	—	112.5	147.5	246.0	418.7	606.7	845.5
比重	30.71	—	29.9	28.6	30.5	33.8	34.1	33.9
冶金产业增加值	66	—	81.4	127.3	219.5	327.7	506.5	711.2
比重	23.57	—	21.7	24.7	27.2	26.4	28.5	28.5
化工产业增加值	10	—	26.3	35.4	58.0	88.1	116.6	174.1
比重	3.57	—	7.0	6.9	7.2	7.1	6.6	7.0
装备产业增加值	7	—	16.0	23.4	37.6	52.4	75.2	105.5
比重	2.50	—	4.3	4.5	4.7	4.2	4.2	4.2
农畜产业增加值	62	—	86.8	123.2	167.3	242.6	316.8	420.6
比重	22.14	—	23.1	23.9	20.7	19.6	17.8	16.9
高新产业增加值	12	—	9.6	32.1	39.6	44.6	66.0	95.9
比重	4.28	—	2.6	6.2	4.9	3.6	3.7	3.8

资料来源:内蒙古经济委员会:《内蒙古自治区2002—2007年主要工业行业经济指标汇编》。

2007 年与 2002 年相比,内蒙古 6 个优势特色产业增加值中能源产业比重由 33.8% 增加到 35.9%,提高了 2.1 个百分点;冶金建材产业比重由 24.5% 增加到 30.2%,提高了 5.7 个百分点;化工产业比重由 7.9% 下降到 7.4%,下降了 0.5 个百分点;装备制造业比重由 4.8% 下降到 4.5%,下降了 0.3 个百分点;农畜产品加工业比重由 26.1% 下降到 17.9%,下降了

8.2个百分点;高新技术产业比重由2.9%增加到4.1%,提高了1.2个百分点(见表3—7)。

表3—7 "十五"以来内蒙古优势特色产业内部结构变化

单位:%

项目	2002年	2007年	提高百分点
能源产业增加值占优势特色产业	33.8	35.9	2.1
冶金建材产业增加值占优势特色产业	24.5	30.2	5.7
化工产业增加值占优势特色产业	7.9	7.4	−0.5
装备制造业增加值占优势特色产业	4.8	4.5	−0.3
农畜产品加工业增加值占优势特色产业	26.1	17.9	−8.2
高新技术产业增加值占优势特色产业	2.9	4.1	1.2

资料来源:内蒙古经济委员会:《内蒙古自治区2002—2007年主要工业行业经济指标汇编》。

从2007年看,6个优势特色产业结构中比重最大的是能源产业,占35.9%,其次是冶金建材产业占30.2%,第三是农畜产品加工业占17.9%,但其比重在逐年下降,而且下降幅度最大。化工产业、装备制造、高新技术3个产业所占比重均没有超过8%,而且化工产业、装备制造的比重是下降的。从"十五"时期年均增速看,6个优势特色产业中除了高新技术产业达到18.43%以外,其余均超过了30%。

内蒙古6个优势特色产业产品产量在全国的排序前移。2005年主要工业产品产量中居全国前10位的有9个,其中液体乳、羊绒衫、稀土化合物产量居全国第1位,原煤产量居全国第2位,焦炭、鲜冷藏冻肉加工量、重型载货汽车居全国第6位。2006年居前10位的有14个,其中铁合金、电石、液体乳、羊绒衫、稀土化合物和外送电居全国第1位,原煤产量居全国第2位,焦炭、鲜冷藏冻肉加工、重型载货汽车和电力装机容量居全国第6位(见表3—8)。

表3—8 "十五"以来内蒙古主要工业产品产量

单位：万吨、亿千瓦小时、辆、万部

品名 \ 年份	2000		2005		2006		2007	
	产量	排序	产量	排序	产量	排序	产量	排序
原煤	7247	4	25608	2	29760	2	35438	2
发电量	439.22	12	1056.59	9	1416.00	8	1931.95	3
钢	423.60	11	805.49	15	861.86	15	1040.36	15
铁合金	11	—	146	—	245.77	1	306.25	—
铝	14.56	—	51.38	—	66.94	4	102.43	—
水泥	630	25	1575	—	2215.59	18	2871.17	19
纯碱	52.88	7	76.00	7	78.88	7	80.71	9
甲醇	—	—	18	13	27.20	12	139.80	—
乳制品	6.65	—	293.50	—	345.76	—	366.97	—
液体乳	22	—	307.53	1	310.11	1	319.42	—
羊绒衫	710	—	1119	1	1267	1	—	—
载货车	362	—	7138	6	8907	7	15837	—
化肥	36	—	65	—	68.95	19	84.30	19
彩电	51.8	—	230	—	333.74	—	830.26	—
稀土化	5.2	—	13	1	19.3	1		

资料来源：内蒙古统计局《统计手册》等资料。

表3—8中所列的15种工业产品产量中，2006年至少有9种产品的产量居全国前10位，其中有4种产品产量居全国第1位。

短短几年时间，内蒙古工业何以取得如此骄人的成绩？短短几年的超常速增长是以半个世纪的扎实稳步发展为基础的。进入21世纪，中央实施西部大开发战略和振兴东北战略，为内蒙古超常速增长带来了宝贵机遇，特别是20世纪以来伴随全国经济进入新一轮高速增长期的煤电油运全面紧张，为能源资源富集的内蒙古带来了千载难逢的发展机遇，内蒙古紧紧抓住了这次机遇。对"十五"以来内蒙古经济跨越式增长的环境条件，将在上篇第七章做较系统的分析,这里只就内蒙古工业超常速增长的直接原因做几点阐述。

第一,"十五"以来内蒙古工业投入大幅度增加。"十五"时期,内蒙古实施工业重点项目 1002 项,累计完成固定资产投资 2021.34 亿元,占全部城镇规模以上工业固定资产投资的62.30%。其中,6 个优势特色产业重点项目累计完成投资1844.87 亿元,占工业重点项目累计完成投资的 91.29%,占全部工业累计完成投资的 57%。2005 年、2006 年和 2007 年,内蒙古工业固定资产投资分别达到 1436.7 亿元、1808.7 亿元和 2205.5 亿元,分别占全社会固定资产投资总额的 53.5%、53.1%和 50.1%,分别占城镇固定资产投资总额的 55.5%、54.7%和 51.4%,其中能源工业固定资产投资又占 3 个年份工业固定资产投资的 55.1%、53.3%和 54.6%。2007 年内蒙古工业固定资产投资额是 2000 年内蒙古全社会固定资产投资总额的 5.1 倍。投资支撑了内蒙古工业超常速增长。

第二,企业数量增多,规模扩大,实力增强。内蒙古规模以上工业企业由 2000 年的 1373 户增加到 2005 年的 2447 户,增长 78.2%,其中大型企业 46 户,中型企业 319 户。2007 年规模以上工业企业增加到 3364 户,是 2000 年的 2.5 倍,其中大型企业 50 户,中型企业 388 户。2002 年开始评选中国企业 500 强时,内蒙古有包钢集团、伊利集团和鄂尔多斯集团 3 个企业入选,2007 年增加到包钢集团、电力集团、呼和浩特铁路局、伊利集团、蒙牛集团、伊泰集团和鄂尔多斯集团 7 个企业。2007 年全球主要钢铁企业排名中,包钢集团以 883 万吨产量名列第 35 位,在上榜的中国 60 家钢铁企业中名列第 14 位。2006 年,内蒙古呼和浩特铁路局、小肥羊集团、小尾羊集团 3 个企业入选中国服务业企业 500 强,包钢集团、伊利集团、蒙牛集团、鄂尔多斯集团 4 个企业入选中国制造业企业 500 强。2007 年,内蒙古主营业务收入超 100 亿元的企业增加到包钢集团、电力集团、中石油分公司、伊利集团、蒙牛集团、呼和浩特铁路局、北方联合电力集团、鄂尔多斯集团、霍林河集团、伊泰集团、第一机械制造集团、烟草公司 12 户。

第三，产业基地和工业园区建设促进工业发展。内蒙古根据自身的资源禀赋、产业基础和国家产业政策，规划建设 2 个亿吨以上、4 个 5000 万吨以上的重点煤炭基地，5 个能源重化工业基地，6 个风力发电基地，3 个有色金属工业基地，5 个农畜产品生产加工基地。产业基地要求加强基础设施配套建设，有利于各种生产要素聚集，增强产业竞争力。内蒙古以大企业为龙头建设工业园区，促进了产业集中，为产业集群化发展、循环发展创造了条件。到 2007 年，内蒙古已建成各级各类经济开发区、工业园区 46 个，其中重点工业开发区 20 个。工业开发区的产业集聚效应明显增强，开发区经济已成为内蒙古工业发展的生力军。2007 年，工业开发区完成工业增加值 1034.3 亿元，同比增长 40.3%；20 个重点工业开发区完成工业增加值 855.8 亿元，同比增长 39.0%，占全部工业开发区的 82.7%。2006 年内蒙古包钢集团、包铝公司、乌兰水泥集团、蒙西工业园区、托克托工业园区、科尔沁工业园区成为国家循环经济试点单位。

第四，众多知名品牌引领产业发展，提高市场份额。在市场经济条件下，品牌的作用日益显现。知名品牌代表着产品质量、企业实力和地区形象。知名品牌的价值在于提高产品市场占有率，降低市场营销费用，提高企业盈利水平，保持产业稳定发展。品牌作为无形资产，被认为是企业最具价值的资产。内蒙古的品牌经济具有一定的基础。截至 2007 年年底，内蒙古拥有各类注册商标 2 万余件，其中内蒙古著名商标 182 件、中国驰名商标 24 件。世界品牌实验室发布的 2005 年中国 500 个最具价值品牌中，内蒙古有 7 个品牌上榜，伊利以品牌价值 136.12 亿元排名第 41 位,蒙牛以品牌价值 85.13 亿元排名第 57 位,鄂尔多斯以品牌价值 55.43 亿元排名第 93 位,小肥羊以品牌价值 55.12 亿元排名第 95 位。其中,在乳品业中,伊利、蒙牛分别排在第 1 位和第 2 位;在餐饮酒店业中,小肥羊排第 2 位;在纺织服装业中,鄂尔多斯排第 4 位。

二、内蒙古工业发展中的问题

"十五"以来,内蒙古工业超常速增长,带动经济跨越式发展,表现不俗,成就非凡,同时其发展中也存在一些不容忽视的突出问题。

第一,工业总量仍然偏小。尽管近年来内蒙古工业超常速增长,但总规模还比较小。2007 年,内蒙古工业增加值占地区生产总值的 44.3%,只占全国工业的 2.55%,规模以上工业增加值在 31 个省区市中排第 17 位。将工业由小做大、由大变强是工业化进程的内在要求。只有工业做大做强了,才能带动第一、三产业更好更快地发展,才能引领内蒙古经济走进前列,才能使内蒙古真正成为我们国家经济增长的重要支点。因此,走新型工业化道路,着力做大做强,是内蒙古工业发展的主题。

第二,结构性矛盾很突出。内蒙古工业组织结构不合理,企业规模不经济,专业化分工程度低等问题突出,工业发展中的结构性矛盾集中体现在以下几个方面。一是资源性产业与非资源性产业发展不平衡。以资源性产业为主,非资源性产业发展滞后,非资源性产业比重不足 14%。工业企业多数是资源性企业,且精深加工程度不高,产品附加值低,增值能力弱。非资源性产业发展滞后导致工业能源资源消耗高、排放高、污染重,产业链条短,难以实现集群化发展。二是产业内部行业发展不平衡。特别是 6 个优势特色产业发展不平衡。2007 年,6 个优势特色产业中能源产业占 35.9%,冶金建材产业占 30.2%,农畜产品加工业占 17.9％，化工产业占 7.4％，装备制造业占 4.5％，高新技术产业占 4.1％，后 3 个产业之和仅占 16％。三是产品加工程度不平衡。产品输出仍然以资源输出为主，工业产品以原材料和初级产品为主，产品结构中原材料和初加工产品占 80％以上。四是各种所有制企业发展不平衡。中小企业发展不够，非公有制工业对工业经济的贡献率不足 40％。五是地区间工业发展不平衡。内蒙古工业主要集中在呼、包、鄂"金三角"，2007 年呼、包、鄂三市全部工业增加值 1468.7 亿元，占内蒙古的 53.6％，20 个重点工业园区有 12 个在呼、包、鄂地区，其他盟市在工业增长点、发展后劲、发展条件上差距较大。

第三，增长方式比较粗放。内蒙古工业以高耗能、高污染产业为主，2007 年 6 个优势特色产业增加值中仅能源、冶金建材、化工 3 个产业增加值就占到 73.6％；2006 年电力、钢铁、有色、化工、建材、煤炭 6 大行业能源消费占全区的 69％，占工业耗能的 88％。工业增长的资源成本、环境代价、物质消耗较大，节能减排任务非常艰巨，单位工业增加值能耗和排污量远远高于全国平均水平。2001—2005 年，内蒙古工业连续以 30％左右的速度增长，与此同时，能源消费平均增速高于全国平均增速近 8 个百分点。2005 年，内蒙古单位 GDP 能耗为 2.48 吨标准煤，是全国平均水平的 2.02 倍，"十一五"时期要降低 25％；二氧化硫排放量为 145.6 万吨，"十一五"末要控制在 140 万吨以内，在 2005 年基础上削减 3.8％（年均减少 0.79％）；化学需氧量（COD）排放量为 29.7 万吨，"十一五"末要控制在 27.7 万吨以内，在 2005 年基础上削减 6.7％（年均减排 1.4％）。节能方面，2006 年和 2007 年连续两年没有完成预期目标。2007 年 4 月，国家发改委、电监会发文对内蒙古等省区市贯彻落实差别电价政策不到位、甚至自行出台对高耗能企业电价优惠措施的行为点名批评，指出这些行为严重干扰了国家宏观调控政策的落实。

2007 年内蒙古是全国 7 个没有完成节能任务的省区之一。这意味着,内蒙古将要在任务期限一半的时间内完成 70％以上的节能任务。减排方面,2006 年内蒙古主要污染物排放不降反升,2007 年的下降部分仅仅与 2006 年上升部分持平,回到了 2005 年的水平。这意味着"十一五"5 年的减排任务必须在后 3 年内完成(见表 3—9)。

表 3—9　全国、内蒙古节能减排主要指标

单位:吨标准煤/万元、万吨、％

项目		2005 年	2006 年	2007 年	2010 年目标
单位 GDP 能耗(吨标准煤/万元)	全国	1.226	1.206	1.160	—
	升降	−1.63	−1.33	−3.66	−20％
	内蒙古	2.48	2.41	2.31	1.86
	升降	−1.2	−2.82	−4.50	−25％
化学需氧量排放量(万吨)	全国	1414	1428	1381.8	1270
	升降	—	+0.99	−3.2	−10％
	内蒙古	29.7	29.8	28.77	27.7
	升降	—	+0.34	−3.46	−6.7％
二氧化硫排放量(万吨)	全国	2549	2589	2468.1	2295
	升降	—	+1.57	−4.7	−10％
	内蒙古	145.6	155.7	145.58	140.0
	升降	—	+6.96	−6.5	−3.8％

第四,工业带动就业能力低。2007 年与 2002 年相比,内蒙古规模以上工业企业由 1440 个增加到 3364 个,增长 1.34 倍;从业人员由 78.9 万人增加到 93.3 万人,仅仅增长 0.18 倍;利润总额由 37.3 亿元增加到 641.99 亿元,增长 16.2 倍;工资总额由 75.8 亿元增加到 269.96 亿元,仅仅增长 2.6 倍;从业人员年平均工资由 9607 元增加到 28934 元,仅仅增长 2.0 倍;万元工业增加值吸纳从业人员不增反降,由 0.21 减少到 0.037。这表明,内蒙古工业化进程中,企业数量增加较多,企业利润大幅

度提高,工业吸纳就业增加无几,职工平均工资水平提高较慢,工业化对提高城乡居民生活水平贡献有限。2007 年与 2000 年相比,内蒙古城镇当年需要安置人员由 23.96 万人增加到 51.16 万人,7 年增加了 27.2 万人;第二产业就业人员由 182.4 万人增加到 183.6 万人,7 年仅仅增加了 1.2 万人。

第五,企业自主创新能力较弱。内蒙古工业企业多数缺乏具有自主知识产权的核心技术,不适应产业升级的要求。2007 年,内蒙古 449 个大中型工业企业中开展科技活动的企业只有 94 个、开展研究与试验发展(R&D)活动的企业只有 57 个,企业筹集科技活动经费达到 35.89 亿元,其中企业资金 30.46 亿元。内蒙古有民营科技企业 820 家,其中以成熟技术商品化、高新技术产品开发为主营业务的占 50% 以上。

内蒙古工业发展中的问题,是由传统工业发展模式向新型工业化发展模式转变中的问题。解决这些问题,只有坚定不移地走科技含量高、经济效益好、资源消耗低、环境污染少、人力资源优势得到充分发挥的新型工业化道路,没有别的路可走。

第四章 我国重要的粮食 畜牧业生产基地

2007 年 11 月,胡锦涛总书记在内蒙古考察工作时指出:"内蒙古人均耕地面积和草原总面积居全国之首,是我国重要的粮食、畜牧业生产基地。"胡锦涛的这句话准确概括了内蒙古农牧业在全国的重要地位。内蒙古是国家重要的农畜产品生产基地,是国家 13 个粮食主产区之一,是全国著名的 5 大牧区之一,内蒙古草原是中国北方重要生态屏障,在维护国家生态安全中居于重要地位。

第一节 国家 13 个粮食主产区之一

20 世纪 80 年代初的农村"大包干"中,内蒙古是全国率先推行农村土地家庭承包经营责任制的省份之一。80 年代,内蒙古提出了逐步实现粮食基本自给在内的"三项近期奋斗目标",1989 年便结束了长达 20 年靠国家调拨粮食的历史,实现了粮食自给。1992 年内蒙古粮食产量突破 200 亿斤,达到 209.36 亿斤,人均占有粮食达到 954 斤。1996 年内蒙古粮食产量突破 300 亿斤,达到 307.06 亿斤,粮食人均占有量居全国第 3 位。1998 年粮食产量达到 315.08 亿斤,创造 20 世纪粮食产量历史最高。在 21 世纪初的农业税费改革中,内蒙古比全国早 3 年取消了牧业税、早 1 年取消了农业税,平均减轻农牧民负担 630 多元。

改革开放以来特别是"十五"以来,内蒙古农业稳步发展,粮食产量 4 年迈上了四个台阶。2004 年，内蒙古粮食产量继 1996 年、1998 年之后再次突破 300 亿斤，达到 301.1 亿斤，2005 年达到 332.44 亿斤、2006 年达到 361.34 亿斤、2007 年达到 362.22 亿斤，①实现了自 1985 年以来首次连续 4 年持续增长，连创历史新高，占全国粮食总产量的 3.6%。2007 年，在国家 13 个粮食主产区中内蒙古耕地总面积居第 4 位、人均耕地面积居第 2 位、粮食播种面积居第 8 位、粮食总产量居第 13 位、粮食单产量居第 12 位、人均粮食产量居第 3 位。内蒙古是 4 个人均粮食产量超 1000 斤的省份之一，是 5 个粮食净调出省区之一。已具备每年向国家提供 150 亿斤商品粮的能力（见表 4—1）。

表 4—1 2007 年全国 13 个粮食主产区情况

单位：万人、千公顷、万吨、公斤/亩、亩/人、公斤/人

省份	总人口	总耕地面积	粮食播种面积	粮食总产		单产		人均			
				产量	排序	亩产	排序	耕地	排序	产量	排序
河北	6943	6315.1	6168.2	2841.6	7	307	10	1.36	6	411	11
湖南	6355	3789.0	4531.3	2692.2	8	396	3	0.89	13	424	9
湖北	5699	4663.4	3981.4	2185.4	10	366	7	1.23	8	384	12
内蒙古	2405	7146.3	5119.9	1810.7	13	236	12	4.46	2	754	3
辽宁	4298	4085.2	3127.7	1835.0	12	391	4	1.43	4	428	8
吉林	2730	5535.0	4334.7	2453.8	9	377	5	3.04	3	900	2
黑龙江	3824	11838.4	10820.5	3462.9	3	213	13	4.64	1	906	1
江苏	7625	4763.8	5215.6	3132.2	4	400	1	0.94	12	413	10
安徽	6118	5728.2	6477.8	2901.4	6	299	11	1.40	5	475	5
江西	4368	2826.7	3525.3	1904.0	11	360	8	0.97	11	437	7
山东	9367	7507.1	6936.5	4148.8	2	399	2	1.20	9	444	6

---

① 文中数据来自《内蒙古统计年鉴》，表 4—1 中数据来自《中国统计年鉴》，略有出入。

省份	总人口	总耕地面积	粮食播种面积	粮食总产		单产		人均			
				产量	排序	亩产	排序	耕地	排序	产量	排序
河南	9360	7926.0	9468.0	5245.2	1	369	6	1.27	7	559	4
四川	8127	5950.1	6450.0	3027.0	5	313	9	1.10	10	372	13

资料来源:《中国统计年鉴》。

2007 年,内蒙古耕地面积为 10699.5 万亩,占全国耕地 18.26 亿亩的 5.86%,内蒙古人均耕地 4.45 亩,是全国人均耕地 1.38 亩的 3.22 倍。2007 年,内蒙古农作物播种面积 10143 万亩,其中粮食作物播种面积 7653 万亩,占全国粮食作物播种面积 158457 万亩的 4.83%。2007 年,内蒙古有乡村人口 1169.75 万人,占全国乡村人口 72750 万人的 1.61%,乡村人口人均粮食播种面积 6.54 亩,是全国乡村人口人均粮食播种面积 2.18 亩的 3 倍。内蒙古粮食亩产 473.3 斤,占全国粮食 (10032.06 亿斤)亩产 633.11 斤的 74.8%。

内蒙古农业发展具有以下四个特点:

一是农业产业化经营带动种植业结构调整取得明显成效,农产品加工业加快发展,同时农民合作经济组织发展滞后,龙头企业与农民尚未建立紧密型利益联结机制。内蒙古种植业已形成小麦、玉米、马铃薯、葵花、大豆、番茄等粮、油、蔬菜和饲料产业,精深加工程度不断提高,订单农业不断扩大,市场份额不断增加。近年来逐步形成了以巴彦淖尔市为主的小麦加工产业,以呼和浩特市、通辽市为主的玉米加工产业,以巴彦淖尔市、呼伦贝尔市为主的葵花、大豆加工产业,以乌兰察布市为主的马铃薯加工产业等。与此同时,虽然建立了 3000 多个农牧民合作经济组织、近 20 万农牧民参加了各类合作经济组织,但龙头企业与基地农户的关系仍然是简单的农产品买卖关系,龙头企业与农民尚未建立紧密型利益联结机制。

二是农业基础设施有所改善,农田基本建设有所加强,农畜产品质量安全水平有所提高,同时农业生产条件落后、抗灾能力差的状况没有从根本改变。内蒙古绿色食品生产企业达到110家,使用绿色食品标志的产品达到424个,绿色食品产量占全国的10%左右,有310种农畜产品获得国家绿色食品标志,居全国第2位;绿色食品年产值达90亿元,年销售额达89亿元,绿色食品原料生产基地面积达到2912万亩。内蒙古无公害农产品认证企业达到209家,无公害农畜水产品达到900个,产值达到65亿元;有机食品原料基地面积达到586万亩,有机食品产品达到145个。与此同时,内蒙古以旱作农业为主、以雨养农业为主、抵御自然灾害能力低的状况没有改变。2006年内蒙古受灾害面积达到5340万亩,是全国受灾面积最大的地区。2007年,内蒙古水浇地面积为2686.5万亩,比2000年减少232.5万亩,水浇地占耕地面积的25.1%。

专栏4—1

绿色农业

"绿色农业"的概念是中国绿色食品协会在2003年10月召开的联合国"亚太地区绿色食品与有机农业市场通道建设国际研讨会"上首次提出来的。"绿色农业"概念是在总结我国发展绿色食品多年实践经验、吸收国际经验的基础上提出来的。发展"绿色农业"能有效促进农业安全。农业安全包括粮食安全、食品安全和生态安全。"绿色农业"就是要在改善生态环境的前提下,使粮食和食品生产的全过程实现三个零,即零公害、零污染、零废弃物。我国自1990年发展绿色食品以来,绿色食品产业有了长足的发展,截至2006年,全国有效使用绿色食品标志企业近4000家,产品总数近1万个,年销

售额已突破 1000 亿元。（根据 2006 年 4 月 11 日《人民日报》有关资料编）

三是农业科技进步水平显著提高,农业机械化不断发展,同时农业增长方式仍然比较粗放,农业劳动生产率低。内蒙古免费测土配方施肥面积达到 1000 万亩,保护性耕作面积达到 700 万亩,农作物良种覆盖率达到 95％。农牧业机械化程度进一步提高,2007 年,农牧业机械总动力达到 2209 万千瓦,大中小型农用拖拉机拥有量达到 70.87 万台,机耕、机播、机收面积分别达到耕地面积和播种面积的 80.70％、72.30％、27.30％,农牧业综合机械化水平达到 60.1％,农牧业科技进步贡献率达到 43.16％。与此同时,内蒙古农业增长方式还比较粗放,土地产出率、资源利用率低,单位面积产量不高。先进适用技术推广工作薄弱,农业科技含量低,农业信息化程度差,农业劳动生产率低,农民增收潜力有限。

专栏 4—2

保护性耕作

保护性耕作是对农田实行免耕、少耕,尽可能减少土壤耕作,并用作物秸秆、残茬覆盖地表,减少土壤风蚀、水蚀,提高土壤肥力和抗旱能力的一项先进农业耕作技术。保护性耕作较传统耕作方式减少翻耕等工序,并辅以机械化耕作,不仅减少了土地平整等重体力劳动的强度,而且节约了成本。调查结果表明,保护性耕作使农民生产成本降低 18％—28％,增产 13％—16％,收入增加 20％—30％。保护性耕作起源于 20 世纪 50 年代的美国,最初用于防止农田土壤裸露而造成大面积扬尘形成的"黑风暴",即沙尘暴。保护性耕作具有较明显的生态效益、社会效益和经济效益，能够减少扬尘，保护环境；减少侵蚀，保护耕地；蓄水保墒，培肥地力；节本增效，增加农民收入。（根据 2006 年 5 月 30 日《人民日报》有关资料编）

四是农民收入显著增加，农民生活水平不断改善，同时依靠发展农业持续增收的空间越来越小。虽然内蒙古人均耕地是全国人均耕地的 3.22 倍，但耕地质量差，水浇地少，基础设施薄弱，分散经营、广种薄收，机械化程度不高，科技含量较低，抗灾能力特别是抗旱能力很弱。而内蒙古的气候特点是十年九旱，降雨量自东向西渐次减少，风调雨顺少有，而局部灾害年年有。内蒙古农业落后的生产条件和粗放的增长方式制约了农业生产效益提高和农民稳定增收。内蒙古人均粮食产量排在国家 13 个粮食主产区的第 3 位，而粮食总产量和粮食亩产量却分别排在第 13 位和第 12 位。2006 年与 2000 年相比，内蒙古农村牧区居民人均纯收入与全国农村居民人均纯收入的差距由 215 元扩大到 245 元，只是到了 2007 年才有所缩小。内蒙古农村牧区居民人均纯收入与城镇居民人均可支配收入之比由 1:2.52 扩大为 1:3.13。内蒙古农业只有深化农村产权制度改革，加强基础设施建设，扩大规模化经营，提高机械化程度，加快推进科技进步，才有望提高效益，增产增收。在此过程中减少农村人口、提高农民素质是必须自始至终抓好的两项战略性、基础性工程。这些正是要在发展现代农业、建设新农村的进程中着力解决的突出问题。

第二节　全国著名五大牧区之一

内蒙古有广阔的草原，内蒙古草原面积为 13.2 亿亩，其中可利用面积 10.23 亿亩,占草原总面积的 78.67％。内蒙古草原占全国草原面积的 21.67％,居全国五大草原第 1 位(见表 4—2)。内蒙古草原类型比较多,从东部的呼伦贝尔到西部的阿拉善,总体上依次分布着林间草原、草甸草原、典型草原、荒漠草原以及半荒漠、荒漠、戈壁和沙漠。

20 世纪 80 年代初,内蒙古在全国率先推行了牧区生产经营体制改革。1984 年,打破"三级所有、队为基础"的旧体制,实行"草场公有,承包经营,牲畜作价(或无偿)归户,户有户养"的"畜草双承包"责任制。1989 年,在推行"畜草双承包"责任制基础上,实施了"落实草场所有权、使用权和承包经营责任制"的草场"双权一制",截至 2007 年,全区已落实草场所有权面积 10.42 亿亩,落实承包经营面积 8.68 亿亩,其中承包到户面积 8.13 亿亩,联户承包面积 0.456 亿亩,涉及农牧民 160 多万户。在牧区推行"畜草双承包"责任制,极大地调动了广大牧民发展牲畜的积极性,牲畜头数大量增加,牧民收入大幅提高。

专栏 4—3

草原畜牧业

草原畜牧业是以草原为生产基地,主要利用天然资源,把草原牧草资源转化为畜产品的产业。草原畜牧业生产包括第一性的植物生产和第二性的动物生产两个连续过程,包含了草原生态系统和草原经济系统两个相联系的系统。

我国草原面积 60 亿亩,占国土面积的 41.7％,占世界草原面积的 13％,仅次于澳大利亚,居世界第 2 位。我国是世界上草原资源最丰富的国家之一,草原面积是全国耕地面积的 3.2 倍。我国草原面积居前 10 位的省区是内蒙古、西藏、新疆、青海、四川、甘肃、云南、广西、黑龙江、湖南,共 49.5 亿

亩,占全国总草原面积的82.5%。我国草原畜牧业主要集中在内蒙古、西藏、新疆三个自治区和青海、四川、甘肃等省。

据《2006年全国草原监测报告》显示,全国草原生产力状况好于2005年,退牧还草工程实施效果显著,草原生态建设取得初步成效。与此同时,草原生态环境仍呈现"局部改善,总体恶化"的态势。2006年全国天然草原鲜草总产量为94313万吨,折合干草约29587万吨,载畜能力约23161万羊单位,较2005年增加0.6%,草原生产力略高于2005年。从监测情况看,草原利用还不尽合理。全国天然草原平均超载牲畜34%左右,全国90%的草原存在不同程度的退化、沙化、盐渍化和石漠化。监测结果表明,我国草原生态状况依然严峻。

改革开放以来特别是"十五"以来,内蒙古畜牧业发展取得显著成效,牲畜头数突破了1亿头(只)大关。按2007年6月末饲养量,1947年内蒙古自治区成立时有牲畜931.9万头(只),1949年便达到1058.6万头(只),1953年达到2105.2万头(只),1959年达到3070.8万头(只),1964年达到4282.5万头(只),1989年达到5301.5万头(只),1995年达到6065.7万头(只),1997年达到7112.4万头(只),2004年跨过8000万的台阶而直接达到9274.4万头(只)。2005年内蒙古牲畜头数一举突破1亿头(只)大关,达到10615.3万头(只),实现了畜牧业发展的历史性跨越。2006年达到11050.5万头(只),2007年达到10854.4万头(只),其中大畜1039.4万头、羊8774.6万只、猪1040.5万口。2007年年末,有5个盟市的牲畜头数超过1000万,呼伦贝尔市达到1546.43万头(只)、通辽市达到1419.6万头(只)、赤峰市达到1731.8万头(只)、锡林郭勒盟达到1440.26万头(只)、鄂尔多斯市达到1351.29万头(只),另外,有 27 个旗县市区的牲畜头数超过了 100 万头（只）。

内蒙古草原畜牧业的基本经营制度、经营管理水平、产业化程度、草原生态保护和草场利用建设制度等在全国都处于领先地位，可以说，内蒙古牧区是全国草原畜牧业的"领头羊"。

表 4—2　2007 年全国 6 大牧区草原畜牧业发展情况

单位：亿亩、％、万吨、万羊单位、万头只、吨、人、元

项目	全国	内蒙古	西藏	新疆	青海	四川	甘肃
总面积 km²	960	118.3	120	166.5	72.23	48.14	45.44
草原面积	60	13.2	12.3	8.59	5.467	3.129	2.6856
占总面积	41.7	73.26	68.3	34.4	50.46	43.33	39.40
可利用草原	49.5	10.23	8.25	7.2	4.742	2.649	2.411
占草原面积	82.5	78.67	67.1	83.82	86.74	84.66	89.77
鲜草产量	83138.8	14213.7	7377.6	5479	8642.6	8053.7	3726
折合干草	26182.5	4737.9	2374.1	1700	2160.7	2449.9	1174
草原载畜量	23161	3126.49	3381.9	2700	3550.4	—	1244
超载牲畜	34	20	40	40	36.5	40	38
牲畜头数	84863.5	10854.4	2407	5023.4	1976	10924	4869
牛	10594.8	820.14	622	480	447.1	296.51	794.8
羊	28564.7	8774.60	1707	3600	1497.1	2157.7	2624.0
肉类产量	6865.7	206.458	23.48	160.58	24.33	1025	92.50
牛奶产量	3525.2	909.298	22.98	196.23	24.98	60.67	34.69
绒毛总产量	420335	112009	10021	93400	17796	5799	22400
总人口	132129	2405.1	284.15	2095.2	551.6	8127	2617.2
乡村人口	72750	1198.9	204	1274.9	331	5234	1790.4
农牧民收入	4140	3953	2788	3183	2684	3013	2329
牧业旗县	—	33	14	22	26	—	10
农业县	—	47	35	88	9	—	10
半农牧旗县		21	24	15	4		66

资料来源：《中国统计年鉴》《内蒙古统计年鉴》，相关省区党委政策研究室提供的情况。全国牲畜头数系年底数，省区牲畜头数系牧业年度数，草原载畜量系按年末牲畜头数测算的数据。全国载畜量和超载牲畜是 2006 年数据，四川省的数字是 2006 年的数据。

在我国各大牧区中，内蒙古草原面积最大，草原面积占总面积的比重最高，草原产草量最多，牲畜头数最多，畜产品产量最多，相应的农牧民人均纯收入也最高。

内蒙古草原畜牧业的发展具有以下特点：

一是产业化经营带动畜牧业结构调整稳步推进，牲畜良种化程度和畜牧业市场化程度有所提高，同时牧民组织化程度低，龙头企业与牧民尚未建立紧密型利益联结机制。内蒙古农牧业产业化经营是从畜牧业产业化经营起步的，确切地讲，1981年，以中日补偿贸易形式建成的伊克昭盟羊绒衫厂是畜牧业产业化经营的第一个龙头企业，"温暖全世界"的"鄂尔多斯"羊绒衫品牌是中国绒纺行业第一个中国驰名商标。经过20多年的发展，乳、肉、绒的产业化经营成为内蒙古畜牧业产业化的三大支柱，逐步形成了以呼和浩特市、包头市和呼伦贝尔市为主的乳品加工产业，以鄂尔多斯市、巴彦淖尔市为主的羊绒加工产业，以锡林郭勒市、通辽市为主的牛羊肉加工产业，以赤峰市、通辽市为主的家禽肉加工产业，带动畜牧业结构调整和良种化发展。2007年，内蒙古奶牛存栏数达到251万头，牲畜良种及改良畜比重达到94.1%、比2000年提高21.5个百分点。内蒙古畜牧业产业化经营中存在的问题与农业产业化经营中的问题一样，龙头企业与基地牧户的关系也是简单的畜产品买卖关系，还没有建立起"利益共享、风险共担"机制。由于缺少紧密型利益联结机制，养牛成本提高而奶价不提高或者提高不多，导致养牛户倒牛奶甚至卖牛、杀牛的事件时有发生，影响产业化经营健康发展。

二是牧民的生产生活方式较早地由游牧型向定居型转变，牧民的生活条件得以改善，同时畜牧业基础设施薄弱、生产方式粗放的状况没有从根本改变。在牧区推行"畜草双承包"责任制以后，多数牧民基本实现定居，部分牧民特别是经营能手的房屋、棚圈、草场围栏、人畜饮水井等基础设施逐步改善,牧民生产生活稳定性增强。与此同时,中低收入家庭特别是贫困牧民的生产生活基础设施仍然很薄弱,生产生活流动性较大,畜牧业抵御自然灾害的能力很低。

　　三是草场使用体制由"大锅饭"型向长期承包经验型转变,对草场的保护和建设得以加强,同时有些地区草畜平衡制度尚未落实,超载过牧情况仍然比较严重。牧区推行"畜草双承包"责任制,极大地调动了广大牧民发展牲畜的积极性,牲畜头数大量增加,牧民收入大幅提高。与此同时,草场超载过牧日益加剧,草原生态逐渐遭到破坏。针对这些情况,内蒙古一些盟市采取了富有成效的措施。例如,鄂尔多斯市根据沙地地下水位较高的有利条件,引导牧民开辟小片饲草料基地,最早实行草场禁牧和舍饲圈养,保护和恢复了草原生态。锡林郭勒盟以抗击1999年至2001年历史罕见的大旱灾为契机,抓住国家京津风沙源治理工程的机遇,提出并实施以"围封禁牧、收缩转移、集约经营"为主要内容的围封转移战略,将统筹兼顾生态保护、生产发展、生活改善的理念加以系统化,创新了草原畜牧业发展思路。围封禁牧就是实行草场禁牧、休牧、轮牧制度,实现人与草原和谐相处。收缩转移就是牧区生产力向条件较好的地区转移、牧区人口向城镇转移,改善牧区人口的生产、生活和全面发展条件。集约经营就是转变草原利用方式和畜牧业增长方式,实行草畜平衡制度,提高畜牧业经济效益,稳定增加牧民收入。围封转移战略坚持生产发展、生活改善、生态良好"三生"统筹,经济效益、社会效益、生态效益"三效"兼顾的目标,在实施过程中不断完善,为传统畜牧业向现代畜牧业转变奠定了基础。截至2008年,锡林郭勒盟连续6年在2亿多亩草场实施春季休牧,既转变了草场利用方式,又转变了牧民的思想观念。但在思想观念尚未转变、草场利用制度尚不健全、草原生态保护措施尚不完善的一些地区，草场超载过牧、草原生态日益恶化的趋势仍未改变，有些地区仍在吃草场的"大锅饭"。

四是牧民收入显著增加，牧民生活水平不断改善，同时依靠发展畜牧业持续增收的空间越来越小。在转变草场利用方式，由超载过牧向草畜平衡和禁牧、休牧、轮牧转变的过程中，传统草原畜牧业饲养成本低的优势正在丧失，牧民靠增加牲畜头数来增收的空间正在缩小。目前，草原畜牧业的发展正面临着牧民增收与草原生态保护两难选择。坚持以人为本、提高牧民生活水平，需要增加牲畜头数；坚持人与草原和谐共生、保护草原生态，需要减少牲畜头数。如何把两个方面统一起来，统筹兼顾，这是在发展现代畜牧业、建设社会主义新牧区进程中必须妥善解决的问题。从本质上讲，草原生态问题是由牧区人口大量增加带来的。因此，必须从减少牧区人口着手，解决草原生态保护、牧民增收致富问题，必须统筹城乡发展，以工补牧、以城带乡，促进牧区富余劳动力向城镇转移就业。

第三节　产业化经营带动农牧业结构调整

产业化经营是内蒙古农牧业最鲜明的特点。内蒙古农牧业产业化经营起步较早，开始时一部分国营农畜产品加工企业转变为产业化经营的龙头。20 世纪 90 年代，鄂尔多斯、鹿王、伊利、蒙牛等主要龙头企业就不断发展壮大。21 世纪以来，龙头企业数量增多、实力增强、层次提高、市场份额日趋扩张，带动产业化经营范围不断扩大，形成了乳、肉、绒、粮、薯、饲（草料）6 大主导产业，内蒙古农牧业产业化经营呈现出三个方面的特点。

第一，产业化经营带动力不断增强。一是辐射带动作用增强，到 2007 年，农牧业产业化经营辐射农牧户达到 180 万户，占农牧民户数的 51.2％。二是解决了农畜产品卖难、带动农牧民增收问题,农牧民从产业化经营中人均实现纯收入 2164 元,占农牧民人均纯收入的 54.7%。三是农畜产品实现了加工增值,内蒙古农畜产品加工率提高到 60%。四是农畜产品产量增加。"十五"以来,随着农牧业产业化经营的长足发展,内蒙古畜产品大幅增长。2006 年与 2000 年相比,牛奶产量由 79.8 万吨增加到 869.16 万吨,年均增长 48.9%;2007 年达到 909.3 万吨。羊肉产量由 31.8 万吨增加到 75.97 万吨,年均增长 16.9%;2007 年达到 80.83 万吨。山羊绒产量由 3815 吨增加到 6853 吨,年均增长 10.1%;2007 年为 6689 吨。2007 年,绵羊毛产量达到 95753 吨、山羊毛产量达到 9567 吨,乳制品产量达到 366.97 万吨、液体乳产量达到 319.42 万吨。2007 年 10 种主要农畜产品产量中有 8 种居全国前 10 位,其中有 4 种居全国第 1 位(见表4—3)。内蒙古伊利集团是 2008 年北京奥运会唯一乳制品赞助商,商都县特色蔬菜获得奥运会蔬菜供应权,武川县土豆被选定为奥运会特供食品,通辽市无公害蔬菜被确定为奥运会指定产品。

表4—3　"十五"以来内蒙古主要农畜产品产量

单位:万吨、吨

品名	2000 年		2005 年		2006 年		2007 年	
	产量	排序	产量	排序	产量	排序	产量	排序
牛奶	79.8	3	691.1	1	869.2	1	909.3	1
羊肉	31.8	3	72.4	1	75.97	1	80.8	1
山羊绒	3815	1	6646	1	6853	1	6689	1
绵羊毛	65051	2	95700	2	98691	1	95753	1
粮食	1241.9	15	1662.2	13	1806.7	13	1811.1	13
小麦	181.8	12	143.6	—	172.2	—	175.9	12
玉米	629.2	6	1066.2	6	1134.6	7	1161.4	7
薯类	184.3	9	156.0		178.6	2	153.9	8

品名	2000 年		2005 年		2006 年		2007 年	
	产量	排序	产量	排序	产量	排序	产量	排序
油料	116.4	9	122.2	9	101.1	9	79.4	10
蔬菜	759.9	18	1009.1	16	1171.4	15	1277.5	10

资料来源：《中国统计年鉴》《内蒙古统计年鉴》。

第二，龙头企业规模不断扩大。一是企业数量、销售额、增加值、利润扩大。2007 年，内蒙古 2033 户销售收入百万元以上的农畜产品加工龙头企业实现销售收入 1517.1 亿元（居全国第 6 位），同比增长 30.8％；完成增加值 482.0 亿元，增长 28.24％；实现利润 118.3 亿元，增长 30.69％；出口创汇 8.07 亿美元，增长 2.88％。1499 户规模以上农畜产品加工企业实现销售收入 1500.8 亿元，同比增长 31.14％；完成增加值 477.3 亿元，增长 28.69％；实现利润 116.8 亿元，增长 31.33％；出口创汇 8.05 亿美元，增长 3.02％。销售收入亿元以上龙头企业 229 户，10 亿元以上龙头企业 15 户。二是企业层次提高。2007 年，有自治区级以上龙头企业 137 户，国家级龙头企业 18 户，上市公司 7 户，中国驰名商标 22 个。三是整个产业增加值比重提高。2007 年，内蒙古农畜产品加工业完成增加值 482.0 亿元，占内蒙古工业增加值的比重由 2000 年的 7.5％提高到 17.8％（见表 4—4）。

表 4—4 "十五"以来内蒙古农牧业产业化经营龙头企业发展

单位：户、亿元

项目	2000 年	2005 年	2006 年	2007 年
销售收入百万元以上龙头企业	526	900	1820	2033
实现销售收入	134.4	874.6	1159	1517.1
完成增加值	36.3	260	375.9	482.0
实现利润	9.45	67.6	90.5	118.3

项目	2000 年	2005 年	2006 年	2007 年
规模以上龙头企业	288	927	1233	1499
销售收入亿元以上龙头企业	10	114	153	229
国家级龙头企业	—	18	18	18
自治区级龙头企业		36	119	119
农畜产品加工业销售收入	134.4	874.6	1159	1517.1
农畜产品加工业增加值	36.3	260	375.9	482.0
农牧民销售农畜产品收入	57.3	264	344	517

资料来源:内蒙古推进农牧业产业化办公室。①

第三,产业化经营促进了农牧业结构调整。20 世纪 90 年代以来,内蒙古农牧业产业化经营稳步发展,带动第一产业内部结构调整,逐步实现了农区牲畜头数超过牧区牲畜头数、优质高产高效农作物种植面积超过农作物种植面积 50％的"两个超过"。内蒙古畜牧业一直是以草原畜牧业为主。进入 21 世纪以来,面对严峻的生态形势,内蒙古引导牧民主动压缩牧区放养牲畜头数,鼓励农民利用秸秆资源发展农区圈养牲畜。因此,内蒙古牲畜头数不但没有减少,反而有了较多的增长。在牲畜农区牧区分布结构发生变化的同时,牲畜品种结构也发生了良性变化,2006 年牧业年度,内蒙古良种及改良种牲畜在牲畜总头数中比重由 2000 年的 72.3％提高到 93.2％,2007 年进一步提高到 94.1％。

内蒙古农牧业产业化经营虽然有了长足发展,但与全国相比还有不少差距。从 2005 年各省农业产业化经营综合实力比较看,山东居全国首位,河南、广东分别居第 2 位和第 3 位,而内蒙古居第 14 位。全国食品工业百强企业前十强中,内蒙古伊利

---

① 在表 3—2 中 2007 年"农畜产品加工业增加值"为 420.6 亿元,表 4—4 中为 482.0 亿元,应该是统计口径不同所致。

集团、蒙牛集团分别居第6位和第8位。

内蒙古农牧业产业化经营中还存在一些突出问题。一是产业化的广度还不适应区域协调发展的需要，覆盖面还不宽，辐射带动有限。内蒙古农畜产品驰名品牌绝大部分来自呼和浩特、包头、鄂尔多斯、呼伦贝尔、通辽、赤峰、巴彦淖尔7个盟市，18家国家级重点龙头企业全部在这7个盟市，119家自治区级重点龙头企业中的101家在这7个盟市。二是基地建设还不适应产业化发展的需求，龙头企业生产能力过剩。三是利益机制不适应产业化健康发展的要求，龙头企业与基地农牧户尚未建立紧密型利益联结机制，农牧民不能分享加工、营销环节的收益，持续增收难度大。四是组织化程度不适应保障农牧民利益的要求。

第四节　知名品牌享誉全国

众多中国驰名商标是内蒙古响亮的名片，也是内蒙古农畜产品在国内外市场上的显著优势。在内蒙古农畜产品品牌中像鄂尔多斯、伊利、蒙牛等驰名商标是妇孺皆知的品牌，其市场销售额始终处于行业领先地位。

"鄂尔多斯"是鄂尔多斯集团的商标。鄂尔多斯集团是由1981年建成投产的伊克昭盟羊绒衫厂发展而来的大型现代企业集团。以羊绒产业为基础的鄂尔多斯集团始终以"立民族志气、创世界名牌"为己任，孜孜追求"鄂尔多斯温暖全世界"的远大目标，现已发展成为当今世界规模最大、技术装备先进、经济实力雄厚、品牌优势突出的行业领军企业。

"伊利"是内蒙古伊利实业集团股份有限公司的商标，是国家八部委首批确定的全国151家农业产业化龙头企业绿色草原品牌之一。"伊利"雪糕、冰淇淋、奶粉、奶茶粉、液体奶、酸奶、奶酪等 1000 多个品种的乳制品通过了国家绿色食品发展中心绿色食品认证。2005 年 11 月,伊利集团与北京奥组委正式签约,为北京 2008 年奥运会提供乳制品。伊利牵手奥运是中国乳业品牌走向世界的一大步,奥运的国际体育精神和伊利健康中国的高品质追求,形成了非常和谐的营销氛围与品牌建设模式,成为北京奥运会乳品行业独家赞助商。

"蒙牛"是内蒙古蒙牛乳业集团股份有限公司的商标。蒙牛集团自 1999 年创业以来创造了引人注目的蒙牛速度和蒙牛奇迹。蒙牛将视野扩大到国际资本市场,2002 年成功引入三家世界级投资公司——摩根士丹利、鼎晖、英联,先后向蒙牛注资 6100 万美元。2004 年以合作方式与澳大利亚、印度尼西亚合资兴建了拥有万头奶牛的澳亚国际牧场,完成了与欧美百年养殖技术的接轨。

"小肥羊"是内蒙古小肥羊餐饮连锁有限公司的商标。1999 年 8 月成立的小肥羊餐饮连锁有限公司目前在全国有几百家连锁店,其连锁店数量仅次于中国百胜餐饮集团,多于内蒙古小尾羊连锁有限公司,列第 2 位。

内蒙古农畜产品品牌具有如下鲜明的特点。

一是品牌数量多。2006 年,内蒙古有包钢钢轨、鄂尔多斯羊绒衫、鹿王羊绒衫、维信羊绒衫、伊利乳粉和液体奶、蒙牛液体奶 7 个中国名牌产品,其中农畜产品 6 个,占 85.7%。2007 年,内蒙古有鄂尔多斯、鹿王、仕奇、伊利、蒙牛、草原兴发、河套面粉、河套白酒、草原糖、塞飞亚、小肥羊、科尔沁、维信、伊利酸酸乳、宇标、蒙古王、远兴、伊泰、蒙牛酸酸乳、骆驼酒、龙驹、乌珠穆沁羊、小尾羊、大明种业 24 个中国驰名商标,其中农畜产品商标 22 个,占 91%。内蒙古拥有中国名牌产品、中国驰名商标数量比例高于全国各省区市平均水平,居西部地区第 2 位。2006 年,内蒙古著名商标达到 78 件、内蒙古名牌产品达到 100 个。

二是综合实力强。全国绒纺行业排头兵鄂尔多斯集团，资产逾百亿元，2005 年被商务部选为重点支持的中国出口名牌企业。伊利实业集团是"中国乳都"的奠基者和缔造者，是国家 520 家重点工业企业和全国乳品行业龙头企业之一。截至 2005 年，伊利集团连续 3 次入围"中国企业 500 强"，连续 7 次入选"中证·亚商中国最具发展潜力上市公司 50 强"，2007 年其资产达到 77.6 亿元。2007 年蒙牛集团资产达到 59.1 亿元，乳制品生产能力达 380 万吨/年，居中国企业 500 强第 237 位、民营上市公司 100 强第 5 位。蒙牛跻身"中国大企业集团竞争力 500 强"第 11 位，居"亚洲品牌 500 强排行榜"亚洲乳制品企业第 3 位。8 年来，蒙牛的销售额、利润、纳税额年均分别以 138％、182％、158％的速度增长。小肥羊有 716 家连锁店，2005 年营业额达到 52.5 亿元，小肥羊品牌按市场占有份额连续 3 年被商务部评为"中国餐饮百强企业第二名"。

三是品牌价值高。"鄂尔多斯"作为中国绒纺行业第一个中国驰名商标，品牌价值达 56.83 亿元，位居中国最有价值品牌前列，成为家喻户晓的"中国最具行业领导力和最有发展潜力十大品牌"之一。2003—2005 年，"伊利"分别以 127.87 亿元、136.12 亿元和 152.36 亿元的品牌价值稳居中国食品业品牌榜首。世界品牌实验室发布的 2005 年中国 500 个最具价值品牌中蒙牛排名 57 位，品牌价值 85.13 亿元。小肥羊以品牌价值 55.12 亿元居第 95 位，在商业、服务业排第 1 位。

四是市场份额大。鄂尔多斯集团羊绒制品年产销能力达到 1000 万件以上，占中国的 40％和世界的 30％以上。产品质量、市场占有率、出口创汇、销售收入连年居全国绒纺行业第 1 位。"伊利"雪糕、冰淇淋产销量连续 11 年居全国第 1 位，液体奶产销量连续 8 年居全国第 1 位，奶粉、奶茶粉产销量 2005 年跃居全国第 1 位。"蒙牛"主要产品市场占有率达到 30％以上，居同行业第 1 位,中国消费者每喝三袋奶,其中就有近一袋是蒙牛乳业提供的。蒙牛 UHT 牛奶销量居世界第 1 位,液体奶、冰淇淋、酸奶产销量和乳制品出口量居全国第 1 位。2007 年,蒙牛集团营业收入首次跻身行业第 1 名,突破 200 亿元,达到 211.8 亿元,在全球乳制品企业排名中列第 19 位。

五是经济效益好。2005 年鄂尔多斯集团实现销售收入 62 亿元、利税 6.53 亿元。伊利集团累计发放奶款 150 多亿元,创造了近百万个就业岗位。蒙牛集团累计发放奶款 130 多亿元,率先向全国贫困地区 500 所小学捐赠牛奶一年(价值 1.1 亿元),启动了"每天一斤奶,强壮中国人"全民饮奶公益行动。2007 年,蒙牛集团利税总额达到 57.1 亿元,其中实现利润 7.6 亿元;伊利集团利税总额达到 53.8 亿元,其中实现利润 7.5 亿元。

六是出口创汇多。鄂尔多斯集团羊绒产品远销美国、欧盟、日本等几十个国家和地区,年外销羊绒制品 400 多万件,创汇 2 亿美元左右。2006 年,鄂尔多斯集团出口羊绒衫 696 万件,创汇 2.2 亿美元,居全国第 1 位。蒙牛产品出口 7 个国家和地区,蒙牛、伊利出口乳制品 1.38 万吨,居全国第 1 位。内蒙古作为全国第二大番茄出口基地出口番茄制品近 20 万吨,货值约 1.5 亿美元。内蒙古供港活牛再次突破万头大关,乌珠穆沁肥尾羊出口中东地区 7.4 万只。

内蒙古加强农畜产品品牌建设的实践表明,农畜产品品牌在推进农牧业产业化经营中具有非常重要的作用。首先,农畜产品品牌的数量和质量决定着农畜产品的市场份额和产业化经营的规模。品牌的等次高、数量多,就意味着市场份额大;龙头企业的辐射带动能力强,就意味着产业化经营的规模大;基地建设水平高,就意味着参与产业化经营的农牧民增收空间大。其次,农畜产品品牌在提高内蒙古知名度,扩大地区影响力方面发挥了无可替代的作用。从几个主要知名品牌的产销量看，十几年来国内外有数以亿计的消费者在消费内蒙古的品牌产品，人们从内蒙古的品牌产品开始认识了内蒙古。

第五节 消除贫困与内蒙古的扶贫攻坚

贫穷不是社会主义，不能解决温饱不是社会主义，一部分人的温饱长期得不到解决也不是社会主义。消除贫困是世界性的难题。我国经过多年的努力，把农村贫困人口从 20 世纪 70 年代末的 2.5 亿人降低到 1993 年的 8000 多万人。国家决心用 7 年时间到 20 世纪末基本解决 8000 多万人的温饱问题，称为"八七"扶贫攻坚计划。

2004 年召开的全球扶贫大会上中国政府庄严承诺：到 2010 年基本解决中国现有贫困人口的温饱问题。2004 年，按年人均纯收入低于 668 元的标准，全国农村绝对贫困人口为 2610 万人，占农村人口的 2.8%；按年人均纯收入 669—924 元的标准，全国农村低收入人口为 4977 万人。另外，城市享受最低生活保障的困难群众还有 2200 多万人。2007 年，按年人均纯收入低于 785 元的标准，全国农村绝对贫困人口为 1479 万人，比 2006 年减少 669 万人；按年人均纯收入 786—1067 元的标准，全国农村低收入人口为 2841 万人，减少 709 万人。2007 年，全国有 3452 万农村居民享受最低生活保障，比 2006 年增加 1859 万人。如果按照联合国制定的国际贫困标准，即每人每天收入或消费不低于一个购买力平价美元计算，我国贫困人口就有 1 亿多人。

贫困是一个综合性的问题，要彻底解决，有赖经济增长和社会发展，以此创造新的就业机会和扩大就业途径。我国明确把整村推进、劳动力培训转移和产业化扶贫作为新阶段扶贫工作的重中之重。作为全国扶贫工作整村推进重点的 14.81 万个贫困村,占全国行政村总数的 21％,覆盖了 80％的贫困人口。"十五"期间,按照整村推进、培训转移、产业化扶贫的思路,加大了扶贫开发力度。全国没有解决温饱的贫困人口由 3209 万人减少到 2365 万人,低收入贫困人口从 6213 万人减少到 4067 万人。然而,新阶段扶贫投入的边际效应下降,扶贫投入的成本提高了。相对容易解决的贫困人群基本解决了温饱问题,现在留下来的贫困人群分布在生产生活条件更差的地方,自身的素质也更低,解决起来难度更大,投入成本会更高。"十五"末没有解决温饱的人口和低收入人口总计仍有 6400 万人左右。所以,社会主义新农村建设,贫困地区是最大难点,消除贫困是最繁重的任务。

内蒙古贫困人口比较多,贫困面比较大,贫困程度比较深,是国家扶贫的重点地区之一。1993 年,内蒙古的贫困人口是 357 万人。在国家实施"八七"扶贫攻坚计划的同时内蒙古也实施了"三七"扶贫攻坚计划。十几年来,内蒙古扶贫开发工作取得了很大成绩。"十五"以来,农村牧区绝对贫困人口由 2001 年的 183.7 万人减少到 2005 年的 92 万人,低收入人口由 2003 年的 117 万人减少到 2005 年的 77.6 万人。农村牧区贫困人口占乡村人口的比例由 2003 年的 18.6％下降到 2005 年的 13.5％。2006 年,农村牧区绝对贫困人口 79 万人、低收入人口 29 万人,贫困人口占乡村人口的 8.8％。2007 年,农村牧区绝对贫困人口减少到 40 万人、低收入人口减少到 38 万人,贫困人口占乡村人口的 6.5％(见表 4—5)。

2006 年起内蒙古实行了农村牧区最低生活保障制度。按照家庭年人均纯收入农区低于 625 元、牧区低于 825 元的特困农牧民每人每年补助水平不低于 360 元的补助标准,保障了 42 万特困人口的生活。2007 年,特困农牧民补助标准由每天 1 元提高到 1.20 元,平均补助水平不低于 438 元,牧区补助达到 500 元,达斡尔、鄂温克、鄂伦春三个少数民族补助达到 600 元,全年保障了 90.6 万特困人口。

表4—5　全国、内蒙古贫困人口变化

单位:万人、%

	年份	1993	2004	2005	2006	2007
全国	绝对贫困人口	8000	2610	2365	2148	1479
	低收入人口		4977	4067	3550	2841
	贫困占乡村	9.4	10.0	8.6	7.7	5.9
	最低生活保障人口	—	—	1593	3452	
内蒙古	绝对贫困人口	357		92	79	40
	低收入人口			77.6	29	38
	贫困占乡村	—	13.5	8.8	6.5	
	最低生活保障人口	—	—	42.8	90.6	

注:2004 年绝对贫困标准为年人均纯收入低于 668 元,低收入标准为年人均纯收入 669—924 元。

专栏 4—4

新扶贫标准

我国在 2007 年前有两个扶贫标准,第一个是 1986 年制定的绝对贫困标准,把 1985 年农民年人均纯收入低于 206 元的农村人口定为扶贫对象,当时绝对贫困人口为 1.25 亿人,占农村总人口的 14.8%。随着物价调整,到 2007 年绝对贫困标准上调到 785 元,绝对贫困人口减少到 1479 万人,占农村总人口的 1.6%。第二个是 2000 年制定的低收入标准,即农民年人均纯收入 865 元以下,在绝对贫困标准和低收入标准之间的定为低收入人口,当时的低收入人口是 6213 万人,到 2007 年年底,低收入标准调整为 1067 元,低收入人口减少到 2841 万人。

2008 年年底,我国宣布上调扶贫标准,把绝对贫困标准与低收入标准合二为一,取消将农村绝对贫困人口和低收入人口区别对待的政策,全面实施扶贫。2008 年起开始实施的人均收入 1196 元的新扶贫标准,是在 2007 年 1067 元低收入标准的基础上根据 2008 年度物价指数做出的最新调整。据国家统计局统计,2008 年在这个标准以下的扶贫对象为 4007 万人,比 2007 年的绝对贫困人口 1479 万人增加了 2528 万人。

由于新扶贫标准的实施,我国扶贫开发的首要对象从没有解决温饱的绝对贫困人口调整为新标准以下的全部人口,扶贫开发的首要任务不仅限于解决绝对贫困人口的温饱,而是尽快稳定解决全部扶贫对象温饱并实现脱贫致富。今后我国扶贫战略将由农村最低生活保障制度和扶贫开发政策两个部分组成。扶贫开发主要针对有劳动能力的贫困人口,而低保则主要针对没有劳动力或劳动能力丧失的人口。低保是维持生存,扶贫开发是促进发展。(据 2009 年 3 月 20 日《人民日报》"政策解读"编)

内蒙古扶贫开发工作中的问题:一是贫困人口比重仍然很高。据扶贫部门统计,2007 年贫困旗县农牧民人均纯收入 2966 元,比全区农牧民人均纯收入 3953 元低 987 元。与内地相比,内蒙古农村牧区生产生活费用都要高,如果把贫困标准比全国高 100 元左右,内蒙古仍有绝对贫困人口 109 万人,低收入人口 165 万人。二是基础设施薄弱,因灾返贫严重。2007 年因灾返贫 50 万人以上。三是扶贫投入不足。截至 2007 年,内蒙古投入财政扶贫资金 12 亿元,在 5000 个重点嘎查村实施"整村推进"工程,平均每个嘎查村投入只有 24 万元。四是扶贫资源整合机制不健全,扶贫效果不理想。五是边境牧区和少数民族聚居地区、革命老区扶贫开发难度大。内蒙古贫困人口中,少数民族贫困人口占 54%。六是移民扶贫开发任务重。需要通过移民搬迁方式解决温饱的贫困人口仍有 30 多万人。

目前,内蒙古贫困人口集中的地区多数是生态恶化、基础设施差,生活条件和生产条件恶劣,有的已失去生产生活的基本条件,自然资源、财力资源和人力资源等方面受到严峻制约的地区,是社会事业落后,人口素质和劳动技能很低,当地增收困难,解决温饱的难度非常大的地区。贯彻落实中央关于新阶段扶贫开发工作思路,抓好整村推进、产业化扶贫和劳动力转移培训,就要坚持把扶贫开发与生产力布局调整紧密结合起来,积极推进扶贫移民;与生态环境建设紧密结合起来,积极推进生态移民;与探索建立农村牧区低保制度紧密结合起来,把贫困人口中的老、弱、病、残者纳入低保;与民政部门社会救济紧密结合起来,为贫困人口中的五保对象建设"五保嘎查村";与实施农村牧区劳动力转移培训"阳光工程"紧密结合起来,在提高贫困人口的综合素质和劳动技能上下工夫,特别是确保贫困户的孩子都能受教育,绝不能把贫困延续到子孙后代。

人的素质和能力是决定贫富的关键。人力资本缺乏是导致贫困,并且使贫困状态陷入一种恶性循环的重要原因。只有统筹城乡发展,统筹区域发展,统筹经济社会协调发展,统筹人与自然和谐发展,才能改进贫困地区生产、生活条件和人的素质,提高农牧民的自我发展能力,打破贫困的恶性循环,从而达到脱贫的可持续性。扶贫开发工作还必须坚持远近结合、标本兼治,从解决教育公平入手,始终把提高贫困人口的素质和能力抓在手上。

第六节　内蒙古草原是我国北方重要生态屏障

内蒙古草原闻名于全国，著称于世界，其面积之大、风光之美、风情之神、资源之丰、功能之多、类型之全是少有的。内蒙古草原面积 13.2 亿亩，居全国之冠。从东部的呼伦贝尔到西部的阿拉善，林间草原、草甸草原、典型草原、荒漠草原以及半荒漠、荒漠、戈壁和沙地、沙漠依次分布，类型俱全。除了大草原，内蒙古还有包括原始森林、次生林、人工林在内的非常丰富的森林资源。内蒙古森林面积 3.1 亿亩，居全国第 1 位。自 2000 年国家实施京津风沙源治理工程以来，内蒙古基本形成了阴山北麓长300 公里、宽 50 公里的生态屏障和浑善达克沙地南缘长 400 公里、宽 1—10 公里的锁边防护林体系，为华北筑起了绿色屏障。截至 2007 年，内蒙古完成林业生态建设面积 5097.5 万亩，林木蓄积量达到 12.9 亿立方米，居全国第 5 位，森林覆盖率由 2000年的 14.82％提高到 2007 年 17.57％。

内蒙古的草原和森林地处我国北疆，是国家重要的生态屏障。2007 年 11 月，胡锦涛总书记在内蒙古考察工作时指出："内蒙古历来是祖国北疆一块绿色宝地。必须本着对国家、对民族、对子孙后代高度负责的精神，切实保护好内蒙古这块辽阔草原，保护好大兴安岭这片绿色林海，为建设祖国北方重要生态屏障做出贡献。"胡锦涛精辟地概括了内蒙古草原生态地位和作用的重要性。

草原利用方式转变是一个伟大转变的开始。草原是重要的战略资源，是我国国土的主体和陆地的绿色生态屏障。草原具有调节气候、涵养水源、防风固沙、保持水土、净化空气以及维护生物多样性等多种功能。人们对草原生态的认识和人与草原生态的关系经历了这样一些过程：人敬畏草原，人与草原和谐共生；人们对草原过度利用，甚至开垦草原导致草原生态破坏；草原生态遭到破坏、连年干旱导致生产下降和沙尘暴频繁发生；严酷的现实教育人们，人们的认识和行为由对草原无穷索取向有节制利用转变；人们采取了有利于保护草原生态的行动，草原生态恶化的趋势在总体上得到初步遏制、局部地区有所好转。这样一些过程，是人们的行为和自然因素改变了草原生态状况，草原生态持续恶化的现状促使人们改变认识——人必须设法与草原和谐相处的理念开始形成的过程。

导致草原生态恶化的原因，究竟是干旱少雨等自然因素为主因，还是超载过牧、乱垦滥采等人为因素为主因，对此历来有争论。依我们长期的观察说明，自然因素不可忽略，但主要还是过度利用等人为因素导致了草原生态恶化。草原生态恶化的直接原因是人们对草原的过度利用、掠夺式利用，而根本原因是近几十年来牧区人口增加过快过多。过多的人口在草原牧区谋生，唯一的办法就是增加牲畜饲养量。牲畜超载过牧导致了草原生态退化甚至破坏。

60年前，内蒙古草原上只有20多万牧民，而现在从事草原畜牧业生产的牧民已经增加到170多万人。要做到人与草原和谐相处，转移和减少牧区人口是必然选择，转变草原畜牧业发展方式是必然选择。首先是需要加快城镇化进程，加快发展城镇经济特别是劳动密集型产业，向第二、三产业转移牧区人口；需要加快培养新型牧民，提高牧民的综合素质，增强牧民的就业能力和创业能力。其次是创新牧区生产方式，像农区实行最严格的耕地保护制度那样，在牧区实行最严格的草畜平衡制度，合理适度利用草场。第三是发展现代畜牧业，转变畜牧业经营方式，提高畜牧业经济效益。转移和减少牧区人口，转变畜牧业经营方式，这对延续千百年的传统草原畜牧业来说是一个伟大转变。

在这个伟大转变的初始阶段，最具历史意义的是人们对草原利用方式的转变。这就是实行"草场三牧"制度和"草畜平衡"制度。所谓"草场三牧"制度是指根据草场的不同状况和不同季节,对草场采取禁牧、休牧、轮牧的措施。在内蒙古最早实行草场禁牧和舍饲圈养的是鄂尔多斯市,而锡林郭勒盟的"围封转移"战略,则将转变草原利用方式和转移牧区人口与统筹兼顾生态保护、生产发展、生活改善的理念加以系统化,创新了草原畜牧业发展思路,拉开了传统草原畜牧业向现代畜牧业转变的序幕。在推行"草畜平衡"制度和"草场三牧"制度等草原利用方式转变和草原生态保护方面,内蒙古走在了全国前列。畜牧业生产方式的转变,使千百年来赶着牛羊逐水草而牧的内蒙古牧民,成为祖国北方绿色屏障的营造者和守护者。

共和国总理曾在浑善达克沙地南缘现场办公。在这个伟大转变开始时,起关键作用的是国家实施了一系列生态治理工程。国家推进西部大开发战略,加大生态建设投入,实施了天然林资源保护工程、退耕还林工程、京津风沙源治理工程、退牧还草工程等一系列生态治理工程,在恢复生态、保护生态、建设生态方面发挥了根本性作用。

1999—2001 年,地处首都北京正北方的锡林郭勒草原遭受了历史罕见的持续 3 年的大旱,往日碧野连天的草原变为赤地千里、寸草不生,使本来难负超载过牧之重的草原雪上加霜,导致草场大面积退化沙化。2000 年春天频繁发生的沙尘暴搅得京津乃至整个西北、华北、东北天昏地暗,使人喘不过气来。退化草原上的沙尘刮到了中南海。2000 年 5 月 12 日,时任国务院总理朱镕基率领有关部委领导来到内蒙古锡林郭勒盟。13日上午,共和国总理和部长们站在浑善达克沙地南缘的一个山坡上,观察浑善达克沙地和退化的草原生态,面对一块图板听取锡林郭勒盟盟委关于保护和建设草原生态思路的汇报。朱镕基总理不时插话,深入了解情况,并点名让部长们谈对策。接着朱镕基总理发表治理京津风沙源的重要讲话，当场宣布成立 5 人领导小组。这个在锡林郭勒草原上召开的共和国总理现场办公会，意味着京津风沙源治理工程正式启动。

2000 年启动的京津风沙源治理工程是我国六大生态建设工程之一，工程实施区域包括内蒙古、河北、山西、北京和天津的 75 个县（旗、市、区），总面积 45.8 万平方公里。7 年以来，京津风沙源治理工程总共完成投资 185 亿元，平均每个县安排资金 2.47 亿元。京津周边 40 多万平方公里的治理工程区是风沙源到京津的过渡地带，被称为沙尘加强区。京津风沙源治理工程实施后，这一区域多年平均沙尘强度和次数都呈现减少的趋势。同时，这一工程的生态与经济效益已开始显现，该区域内居民的生产生活方式正朝着生态效益、社会效益和经济效益相统一的方向转变，京津风沙源治理总体上取得了显著成效。据统计，京津风沙源治理工程已累计完成退耕还林、人工造林 6333 万亩，完成草地治理 11499 万亩，完成小流域综合治理 928 万亩，生态移民近 10 万人，完成水源工程 4 万多处，工程区内植被覆盖率比治理前明显提高。

内蒙古是国家实施一系列生态治理工程的重点地区之一。作为我国北方最重要的生态屏障，内蒙古把生态建设作为实施西部大开发战略的切入点和基础建设来抓，深入实施天然林资源保护、京津风沙源治理、退耕还林、三北防护林、退牧还草、水土保持等国家重点生态工程，取得了显著成效。"十五"期间，国家投入约 200 亿元帮助内蒙古改善生态环境，超过了前 50 年内蒙古生态建设投资的总和。

生态恶化趋势得到初步遏制。"十五"期间，内蒙古生态治理总规模超过 2.7 亿亩，内蒙古荒漠化土地和沙化土地已经出现"双减少"。2004 年全国第三次荒漠化和沙化土地监测结果表明，内蒙古荒漠化土地 9.33 亿亩，比 1999 年减少 2400 万亩；

沙化土地 6.24 亿亩,比 1999 年减少 730 万亩。生态建设治理速度从每年 500 万—700 万亩提高到 1600 多万亩,超过每年 1000 万亩的沙化速度,这是内蒙古土地荒漠化和沙化首次实现历史性逆转。"十五"期间,内蒙古累计实施退耕还林工程面积 3512 万亩,累计增加水土保持治理面积 4189 万亩,农田有效灌溉面积达到 4173 万亩,节水灌溉面积达到 2517 万亩,解决了 440 万人、820 万头(只)牲畜的饮水困难问题。生态恶化的趋势得到初步遏制,局部有所好转。但就全国来说,草原生态环境"局部改善、总体恶化"的趋势仍未得到有效遏制。2006 年温家宝总理视察内蒙古时强调,生态建设要树立长期艰苦奋斗的思想。

　　草原保护建设取得积极成果。20 世纪末,内蒙古开始探索草场禁牧休牧方式。2000 年以来,在国家京津风沙源治理工程和退牧还草工程项目示范带动下,禁牧休牧工作稳步展开。"十五"期间,内蒙古累计实施禁牧休牧轮牧草原面积达到 7.5 亿亩,占退化草原面积的 91%。2006 年,内蒙古草原建设总规模首次突破 1 亿亩,达到 13964.3 万亩,禁牧草场面积达到 2.41 亿亩、休牧草场面积达到 4.06 亿亩、轮牧草场面积达到 0.67 亿亩。推行草原围栏化是实施"草畜平衡"和"草场三牧"制度的基础性工程。2006 年,内蒙古围栏草场面积达到 3.31 亿亩,占承包经营草场面积的 41.24%。内蒙古实行春季休牧制度最早最好的是锡林郭勒盟,其春季休牧面积由 2002 年的 2657 万亩扩大到 2006 年的 2.85 亿亩,占可利用草场面积的比重从 8.9% 提高到 87.6%。2007 年,内蒙古实行草畜平衡的草原面积达到 5.43 亿亩,围栏草场面积达到 3.74 亿亩、占承包经营草场面积 8.68 亿亩的 43.1%,可利用草原植被覆盖度达到 37.7%,与近 6 年平均值相比提高了 8.4 个百分点。

　　草原生态状况不容乐观。从内蒙古草原监理站监理报告看,截至 2007 年,内蒙古仍有大约 7.02 亿亩草原不同程度的退化、沙化和盐渍化,占草原可利用面积的 73.58%。其中,退化草原 5.12 亿亩,占草原可利用面积的 53.67%;沙化草原 1.33 亿亩,占 13.94%;盐渍化草原 0.57 亿亩,占 5.97%。与 2005 年相比,2006 年内蒙古牧草产量平均下降 6.7%。2004 年干草产量为 6050.3 万吨,2005 年干草产量为 6037.1 万吨。内蒙古 33 个牧业旗和 21 个半农半牧业旗,其草原面积占全区草原面积的 92%。总体上看,33 个牧业旗冷季可食干草总储量为 129.06 亿公斤,总适宜载畜量为 3398.8 万羊单位,属于平年偏欠水平。2006 年内蒙古草原 33 个牧业旗 6 月末牲畜 6514.04 万羊单位,33 个牧业旗平均超载率为 18.1%。

第五章 着力提高服务业比重和水平

服务业就是通常说的第三产业,是指除第一、二产业以外的其他行业,包括交通运输、仓储和邮政业,信息传输、计算机服务和软件业,批发和零售业,住宿和餐饮业,金融业,房地产业,租赁和商务服务业,科学研究、技术服务和地质勘察业,水利、环境和公共设施管理业,居民服务和其他服务业,教育事业,卫生、社会保障和社会福利业,文化、体育和娱乐业,公共管理和社会组织等部门。

第三产业的提出是 20 世纪上半叶的事。1935 年新西兰奥塔哥大学费希尔(Fisher)教授曾尝试性地提出三大产业划分的思想。在人类社会发展历史上,农业是出现最早、持续时间最长的产业,是第一产业;工业特别是大机器工业的出现有 200 多年的历史,欧美各国经过两次产业革命,实现了工业现代化,工业即第二产业成为其主要产业;第二次世界大战以来特别是 20 世纪六七十年代开始,服务业即第三产业在一些发达国家得到前所未有的发展,比重不断提高,取代工业而居于主要地位。这就是产业结构演进的过程。伴随产业结构的调整升级,出现了许多新兴产业,同时,劳动力也由第一、二产业向第三产业及其新兴产业转移,近年来一些发达国家第三产业就业人数甚至高达 70% 左右。比如,美国的服务产业早在 1990 年就达到 33450 亿美元,占国民生产总值的 74%;9260 万人从事服务产业,占所有就业者的 77%。服务业主导着美国经济。

服务业的发展水平是衡量现代社会经济发达程度的重要标志。加快发展服务业，提高服务业在三大产业结构中的比重，是推进经济结构调整、加快转变经济发展方式的必由之路，是有效缓解能源资源短缺的瓶颈制约、提高资源利用效率的迫切需要，是适应对外开放新形势、实现综合实力整体跃升的有效途径。加快发展服务业，提高服务业发展水平，不断丰富服务产品的内容、形式和层次，是满足人民群众多样性、多层次物质文化需求的迫切需要。加快发展服务业，形成较为完备的服务业体系，使服务业成为吸纳城乡新增就业的主要渠道，不断增加城乡居民收入，是不断改善民生、促进社会和谐、全面建设小康社会的内在要求。

我国服务业发展一直比较缓慢，服务业增加值占 GDP 的比重比较低。1978 年我国服务业增加值只占 GDP 的 23.9%，20 世纪 90 年代这个比重一直徘徊在 1/3 左右。进入 21 世纪，服务业占 GDP 的比重有所提高，最高年份即 2002 年达到 41.5%，此后逐年下降，2007 年降到 40.1%。针对我国服务业在国民经济中的比重偏低，特别是现代服务业发展滞后的问题，党的十六届五中全会通过的《中共中央关于制定国民经济和社会发展第十一个五年规划的建议》提出，要"大力发展金融、保险、物流、信息和法律服务等现代服务业"，还提出大城市要把发展服务业放在优先位置，有条件的要逐步形成服务经济为主的产业结构。党的十七大明确提出发展现代产业体系，要"发展现代服务业，提高服务业比重和水平"。

专栏 5—1

服 务 业

服务业也叫第三产业，是指农业、林业、牧业、渔业和采掘业、制造业、水电气业、建筑业以外的所有产业，可分为流通部门和服务部门,包括物流配送、交通运输、金融保险、信息咨询、中介服务、技术服务等主要面向生产的服务业,又包括商品零售、物业管理、社区服务、旅游休闲、文化娱乐、教育培训、健身医疗等主要面向生活的服务业,还包括义务教育、公共卫生、市政公用行业等主要由政府提供的服务型事业。总之,服务业范围广、行业多,具有劳动密集型、技术密集型和知识密集型并存的特点,在促进生产、服务生活、扩大就业方面具有独特的优势。据分析,单位服务业产值所创造的就业岗位是工业的5倍。

随着经济社会的发展,尤其是知识经济时代的到来,服务业的领域不断拓宽、范围不断扩大,新的产业形态不断出现,服务方式发生了很大变化。连锁经营、网络传输、产品设计、软件服务、电影大片、动漫影视等都属于服务业。信息经济、虚拟经济、创意经济、会展经济、休闲经济等新的业态层出不穷,迅速成长,创造了巨大的经济价值,并潜移默化,产生了深远的社会影响。

第一节 内蒙古服务业比重小水平低

"十五"以来,内蒙古第三产业发展取得显著成效,呈现出以下几个方面的特点。

一是发展速度较快。"十五"以来,内蒙古第三产业显著增长,2007年第三产业增加值达到2174.46亿元,比2000年的605.74亿元增加了1568.72亿元,增长2.59倍,年均增长16.7%,明显快于同期全国第三产业10.6%的平均水平。

二是投资增长较多。2007年与2000年相比,内蒙古第三产业固定资产投资由 187.25 亿元增加到 1474.53 亿元，增长 6.87 倍，年均增长 34.3％。其中，交通运输邮电通信业基本建设投资由 2000 年的 68.93 亿元增加到 2004 年的 238.69 亿元，增长 2.46 倍；批发零售贸易餐饮业基本建设投资由 2000 年的 6.1 亿元增加到 2005 年的 44.86 亿元，增长 6.35 倍；科技文化卫生事业基本建设投资由 2000 年的 13.96 亿元增加到 2005 年的 19.92 亿元，增长 0.43 倍。

三是第三产业成为吸纳就业的主渠道。"十五"时期，内蒙古第三产业就业人数累计达 1632.9 万人，比"九五"时期新增就业 129.7 万人，占全部就业人数的 31.2％，比重比"九五"时期提高了 2.6 个百分点。2007 年与 2000 年相比，第三产业吸纳就业人数由 325.5 万人增加到 328.6 万人，增加了 3.1 万人，增长 0.95％。

四是传统部门比重有所下降，新兴部门比重有所上升。2004 年，内蒙古交通运输、仓储和邮政业，批发和零售业，住宿和餐饮业，公共管理和社会组织 4 个部门增加值占第三产业增加值的比重为 63.77％，信息传输、计算机服务和软件业，金融业，房地产业，租赁和商务服务业，科学研究、技术服务和地质勘察业 5 个部门增加值占第三产业增加值的比重为 18.76％。2007 年，前 4 个部门增加值占第三产业增加值的比重下降到 62.93％，下降了 0.84 个百分点；后 5 个部门增加值占第三产业增加值的比重上升到 20.11％，上升了 1.35 个百分点。

五是旅游业成为新亮点，旅游人数和旅游收入大幅增加。2007 年，内蒙古实现旅游总收入 390.77 亿元，比 2000 年的 42.72 亿元增长了 8.15 倍；入境旅游人数为 149.45 万人次，比 2000 年的 39.2 万人次增长了 2.81 倍；国内旅游人数为 2908 万人次，比 2000 年的 735 万人次增长了 2.96 倍；国际旅游外汇收入 5.45 亿美元，比 2000 年增长 3.3 倍；国内旅游收入

351.01 亿元,比 2000 年的 32.23 亿元增长了 9.89 倍。

从服务业本身看增长速度较快,但是与工业增速、经济社会发展对服务业的需求相比,服务业的发展还存在一些突出的问题。

第一,增速相对缓慢,比重逐年下降。从第三产业本身看,15％左右的增速不算慢,但与超常速增长的工业增加值和 GDP 增速相比就显得缓慢,导致第三产业规模小、比重低,第三产业增加值在三大产业中的比重由 2000 年的 39.3％下降到 2007 年的 35.7％,7 年下降了 3.6 个百分点,比全国第三产业占 GDP 比重低 4.4 个百分点。在西部 12 个省区市中,内蒙古第三产业占 GDP 比重仅高于新疆、青海、陕西 3 个省区。

第二,投入不足,投资结构不合理。2007 年与 2000 年相比,第三产业本身固定资产投资增长了 6.87 倍,但第三产业固定资产投资占全社会固定资产投资总额的比重却由 43.5％下降到 33.5％,下降了 10 个百分点。与 2000 年相比,2004 年交通运输邮电通信业基本建设投资增长了 2.46 倍,2005 年批发零售贸易餐饮业基本建设投资增长了 6.35 倍,2005 年科技文化卫生事业基本建设投资却仅仅增长了 0.43 倍。

第三,产业内部结构调整滞后,现代服务业、新兴服务业发展缓慢。2007 年,内蒙古第三产业增加值达到 2174.46 亿元,同比增长 15.7％。从第三产业 14 个部门发展情况看,规模最大的 4 个部门是交通运输、仓储和邮政业,批发和零售业,住宿和餐饮业,公共管理和社会组织,其增加值分别达到 510.42 亿元、485.42 亿元、204.09 亿元和 195.46 亿元,这 4 个部门的增加值占第三产业增加值的 62.9％;规模最小的 3 个部门是水利、环境、公共设施管理业,文化、体育、娱乐业,科学研究、技术服务、地质勘察业,其增加值分别达到 23.56 亿元、32.08 亿元和 32.19 亿元,这 3 个部门的增加值占第三产业增加值的

4.04％；增长最快的 2 个部门是金融业，水利、环境、公共设施管理业，其增速分别达到 26.6％和 21.2％；增长最慢的 2 个部门是信息传输、计算机服务和软件业，居民服务和其他服务业，其增速分别为 6.7％和 9.3％（见表 5—1）。

表 5—1 2004—2007 年内蒙古服务业结构变化

单位:亿元、％

年份	传统服务业	比重	现代服务业	比重	新兴服务业	比重	第三产业	增长
2004	809.82	63.8	238.29	18.8	221.89	17.4	1270.00	22.0
2005	978.29	63.8	289.33	18.9	265.16	17.3	1532.78	18.1
2006	1144.04	63.1	346.95	19.1	323.43	17.8	1831.92	15.8
2007	1368.39	62.9	437.32	20.1	368.75	17.0	2174.46	15.7

资料来源:《内蒙古统计年鉴》。特别说明:为了对内蒙古服务业的发展做一些比较分析,笔者将第三产业 14 个部门大体划分为传统服务业、现代服务业、新兴服务业 3 大类,传统服务业包括"交通运输、仓储和邮政业"、"批发和零售业"、"住宿和餐饮业"、"公共管理和社会组织"4 个部门,现代服务业包括"信息传输、计算机服务和软件业"、"金融业"、"房地产业"、"租赁和商务服务业"、"科学研究、技术服务和地质勘察业"5 个部门,新兴服务业包括"水利、环境和公共设施管理业"、"居民服务和其他服务业"、"教育"、"卫生、社会保障和社会福利业"、"文化、体育和娱乐业"5 个部门。这样划分,不是为了研究传统服务业、现代服务业、新兴服务业的概念和内涵,而只是为了比较分析的方便。

内蒙古第三产业结构不合理、层次较低还表现在,交通运输、仓储和邮政业,批发和零售业等传统服务业增加值占 GDP 的 22％,比例之高居全国前列,而信息传输、计算机服务和软件业,金融业,房地产业,租赁和商务服务业,科学研究、技术服务和地质勘察业等现代服务业增加值仅占 GDP 的 7％。

第四,第三产业吸纳就业的能力在下降。2007 年与 2000 年相比,第三产业吸纳就业人数增加了 3.1 万人,增长 0.95％,但第三产业吸纳就业人数占全部就业人数的比例却由 30.66％下降到 30.38％,下降了 0.28 个百分点。内蒙古第三产业吸纳就业人数占全部就业人数的比例比全国低。

从以上比较分析中可以得出这样几点结论:其一,内蒙古服务业增长相对缓慢,还不能适应经济社会发展的需要。其二,在整体上,内蒙古的服务业仍然是一个传统产业。传统服务业4个部门的增加值占第三产业增加值的62.9%。其三,新兴服务业发展滞后,远未形成规模。新兴服务业5个部门的增加值只占第三产业增加值的17%。其四,现代服务业发展开始有些突破,但远未形成新的增长极。只有金融业增长达到26.6%,信息传输、计算机服务和软件业,房地产业,租赁和商务服务业,科学研究、技术服务和地质勘察业,这些现代服务业中除了房地产业增长达到16.0%以外,其余几个部门的增长都不到15%。其五,服务业是吸纳就业能力最强的产业,而内蒙古服务业吸纳就业的能力在下降。从总体看,内蒙古的服务业比重较小,层次较低,就业容量较少。

按库兹涅茨的产业结构演变规律,随着经济的发展,第一产业在整个国民收入中的比重呈不断下降的趋势,而第二、三产业的比重则不断上升。从实践看,一个国家和地区在工业化初期阶段,发展制造业是主体,而到了工业化中期,在农业、工业和建筑业发展到一定水平后,则要加快发展服务业,逐步以发展服务业为主导,服务业产值和就业比重的提高就成为产业结构优化升级的重要标志。制造业拼劳力、拼能源、拼材料,附加值有限;服务业拼脑力、拼人才、拼知识产权,附加值较高。随着现代经济的发展,服务业的附加值越来越高,制造业的服务含量也将大幅度提高。内蒙古正处在工业化初期向中期发展的阶段。在这个阶段,如果第二、三产业不能很好地融合起来,就难以提高工业化水平,难以提高竞争力,也难以改变在国内产业分工中的低端地位。工业化的进一步深入发展需要由服务业的加快发展来促进,现代农牧业的发展也需要由服务业的加快发展来促进,这些都为服务业的持续快速发展提供了需求空间。服务业与工业、农牧业协调发展,是加快推进新型工业化和现代农牧业发展的内在要求,是提高各族人民生活水平和质量的迫切需要。当今时代,服务业已经成为经济的主体和拉动经济增长的主导力量。世界各国国内生产总值的50%左右来自服务业,发达国家平均达到70%以上,我国达40%左右,而内蒙古还不到36%。

在工业化加速推进的阶段,特别是像内蒙古这样能源矿产资源丰富、相应产业迅速扩张的地区,在第二产业比重不断上升的同时,不仅第一产业比重不断下降,而且第三产业比重也不断下降,是一个规律性现象。即在工业化初期阶段,由于工业化进程比较慢、第二产业比重不高,服务业比重相应较高;随着工业化进程加快、第二产业比重提高,服务业比重就会有所下降;随着工业化水平不断提高,社会生产生活对服务业需求不断扩大,以及服务业自身发展水平的不断提升,其比重就会再次提高。这就是服务业比重的"U"字形曲线变动,两端高、中间低。但这两端的内涵是不一样的,前端是人们所说的低水平、高比重,而后端则是高水平、高比重。内蒙古服务业正处于中间的"低"位上,是低水平、低比重,是经济发展中结构性矛盾的突出表现之一。切实解决这个突出的结构性矛盾,是实现内蒙古经济社会又好又快发展、提高人民生活水平的迫切需要。

服务业具有为城乡居民生产生活提供服务、促进城乡经济社会发展的多种重要功能,特别是服务业具有就业容量大的特点,在扩大城乡就业方面发挥着重要作用。内蒙古三大产业吸纳就业的变化,突出反映了内蒙古产业发展的结构性矛盾和经济社会发展的不协调性问题。2006年与2000年相比,内蒙古总就业人数由1061.6万人减少到1051.2万人,7年减少了10.4万人;而且就减少在第二、三产业,第一产业的就业反而增加了,第一产业就业人员由553.7万人增加到565.3万人,7年增加了11.6万人;第二产业就业人员由182.4万人减少到

168.0 万人,7 年减少了 14.4 万人;第三产业就业人员由 325.5 万人减少到 317.8 万人,7 年减少了 7.7 万人。这 7 年的情况说明,经济增长了,就业却减少了;产业结构似乎是优化了,而就业结构反而不优了。到 2007 年,情况有所好转,总就业人数比 2000 年增加了 19.9 万人,其中,第一产业就业人员增加了 15.6 万人,第二产业就业人员增加了 1.2 万人,第三产业就业人员增加了 3.1 万人。内蒙古就业状况的变化说明,就业增长与经济增长密切相关,但经济增长不一定必然带来就业增长;就业结构与产业结构密切相关,但更与促进产业增长的生产要素结构密切相关。内蒙古就业不充分、城乡居民收入增长缓慢,农牧业生产方式粗放、现代农牧业发展步履维艰,工业发展结构性矛盾突出、增长方式难以转变,从一定意义上讲,都与服务业特别是现代服务业发展滞后有密切关系。

第二节　大力发展服务业是大趋势

大力发展服务业,就要以信息技术为支撑,以现代服务业、新兴服务业为重点,改造提升传统服务业,实现服务业的高增长,逐步使服务业成为引领国民经济发展的主导产业。经济增长过程,就是产业结构的演变过程。产业结构的演变又是各产业相互影响、相互促进的结果,而主导产业的更替则是其影响力、促进作用此消彼长的反映。产业结构是反映现代经济增长阶段的重要标志,主导产业依次更替的过程就是现代经济增长的过程。由以农业为主导到以工业为主导,再演变为以服务业为主导,这是现代经济增长的大趋势。

从三大产业的功能关系看,农业为制造业提供原料,制造业为农业和服务业提供所需的设备,而服务业则为其他两个产业提供服务,帮助其提高生产效率。可见,服务业对于农业和工业的发展起着关键性作用。从生产要素形态看，第一产业以自然资源为主，第二产业以物质资本为主，第三产业以人力资本为主。可见，发展服务业对于建设资源节约型、环境友好型社会和建设创新型内蒙古的重大意义。从产品形态看，第一产业和第二产业的产品是物质形态的，第三产业的产品是以无形的服务为主。可见，发展服务业对于节能减排、转变经济发展方式的重大意义。

解决内蒙古经济发展中的结构性矛盾，必须把大力发展服务业作为调整产业结构的着力点，力争使服务业逐步成为主导产业。大力发展服务业有利于增加城乡居民收入。服务业行业多、范围广，具有劳动密集、技术密集和知识密集并存的特点，在扩大就业方面具有独特的优势。据专家分析，单位服务业产值所创造的就业岗位是工业的5倍。服务业是今后吸纳城镇新增就业人员和农村牧区富余劳动力、工业结构优化升级转移劳动力的主渠道，也是提高城乡居民收入新的增长极，此其一。大力发展生产性服务业有利于产业结构优化升级。发展服务业不仅可以形成新兴产业，而且可以为其他产业的发展提供服务，提高专业化、社会化水平，促进生产、流通、消费和投资的良性循环。走有内蒙古特点的新型工业化道路，如果没有现代服务业的有力支撑，工业的结构难以升级、竞争力难以提高。建设有内蒙古特点的新农村新牧区，如果没有社会化服务体系的有力支持，以专业化协作为特征的现代农牧业生产难以发展，农牧业效益难以提高，此其二。大力发展生活性服务业有利于提高人民生活水平。生活性服务业与人民生活息息相关，服务业又是经济社会协调发展的助推器和润滑剂。鼓励消费，扩大消费需求，促进经济平稳较快发展，必须加快发展服务业；改善民生、提高人民生活水平，必须大力发展服务业。如果没有适应加快升级的消费结构、满足日益多样化个性化的社会需求的生活性服务业全面发展,人民群众的生活水平和质量就难以提高,和谐社会难以建设,此其三。大力发展服务业有利于完善市场经济体制。服务业是市场经济的重要产业基础,是市场体系的基本要素,是市场竞争的推动力量。有市场,就需要有服务;有服务,市场才能健全和完善。如果没有专业化服务的充分发展,社会化生产难以形成,生产成本难以降低,经济运行效率难以提高,此其四。大力发展服务业有利于节能减排。服务业是无烟产业,与工业相比,服务业占用能源、资源少,单位增加值所消耗的能源、资源和污染排放要少得多。据专家测算,如果服务业占 GDP 比重提高 1 个百分点,单位 GDP 能耗可相应降低约 1 个百分点。要缓解资源环境的瓶颈制约,必须在发展服务业上狠下工夫。如果服务业发展不起来,资源节约型、环境友好型社会难以建设,经济增长方式难以转变,此其五。大力发展服务业有利于扩大对外开放。服务业是对外开放的重要平台。内蒙古进一步扩大对外开放,就必须转变外贸增长方式,调整和优化进出口结构,在增加进口的同时更加注重扩大出口,尽快扭转目前进多出少的局面,以增强出口需求对经济增长的拉动。这就需要提高出口商品的服务含量和附加值,改善交通、通信、供水供电等硬环境和金融、保险、信息、咨询等软环境,建立起有效的对外开放服务体系,此其六。

从国际国内产业发展看,服务业是发展潜力巨大的产业,也是竞争比较集中、激烈的领域之一,谁能取得服务业发展优势,谁就将占据整个经济发展的主动地位。比如,全球制造业领域的竞争,主要集中在前端的研发和后端的营销等服务环节,而这方面恰恰是我国的薄弱环节,更是内蒙古的薄弱环节。2007年,内蒙古第三产业 2174.46 亿元增加值构成中比重很小的就是科学研究、技术服务、地质勘察业,信息传输、计算机服务和软件业,租赁和商务服务业等几个部门,其增加值加起来不过 150

亿元,比重不足第三产业的 7%。

服务业的发展程度与整个经济的发展水平是相辅相成、相互促进的。经济没有发展到一定水平,服务业发展不起来;而经济发展要上层次、上水平,又必须依靠服务业的发展。内蒙古工业化、城镇化的加快推进,对服务业发展提出了新的要求。适应经济社会发展和人民群众生产生活对服务业发展的需求,因势利导,大力发展服务业,正当其时,机不可失。

总之,服务业兴旺发达是现代经济的特征,大力发展服务业是内蒙古经济社会发展的大趋势,是走有内蒙古特点的新型工业化道路、建设有内蒙古特色的新农村新牧区、建设创新型内蒙古的内在要求,是完善市场经济体制、培育新的经济增长点、转变经济发展方式的迫切需要,是积极扩大就业、提高人民生活水平、促进社会和谐的根本性举措。必须把大力发展服务业摆在更加重要的战略位置,制定更加有利的激励政策,采取更加有效的方法措施,力争使服务业成为内蒙古经济增长的主导产业。

第三节　着力推动服务业协调发展

服务业行业多、范围大、领域广,涉及城镇乡村、经济社会、生产生活,内涵十分丰富。大力发展内蒙古服务业,逐步使服务业成为带动经济增长的主导产业,必须按照统筹兼顾的根本方法,着力推动五个方面的协调发展。

推动现代服务业与传统服务业协调发展。现代服务业是世界经济发展的新潮流,是"服务型经济"快速成长和发展的重要推动力量,已经成为提升一个国家和地区竞争力的重要因素。现代服务业主要指依托电子信息等高新技术,运用现代组织形式和经营方式而发展起来的服务业,既包括新兴服务业,如以互联网为基础的网络服务、移动通信、电子商务、信息咨询、现代物流等,也包括对传统服务业的技术改造和升级,如电信、金融保险、科技服务、中介服务、房地产等。现代服务业具有高人力资本含量、高技术含量、高附加值和发展潜力大等特点。相对于传统服务业来说,现代服务业特别是新兴服务业的基础比较薄弱,发展现代服务业必须从实际出发,重点发展基础服务性的通信服务和信息服务,生产和市场服务性的现代物流、金融服务、电子商务、法律和咨询等专业服务,个人消费服务性的教育、医疗保健、休闲娱乐、旅游、房地产等服务。同时,应积极创造条件,开拓发展计算机和软件服务业、文化创意服务业、动漫服务业和会展服务业等新兴服务业。由于现代服务业是依托信息技术和现代管理理念发展起来的信息和知识相对密集的产业,科技尤其是信息技术对其发展起着重要的引领和支撑作用。应根据现代服务业发展需求,突破现代服务业共性服务技术,建立现代服务业共性服务技术支撑体系,保障现代服务业持续健康发展。

传统服务业是主要面向群众基本生活的服务业,具有市场需求潜力大、吸纳就业能力强、发展基础较好等特点。传统服务业的服务较多具备必需品的特征,为人民群众的日常生活所不可或缺,市场容量相对较大,而且由于传统服务业的进入门槛比较低,有利于扩大就业特别是农村牧区富余劳动力转移就业。因此,在加快发展现代服务业的时候,绝不能忽视和偏废传统服务业的发展。要继续大力发展商品流通、餐饮服务、交通运输等传统服务业。传统服务业点多面广,在发展中要突出特色,提高效益。要针对传统服务业档次和水平比较低的状况,注重用新技术、新业态、新方式推动传统服务业的改造升级,提高其科技含量、管理水平和经济效益,增强其服务功能。应培育一批现代服务业龙头企业,建立现代服务业科技创新体系,提高自主创新能力,促进传统服务业向现代服务业的转型和现代服务业新业态的形成。应结合内蒙古服务业发展实际,认真研究探索现代服务业与传统服务业协调发展的路子，制定实施改造提升传统服务业、加快发展现代服务业的途径和政策，推动现代服务业和传统服务业协调发展、共同发展。

推动生产性服务业与消费性服务业协调发展。生产性服务业是从工商企业分离出来的现代服务业，主要指为工业生产过程的连续性、促进工业技术进步、产业升级和提高生产效率等提供保障的服务行业。它依附于制造业企业而存在，贯穿于企业生产过程的上游、中游和下游诸环节，是把日益专业化的人力资本和知识资本引进制造业的主要渠道，是第二、三产业加速融合的关键环节。生产性服务业和制造业的关系日趋紧密，前者支撑后者，后者为前者提供巨大的市场空间。生产性服务业是世界经济中增长最快的行业。2005年，全球服务业占GDP的比重已达68％，其中生产性服务业在发达国家服务业总值中的比重接近70％，美国生产性服务业增加值占其GDP的比重超过48％，其他发达国家情况也大体类似。

生产性服务业具有技术密集与知识密集的特点，不仅能够提高企业的生产效率，而且能够降低企业的生产经营和管理成本。加快发展生产性服务业是走有内蒙古特色的新型工业化道路，促进工业结构优化升级的需要。大力发展内蒙古服务业，逐步使服务业成为带动经济增长的主导产业，要以加快发展生产性服务业为突破口。要抓住新型工业化快速推进的机遇，适应产业结构调整和经济增长方式转变的需要，着力发展生产性服务业，并带动整个服务业加快发展。要重点发展产前服务性的技术研发、工业设计、金融保险、劳动力培训等服务，产中服务性的原材料与零部件采购配送、设备租赁、现代物流、技术服务、管理咨询等供应链管理服务，产后服务性的市场调查和分析、计算机服务、会展与信息咨询、会计和法律服务、商务与对外贸易服务等营销服务，使生产性服务业不断满足新型工业化加速推进的要求。通过产前、产中、产后的系列化服务,使工业企业的内部服务外部化、企业服务社会化,使企业的生产功能与服务功能越来越明晰,使服务含量在整个工业增加值中的比重越来越高。内蒙古加快推进新型工业化离不开生产性服务业的支撑,而新型工业化的加快推进也为生产性服务业提供了巨大的市场空间。所以,从现代服务业与现代工业的关系讲,生产性服务业与工业将相互依托、相互支撑,相互促进、共同发展。应促进企业内部物流社会化,健全物流服务体系,完善服务功能,创新服务品种,提高服务质量。应加快发展科技服务业,建设技术创新公共服务平台,健全知识产权保护体系,推进科技研发、技术推广、工业设计等服务业的发展。应规范和发展法律咨询、会计审计、规划评估、项目策划、资产管理、广告会展等中介服务业。总之,生产性服务业的发展,要适应新型工业化的需求,走专业化发展道路,突出重点领域,抓住关键环节,推进连锁经营,形成系列服务,深化分工协作,提高服务效率。

消费性服务业是面向广大人民群众日常生活的服务业,具有服务需求多样、服务内容丰富、就业容量大、稳定性强等特点。加快发展消费性服务业,要坚持以人为本,面向广大老百姓,围绕方便广大群众生活的要求,扩大短缺服务项目的供给,规范服务市场秩序,提升服务质量和水平。要大力发展社区卫生、家政服务、养老托幼等社区服务业;鼓励发展技术先进、业态多样、诚信便民的零售、餐饮等商贸服务业;加快发展旅游休闲、文化娱乐、体育健身、培训教育等需求潜力大的服务业;有序发展房地产业,改善市场结构,增加普通商品房和经济适用房供应。通过这四个方面的共同发展,使消费性服务业不断满足广大群众生活质量提高的要求,为广大群众提供更多的质优价廉服务,方便广大群众的生活。

推动城镇服务业与农村牧区服务业协调发展。城镇服务业是面向城镇居民生产生活，同时对周边农村牧区具有一定辐射带动功能的服务业。服务业发展与城镇的发展紧密相连。由于城镇特别是大城市人口集中、产业集聚、基础设施完备、消费需求量大，城镇服务业发展快，服务业向城镇特别是大城市聚集是规律性趋势。城镇服务业具有产业密度大、服务产品多样、服务质量和水平较高等特点。没有城镇服务业的发展，就没有城镇工业的发展，就没有城镇居民生活水平的提高，就没有城镇的繁荣。城镇尤其是大城市应把发展服务业放在优先位置，紧紧围绕城镇产业特别是人民群众对服务业发展的要求，既要加快发展生产性现代服务业，又要突出发展生活性服务业，重点加强市政公用事业建设，优先发展公共交通，积极发展城镇供排水及中水利用、供气、供热、环保等服务体系，努力提高人居环境水平。与此同时，还要面向整个区域，加快发展辐射带动作用强的服务业特别是基本公共服务事业，将城镇服务业向农村牧区延伸，以城镇服务业的辐射带动功能增强城市对农村牧区的带动力。

农村牧区服务业应是直接面向农牧业生产、农牧民生活的服务业，是支撑新农村新牧区建设、促进现代农牧业发展、带动农牧民增收的服务业。受自然经济、传统农牧业等因素的影响，内蒙古农村牧区服务业还相当落后。在建设社会主义新农村新牧区的新形势下，必须面向农牧民群众、农牧业生产和农村牧区市场的需求，大力发展农村牧区服务业。一方面，要围绕发展现代农牧业、推进农牧业产业化经营，特别是以加强农牧业产业化基地建设、扶持农牧民专业合作社为载体，大力发展农村牧区生产性服务业。包括加强农村牧区水利、交通、通信、广播电视等基础设施建设，健全农牧业技术推广、农畜产品标准和安全认证、动物防疫、品种改良和植物保护等农牧业技术支持体系，发展农牧业生产资料连锁经营，完善农畜产品流通体系，推进农村牧区金融保险服务、经济信息服务等。另一方面，要围绕培养新型农牧民、提高农牧民综合素质,满足农牧民物质文化需求为重点,大力发展农村牧区生活性服务业。包括发展农村牧区基层文化、医疗卫生、计划生育、群众体育等社会事业,尤其要致力于提高农牧民综合素质,突出加强农村牧区基础教育和职业教育,搞好农牧民和农民工培训。总之,建设有内蒙古特色的新农村新牧区,将为农村牧区服务业提供新的发展机遇;农村牧区服务业的加快发展,定会有力支撑新农村新牧区建设。

推动服务产业与服务事业协调发展。服务业既包括企业提供的营利性服务产业,也包括政府提供的公益性服务事业。大力发展服务业,要坚持能够由企业提供的服务产业,都应当按照市场经济规律运作,由企业经营和提供服务,而且还要将社会事业领域中盈利性的部分剥离出来,推进这部分行业走市场化、产业化发展的路子。

在现代社会,政府的一项基本职能是向全民提供义务教育、科学普及、公共文化、公共卫生、基本医疗保障、社会保障等基本公共服务。政府必须切实履行职能职责,加快发展城乡服务事业,保障全民平等享受基本公共服务。有些公共服务事业,如城市供水供暖供气、污水垃圾处理、公共交通等,也是政府必须提供的公共服务,但不必由政府直接承办,而可以采取政府支持、企业经营的方式,或者采取政府采购的方式从服务业市场上获得,提供给消费者,有效提高服务质量和水平。服务产业和服务事业两者不可偏废。如文化产业和文化事业、培训产业和教育事业,既有区别又有联系,要研究解决服务产业和服务事业发展的关系问题,完善机制、协调推进。公共财政应加大对公共服务事业发展的投入,保障城乡和区域基本公共服务均等化。应完善与现代财政制度相伴而生的公共审计制度,保证政府公共财政开支的公平性和有效性。

培育人才,完善体制,保证服务业协调发展。人才缺乏是制约内蒙古服务业发展的一个重要因素。现代服务业主要提供的是知识产品，从事服务业人员素质的高低决定着服务业发展的成效，培育服务业人才是服务业发展的关键环节。应加大服务业人力资本投入，增强服务业自主创新能力，从而提升服务业发展水平，提高服务业市场竞争力。应高度重视服务业领域的科研开发，发展拥有自主知识产权的服务技术，提供质量上乘的服务产品，培育和打造知名服务品牌，通过知识创新、技能创新和管理创新，不断提高服务业的附加值。

完善市场经济体制是内蒙古服务业发展的保障。内蒙古服务业有着很大的发展潜力，加快服务业发展，必须以改革为动力，着力解决制约服务业发展的体制性障碍，不断增强服务业发展的活力。为此，应不断深化改革，实行服务业三个层面的剥离，即把服务业从一些垄断性行业和领域中剥离出来，从社会事业领域中剥离出来，从行政管理活动中剥离出来。通过三个剥离，削弱垄断效应、激活社会事业、转变行政职能，拓宽服务业发展空间，增强服务业发展活力，推进专业化服务和社会化生产经营，不断发展壮大服务业。解决体制性障碍，要鼓励、支持和引导非公有制经济发展服务业，扶持中小服务企业发展，放宽市场准入，为各类企业发展服务业创造公平竞争的市场环境。解决体制性障碍，要扩大服务领域对外开放，开放服务市场，承接国际现代服务业转移，发展壮大内蒙古服务业。

上述五个协调发展，是从不同的角度阐述服务业的业态、功能、地位、作用以及发展方向、重点和要求，在现实中，服务业各部门、各行业、各业态之间是相互交叉、相互渗透，相互依托、相互促进的。惟其如此，必须坚持统筹兼顾，推动其协调发展。

第六章　实施东西两翼带动的区域发展战略

中国的区域发展思想源自毛泽东的《论十大关系》。1956年4月25日，毛泽东在中共中央政治局扩大会议上的这篇著名讲话中就讲到了沿海工业和内地工业的关系问题。由此就有了50年代的西南和西北大建设、六七十年代的"三线建设"。改革开放以后，东南沿海及东部地区由于独特的区位优势，在率先发展中先结硕果。20世纪90年代初，邓小平提出"两个大局"的区域发展战略。一个大局是，东部沿海地区要加快对外开放，先发展起来，中西部要顾全这个大局；另一个大局是，当发展到一定时期，即到20世纪末全国达到小康水平时，全国就要拿出更多力量帮助中西部地区发展，东部沿海地区也要服从这个大局。邓小平"两个大局"战略思想为中国区域发展指明了方向。西部大开发战略乃至我国区域发展总体战略由此而来。1999年11月，中央经济工作会议确定实施西部大开发战略的重大决策，2000年就迈出了实质性步伐。

2002年11月，党的十六大提出了支持东北地区等老工业基地振兴的重大战略任务。2003年9月，中央政治局会议决定实施东北地区等老工业基地振兴战略，同时强调继续坚定不移地实施西部大开发战略，支持中部地区发挥自身优势更好地发展，支持东部沿海地区加快发展并鼓励有条件的地方率先基本实现现代化，实行东中西互动，促进区域经济社会协调发展。2003年10月，党的十六届三中全会通过的《中共中央关于完善社会主义市场经济体制若干问题的决定》第一次提出了"五个统筹"即统筹城乡发展、统筹区域发展、统筹经济社会发展、统筹人与自然和谐发展、统筹国内发展和对外开放。同月，中共中央和国务院下发了《关于实施东北地区等老工业基地振兴战略的若干意见》。至此，我国区域发展总体战略已经形成。党的十七大将这个总体战略完整地表述为：深入推进西部大开发，全面振兴东北地区等老工业基地，大力促进中部地区崛起，积极支持东部地区率先发展。

我国区域发展总体战略的核心是统筹区域发展，缩小地区发展差距，促进区域协调发展。统筹区域发展是科学发展观的基本要求，是提高我国经济社会发展整体质量和水平的客观需要。结合内蒙古实际贯彻落实统筹区域发展的重大战略思想，就要积极支持西部"金三角"率先发展、大力扶持东部"五盟市"后来居上，使东西两翼带动全区又好又快发展。这是深入贯彻落实科学发展观的内在要求，也是内蒙古走进前列的迫切需要。

内蒙古地域辽阔，东西跨度长达 2400 公里，各地在资源禀赋、发展基础、气候条件、生态环境、基础设施、周边发展状况等方面有较大差异。内蒙古自治区现有阿拉善、锡林郭勒、兴安 3 个盟，呼和浩特、呼伦贝尔、通辽、赤峰、乌兰察布、包头、鄂尔多斯、巴彦淖尔、乌海 9 个市。12 个盟市在空间分布上，呼和浩特市以东有 2 个盟 4 个市，呼和浩特以西包括呼和浩特有 1 个盟 5 个市。近年来，内蒙古经济发展呈现较明显的区域性特点，率先发展的呼和浩特、包头、鄂尔多斯三市形成了西部"金三角"和发展相对滞后但发展潜力较大的呼伦贝尔、兴安、通辽、赤峰、锡林郭勒等东部"五盟市"这样两个经济区。

第一节　"金三角"率先实现了跨越

何谓"金三角"？"金三角"是指由呼和浩特、包头、鄂尔多斯三市构成的，发展速度较快、经济效益较高、综合实力较强、民生改善较好的区域，"金三角"在内蒙古社会主义现代化建设全局中具有重要地位和带动作用。呼和浩特是自治区的首府，是内蒙古政治、经济、文化中心，有一定的工业基础，全区高校、科研力量和金融业多集中在呼和浩特市，具有教育、科技、文化、金融和首府优势。包头市是内蒙古乃至国家西部的重要工业城市，有较好的工业基础和城市建设基础，一直是内蒙古的经济强市。毗邻呼和浩特、包头的鄂尔多斯市资源富集，是一个后来居上者。20 世纪 90 年代以来，呼和浩特、包头、鄂尔多斯三市经济跨越式增长，在内蒙古 12 个盟市中遥遥领先，呈现出一个区域性经济现象，被人们称为内蒙古的"金三角"。经过"十五"时期的进一步发展，三市逐步形成了特色鲜明、有一定竞争力和影响力的优势产业体系，成为内蒙古重要的冶金工业、化学工业、装备制造业、电子信息产业、乳品产业及绒纺工业基地，成为国家"西电东送"的重要电源点、"西气东输"的重要后备资源基地。

"金三角"的速度。"十五"以来，呼和浩特市经济增长速度连续 7 年在全国 27 个省会城市中保持第 1 位，GDP 由 2000 年的 199.87 亿元增长到 2007 年的 1101.13 亿元，居内蒙古第 3 位，居 5 个少数民族自治区首府城市第 1 位。2007 年，呼和浩特市人均 GDP 达到 42017 元，居内蒙古第 4 位；地方财政总收入达到 119.58 亿元，居内蒙古第 3 位；城镇居民人均可支配收入、农村牧区居民人均纯收入均分别达到 16920 元和 6121 元，分别居内蒙古第 2 位和第 4 位（见表 6—1），居西部 11 个省会城市第 1 位。"十五"时期呼和浩特市经济年均增长 25.8%，2007 年增长 18.1%，居内蒙古第 8 位。呼和浩特市打造了"中国乳都"和"中国优秀旅游城市"等品牌。

包头市 GDP 由 2000 年的 252.85 亿元增长到 2007 年的

1277.20 亿元,居内蒙古第 1 位。2007 年,包头市人均 GDP 达到 51564 元,居内蒙古第 3 位;地方财政总收入达到 143.77 亿元,居内蒙古第 2 位;城镇居民人均可支配收入达到 17876 元,连续 5 年居内蒙古第 1 位、西部 51 个地级以上城市第 1 位、全国 287 个地级以上城市第 26 位;农牧民人均纯收入达到 6148 元,居内蒙古第 2 位(见表 6—1)。

"十五"时期包头市经济年均增长 23.6%,2007 年增长 19.9%,居内蒙古第 5 位。2002 年包头市荣获联合国人居奖,2005 年荣获首批全国文明城市称号,是中西部唯一获此殊荣的城市。2006 年包头市 GDP 突破 1000 亿元,成为内蒙古第 1 个、西部第 4 个 GDP 达到 1000 亿元以上的地级城市,进入全国 63 个 GDP 达到 1000 亿元以上的地级城市行列。2007 年包头市被授予"国家森林城市"称号,成为全国首批获此殊荣的地级市之一。

鄂尔多斯市 GDP 由 2000 年的 150.09 亿元增长到 2007 年的 1148.71 亿元,居内蒙古第 2 位。2007 年,鄂尔多斯市人均 GDP 达到 75020 元,居内蒙古第 1 位;地方财政总收入达到 175.76 亿元,居内蒙古第 1 位;城镇居民人均可支配收入、农村牧区居民人均纯收入均分别达到 16226 元和 6123 元,均居内蒙古第 3 位。"十五"时期鄂尔多斯市经济年均增长 24.8%,2007 年增长 26.0%,居内蒙古第 1 位(见表 6—1)。近年来,鄂尔多斯市经济发展取得骄人成绩的同时,其生态环境的改善也令人瞩目,仅 2007 年,鄂尔多斯市旗两级财政投资 22.2 亿元用于城镇区、工业园区、旅游景区、通道区"四区"绿化建设,完成绿化面积 9 万亩。中国城市竞争力报告显示,鄂尔多斯市增长竞争力、效益竞争力在全国 200 个城市中居第 1 位和第 3 位,综合经济实力跻身全国百强市第 28 位。

表6—1　2007年"金三角"三市主要经济指标

项目		呼和浩特市	排序	包头市	排序	鄂尔多斯市	排序
面积(万平方公里)		1.72	—	2.77	—	8.68	—
人口(万人)		263.52	—	249.61	—	154.79	—
GDP(亿元)		1101.13	3	1277.20	1	1148.71	2
第一产业(亿元)		62.14	5	45.15	9	47.78	8
第二产业(亿元)		415.50	3	657.47	1	633.10	2
工业(亿元)		346.20	3	587.46	1	535.05	2
第三产业(亿元)		623.49	1	574.57	2	467.83	3
人均GDP(元)		42017	4	51564	3	75020	1
总人口就业率(%)		57.98	—	51.18	—	56.08	—
就业结构(%)	第一产业	28.9	3	19.7	2	35.8	4
	第二产业	29.7	3	31.3	2	25.9	5
	第三产业	41.4	3	49.0	1	38.3	4
固定资产投资(元)		570.2	3	803.5	2	862.0	1
地方财政总收入(亿元)		119.58	3	143.77	2	175.76	1
一般预算收入(亿元)		57.96	3	76.75	2	77.02	1
规模以上工业企业(家)		293	6	480	1	419	2
规模以上工业企业增加值(亿元)		301.39	3	526.94	1	510.32	2
社会消费品零售总额(亿元)		430.80	1	416.86	2	218.14	3
进出口总额(万美元)		93952	3	184120	2	60168	5
出口额(万美元)		63612	2	119982	1	52401	3
进口额(万美元)		30340	5	64138	3	7767	7
国有研发人员(人)、机构(家)		5859	机构59	2359	机构13	387	机构9
在岗职工平均工资(元)		26732	3	26867	2	31829	1
城镇居民人均可支配收入(元)		16920	2	17876	1	16226	3
农村牧区居民人均纯收入(元)		6121	4	6148	2	6123	3

资料来源:《内蒙古统计年鉴》。

　　"金三角"的实力。"金三角"地区行政区域土地面积占内蒙古总面积的 11.1％,2007 年人口 667.92 万人,占内蒙古总人口的 27.8％。其自产水资源总量为 48.37 亿立方米,占内蒙古水资源总量的 8.86％,其中地表水 18.12 亿立方米、地下水 30.25 亿立方米,分别占内蒙古地表水、地下水的 4.46％ 和 21.71％;在黄河正常来水年份,黄河分水指标为 20.40 亿立方米。

从经济总量看,2007 年,呼、包、鄂三市经济总量达到 3527.04 亿元,占内蒙古经济总量的 57.9％,人均 GDP 达到 52806 元。三市地方财政总收入合计 439.11 亿元,占内蒙古财政总收入的 52.6％,人均地方财政收入达到 6574 元。

从经济结构看,2007 年,三市三大产业结构比例为 4.4∶48.4∶47.2,与内蒙古全区比,第一产业比重低 8.1 个百分点、第二产业比重低 3.4 个百分点、第三产业比重高 11.5 个百分点。三市工业增加值达到 1468.71 亿元,占内蒙古工业增加值的 53.6％。

从基础设施看,2007 年,"金三角"地区公路通车里程达到 26436 公里,占内蒙古公里总里程的 19％,公路密度达到 19.8 公里/百平方公里(全国平均水平的 1/2),高于内蒙古平均水平 11.7 公里/百平方公里;高速公路里程达到 633 公里,占内蒙古高速公路里程的 35.8％;苏木乡镇通油路率达到 95.5％,比内蒙古平均水平高 14.5 个百分点。

从投资和消费需求看,2007 年,三市全社会固定资产投资完成 2235.76 亿元,占内蒙古全社会固定资产投资的 50.76％;三市社会消费品零售总额达到 1065.8 亿元,占内蒙古社会消费品零售总额的 56％,增长 19.3％。

从对外开放看,2007 年,三市外贸进出口总额达到 33.82 亿美元,占内蒙古外贸进出口总额的 43.7％,增长 38.9％;其中出口总额达到 23.6 亿美元,占内蒙古出口总额的 80.1％。外商直接投资额达到 19.17 亿美元,占内蒙古外商直接投资额的

89.2%,增长 22.7%。

从城乡居民收入看,2007 年,三市城镇居民人均可支配收入达到 17178 元,比内蒙古平均水平高 4800 元,增长 20.2%;农村牧区居民人均纯收入达到 6129 元,比内蒙古平均水平高 2176 元,增长 15.3%。

"金三角"的功能。"金三角"三市率先发展,对内蒙古经济发展的贡献明显提高,其作用主要体现在以下三个方面。

首先,"金三角"拉动了内蒙古经济发展。其一,速度拉动。"十五"以来,呼、包、鄂三市经济年均增长超过 20%。"金三角"经济的跨越式增长拉动内蒙古经济实现了超常速增长。其二,工业拉动。2007 年,三市工业增加值达到 1468.71 亿元,占内蒙古工业增加值的 53.6%。其三,总量拉动。2007 年,三市 GDP 达到 3527.04 亿元,占内蒙古 GDP 的 57.9%,人均 GDP 达到 52806 元,比内蒙古人均 GDP 高 27413 元,是内蒙古人均 GDP 的 2.1 倍。其四,结构拉动。从 2000 年到 2007 年,三市第二产业增加值从 294.7 亿元增加到 1706.1 亿元,增长了 4.79 倍;第三产业增加值从 245.1 亿元增加到 1665.9 亿元,增长了 5.8 倍,第三产业的拉动超过第二产业的拉动。三市第三产业增加值占 GDP 的比重由 2000 年的 40.7%提高到 2007 年的 47.2%。其五,效益拉动。2007 年,三市地方财政总收入合计 439.11 亿元,占内蒙古地方财政总收入的 52.6%;三市城镇居民人均可支配收入分别达到 16920 元、17876 元和 16226 元,均比内蒙古城镇居民人均可支配收入高 4000 元左右;三市农牧民人均纯收入分别达到 6121 元、6148 元和 6123 元,均比内蒙古农牧民人均纯收入高 2000 元以上。

其次,"金三角"拉动了内蒙古城镇化进程。2007 年,三市城镇化率达到 65.3%,比 2006 年提高 2 个百分点,比内蒙古城镇化率 50.1%高 15.2 个百分点。

第三，"金三角"的发展经验具有借鉴作用。三市敢为人先的开拓创新精神，竭力营造宽松发展环境的经验，以及对投资者提供全天候优质服务的做法，对其他盟市起到了示范带动作用。

"金三角"率先跨越的原因。"金三角"地区也称优势地区，"金三角"之所以能率先实现跨越，正是因为其具备一些突出的优势。第一是资源优势，特别是鄂尔多斯和包头的自然资源，这是与生俱来的优势。第二是基础优势，三市都有较好的工业基础，这是多年积累的结果。第三是设施优势，三市城市建设、交通通信等基础设施都比较好。第四是区位优势，三市都沿黄河、傍铁路、临国道，地处京津腹地，占据东西枢纽，具有较好的市场环境。第五是金融优势，特别是呼和浩特和包头，内蒙古主要金融部门多数集中在此。第六是科技教育优势，特别是呼和浩特和包头，内蒙古高等院校、科研院所大多集中在此。第七是人才优势，对内蒙古来讲，呼、包、鄂三市可以说是企业家摇篮、品牌摇篮，无论是国有企业经营者，还是民营企业家，还有内蒙古的中国驰名品牌，多数都集中在此。第八是锐意进取的创新精神，超越自我、敢为人先，艰苦创业、追求卓越，这些是"金三角"干部群众的共同特征，是"金三角"最可宝贵的精神财富。

"金三角"的启示。从发展进程看，"金三角"三市善于造势。"金三角"三市一直保持了一种势不可当的发展态势，这种态势很重要，而形成氛围、顺势而为很难得。它在很大程度上取决于多年来积累的雄厚基础，也取决于干部群众的思想观念特别是决策层的发展理念。从资源利用看，"金三角"三市善于利用优势。资源优势不单是自然资源和经济资源，也包括各类社会资源和人文资源。"金三角"的成功在于认识资源所在，把资源优势转化为发展优势。从发展机遇看，"金三角"三市善于把握机遇。机遇不常有，有心时时有机遇。"金三角"的可贵在于敏锐地发现机遇，把宏观形势和内外部环境的有利因素和不利因素都看做是机遇,因势利导,促进发展。从聚集要素看,"金三角"三市善于高起点配置资源。"金三角"以优势资源吸引优势企业,促进资金、技术、人才与本地资源转换优势相结合,实现了"以优聚优,集优发展"。从培育市场主体看,"金三角"三市善于营造创业环境。一批在市场风浪中摸爬滚打过来的本土企业家挑大梁,良好的政策、法治、服务环境和人文环境营造了全民创业的氛围。从决策层看,"金三角"三市各级领导一般具有战略思维,敢为人先、敢于创新,想干事、能干事、会干事、干成事。从统筹区域发展看,"金三角"三市实现跨越式发展的实践说明,坚持非均衡发展与均衡发展相统一,以优势地区率先发展带动欠发达地区加快发展,是统筹区域协调发展的可行路径。

以上分析说明,事物的发展变化是以系统形态演变的,系统之间是相互联系、相互促进的。经济发展包括区域经济发展,其原因是复杂的、综合性的。我们认识事物要力求全面,力求把握其规律性。

"金三角"的差距。"金三角"三市各自确定的发展目标是,呼和浩特市要建成内蒙古现代化首府城市,包头市要建成我国中西部地区经济强市,鄂尔多斯市要建成我国重要的能源重化工业基地。其中,呼和浩特市、包头市发展目标的内涵是根据江泽民 1999 年到内蒙古考察期间为两市题词的内容确定的。尽管这些年"金三角"三市已经成为引领内蒙古经济发展的火车头,取得了令人惊叹的成绩,但要实现上述发展目标,也不是轻而易举的事。需要进一步认识自我、超越自我,科学发展、创新发展。

呼、包、鄂三市在内蒙古是"金三角",是火车头,但从全国发展特别是同类城市发展看三市,从其自身科学发展的要求看三市,三个市还有相当大的差距。

呼和浩特市从同类城市看差距,尽管近年来经济增长速度在全国 27 个省会城市中保持第 1 位，但经济总量仍居后列，在西部也落后于成都、西安、昆明等省会城市。中国城市论坛发布的《中国城市生活质量报告》显示，在 GDP 排名前 100 位的城市中，呼和浩特市的城市生活质量居中等以下水平。从自身发展看差距，第一产业比重相对较高，工业发展后劲不足，服务业虽然比重较高，但发展水平较低。首府中心城市的要素聚集优势，特别是教育、科技和人才聚集的优势还没有充分发挥出来。

包头市产业结构重型化，以冶金、能源为主的钢铁、铝业、稀土、电力、装备制造等行业比重较大，增长方式较粗放，能耗高、排放高、污染较严重。目前，全国已命名 67 个国家环保模范城市。在首批 9 个全国文明城市中，包头是唯一尚未创建成国家环保模范的城市。包头市 GDP 虽然突破 1000 亿元，但与全国同类工业城市相比，也有较大差距。冶金工业、装备制造业、稀土产业是包头市的三大优势，但这些优势还没有充分发挥出来。稀土是包头得天独厚的资源，但综合开发利用水平低，尚未形成产业优势。

鄂尔多斯市资源富集，近几年开发力度较大，地区经济发展很快。但从建设国家级能源重化工业基地的要求看，才刚刚起步。从发展最快的"一角"来看，就业结构不合理，在第一产业就业人数较多，工业吸纳就业能力过低，说明中小工业企业等劳动密集型产业发展滞后。从长远发展看，应避免重蹈资源型城市资源枯竭而陷入困境的覆辙，及早谋划资源型城市的科学发展之路。

"金三角"三市发展中的共性问题是，经济增长仍然以投资拉动为主，消费和出口对经济增长的贡献率较低；产业结构以资源性、资本密集型产业为主，资源环境约束趋紧，节能减排形势严峻；产业层次较低，产业链较短，产品技术含量不高，自主创新能力不强；城乡发展差距较大，形成城乡经济社会发展一体化新格局任务艰巨；三市优势互补、合作共赢的整体优势尚未发挥，迫切需要建立区域经济社会一体化发展的体制机制。

第二节　率先形成又好又快发展新格局

实施东西两翼带动的区域发展战略，要大力支持"金三角"地区探索建立科学发展、成果共享机制，探索建立以工促农、以城带乡机制，探索建立区域创新体系，探索建立可持续发展机制，探索建立区域合作新机制，着力提高科学发展能力、改革创新能力和一体化发展能力，率先形成又好又快发展新格局。

加快建立城乡居民收入增长机制，率先形成发展成果共享新格局。2007 年，呼、包、鄂三市城镇居民人均可支配收入分别达到 16920 元、17876 元和 16226 元，居内蒙古第 2 位、第 1 位和第 3 位；农村牧区居民人均纯收入分别达到 6121 元、6148 元和 6123 元，居内蒙古第 4 位、第 2 位和第 3 位。但与发达地区相比还有较大差距，而且城镇居民与农村牧区居民之间收入差距也比较大。内蒙古发展中最突出的问题就是经济增长与城乡居民收入增长不协调，未能充分实现发展成果共享。作为率先发展地区，"金三角"三市应坚持以人为本，摒弃唯 GDP 论，始终把增加城乡居民收入、提高人民生活水平作为一切工作的出发点和落脚点，围绕实现充分就业加快调整产业结构，大力发展与大企业相配套、集群化的中小企业，大力发展服务业和个体私营等非公有制经济，促进以创业带动就业；深化收入分配制度改革，逐步提高居民收入在国民收入分配中的比重，提高劳动报酬在初次分配中的比重，创造条件让更多群众拥有财产性收入，从制度和机制上保证发展成果由人民共享。

加快建立以工促农、以城带乡长效机制，率先形成城乡经济社会发展一体化新格局。这是统筹城乡发展，推进社会主义新农村新牧区建设的重要目标要求。"金三角"地区应创造条件，率先改革分割城乡的体制和制度，破除城乡二元结构，实现基本公共服务均等化。发展现代农牧业，力争产业化经营基本覆盖农牧业、专业合作组织基本覆盖农牧户、龙头企业与农牧民之间紧密型利益联结机制基本覆盖产业化基地；走有内蒙古特点的城镇化道路，发展各具特色的旗县经济，形成有利于扩大就业的县城产业体系和就业创业服务体系，引导农村牧区富余劳动力转移就业；加快发展农村牧区教育、卫生、文化、体育等社会事业，加快推进农村牧区水利、电力、交通、通信等基础设施建设，加快解决城乡困难群众的住房问题，加快建立覆盖城乡的社会保障体系，逐步实现基本公共服务均等化；更加注重社会建设，推进社会体制改革，完善社会管理，促进社会公平正义，努力使全体人民学有所教、劳有所得、病有所医、老有所养、住有所居，推动和谐内蒙古建设。

加快建立区域创新体系，率先形成提高自主创新能力的新格局。率先建立区域创新体系，这是"金三角"地区率先发展的真谛所在，也是建设创新型内蒙古的希望所在。只有"金三角"地区率先形成区域创新体系，创新型内蒙古建设才能有效推进。因为，"金三角"地区集中了内蒙古 90% 以上的自治区级和国务院部属科研机构、95% 以上的自治区重点实验室、90% 左右的自治区级工程技术研究中心、80% 以上的自治区级企业技术中心和内蒙古近 70% 的科技人员，其 R&D 经费占内蒙古 R&D 经费的 78%。[①]

内蒙古的创新人才、技术创新主体企业以及仅有的一些创新条件平台等，它们绝大多数或多数都集中在"金三角"地区。

---

① 内蒙古科学技术厅资料：《提高呼包鄂地区自主创新能力，为建设创新型内蒙古发挥引领作用》，2008 年 4 月。

"金三角"地区有基础、有条件率先形成区域创新体系。关键是把增强自主创新能力作为调整产业结构、转变发展方式的中心环节，围绕掌握优势特色产业领域的核心技术、关键技术，完善区域创新战略，激发区域创新资源，建立区域创新体制，营造区域创新环境，坚持以集成创新和引进消化吸收再创新为主提高自主创新能力，努力构建区域特色明显、辐射作用较好、竞争力较强的创新体系，打造建设创新型内蒙古的主力军，既要提高科技进步对区域经济增长的贡献率，更要为内蒙古走进前列提供强有力的科技支撑。

加快建立可持续发展机制，率先形成人与自然和谐共生新格局。"金三角"地区产业结构与其他地区相比工业比重最高，电力、钢铁、有色、化工、建材、煤炭6大高耗能行业也大多集中在呼、包、鄂三市，节能减排任务很艰巨。建设可持续发展型内蒙古，"金三角"理应挑大梁。围绕建设资源节约型、环境友好型社会目标，按照建设生态文明，基本形成节约能源资源和保护生态环境的产业结构、增长方式、消费模式的要求，大力调整产业结构，最终建立起以现代服务业和高新技术产业为主体的产业结构；着力转变发展方式，促进循环经济发展；深化资源性产品价格形成机制改革和生态环境补偿机制改革，确保节约能源资源、控制主要污染物排放；在全社会牢固树立生态文明观念，坚持保护优先、加强建设、合理利用、依法管理，从整体上明显改善生态环境质量，为切实保护好内蒙古这块辽阔草原做出贡献。

加快建立区域合作新机制，率先形成区域经济一体化发展新格局。区域合作是区域发展的大趋势，是区域经济实体从各自发展、产业趋同、相互竞争转向相互合作、优势互补、增强整体竞争力，从而提高区域发展层次和水平的必由之路。区域经济一体化是指根据区域差异和区际分工的客观要求，区域内各地区通过实行不同程度的经济联合和共同经济调节，使经济连成一体,形成区域性经济共同体。区域经济一体化过程是全方位的开放与互补相统一的过程,其实质是以市场为导向,以城市为中心,实现资源的合理配置,提高生产力要素跨地区流动的效率,降低交易成本,获得规模效益。探索建立区域经济一体化发展体制机制,是"金三角"三市发挥既有优势、解决所面临突出问题的需要,是争创新优势、实现新跨越的需要,也是促进区域协调发展、力争内蒙古走进前列的需要。

"金三角"地区形成一体化发展新格局,基础较好,条件具备,时机成熟,可以从以下环节着手:一是由自治区协调,三市协商,做好规划,循序推进,达成预期效果。二是营造合作环境,搭建竞争舞台,形成一体化发展的财税、土地、准入政策和引导产业聚集政策以及相应的运行规则和机制。三是统筹发展、追求共享,统筹即打造"两小时交通圈",实现交通同城化;统筹信息基础设施共建共享,实现通信同城化;统筹建设物流基地,降低成本,提高竞争力;统筹培育区域统一市场,促进生产要素自由流动;统筹建设区域创新体系,实现科技成果转化市场化;统筹金融发展,建立交易结算、清算平台;统筹推进人才流动,促进人才资源共享。四是加强资讯沟通,建立信息交流机制,在资源共享、基础设施共建、市场互融互通、招商共引、产业互补等方面加强沟通协调,形成一体化新格局。

第三节　东部盟市发展势头不凡

这里说的东部盟市在主要意义上不是行政方位概念,而是经济区划概念。作为一个区域经济概念,东部"五盟市"是近几年内蒙古因应国家实施振兴东北地区等老工业基地战略而形成的。确切地讲,是指发展相对较慢的内蒙古东部呼伦贝尔、兴安、通辽、赤峰、锡林郭勒 5 个盟市。前 4 个盟市与黑龙江、吉林、辽宁接壤,锡林郭勒盟虽然与东三省不接壤,但因其资源特别是煤炭资源富集而被列入东部"五盟市"。东部"五盟市"与东三省在资源乃至整个经济发展上互补性很强。2005年10月,国务院同意将内蒙古东部"五盟市"纳入国家《东北地区振兴规划》范围,这对振兴东北和加快东部盟市发展都有积极意义。就内蒙古区内来讲,东部"五盟市"这个概念也对应了内蒙古西部"金三角"概念。

东部盟市发展的历史性机遇。历史上,呼伦贝尔、兴安、通辽、赤峰与东三省属于一个经济区划,经济联系、人员往来很密切。在20世纪90年代,赤峰、通辽、兴安和锡林郭勒、呼伦贝尔都是农牧业大盟,但工业基础很薄弱,基础设施比较落后,加上东三省发展乏力,东部盟市经济增长比较缓慢。

国家实施振兴东北地区等老工业基地战略,对东部盟市是一个历史性机遇。这个机遇主要来自东部"五盟市"与东三省的经济互补性。目前,黑、吉、辽都进入煤炭资源枯竭时期。吉林省年自产煤3000多万吨,需要调入煤2000多万吨。再过40年,吉林的煤炭资源将彻底枯竭。辽宁省煤炭年缺口5000万吨,到2010年缺口将达到1亿吨。内蒙古东部盟市煤炭资源非常丰富,有通辽市的霍林河煤田、锡林郭勒盟的胜利煤田和白音花煤田、呼伦贝尔市的大雁煤田和宝日锡勒煤田等,已探明煤炭储量910亿吨。[①]

当今世界,能源特别是石油价格高企,谁拥有雄厚的能源储备,谁就将据有战略主动权,拥有经济发展后劲。内蒙古的煤炭资源着实令人关注,着实为内蒙古带来了开发机遇,也着实拓宽了内蒙古发展的前景。与东三省山水相连的东部"五盟市"也正

① 许柏年:《优势互补合作共赢——在东北老工业基地区域经济发展政协论坛上的报告》,2005年8月。

面临着这样的机遇和前景。

东部"五盟市"，土地面积 66.49 万平方公里，占内蒙古总面积的 56.2%；2007 年人口 1279.7 万人，占内蒙古总人口的 53.2%，其中少数民族人口 436.83 万人，占内蒙古少数民族人口的 83.0%，农村牧区人口占内蒙古农村牧区人口的 64%。东部"五盟市"草原面积占内蒙古的 53%，耕地面积占内蒙古耕地面积的 61%，水资源总量达 473.9 亿立方米、占内蒙古水资源总量的 86.8%，其中地表水 379.2 亿立方米、地下水 94.7 亿立方米，分别占内蒙古地表水、地下水的 93.3% 和 68%。东部"五盟市"煤炭保有储量 688.26 亿吨、石油 5 亿吨、铁 5.28 亿吨、铜 198.4 万吨、铅锌 660.23 万吨。

从经济总量看，2007 年，东部"五盟市"GDP 达到 2114.02 亿元，占内蒙古 GDP 的 34.7%，人均 GDP 达到 16520 元，仅占内蒙古平均水平的 65.1%；三大产业比例为 21.9：43.8：34.3，第一产业比例比内蒙古平均水平高 9.4 个百分点，第二产业比例比内蒙古低 8 个百分点，第三产业比例比内蒙古低 1.4 个百分点；东部"五盟市"城乡 50 万元以上固定资产投资额占内蒙古固定资产投资额的 31%。2007 年，东部"五盟市"地方财政总收入达到 204.8 亿元，占内蒙古地方财政总收入的 24.5%，按财政总收入口径，2005 年内蒙古人均财力 2 万元以下的旗县有 14 个，其中的 13 个就在赤峰、通辽和兴安。

从工业化、城镇化进程看，2007 年，东部"五盟市"工业增加值占 GDP 的比重为 37.7%，比内蒙古工业增加值占 GDP 的比重低 7.3 个百分点，占内蒙古工业增加值的 29.1%；城镇化率达到 43.6%，比内蒙古城镇化率低 6.6 个百分点。2006 年，东部"五盟市"公路里程达到 7.2 万公里，占内蒙古公路里程的 54.4%，公路密度达到 6.53 公里/百平方公里，低于内蒙古 6.68 公里/百平方公里的水平，高速公路里程达到 483 公里。

从农牧业生产看,2007 年粮食产量达到 1231.05 万吨,占内蒙古粮食产量 1811.08 万吨的 68.0%;2008 年牧业年度牲畜头数占内蒙古牲畜总头数的 63.3%,肉类产量达到 147.64 万吨,占内蒙古肉类产量的 62.9%,绒产量占内蒙古绒产量的 57.3%。

从对外开放看,2007 年,东部"五盟市"外贸进出口总额达到 40.61 亿美元,比 2000 年增长 2.2 倍,占内蒙古外贸进出口总额的 52.4%;外商直接投资达到 17884 万美元,比 2000 年增长 4.5 倍,占内蒙古外商直接投资 214889 万美元的 8.3%;口岸进出境货运量达到 2475.4 万吨,占内蒙古口岸进出境货运量 3320 万吨的 74.6%。接待入境旅游人数达到 132.82 万人次,占内蒙古入境旅游人数的 88.9%;实现旅游外汇收入 4.69 亿美元,占内蒙古旅游外汇收入的 86.1%,比 2000 年分别增长 2.8 倍和 3.0 倍。

从城乡居民收入看,2007 年,东部"五盟市"城镇居民人均可支配收入达到 10010 元,比内蒙古平均水平低 2368 元;农村牧区居民人均纯收入达到 3799 元,比内蒙古平均水平低 154 元。[①]

上述数据表明,内蒙古东部"五盟市",其面积占内蒙古面积的 2/3,人口占内蒙古人口的 1/2 多,特别是少数民族人口占内蒙古少数民族总人口的 80% 以上,农村牧区人口占内蒙古农村牧区人口的 60% 以上。东部"五盟市"的一些产业和产品占内蒙古较大的比重,比如,2007 年粮食产量占内蒙古粮食产量的将近 70%,牲畜头数占内蒙古牲畜总头数的 60% 以上,肉类产量占内蒙古肉类产量的 60% 以上,绒产量占内蒙古绒产量的 57.3%;外贸进出口额占内蒙古外贸进出口总额的 50% 以上,口岸过货量占内蒙古口岸过货量的 90% 以上;入境旅游人数占

---

① 　参见:内蒙古"东部盟市经济工作座谈会材料",2008 年 9 月。

内蒙古入境旅游人数的近90％，旅游外汇收入也占内蒙古旅游外汇收入的近90％。当然，一些主要经济指标比重还比较低，比如，2007年的GDP、地方财政总收入、固定资产投资、工业增加值占内蒙古的比重都是30％左右，城镇居民人均可支配收入仅仅是内蒙古城镇居民人均可支配收入的80.9％，农村牧区居民人均纯收入是内蒙古农村牧区居民人均纯收入的96.1％。这些是东部"五盟市"发展的差距所在，也是其潜力所在。

东部"五盟市"中，兴安盟是革命老区，是中国第一个省级少数民族自治政府诞生的地方，呼伦贝尔市、兴安盟、锡林郭勒盟又是与俄、蒙交界的沿边地区。大兴安岭的绿色林海，呼伦贝尔大草原和锡林郭勒大草原，都是我国北方重要生态屏障。按照中央统筹区域发展的重大战略思想，大力扶持东部盟市经济社会加快发展，对于内蒙古走进前列，乃至对全国发展大局，都具有重大意义。没有东部盟市的又好又快发展，就没有内蒙古的又好又快发展；没有东部盟市走进前列，就没有内蒙古走进前列；没有东部盟市的全面小康，就没有内蒙古的全面小康。

东部盟市经济发展在加速。2003年，国家提出实施振兴东北地区等老工业基地战略，这对发展较慢且与东三省经济联系较多的内蒙古东部盟市是一个难得的发展机遇。近几年，内蒙古加大了对东部盟市基础设施建设的投入，从交通等基础设施上与东三省对接。东部盟市也加强了招商引资工作。振兴东北对资源的需求和东部盟市丰富的资源，对投资者有很大的吸引力，投资资源开发的大项目在东部盟市纷纷落地。

近两年，内蒙古东部盟市的经济增长速度明显加快，开始超过西部"金三角"的发展速度。如果把"金三角"三市中的最低增速作为尺度，2005年之前东部盟市的GDP增速很少有超过"金三角"的，只有通辽市2001年的增速高于"金三角"的最低增速12.3％，2004年呼伦贝尔、锡林郭勒2个盟市的增速高于"金三角"最低增速 22.9％,其余年份均没有超过。但到 2006 年呼伦贝尔、通辽、赤峰、锡林郭勒 4 个盟市的增速等于或超过"金三角"最低增速 18.0％,2007 年通辽、赤峰、锡林郭勒 3 个盟市的增速超过了"金三角"的最低增速 18.1％。通辽、赤峰、锡林郭勒 3 个农牧业大盟市原来工业基础薄弱,到 2007 年这 3 个盟市的工业增加值紧随"金三角"之后,居内蒙古第 4 位、第 5 位和第 6 位。如果与内蒙古 GDP 的平均增速比,2007 年以前除了 2002 年以外只有个别年份个别盟市的增速超过内蒙古平均水平,到 2007 年通辽、赤峰、锡林郭勒 3 个盟市的 GDP 增速超过了内蒙古平均水平(见表 6—2)。

表6—2　"十五"以来内蒙古、呼包鄂、东部盟市经济增长速度

单位:％

年份	2000	2001	2002	2003	2004	2005	2006	2007
内蒙古	10.8	10.7	13.2	17.9	20.5	23.8	19.0	19.1
呼和浩特市	14.7	21.0	30.9	25.7	22.9	28.6	18.0	18.1
包头市	11.2	12.3	20.2	29.9	28.1	28.6	18.5	19.9
鄂尔多斯市	22.1	13.0	17.4	27.1	31.0	37.0	24.0	26.0
呼伦贝尔市	7.3	5.3	13.0	9.8	26.4	24.4	18.0	16.3
兴安盟	9.0	0.1	15.1	18.7	12.0	21.9	4.4	5.9
通辽市	9.2	14.1	14.4	17.3	16.6	23.2	18.3	20.0
赤峰市	5.3	10.3	14.5	17.7	16.5	21.6	18.1	19.8
锡林郭勒盟	7.4	7.3	9.4	14.3	23.3	23.1	18.6	22.6

资料来源:《内蒙古统计年鉴》。

同全国和内蒙古一样,东部盟市的发展也站在一个新的历史起点上,发展势头不凡。

第四节　东部盟市后发优势突出

中央提出振兴东北地区等老工业基地战略,是继实施西部

大开发战略以后的又一重大举措。振兴东北战略的实施开启了东北地区等老工业基地发展的新阶段，也为内蒙古东部盟市发挥后发优势、加快发展带来了新机遇。这个新机遇的本质，是东部"五盟市"与东北三省发展的互补性。

2005年8月，国务院振兴东北办公室副主任宋晓梧在东北老工业基地区域经济发展政协论坛上的讲话中指出，实施振兴东北战略以来，东北地区的经济社会发展取得很大成绩，同时在某些方面受到一些制约。在克服制约因素的过程中人们感到，振兴东北离不开内蒙古，应该把内蒙古东部纳入振兴东北的规划。内蒙古东部与东北三省千丝万缕的联系由来已久，可以说是山水相连、人文相通、经济相依，特别是经济联系源远流长，其关联性、互补性、依存性非常强。目前，内蒙古东部地区所采煤炭的57％运到东三省，发电量的46％输送给东三省，地表水的55％输送到东三省，农畜产品的30％供给了东三省。在森林、铁路、水资源、电网等方面，内蒙古东部地区与东三省有着密不可分的内在经济联系。显然，内蒙古东部地区有能源、有色金属和林水资源优势，有农牧业产业化优势，有向北开放的区位优势，而东北老工业基地有科技、管理、人才以及政策等方面的优势，振兴东北需要把东三省和内蒙古东部地区的资源整合起来，相互促进，共同发展。

宋晓梧的这段话很概括地讲清了东部"五盟市"与东北三省发展的互补性。内蒙古东部地区已探明煤炭储量910亿吨，约占全国煤炭保有储量的9％，是东三省煤炭储量的2.8倍，而东三省煤炭消耗量已占到全国的10％以上，现有煤炭保有储量已不到全国的5％。着眼于两地的互补性，着眼于区域经济发展的战略全局，2005年国务院将内蒙古东部"五盟市"纳入国家《东北地区振兴规划》范围。这样有利于振兴东北地区等老工业基地，而对东部盟市来说又是一个发挥优势、实现突破的宝贵机遇。发挥优势就要发挥东部"五盟市"与东北三省互利共赢的互补优势和自身发展相对滞后而具有的后发优势。这种互补优势和后发优势是东部"五盟市"独具的优势,是依托资源优势、区位优势和发展滞后而形成的区域性优势。实现突破就要依托互补优势,进而发挥后发优势,在又好又快发展上实现突破。

2008年8月,国务院副总理李克强在内蒙古考察时指出,内蒙古东部地区既属于西部又紧邻东北,既是内陆地区又是沿边地区,地域辽阔,市场容量和增长潜力大。要紧紧抓住深入推进西部大开发和振兴东北地区等老工业基地的双重机遇,找准发展定位,在更高层次上利用两个市场、两种资源,多元开拓国际市场,进一步扩大国内需求,积极承接国内外产业转移,不断壮大经济实力。

抓住双重机遇,找准发展定位,就要发挥互补优势和后发优势,力争后来居上,进而走进前列,这就是东部"五盟市"的发展路径和战略目标。走进前列,是内蒙古的战略目标,当然也是东部"五盟市"的战略目标。这里关键是发挥后发优势。因为东部"五盟市"发展相对滞后,惟其如此,发挥后发优势显得格外重要,后发优势在东部"五盟市"的资源优势、区位优势、互补优势等诸种优势中具有突出重要地位。

专栏6—1

后发优势

后发优势是指在先进国家和地区与后进国家和地区并存的情况下,后进国家和地区通过充分发挥自己的劳动力成本优势,引进技术,缩小与发达国家在资本(包括人力资本)、技术、结构、制度等方面的差距,加速自身经济发展。其着眼点在于学习,力求通过模仿创新来实现经济追赶。后发优势是后进国家和地区所具有的内在的、客观的有利条件，是由后发国家和地区地位所致，这一点先进国家和地区没有，而完全是与后发国家和地区经济的相对落后性共生的，是来自于落后本身的优势。（资料来源：商务部编写组：《国际贸易》，中国商务出版社2007年版）

所谓后发优势，就是学习先发经验，吸取先发教训，在发展中寻求捷径，不走弯路或少走弯路，从而在较短时间以较小代价获取较大发展成果的优势。后发优势发挥得好，欠发达地区可以突破制约，实现跨越式发展。东部"五盟市"后发优势突出，发挥后发优势的基础和条件较好，应增强发挥后发优势的自觉，从转变发展方式入手，紧密结合自己的实际，研究发达地区的经验教训，选择各产业、各领域发挥后发优势的路径，找准发展定位，寻求发展新模式，力争跨越式发展，实现后来居上。

第一，在推进新型工业化上发挥后发优势。推进以人为本的新型工业化，不走传统工业化的老路，不因为搞工业化而导致人民群众呼吸不到新鲜空气、喝不到干净水、吃不到安全食品。吸取传统工业化的教训，不搞先破坏后建设、先污染后治理、先浪费后节约、先承接后淘汰。坚持就业优先，在抓大项目、大企业，发展资本密集型、技术密集型产业的同时，大力发展劳动密集型产业、中小企业和非公有制经济，使工业发展对吸纳就业、增加城乡居民收入、改善人民生活水平有更大的贡献。坚持节约优先，立足于提高资源的综合利用水平，大力发展循环经济，选择信息化与工业化融合、大企业与中小企业融合、产业集中度好、产业链条长、精深加工程度高的项目，实现节约发展、清洁发展、安全发展和可持续发展。

第二，在建设新农村新牧区上发挥后发优势。建设以农牧民为本的新农村新牧区,把提高农牧民的素质和能力摆在突出位置,着力培养有文化、懂技术、会经营的新型农牧民,充分发挥新型农牧民建设社会主义新农村新牧区、发展现代农牧业的主体作用,为农村牧区富余劳动力转移就业夯实素质技能基础。大力发展农牧民专业合作组织,提高农牧民的组织化程度,使千家万户分散经营的农牧民自觉自愿地组织起来,成为市场强有力主体,成为与龙头企业收益共享、风险共担、共同推进产业化经营的平等主体,实现农牧业的规模化经营、专业化协作、社会化生产。

第三,在发展现代服务业上发挥后发优势。发展以人为本的服务业,大力发展交通运输业、现代物流业、金融服务业、信息服务业和适应农牧业规模化经营、专业化生产的社会化服务体系;大力发展农村牧区社会事业,在实现基本公共服务均等化上取得突破,特别是着力发展农村牧区义务教育和农牧民职业技术教育,让广大农牧民既要掌握发展现代农牧业的技能,又要掌握转移就业的技能;大力发展农村牧区医疗卫生事业,加快建立和完善农村牧区社会保障制度和最低生活保障制度;着力改善农牧民住房条件,让茅草房、危房进入博物馆,努力使全体人民学有所教、劳有所得、病有所医、老有所养、住有所居。

第四,在推进自主创新上发挥后发优势。推动科技进步和创新,实现技术跨越,是发挥后发优势的真谛所在。坚持以人为本,把提高全民科学素质摆在更加突出的位置,大力推动科学普及,为建设创新型内蒙古,提高自主创新能力,形成广泛的群众基础和社会基础。积极整合科技资源,培养使用人才与引进人才和利用高层次人才相结合,加快建立以企业为主体、市场为导向、产学研相结合的区域性技术创新体系,形成自主创新的基本体制机制。大力引进先进技术和装备,注重在消化吸收再创新和集成创新上狠下工夫,努力掌握区域主导产业和支柱产业的关键技术、核心技术，形成提高产业技术水平和竞争力的基本模式。

第五，在推进可持续发展上发挥后发优势。内蒙古草原的主体——锡林郭勒大草原、呼伦贝尔大草原在东部"五盟市"，切实保护好内蒙古这块辽阔草原的重点也在东部"五盟市"。按照胡锦涛总书记提出的要求，切实保护好内蒙古这块辽阔草原，一是要坚持保护优先、加强建设、合理利用、依法管理的方针，全面落实草场"双权一制"，实行草畜平衡制度和草场禁牧休牧轮牧制度，发展集约化现代畜牧业；二是要坚持就业优先、城镇带动、提高能力、扶持创业的方针，减少和转移农村牧区人口，将他们的就业置于优先位置，着眼于创造更多就业岗位，大力发展城镇劳动密集型产业、服务业和非公有制经济，加强就业创业技能培训，完善扶持政策，营造创业环境，以创业带动就业。

发挥后发优势，本质上是在新形势、新条件下，用科学发展观重新审视自己的发展情势，分析主要矛盾和主要的矛盾方面，明确比较优势，找准发展定位，选择新的突破口，破解发展难题。关键是要转变传统思维定式，坚持解放思想，锐意改革创新，摆脱传统增长方式。从这个意义上讲，后发优势其实是思想解放的优势。

从区域经济角度看，如果把内蒙古分为东、西两个部分，各6个盟市，那么，东部还有乌兰察布市，西部还有巴彦淖尔市、乌海市和阿拉善盟3个盟市。这4个盟市也各有特点、各有优势、各有潜力，发展态势令人刮目相看，发展后劲不容小视。

辽阔的阿拉善盟是一个神奇的地方。阿拉善盟的特点是面积最大、人口最少、资源最丰富，盛产无烟太西煤、湖盐，发展的人均水平较高。2007年，阿拉善盟产原盐223.13万吨，产量居内蒙古第1位；人均GDP达到51616元，仅次于鄂尔多斯市，居内蒙古第2位；城镇化率达到74.1%，居内蒙古第3位；在岗职工平均工资居内蒙古第 4 位;城镇居民人均可支配收入居内蒙古第 5 位;农村牧区居民人均纯收入居内蒙古第 6 位。

乌海是"乌金之海",跨黄河而居,虽然面积最小,但煤炭等资源富集,盛产葡萄,工业比重高,以"书法之城"远近闻名。2007 年,乌海第二产业增加值占 GDP 比重达到 65.5%,人均 GDP 达到 40130 元,居内蒙古第 5 位;原煤产量居内蒙古第 6 位,焦炭产量 462.7 万吨,居内蒙古第 1 位;城镇化率达到 94.0%,居内蒙古第 1 位。乌海市在内蒙古率先推行城乡统一的户籍制度,率先实现了城乡一体化。

巴彦淖尔市地处"黄河百害,唯富一套"的河套平原,是黄河灌区,农业资源丰富,盛产"雪花"面粉、河套蜜瓜。巴彦淖尔市近几年由农业主导向工业主导转变,正在推进经济转型。2007 年,巴彦淖尔市第二产业增加值占 GDP 比重达到 49.3%;农村牧区居民人均纯收入 5435 元,居内蒙古第 5 位;小麦产量 16.4 亿公斤,居内蒙古之首;油料产量 6.7 亿公斤,居内蒙古之首;羊肉产量 2.1 亿公斤,居内蒙古第 3 位。

乌兰察布市地处阴山山脉风蚀沙化带和农牧交错带,立地条件艰苦,资源禀赋较差,生态环境恶化程度较为严重。20 世纪 90 年代中期,乌兰察布市就实施了"进一退二还三"战略,即农民人均建设 1 亩水浇地、退出 2 亩坡耕地、还林还草还牧,使生态环境逐步得到改善,盛产马铃薯。近些年,乌兰察布市工业得到较快发展。2007 年,第二产业增加值占 GDP 比重达到 47.7%;薯类产量 6.04 亿公斤,居内蒙古第 2 位;羊肉产量 2.6 亿公斤,居内蒙古第 2 位。

第五节 内蒙古城镇建设的模式

改革开放特别是"九五"以来,内蒙古不断加大城镇建设投入力度,城镇建设不断加强,城镇面貌日新月异,城镇功能得到改善,城镇化进程不断加快。昔日蒙古包撒落的草原上,如今星罗棋布着高楼林立的大城市和干净漂亮的新型城镇,使蓝天白云下的草原散发着现代气息。这些大城市和小城镇既显共同特点、又各具特色。仔细观察,它们的特点和特色缘于其建设思路,便形成了不同的建设模式,概括起来有下列几种。

新区拓展型。新区拓展型就是不一味在旧城改造上下大工夫,而用建设新区来拓展城镇容量,好在一张白纸上画最新最美的图画。其优点在于规划比较超前,使城镇规划具有前瞻性,规划一步到位、建设逐步推进;新区建设拉动土地升值,拓宽了建设资金筹措渠道,拉动了房地产开发;新区建设在一定程度上带动了旧城改造。其难点在于搞好规划需要较大投入,真正搞一个好的规划也不易;解决建设用地需要妥善处理各种矛盾;基础设施建设需要较多前期投入。搞新区拓展,是近年来内蒙古在城镇建设中采取的较为普遍的做法。

园区带动型。园区带动型是指开辟工业园区或经济开发区来引进工业项目、发展工业,用工业园区基础设施带动城镇基础设施建设,或依托工业园区拓展城镇容量,从而带动城镇建设。这是属于工业化带动城镇化发展,其优点在于增强了城镇的产业支撑,扩大了城镇和区域内就业容量,有利于城镇持续发展。但园区带动需要坚决拒绝落后生产能力,需要特别防止工业对城镇的污染,防止工业反过来制约城镇的发展。近几年,内蒙古用园区带动自身发展的城镇也不少,但不是所有城镇都可以采用园区带动建设。因为,开辟工业园区本身就需要具备一些必要条件。

造河拉动型。造河拉动型是指一些城镇将原来流经城里或流过城边的小河、小溪甚至洪水沟进行拓宽改造、防渗处理、造坝蓄水,建成景观型人工河、人工湖,以此拉动城镇改造,建设环境优美宜居城镇。城镇有了水便有了灵气。一个城镇有河有湖,在北方特别是在干旱少雨的内蒙古十分难得。建成景观型人工河、人工湖,沿河沿湖的土地便升了值,自然就拉动了城镇建设。不过具备这样源头活水条件的城镇并不多。

行政搬迁型。行政搬迁型是指一些城镇特别是旗县所在地城镇由于原先选址不当,如饮用水水质不符合要求且难以改善、地处风沙口而被沙掩埋、随着生产力布局调整被边缘化等原因,导致行政机关搬迁而建设新的城镇。行政搬迁型的另一种形式是在原先的城镇,党政领导机关有意识选新址建新楼,从而扩大城镇容量,带动城镇建设。

在城镇建设中,这几种模式单独采用的不少见,综合实施的也很多,特别是在大城市建设中往往综合运用。无论是单独采用,还是综合实施,都有力促进了城镇建设,有效加快了城镇化步伐,使内蒙古城镇化进程呈现出鲜明特点。

一是城镇化率较高。内蒙古总人口由 2000 年的 2372.4 万人增加到 2007 年的 2405.06 万人,其中城镇人口由 1001.1 万人增加到 1206.14 万人,城镇化率由 42.2% 提高到 50.2%,7 年来城镇化率年均提高 1.14 个百分点。内蒙古城镇化率比全国高 5.3 个百分点。2006 年,内蒙古城镇化率就在全国除京津沪渝 4 个直辖市外的 27 个省区中居第 7 位。截至 2007 年,内蒙古有 20 个市,其中特大城市 2 个、大城市 3 个、中等城市 6 个、小城市 9 个;按行政级别划分,地级市 9 个、县级市 11 个。2007 年与 2000 年相比,地级市由 5 个增加到 9 个,县级市由 15 个减少到 11 个(见表 6—3)。

表6—3 2007 年全国、内蒙古城镇化有关情况

单位:个、%

项目	全国	内蒙古	内蒙古占全国比重
城镇化率	44.9	50.2	比全国高 5.3 个百分点

项目	全国	内蒙古	内蒙古占全国比重
特大城市	119	2	1.68
大城市	118	3	2.54
中等城市	151	6	3.97
小城市	267	9	3.37
小城镇	34369	690	2
建制镇	19249	462	2.4

资料来源：内蒙古建设厅。

二是城市基础设施和公共设施建设成绩显著。城市(不包括市辖县)固定资产投资由 2000 年的 137.79 亿元增加到 2007 年的 2002.54 亿元,其中 2005 年城市(不包括市辖县)完成固定资产投资 1353.9 亿元,占内蒙古固定资产投资的 50.4%。城市道路建设快速推进,交通工具迅速发展,移动通信业务扩大,供热、供气、供水能力增强。

三是城市生存发展环境明显改善。城市生态环境进一步优化,城市人均公共绿地面积由 2000 年的 6.04 平方米增加到 2007 年的 10.63 平方米,城市污水日处理能力由 38 万吨增加到 116.2 万吨,生活垃圾清运量由 310.69 万吨增加到 349.9 万吨;其中 2006 年,城市人均公共绿地面积达 9.39 平方米,建成城市污水处理厂 23 座,污水处理率为 51.98%,城市生活垃圾无害化处理率为 48.3%,城市空气质量趋于好转。

四是城镇面貌日新月异。不少城镇建筑比较漂亮,无论大城小镇都有一些大大小小的广场,马路比较宽阔,街道比较干净,特别是好些牧区城镇没有内地城镇那样的环绕城市的脏乱差的城乡结合部,从草原一迈步就进了城市,城市与草原"无缝"衔接,令内地人惊叹不已。公园由 2000 年的 73 个增加到 2007 年的 99 个。2005 年,包头市被评为全国文明城市,是中西部地区唯一荣获全国"9 个文明城市"称号的城市。包头市还先后获得"联合国人居奖"、"国家级园林城市"等荣誉。

五是城镇化带动了工业化。城镇比较完善的基础设施和依托城镇基础设施而建立的经济开发区或工业园区,是招商引资的比较优势之一,对投资者有吸引力,为投资者提供了全天候服务,促使项目顺利落地,促进了工业发展。

与此同时也应该看到,内蒙古城镇数量还比较少,城镇规模还偏小,特别是城镇功能还比较弱,综合承载能力还比较低,城镇化进程远不能适应人口聚集、产业发展、形成新的经济增长极的要求。一是城镇规模偏小。2007 年,内蒙古 20 个设市城市中城区(不包括市辖县)人口在 100 万人以上的特大城市只有呼和浩特市、包头市 2 个,包头市城区(不包括暂住人口)人口 138 万人,呼和浩特市城区(不包括暂住人口)人口 107.6 万人。其余 18 个市中,50 万—100 万人的大城市有赤峰市、通辽市、乌海市 3 个,20 万—50 万人的中等城市 6 个,20 万人以下的小城市 9 个,建制镇 462 个。二是城镇经济规模小,城镇产业发展滞后,就业岗位缺少,吸纳农村牧区转移就业人口的能力不强。呼、包、鄂三市近几年城镇人口增加较多,城镇化率提高较快,主要得益于城镇产业的发展。三是多数城镇面貌没有形成民族特色和地区特点。其建筑格调或照搬内地设计,或模仿欧洲风格,缺少民族文化内涵。四是城镇建设债务沉重。近几年,内蒙古城镇建设特别是城镇扩建大多采用了新区拓展型模式,在资金投入上的通行做法是卖掉党委、政府旧楼,再加上贷款或开发商垫资建新楼,从而背上了债务包袱。

总之,内蒙古城镇化进程与经济社会发展进程相比是不适应的、滞后的。首先,城镇化水平比经济发展水平滞后。根据钱纳里研究的基本趋势,人均 GDP 越高,城市化水平也越高,当人均 GDP 超过 1000 美元时,城市化水平应达到 65% 左右,2007 年,内蒙古人均 GDP 已突破 3000 美元,达到 3310 美元,但城市化率只有 50.2%，与钱纳里的"标准模式"相比还低近 15 个百分点。其次，城镇化水平比工业化水平滞后。城市化是工业化的产物，工业化与城市化的共同特征是结构转型，即工业化使产业结构发生变化，而城市化则使社会结构发生变迁，两者相辅相成、互为动力。学术界通常用两者的比值来衡量彼此的关系，这一比值的合理范围是 1.4—2.5。2006 年，全国城市化率与工业化率之比是 1.02，内蒙古城市化率与工业化率之比是 1.16，比"合理范围"的下限低 0.24。2007 年，全国城市化率与工业化率之比是 1.04，内蒙古城市化率与工业化率之比是 1.11，比"合理范围"的下限低 0.29。再次，城镇化水平比非农就业水平滞后。世界城市化的经验显示：在完全市场经济条件下，非农就业比重与城市人口比重基本保持一个固定的差距，其协调比值基本稳定在 1.2 左右。2006 年，这一比值在全国是 1.31，内蒙古是 0.95，比"协调比值"低 0.25。2007 年，这一比值在全国是 1.32，内蒙古是 0.94，比"协调比值"低 0.26。由此可以得出结论：从城镇化水平与经济增长水平、工业化水平、非农就业水平的关系看，内蒙古城镇化水平既滞后于经济增长水平，也滞后于工业化水平和非农就业水平，不仅与全国平均水平有差距，而且趋向于不合理、不协调，需要适时适度地加快推进城镇化进程。①

第六节　走有内蒙古特点的城镇化道路

党的十七大提出，走中国特色城镇化道路，按照统筹城乡、布局合理、节约土地、功能完善、以大带小的原则，促进大中小城

---

① 柳博隽：《正视城市化滞后的现实》，2008 年 8 月 4 日《学习时报》。

市和小城镇协调发展。以增强综合承载能力为重点，以特大城市为依托，形成辐射作用大的城市群，培育新的经济增长极。

走中国特色城镇化道路，这是党的十七大第一次提出的重要论断。统筹城乡是党的十六大以来中央反复强调的一个重大战略思想。既是推进城镇化的重要原则，也是搞好"三农"工作的指导思想。推进城镇化是伴随工业化进程的一项重大战略任务，而城镇化的实质是促进农村人口向城镇转移，加快发展农村社会事业，改变城乡二元结构，使城乡居民平等地享有基本公共服务。从一定意义上讲，城镇化就是农村人口向城镇转移的过程，是城镇辐射带动农村发展的过程。统筹城乡原则，是城镇化进程中深入贯彻落实科学发展观，坚持以工促农、以城带乡，推动城乡经济社会一体化发展的内在要求。推进城镇化的各项工作都应遵循这个要求。布局合理，是城镇空间分布的重要原则。城镇布局既要充分考虑水土资源、环境容量、地质构造等自然环境资源承载能力，又要有利于农村牧区富余劳动力就近转移和发挥城镇辐射带动农村牧区发展的作用，是统筹城乡的一个重要条件。节约土地，是遏制盲目扩大城镇规模、滥占耕地的重要原则，也是降低成本、集约推进城镇化的基本要求。功能完善，是统筹城乡、理性推进城镇化的关键。城镇功能主要体现在市民宜居环境、产业发展环境、辐射带动能力、社会管理能力等方面，完善功能是推进城镇化、加强城镇建设的主题。以大带小，是处理大中小关系、城市与城镇关系，促进大中小城市和小城镇协调发展，形成城市群的重要原则。中国特色城镇化道路，就是坚持上述五条原则，大中小城市和小城镇协调发展的道路，是城镇与农村协调发展的道路，是各城镇之间合理分工、合作发展的道路。

加快推进内蒙古城镇化进程，要坚持中国特色城镇化道路的五条原则，以增强综合承载能力为重点，着力完善城镇功能，形成有内蒙古特点的城镇群,培育新的经济增长极。

第一,以科学规划为龙头加快城镇化进程。2006年8月,温家宝总理对中国市长协会第四次市长代表大会做出重要批示,提出要以科学发展观为指导,统筹做好城市规划、建设和管理的各项工作。其中强调,城市规模要合理控制;城市风貌要突出民族特色和地方特色;城市发展要走节约资源、保护环境的集约化道路;城市功能要以人为本,创建宜居环境;城市建设要实现经济社会协调发展、物质文明与精神文明共同进步;城市管理要健全民主法制,坚持依法治市,构建和谐社会。

城镇规划是城镇发展的蓝图,是城镇建设的龙头。编制规划是否科学、超前,编制后是否依法批准和及时公布,批准后是否严格遵照实施,实施过程中有无有效监督检查,这些环节直接决定着城镇的建设和发展。近年来,内蒙古城镇规划中存在的问题是,没有具有法律效力的规划或者规划不科学;有规划不执行或者随意变更,修改规划不经法定程序而看开发商意图等,规划形同虚设。城镇建设和发展中的诸多问题都与此有关。《中华人民共和国城乡规划法》已从2008年1月1日起施行,应按照这个法律搞好城镇和乡村规划,将统筹城乡、布局合理、节约土地、功能完善、以大带小五条原则贯彻规划中,切实发挥规划在城镇乡村建设和发展中的龙头作用。

第二,以完善功能为中心加快城镇化进程。完善的功能是城镇的实力所在、魅力所在、竞争力所在。完善城镇功能是推进城镇化、加强城镇建设的主题。一是要坚持以人为本,创造良好人居环境。所谓良好人居环境应该是居住条件好,空气新鲜、饮用水干净、食品安全、环境优美,工作生活方便、购物消费方便、休闲健身方便,文化内涵丰富、风貌富有特色、社会和谐安全。良好人居环境是城镇持久的魅力所在,加快城镇化进程必须把创造良好人居环境放在首位。二是要坚持以增强产业支撑为着力点,营造良好产业发展环境。产业发展是城镇赖以存在和发展的支撑,是完善城镇功能的物质基础。从城镇化与工业化的关系看,工业化是城镇化的经济内涵,城镇化是工业化的空间形式。工业化带动城镇化发展,反过来,城镇化又促进工业化进程。城镇化为什么能促进工业化呢?因为城镇是各类生产要素高度集中的区域,能够提高资源配置效率和综合利用效率,能够降低市场交易成本和企业经营成本。城镇化是工业化的必要条件和助推器。加快城镇化进程,要通过完善政策制度和体制机制,加强基础设施和服务设施建设,激励和吸引各类生产要素聚集,降低市场交易成本和企业经营成本,为产业发展营造良好环境。良好产业发展环境是城镇的实力所在、竞争力所在。三是要坚持以工补农、以城带乡,增强辐射带动能力。城镇化要让农牧民有能力进入城镇,有条件居住在城镇,有机会发展在城镇。要把推进城镇化和建设社会主义新农村新牧区作为改善城乡二元结构的两个重要抓手来抓。关键是优化产业结构、提高产业层次,加快发展第二产业的同时大力发展第三产业,特别是大力发展劳动密集型产业、非公有制经济、外向型经济、循环经济,创造更多的就业岗位,尤其创造更好的创业环境,形成以创业带动就业的制度和机制,吸纳农村牧区人口向城镇转移。四是要坚持和谐发展,增强政府治理能力与管理水平。按照城乡规划一体化、城乡基础设施一体化、城乡公共服务一体化、城乡管理一体化的要求,统筹搞好城镇乡村规划,城镇基础设施向农村牧区延伸,城镇和农村牧区共享均等化的公共服务,积极推进城乡管理体制创新,提高城乡管理效能,促进城乡协调发展。

第三,以增强综合承载能力为重点着力发展城镇群。城镇群是指在自然条件相近、交通信息网络发达、产业分工明显、相互合作密切等因素的共同作用下,由一个或若干中心城市带动,多个不同规模、等级、各具特色的城镇之间联动发展而构成的城镇体系。从内蒙古城镇化进程的实际出发，依托大城市或中心城市，形成若干辐射作用大的城镇群，对于提高产业集中度，培育新的经济增长极，统筹城乡协调发展，增强区域竞争力，都具有重大意义。目前，内蒙古"金三角"地区正在形成城镇群的雏形，需要因势利导，使其自觉健康发展。

着力发展城镇群，要提高城镇综合承载能力。所谓城镇综合承载能力，是一个综合概念，在宏观上，既包括物质层面的水土资源、环境容量、地质构造等自然环境资源承载能力，也包括非物质层面的城镇吸纳力、包容力、影响力、辐射力、带动力等城镇功能承载能力；在微观上，是指城镇的资源禀赋、生态环境、基础设施和公共服务对城镇人口容纳量、承担就业量以及良好生活质量提供量等城镇人口及经济社会活动的承载能力，城镇综合承载能力是资源承载力、环境承载力、经济承载力和社会承载力的有机结合体。①

党的十七大提出的增强综合承载能力的新要求，是推进城镇化中深入贯彻落实科学发展观的新要求，实际上是在新形势下城镇化可持续发展的模式。内蒙古推进城镇化包括发展城镇群，要把增强综合承载能力作为重点，形成新的发展模式，培育新的经济增长极。

着力发展城镇群，要采取综合措施协调推进。要科学制定城镇群发展规划，发挥规划的指导、协调、约束作用，遵循统筹城乡发展、统筹区域发展、统筹经济社会发展、统筹人与自然和谐发展、统筹大中小城市和小城镇协调发展的原则。要转变城镇发展方式，改变过去从城镇发展需要来考虑资源供应的思维模式，根据资源和环境的承载能力来合理确定城镇化发展目标；改变片面追求城镇规模扩张的倾向，着重在提高城镇内在品质、综

---

① 李东序：《提高城镇综合承载能力》，2006 年 4 月 24 日《学习时报》。

合功能上下工夫,着力发展教育文化,切实提高自主创新能力和政府治理能力与管理水平。要构建城镇群发展的体制机制,克服封闭分割、单打独斗的思维模式,树立合作共赢的集群意识、服务意识,建立城镇之间合作与发展的政策体系,逐步推进城镇群的法制统一、执法统一,为城镇群协调发展提供法律支撑;建立城镇群统一的交通体系、市场体系、生态环境保护体系和公共服务体系,为城镇群经济社会协调发展创造良好的基础和条件。

着力发展城镇群,要建立产业分工合作体系。围绕建立中心城市与卫星城镇明确的产业分工与紧密合作体系,对城镇群内不同层次城镇搞好功能定位,合理调整产业布局,发挥各自优势。已形成城镇群雏形的区域,应以市场为动力、效率为导向、产业专门化为基础,对产业的空间布局进行重组,形成城镇间的产业配套关系,促进产业升级换代,建立起科学合理的产业分工体系,使行政区经济转变为城镇群经济,提升城镇群的综合竞争实力。在这个过程中,盟市所在地城市应发挥产业发展中心优势和辐射功能,形成与卫星城镇产业的垂直分工或水平分工关系,以产业集群化发展带动周边卫星城镇快速发展;旗县所在地城镇应确立依托中心城市加快自身发展的战略,主动承接中心城市的辐射,避免产业发展上与中心城市雷同,走特色发展之路,与中心城市形成优势互补的良性互动关系。[①]

走有内蒙古特点的城镇化道路,应始终坚持统筹城乡的原则,始终坚持以完善功能为中心,着力发展城镇群。走有内蒙古特点的城镇化道路,既是深入贯彻落实党的十七大精神的现实需要,也是扎实推进内蒙古城镇化的正确方向。统筹城乡、功能完善、城镇群崛起,内蒙古城镇化应不懈追求这样三个特点。

---

① 陈玉光:《城市群形成机制与我国城市群发展》,2008 年 7 月 20 日《理论动态》。

第七章 "内蒙古现象"解读

美国经济学家钱纳里等人的研究认为,一个国家采取的发展战略及其产生的结果取决于国内外各种因素的综合作用,不同的发展战略对经济增长和经济结构转变所做出的贡献不同,相同的发展战略在不同的初始条件、制度环境和世界形势下,也可能产生不同的结果。①

钱纳里等人的观点说明,不同的发展战略在不同的条件下产生不同的结果,相同的发展战略在不同的条件下也可能产生不同的结果,产生什么结果取决于发展的条件,这个条件当然是各种条件包括主观客观、内部外部、历史现实条件等的综合作用。

前面几章里,着重阐述了近年来内蒙古经济的跨越式增长、工业优势特色产业的出色表现、农牧业的重要地位以及服务业、区域经济发展状况,为"内蒙古现象"描绘一个轮廓。那么,近几年内蒙古经济为什么能跨越式增长?"内蒙古现象"是在什么样的条件下产生的?它的历史条件和现实条件是怎样的,其自身优势与外部因素是怎样结合的?

任何事物都有其自身发展规律,一个地区经济增长的现象必然有其特定的条件。为了把"内蒙古现象"放在历史发展进程、历史大背景中去把握,本书在第一章中首先回顾了几代中央领导核心关于内蒙古发展的重要论述和半个多世纪以来内蒙古发展的

① 钱纳里等:《工业化和经济增长的比较研究》,上海三联书店1995年版。

光辉历程。毋庸置疑,半个多世纪以来几代人奠定的厚重基础是"内蒙古现象"产生的历史条件,历史是割不断的;不能忘记,几代中央领导核心一脉相承地关心内蒙古、关怀内蒙古、情系内蒙古,为内蒙古的未来绘就了蓝图,为内蒙古的发展指明了方向。

"内蒙古现象"是历史的延续,同时又是新的时代条件的产物。必须把它放在新世纪新阶段全国发展的大格局中去加以把握。特别是科学发展观重大战略思想、重要指导方针的提出和贯彻落实,既为内蒙古的科学发展指明了前进方向,又为深刻认识"内蒙古现象",研究其路径和模式提供了世界观和方法论的指导。在本书上篇的最后两章里,将进一步解读"内蒙古现象",认识成就内蒙古经济超常速增长的诸多优势、主导力量和增长模式,并透过"内蒙古现象"看内蒙古发展的阶段性特征。

第一节 经济超常速增长所依托的诸多优势

所谓优势就是相对于他人他物而言是优良的有利的形势和态势。所谓优势都是相比较而言的,也就是比较优势。我有你没有是绝对优势,我有你有但我比你好是相对优势,你先有我后有且比你好是后发优势。

有没有优势,对于一个国家和地区的发展至关重要;有没有能够带来发展机遇的优势,对于一个国家和地区的发展更为重要。内蒙古有许多优势,而且这些优势真真切切地为内蒙古带来了发展机遇,内蒙古依托这些优势实现了经济超常速增长。这些优势主要是指内蒙古的资源优势、区位优势和后发优势。

一、得天独厚的资源优势

资源是经济发展不可或缺的要素。从其属性上讲,资源是有用途、有价值的各种物质、能量和条件的总和。从其存在形式上讲,资源可分为物质资源和非物质资源、有形资源和无形资源等;从其领域上讲,又可分为自然资源、社会资源、经济资源、政治资源、文化资源等,它们可以相互作用、相互转移。资源这个词汇在当今时代外延不断扩大,是出现频率最多的词汇之一,几乎涉及人类活动特别是经济活动的所有领域。由此也就有了狭义、广义之分。这里讲的资源是取其狭义,主要指自然资源特别是矿产资源。

内蒙古是我国自然资源最为富集的地区之一,内蒙古的比较优势之一就是其巨大的自然资源储量,这一独特的优势为内蒙古经济超常速增长提供了坚实的物质基础。

截至 2007 年,内蒙古共发现各类矿产 136 种,占全国发现矿种的 79.5%;开发利用矿种 112 种,占全国的 47.86%。共发现矿产地 4100 余处,探明一定储量的矿产 92 种,其中 73(亚)种矿产保有资源储量居全国前 10 位,31 种矿产的保有资源储量居全国前 3 位,20 种矿产的人均占有量是全国的两倍以上(见表 7—1)。特别是稀土、稀有金属、能源矿产、有色金属矿产和非金属矿产是内蒙古的优势资源,其中,稀土资源储量达 1 亿吨,占全国的 80% 以上,居世界之首(见表 7—2)。苏里格天然气田是为数不多的世界级陆上特大整装气田。内蒙古还拥有得天独厚的天然草原资源和土地资源,旅游资源也十分丰富。森林面积、草原面积和人均耕地面积均居全国第 1 位。

表 7—1　全国、内蒙古的主要矿产资源储量

矿产	单位	全国	内蒙古	占全国(%)	排序
煤炭	亿吨	3326.4	757.9	21.9	2
石油	万吨	248972.1	5670.9	2.0	10
天然气	亿立方米	28185.4	3970.5	15.7	4
稀土	万吨	2093.6	1884.2	90.0	1

矿产	单位	全国	内蒙古	占全国(%)	排序
铜矿	万吨	2856.4	106.4	3.4	9
铁矿	亿吨	216	12.7	6.3	2
铅矿	万吨	1393.4	224.4	12.0	2
锌矿	万吨	4269.1	676.3	13.0	2
磷矿	亿吨	37	0.1	0.2	15

资料来源:《中国统计年鉴》、《内蒙古统计年鉴》,2005 年数据。

表7—2 内蒙古主要矿产资源保有储量

矿产资源	单位	2000 年	2007 年
煤	亿吨	2255.0	2981.53
铁矿石	亿吨	20.3	28.01
磷矿石	亿吨	2.0	2.76
稀土氧化物	万吨	8234.0	7754.40
铜	万吨	342.9	478.13
铅	万吨	386.8	541.03
锌	万吨	1339.9	1517.43
盐	万吨	14945.9	17782.65

资料来源:《内蒙古统计年鉴》。

2007 年 8 月,国土资源部、内蒙古自治区人民政府在呼和浩特联合举行新闻发布会,宣布内蒙古地质勘察找矿取得重大突破:已查明内蒙古煤炭资源矿产地 445 处,查明和预测资源储量 6583.4 亿吨,内蒙古煤炭资源查明储量居全国首位;已查明贵金属岩金资源储量 106.769 吨、银资源储量 21344.79 吨,贵金属查明储量由全国第 3 位跃居第 1 位,煤炭和贵金属储量双双跃居全国之冠。

石油、天然气也有重大发现和突破。苏里格气田累计探明地质储量 5336.52 亿立方米,预测远景储量达 4 万亿立方米。新发现的海拉尔盆地累计探明石油地质储量 8968.15 万吨。215 处铁矿产地查明资源 26.09 亿吨,铁矿查明储量居全国第 9

位。10 种有色金属矿产查明资源储量 2539.45 万吨，其中，铜、铅、锌、钨、钼矿查明资源储量分别位居全国第 4 位、第 2 位、第 2 位、第 10 位和第 6 位。①

内蒙古矿产资源富集，不仅矿种多、储量大，而且具有品位高、易开采、开发利用组合条件好等特点。不仅矿产资源富集，而且土地资源也非常丰富，便于开辟建设经济开发区、工业园区和交通等基础设施，具有大规模开发利用矿产资源的天然条件。

"十五"以来，内蒙古正是依托这些得天独厚的优势资源，实现以资源性产业为主的工业经济超常速增长，进而拉动整个经济实现了超常速增长。这期间，内蒙古的煤炭、石油、天然气资源，黑色金属、有色金属资源和盐、碱、硝等资源，以空前的规模和速度被开发利用。我们在本章第四节里还将阐述这个问题。

二、沿边横跨的区位优势

内蒙古人形容自己的区位优势是"边连两国，横跨三北，毗邻八省"。

"边连两国"是指内蒙古对外开放的优势。内蒙古北部与俄罗斯、蒙古两国接壤，在 4253 公里边境线上从东到西有室韦、黑山头、二卡、满洲里（公路、铁路）、胡力也吐、阿日哈沙特、额布都格、阿尔山、珠恩嘎达布其、二连浩特（公路、铁路）、满都拉、甘其毛都、巴嘎毛都、策克 16 个边境口岸，还有呼和浩特、海拉尔、满洲里 3 个空运口岸。在 16 个边境口岸中，通俄罗斯的口岸 6 个、通蒙古的口岸 10 个；其中一类口岸 15 个、二类口岸 4 个。这些口岸已经联结成一个公路、铁路、水路和空运交织的全方位、立体式口岸通关网络。与两个国家接壤，拥有 19 个口岸，这是其他边境省份所不具备的、内蒙古独一无二的对外开放优势。

_____

① 2007 年 8 月 7 日《内蒙古日报》。

"横跨三北,毗邻八省"是指内蒙古地域横跨了东北、华北、西北 3 个区域,与黑龙江、吉林、辽宁、河北、山西、陕西、宁夏、甘肃 8 个省区相邻,既是说内蒙古地域的大跨度,也是说内蒙古与周边省区联系合作的天然条件。随着改革开放的不断深入,特别是西部大开发以来,公路、铁路、机场等基础设施大为改善,形成了立体式交通网,与外界的距离大大缩小,内蒙古距离京津唐和内地市场相对较近、运输条件较好的区位优势更加突出了。

"十五"以来,内蒙古抓住我国经济进入新一轮快速增长周期的机遇,利用沿边横跨的区位优势,加快发展沿边口岸产业,进一步扩大与毗邻省市特别是北京、天津、河北以及沿海地区的经济技术合作,加大招商引资力度,促进了经济超常速增长。沿边横跨的区位优势是内蒙古经济超常速增长的重要条件之一。2006 年,内蒙古引进国内(区外)资金 1365.1 亿元,创历年最高水平,同比增加 268 亿元,增长 24.4%,其中北京、辽宁、河北、浙江、广东、山东、黑龙江、山西、天津、江苏列前 10 位,共到位资金 1162.2 亿元,占全区引进资金总额的 85.1%。

三、潜力巨大的后发优势

所谓后发优势是指欠发达地区、后发展地区在发展中注重研究发达地区、先发展地区发展的经验教训,特别是研究其实施科技进步的路径、阶段和模式,在自身发展中加以借鉴,着力寻求捷径,实现技术跨越的优势(见专栏 6—1)。

任何欠发达地区、后发展地区都可以寻求和培育后发优势。能不能形成后发优势,关键是善于结合自身实际研究和借鉴发达地区、先发展地区科技进步的路径和模式。任何欠发达地区、后发展地区都应寻求和发挥后发优势,这是实施赶超战略的必然选择。

"十五"以来,内蒙古依托资源优势和区位优势,依靠划拨资源的优惠政策,在招商引资中瞄准全国行业龙头大企业,落实项目上追求技术设备的先进水平一步到位，使得一些新建的大项目、大企业从一开始就具有较高的技术水平、较多的人才优势、较好的发展后劲、较强的市场竞争力。这可以说是内蒙古发挥后发优势的集中体现。

但目前内蒙古对发达地区、先发展地区科技进步的路径和模式的研究还很不够，提高自主创新能力包括对先进技术的集成创新和引进消化吸收再创新，还有很长的路要走，发挥后发优势的潜力还很大。

内蒙古的诸多优势，包括资源优势、区位优势和后发优势，不是近几年才有，而是以前就有，以前也认识到这些优势并尽力发挥和利用了这些优势。但为什么以前经济没有超常速增长，而近几年实现了超常速增长？也许可以列举很多原因，但最主要的是市场的拉动。2002年下半年开始由汽车、住房等使消费结构升级而带动相关产业发展为主的全国经济进入新一轮快速增长周期，导致煤电油运和重要原材料供应紧张，形成市场需求的强力拉动，为内蒙古工业超常速增长带来千载难逢的机遇。当然，优势，别的省区市也有，各有各的优势，机遇对所有的人是平等的。然而，在特定时期的特定市场机遇面前，同时具备像内蒙古这样的资源优势、区位优势和后发优势的省区市真是不多。它说明了什么呢？优势优不优，优势能不能发挥和利用，既取决于适合发挥和利用优势的机遇，还取决于优势本身应是一个相互作用、相互补充的系统。能够与一定的机遇有机结合的优势，才是真正的优势。

第二节　拉动经济超常速增长的主导力量

如果用支出法核算，作为生产活动成果的GDP是由全社会最终需求构成的，即GDP等于消费需求、投资需求、净出口需求三种需求之和。因此,经济学上常把投资需求、消费需求和出口需求比喻为拉动 GDP 增长的"三驾马车",这是对经济增长原理最生动的表述。那么,内蒙古经济超常速增长中"三驾马车"是怎么拉动 GDP 的,内蒙古"三驾马车"的拉动与全国"三驾马车"的拉动有什么不同,拉动内蒙古 GDP 超常速增长的主导力量是什么? 从内蒙古与全国投资率、消费率和净流出率的比较、从固定资产投资的投向和各产业对 GDP 增长的贡献,可以看清拉动内蒙古经济超常速增长的主导力量。

专栏 7—1

GDP 三种核算方法

生产法 GDP=总产出—中间投入。

收入法 GDP=劳动者报酬(城乡居民收入)+生产税净额(财政收入)+固定资产折旧(折旧和库存)+营业盈余(企业利润)。

支出法 GDP=最终消费支出(包括居民消费支出和政府消费支出,即社会消费品零售总额和非物质形态的服务消费)+资本形成总额(包括固定资产和库存)+净出口(包括境外和区外)。

三大需求

三大需求是指消费需求、投资需求和国外需求。

消费需求是指全社会形成的对最终消费品(包括货物和服务)有支付能力的购买力总量。消费需求作为一种统计范畴,从广义来看,就是最终消费总额,包括实际支出的购买力和虚拟支出的购买力。投资需求指作为 GDP 的最终使用的资本形成总额,分为固定资本形成总额和存货增加两部分。

国外需求是指货物和服务净出口。

GDP＝最终消费支出＋资本形成总额＋净出口

消费、投资、净出口的关系，表面上是经济增长需求结构的问题，实质上是经济增长动力的问题。

投资率（资本形成率）是指按支出法计算的 GDP 中，资本形成总额（固定资本形成＋存货）占 GDP 的比重。

消费率（最终消费率）是指按支出法计算的 GDP 中，最终消费支出（居民消费＋政府消费）占 GDP 的比重。

从投资率、消费率和净流出率看，投资需求是拉动内蒙古经济超常速增长的主导力量。"十五"以来，全国和内蒙古投资率、消费率、净出口率三者的作用，既有相同的趋势，又有不同的特点；其总的趋势是投资率都在逐步上升，但内蒙古投资率上升的幅度要比全国大得多；消费率都在下降，但内蒙古消费率下降的速度要比全国快得多；全国净出口率比较稳定，只是从 2005 年起逐年上扬，内蒙古的净出口率波动很大，从正增长到负增长，2005 年与 2001 年相比，狂跌 22.9 个百分点。2000—2007 年，全国投资率年均为 40.2％，内蒙古投资率年均为 58.0％，内蒙古比全国高出 17.8 个百分点；全国最终消费率年均为 55.6％，内蒙古最终消费率年均为 51.0％，内蒙古比全国低 4.6 个百分点；全国净出口率为年均 4.2％，内蒙古净流出率为年均－9.0％，内蒙古比全国低 13.2 个百分点。

全国和内蒙古投资、消费、净出口三个需求的变化有以下几个方面的特点：一是全国投资率和消费率分别在 40％和 60％上下波动，但波动幅度呈逐步缩小趋势；内蒙古投资率波动很大，在 40％—70％之间，波动幅度呈不断扩大趋势，消费率波动稍小一点，在 60％—40％之间，波动幅度也呈不断扩大趋势。二是随着工业化进程加快,全国投资率呈稳中趋升之势,消费率呈稳中趋降之势;内蒙古投资率一路大幅攀升,消费率则相应快速下跌。三是在这轮经济高速增长期,我国投资率和消费率与国际比较,我国投资率偏高、消费率偏低;而内蒙古与全国比较,投资率太高、消费率太低。四是进出口对投资、消费的影响程度越来越大,全国净出口是正增长,且近几年增长较快;而内蒙古净流出却由正增长转为越来越大的负增长、倒拉动。

内蒙古经济运行中,投资拉动大,消费、出口拉动小甚至负拉动。以"十五"以来的经济增长为例,在生产总值年均增长 17.1% 中,投资对经济增长的拉动为 16.3%,消费拉动 10.0%,出口(净流出)拉动 -9.2%。2006 年,内蒙古城镇居民人均消费性支出 7667 元,比上年增长 10.6%,增速比上年回落 0.8 个百分点。近年来,内蒙古投资对经济的拉动不断上升,而消费对经济的拉动却连续下滑。2007 年资本形成额占 GDP 的比重(即投资率)由 2002 年的 44.4% 升至 73.8%,上升 29.4 个百分点,同期,全国投资率由 37.9% 升至 42.3%,上升 4.4 个百分点,内蒙古投资率居全国第 2 位;2007 年最终消费占 GDP 的比重(即消费率)由 2002 年的 58.5% 降至 43.2%,降低 15.3 个百分点,同期,全国消费率由 59.6% 降至 48.8%,降低 10.8 个百分点,内蒙古消费率居全国第 27 位,居西部 12 个省区市倒数第 1 位。居民消费占内蒙古最终消费的 64.4%,居民消费对最终消费的影响很大,居民消费不足,消费拉动经济持续增长的潜力难以发挥(见表 7—3)。

表 7—3 "十五"以来全国、内蒙古投资率、消费率和净出口率

单位:%

年份	资本形成率		最终消费率		净流出率	
	全国	内蒙古	全国	内蒙古	全国	内蒙古
2000	35.3	41.7	62.3	56.8	2.5	1.5

年份	资本形成率		最终消费率		净流出率	
	全国	内蒙古	全国	内蒙古	全国	内蒙古
2001	36.5	39.7	61.4	56.9	2.2	3.4
2002	37.9	44.4	59.6	58.5	2.6	−2.9
2003	41.0	56.1	56.8	52.6	2.2	−8.7
2004	43.2	64.0	54.3	49.1	2.5	−13.1
2005	42.7	73.0	51.8	46.5	5.5	−19.5
2006	42.6	71.6	49.9	44.0	7.5	−15.6
2007	42.3	73.8	48.8	43.2	8.9	−17.0

资料来源：《中国统计年鉴》、《内蒙古统计年鉴》。

2007 年，内蒙古三大需求对 GDP 增长的贡献率中资本形成的贡献率高达 89.4％，最终消费的贡献率达到 43.0％、不足资本形成贡献率的一半，净流出的贡献率则是−32.4％；GDP 增长 19.1％的速度中投资拉动 17.1 个百分点、消费拉动 8.2 个百分点，净流出则是负拉动 6.2 个百分点。

内蒙古投资、消费、净出口三个需求与全国的比较分析说明，拉动内蒙古经济超常速增长的主导力量是投资需求，同时也说明三大需求对经济增长拉动的不协调性特别突出。

从固定资产投资投向看，投资是拉动经济超常速增长的主导力量。"十五"以来，内蒙古固定资产投资总额由 2000 年的 430.42 亿元增加到 2007 年的 4404.75 亿元，后者是前者的 10.2 倍，投资总量大幅提高的同时投资投向发生了很大变化。2007 年与 2000 年相比，第一产业的投资由 38.03 亿元增加到 183.41 亿元，后者是前者的 4.8 倍；第二产业的投资由 117.76 亿元增加到 2222.96 亿元，后者是前者的 18.9 倍；工业的投资由 103.47 亿元增加到 2220.05 亿元，后者是前者的 21.5 倍；第三产业的投资由 187.25 亿元增加到 1474.53 亿元，后者是前者的 7.9 倍。7 年来，投资最多的是工业，投资增长了 20.5 倍，最少的是第一产业，只增长了 3.8 倍。2000 年,内蒙古第一、二、三产业固定资产投资占全社会固定资产投资的比例分别为 8.84%、27.36% 和 43.5%(见表 7—4)。2007 年三大产业投资比例分别为 4.16%、50.47% 和 33.48%。2007 年与 2000 年相比,第一产业固定资产投资比例下降 4.68 个百分点、下降一半还多,第二产业投资比例上升 23.11 个百分点,第三产业投资比例下降 10.02 个百分点,第二产业固定资产投资中工业固定资产投资所占比例由 87.87% 上升到 99.87%、上升了 12 个百分点。

表 7—4　"十五"以来内蒙古全社会固定资产投资构成

单位:亿元、%

年份	投资总额	增速	第一产业投资	第二产业投资	工业投资	第三产业投资
2000	430.42	12.3	38.03	117.76	103.47	187.25
2001	496.43	15.3	40.79	152.86	134.17	206.74
2002	715.09	44.0	80.83	245.55	214.33	290.37
2003	1209.44	69.1	90.78	508.49	456.9	495.90
2004	1808.91	50.0	110.72	920.37	820.67	623.63
2005	2687.84	48.6	129.48	1462.36	1339.76	889.99
2006	3406.35	26.7	171.92	1815.51	1818.56	1044.75
2007	4404.75	29.3	183.41	2222.96	2220.05	1474.53

资料来源:《内蒙古统计年鉴》。

"十五"以来内蒙古三大产业固定资产投资构成说明,经济超常速增长主要是由于投资拉动,投资拉动主要拉动了工业超常速增长。同时也说明,固定资产投资对产业拉动的不协调性。2007 年与 2000 年相比,投资投向的不协调性更加突出。

从三大产业的贡献看,工业是拉动经济超常速增长的主导力量。2007 年与 2000 年相比,内蒙古第一产业增加值增长了 1.17 倍,第二产业增加值增长了 4.41 倍,第三产业增加值增长了 2.59 倍,工业增加值增长了 4.66 倍。8 年中增长最快的是第二产业特别是工业（见表7—5）。

表7—5 "十五"以来内蒙古三大产业构成

单位：亿元、%

年份	第一产业	比例	第二产业	比例	工业	比例	第三产业	比例
2000	350.80	22.8	582.57	37.9	484.19	31.5	605.74	39.3
2001	358.89	20.9	655.68	38.3	541.02	31.6	699.24	40.8
2002	374.69	19.3	754.78	38.9	614.89	31.7	811.47	41.8
2003	420.10	17.6	967.49	40.5	773.50	32.4	1000.79	41.9
2004	522.80	17.2	1248.27	41.0	1015.37	33.4	1270.00	41.8
2005	589.56	15.1	1773.21	45.5	1477.88	37.9	1532.78	39.4
2006	634.94	13.1	2374.96	49.1	2025.72	41.8	1831.92	37.8
2007	762.10	12.5	3154.56	51.8	2742.67	45.0	2174.46	35.7

资料来源：《内蒙古统计年鉴》。

从三大产业对地区生产总值增长的贡献看，2000年，第一、二、三产业对GDP增长的贡献率分别是6.7％、41.1％和52.2％，第二产业中工业对GDP增长的贡献率为34.8％，第三产业的贡献最大。到2007年，第一、二、三产业的贡献率变为2.7％、65.9％和31.4％，第二产业中工业对GDP增长的贡献率为61.0％，第二产业的贡献最大，是第三产业贡献的2倍多，而第二产业的贡献最大其实是工业的贡献最大，达到61.0％（见表7—6）。从工业内部结构看，近几年发展快、比重大的是能源产业、冶金产业和农畜产品加工业，能源工业、冶金建材工业和农畜产品加工业，不仅速度快，而且分量重。2000—2007年的8年间，这3个行业分别增长8.8倍、9.8倍和5.8倍，占经济总量的比重分别达到13.9％、11.7％和6.9％，共计32.5％，工业中3个行业增加值占经济总量的比重近1/3（见表3—2）。说到底，拉动内蒙古经济超常速增长的主导力量主要是煤炭、电力、钢铁、铝和农畜产品加工等几个行业，2007年与2000年相比，原煤产量是4.9倍、发电量是 4.4 倍、钢产量是 2.5 倍、铝产量是 7.1 倍、液体乳产量是 14.5 倍(见表 3—8)。2006 年按增加值排序的 10 个主要行业是电力燃气及水的生产和供应业、黑色金属冶炼及压延加工业、煤炭开采和洗选业、有色金属冶炼及压延加工业、食品制造业、农副产品加工业、化学原料及化学制品制造业、纺织业、非金属矿物制品业、石油加工炼焦及核燃料加工业。而交通运输设备制造业、医药制造业、电气机械及器材制造业、通信设备计算机及其他电子设备制造业等高技术产业在 39 个主要工业行业中所占比重仅为 5.2%。这也说明,在工业主要行业中,原材料和基础性产业增长快、比重大,而深加工和高新技术产业增长缓慢、比重小。

表 7—6 "十五"以来全国、内蒙古三大产业贡献率

单位:%

年份	全国				内蒙古			
	第一产业贡献率	第二产业贡献率	工业贡献率	第三产业贡献率	第一产业贡献率	第二产业贡献率	工业贡献率	第三产业贡献率
2000	4.4	60.8	57.6	34.8	6.7	41.1	34.8	52.2
2001	5.1	46.7	42.1	48.2	4.3	38.6	30.0	57.1
2002	4.6	49.7	44.4	45.7	7.0	45.3	33.1	47.7
2003	3.4	58.5	51.9	38.1	6.4	59.8	38.3	33.8
2004	7.8	52.2	47.7	40.0	9.9	46.7	39.5	43.4
2005	6.1	53.6	47.0	40.3	6.2	62.6	54.5	31.2
2006	5.3	53.1	46.6	41.7	2.5	64.9	59.5	32.6
2007	3.6	54.1	48.2	42.3	2.7	65.9	61.0	31.4

资料来源:《中国统计年鉴》、《内蒙古统计年鉴》。

专栏 7—2

贡献率

贡献率是分析经济效益的指标,是产出量与投入量之比,

或所得量与所费量之比。贡献率＝产出量/投入量。贡献率
也用于分析经济增长中各因素作用大小的程度,是指某因素
的增长量占总增长量的比重。贡献率＝某因素贡献量(增量)
÷总贡献量(总增量)。第一、二、三产业增量与生产总值量之
比,即为各产业的贡献率。

产业贡献率就是产业对经济增长的贡献率,指按不变价
计算的各产业增加值增量与地区生产总值不变价增量之比。
如第一产业对经济增长的贡献率＝第一产业不变价增量÷不
变价 GDP 增量×100％。

再看三大产业对生产总值增长的拉动。2000—2007 年,第
一产业和第三产业对 GDP 增长的拉动特点是前三年拉力较小,
中间三年拉力有所加强,后两年又减弱到前三年的程度;相比之
下,第二产业的拉力很强劲,基本上是第一、三产业拉力的 10—
20 倍,第二产业内部又主要是工业拉动,而且工业的拉力持续
加大,由 2001 年的 3.2 上升到 2005 年 13.0,后两年仍然保持
在 11.0 以上。2007 年,GDP 的 19.1％的增速中第一产业拉动
0.5,第三产业拉动 6.1,而第二产业拉动 12.5,其中工业拉动
11.6(见表 7—7)。

表 7—7 "十五"以来全国、内蒙古三大产业对 GDP 增长的拉动

年份	全国				内蒙古				
	第一产业拉动	第二产业拉动	工业拉动	第三产业拉动	GDP增速	第一产业拉动	第二产业拉动	工业拉动	第三产业拉动
2000	0.4	5.1	4.9	2.9	10.8	0.7	4.4	3.8	5.7
2001	0.4	3.9	3.5	4.0	10.7	0.5	4.1	3.2	6.1
2002	0.4	4.5	4.0	4.2	13.2	0.9	6.0	4.4	6.3
2003	0.3	5.9	5.2	3.8	17.9	1.1	10.7	6.9	6.1

年份	全国				内蒙古				
	第一产业拉动	第二产业拉动	工业拉动	第三产业拉动	GDP增速	第一产业拉动	第二产业拉动	工业拉动	第三产业拉动
2004	0.8	5.3	4.8	4.0	20.5	2.0	9.6	8.1	8.9
2005	0.6	5.6	4.9	4.2	23.8	1.5	14.9	13.0	7.4
2006	0.6	6.2	5.4	4.9	19.0	0.5	12.3	11.3	6.2
2007	0.4	6.5	5.8	5.1	19.1	0.5	12.5	11.6	6.1

资料来源:《中国统计年鉴》、《内蒙古统计年鉴》。

专栏 7—3

产业对 GDP 增长的拉动

产业对地区生产总值增长的拉动是指地区生产总值增长速度与各产业贡献率之乘积。产业对地区生产总值增长的拉动＝GDP 增长速度×产业贡献率。

结论是,内蒙古经济超常速增长是各种因素综合作用的结果,而其中,投资需求是三大需求中的主要拉动力量,第二产业是三大产业中的主要拉动力量;投资投向又主要集中在工业,第二产业中主要是工业拉动,所以,拉动经济超常速增长的主导力量是工业甚至是工业中的几个主要行业的超常速增长。

第三节 指导经济超常速增长的思路和模式

人们常说思路决定出路,强调思路的重要性。古今中外,人们办事大抵都先有思路。所谓思路,实际上指的是人们对事物发展的一种认识,而且是规律性的认识。认识有对错高低之分,思路也有是否符合实际、反映规律性的区别。思路正确,办事就顺当；思路反映规律性，就能指导事物的发展。当然，认识需要逐步深化，思路也需要不断完善。那么，内蒙古经济超常速增长遵循了什么发展思路，实行的是什么样的发展模式呢？

新世纪初，内蒙古提出贯穿经济结构调整"一条主线"，实现思想观念和经济增长方式"两个转变"，强化改革、开放、科技进步"三大动力"，加强生态和基础设施"两项建设"，推进农牧业产业化、工业化和城镇化"三化"互动的总体要求。

党的十六大以后，内蒙古逐步完善发展思路，提出经济要实现两位数增长，有条件、有优势的地区实现跨越式发展；要优化结构、提高效益，努力把经济总量做大；争取经济保持一个较长的快速增长期；要全面贯彻落实科学发展观，做到协调发展、持续发展、和谐发展。

"十一五"之初，内蒙古提出的经济社会 5 年发展目标是：提高协调发展水平和可持续发展水平"两个水平"，保持地区生产总值、城乡居民人均收入增长速度高于全国平均水平"两个高于"，确保实现地区生产总值和财政收入翻一番、实现经济总量进入全国中等行列和人均主要经济指标力争进入前列"两个实现"。

提出什么样的发展思路，从客观上讲，与经济社会发展阶段有关；从主观上讲，与人们的认识能力有关。着眼于贯彻落实党和国家的重大战略思想和战略部署，根据时代条件，结合地区实际，提出本地发展思路、发展战略，这是地区决策层特别是主要领导的重要职责之一。决策者的重要职责还在于，要善于根据时代的发展和形势的变化，不断调查和完善发展思路。2007年，胡锦涛总书记在讲发展思路转变问题时说，开始我们强调要加快发展，后来进一步提出要实现又快又好发展，去年年底又把"又快又好"调整为"又好又快"。这说明，从"快"字当头到"好"字当头，经历了一个实践深化、认识提高的过程，对实现什么样的发展、怎样发展的问题,认识愈加全面、愈加科学。

提出什么样的发展思路,取决于决策者的政绩观,说到底,取决于发展目的的即为谁发展、怎样发展。目的不一样,发展结果就两样。理论界将以做大 GDP 为目的、搞"政绩工程"者称为唯 GDP 论。唯 GDP 论往往同"政绩工程"联系在一起,干部工作实绩考核以 GDP 增长为目标,GDP 出政绩,政绩出官员,其症结在于根深蒂固的"官本位"思想。唯 GDP 论与以人为本具有本质的区别。唯 GDP 论的特征是以 GDP 为目的,重视 GDP 而忽视人;以人为本则是将 GDP 增长作为实现人民群众福祉的途径,做到发展为了人民、发展依靠人民、发展成果由人民共享。坚持以人为本,就必须认准发展的目的和手段,理顺人与物的关系。发展经济的根本目的是满足人民日益增长的物质文化需求。GDP 增长是改善人民生活的手段,提高人民的生活水平,实现人的全面发展才是根本目的,是各项工作的根本出发点和落脚点,不能把手段当作目的。如果把 GDP 当作目的,忽视人民群众的根本利益,忽视发展成果由人民共享,那就是本末倒置,见物不见人。诚然,离开手段,目的难以达到;而偏离了目的,手段毫无意义。

不可否认,GDP 是反映一个国家或地区经济总体规模和经济结构的重要统计指标,是了解和把握一个国家或地区宏观经济运行状况的有效工具,是进行宏观经济管理的重要依据。所以,美国经济学家萨缪尔森认为,GDP 是 20 世纪最伟大的发明之一,如果没有这样的总量指标,政策制定者面对杂乱无章的经济数字就会不知所措。坚持以经济建设为中心,就不能不重视 GDP 的增长。但采用 GDP 核算经济毕竟是一种手段,而且 GDP 核算中存在不少缺陷,包括 GDP 不能反映经济发展对资源环境所造成的负面影响,不能准确反映财富分配状况,不能反映某些重要的非市场经济活动和地下经济活动,不能反映一些经济活动对人们生活质量、福利水平的不利影响，不能全面反映经济发展的质量和效益。而这些问题是科学发展所必须解决的问题。

唯 GDP 论在一定时期具有相当的普遍性。从唯 GDP 论向以人为本转变，是一个艰难的过程。在科学发展观真正深入人心、深入贯彻落实之前，唯 GDP 论恐怕还难以消除。党中央提出科学发展观已经 6 年了。深入贯彻落实科学发展观，首先必须从唯 GDP 论转变到以人为本、全面协调可持续发展上来。科学发展观把以人为本作为核心，深刻体现了科学追求与价值追求的高度统一，体现了马克思主义关于人的全面发展的价值理想，体现了中国共产党对人民群众历史发展主体地位和最高价值主体地位的尊重，体现了中国共产党坚持使发展成果惠及全体人民、实现人的全面发展的根本价值取向。在普遍采用更为科学的绿色 GDP 指标之前，当然还是要用现行 GDP 核算经济这种手段，但绝不能因此而把手段当作目的、途径当作目标。

是唯 GDP 论，还是以人为本，怎样辨别？发展成果是不是由人民共享就是试金石。要做到发展成果由人民共享，就必须坚持发展为了人民这个目的、发展依靠人民这个过程，达到发展成果由人民共享这个结果。坚持发展目的、发展过程、发展结果的协调是最大的协调发展。如果经济快速增长，城乡居民收入却不能协调增长，人民群众生活水平不能相应改善，何谈协调发展？

发展思路一般要表现为发展模式，发展模式是发展理念、思路和目标的延伸，是实现发展思路的途径和方式。有什么样的发展思路就会形成什么样的发展模式。根据近些年内蒙古经济运行的特征，可以把内蒙古的发展模式概括为政府主导型、投资拉动型、资源支撑型、机遇牵动型。这样的发展模式是 21 世纪初我国经济发展的宏观形势和内蒙古发展的特殊条件所决定的。

一、政府主导型模式

所谓政府主导型是相对于市场主导型而言,指的是实行有利于政府主导经济的政策,政府直接配置资源,直接管制资源性产品和土地等生产要素价格,以此主导经济运行的模式。在政府主导型模式下,政府掌控生产要素和资源性产品配置权,利用行政权力低价征用或变相低价征用耕地和草场,为了做大GDP、大项目落地,无偿划拨矿产资源,低价甚至零价出让土地和草场等资源;政府管制资源性产品价格,形成背离资源稀缺程度和市场供求状况的人为扭曲价格;为了做大GDP、项目落地,甚至对企业破坏生态、污染环境的行为采取容忍甚至保护的态度;大项目大企业可以获得廉价生产要素,通过消耗廉价能源资源、环境成本外部化来实现利润最大化。

政府主导型模式以政策优惠让利、直接配置资源、超越权限审批等为主要特征。近些年,内蒙古按照"快、大、长、好"的发展思路,为了做大GDP、吸引大项目大企业落地,在招商引资上制定和实施了一系列优惠让利政策,为引进投资企业提供特殊的环境条件。比如,实行所得税减免和贴息政策,对投资企业所得税减免按15%征收,对优势特色产业项目予以贴息扶持。2002—2007年上半年,内蒙古区本级财政累计安排扶持工业重点项目和企业贴息资金达4亿元。再比如,实行资源直接配置政策,为大型加工项目优先优惠配置煤炭、土地、电力等资源,推进上大压小,提出煤炭和有色金属资源转化率分别达到50%和85%以上的要求,引导资源要素向大项目大企业集中,从而大大降低了大企业投资成本和运营成本。又比如,实行工业园区建设政策,政府出资建设工业园区水、电、路、通信、功能区等基础设施,提升工业园区层次,为大项目大企业入园提供综合配套的良好条件。"十五"期间，内蒙古政府以奖代投资金和各盟市旗县政府投入重点开发区基础设施建设资金达 90 亿元以上。还比如，实行优质服务政策，政府部门全天候、全过程为大项目大企业服务，定领域、定产业、定方向、定项目，锲而不舍地跟踪招商，直至项目落地。①

在社会主义市场经济体制初步建立但还不完善时期，特别是唯 GDP 论占主导的时候，采用政府主导型模式是一个必然选择，也是在一定条件下主导经济快速增长的有效选择。从经济学角度看，资源的稀缺性是所有模式和机制存在的根源。谁掌握资源，谁控制资源，谁就占主导地位，谁就有利益优势。政府控制资源，又不用市场机制配置资源，或者实行政府配置资源和市场配置资源双重体制，必然实行政府主导型发展模式。

政府主导型模式的优点在于，政府说了算，不用很多程序，资源配置效率高；政府无偿或者低价划拨资源，资源稀缺变得资源零价，对投资者有很大吸引力，资本增值快；大企业可以无偿得到基础设施完善、服务良好的发展环境，运营成本降低，利润增长空间增大；地方税收增加，政府财政收入数字增多。这几个方面的优点也可以概括为 4 个字，叫做"高、快、大、多"。其中，前三者是实实在在的，不实在，资本不会流入。后者，财政收入数字虽多，但可用财力不一定很多，因为，部分税收要返还给企业。这几个方面的优点都有利于经济超常速增长，有利于 GDP 做大。要实现经济超常速增长，GDP 超常规做大，采用政府主导型模式是必然选择。

政府主导型模式的弊端在于：第一，不利于完善市场经济体制。市场经济是竞争经济，其竞争机制集中体现在资源配置上，

---

① 赵双连：《我区工业化发展道路》，2007 年 7 月 22 日《内蒙古日报》。

建立市场经济体制,就是要在资源配置中发挥市场的基础性作用。政府直接配置资源,排斥市场竞争机制,不利于市场经济体制的完善,不利于经济持续稳定健康发展。第二,不利于转变经济增长方式。在市场经济条件下,企业是经济活动的主角。经济增长方式,在微观上表现为一个个企业的增长方式,而企业选择增长方式要受外部环境和条件的制约。在企业可以无偿获得资源、使用廉价生产要素、消耗廉价能源、环境成本外部化来实现利润最大化的情况下,又何必去转变原有的增长方式呢?第三,不利于企业技术创新。技术创新需要投入,需要冒风险。企业可以获得廉价或者无偿的资源,它们又何必下成本、冒风险进行技术创新,提高资源的综合利用水平呢?第四,不利于节约资源、保护环境。对企业来说,可以获得无偿或者廉价资源、可以使环境成本外部化的情况下,没有节约使用能源资源、减少污染物排放的动力。对政府来说,为了做大 GDP,无偿划拨大量资源,超越权限违规审批项目,甚至不惜以生态环境为代价,上高耗能、高污染项目。所以,高投入、高消耗、高排放、重污染、低效率问题,其根子还在政府主导型模式。第五,不利于打破大企业市场垄断。资源为大企业无偿划拨,生产要素向大企业迅速聚集,形成不平等竞争,不利于中小企业和非公有制经济发展。第六,不利于扩大社会就业。大项目大企业一般都是资本密集型、技术密集型企业,较少提供就业岗位甚至排斥就业,导致经济超常速增长而城乡居民收入与全国平均水平差距拉大。作为人民政府不能只关注经济增长而不关心社会就业,政府调控经济的首要目标应该是充分就业,而不是导致经济与就业南辕北辙。第七,不利于廉洁行政。资源配置一旦脱离市场竞争,脱离制度机制约束,必然滋生腐败,等等。

对政府主导型模式的利弊分析说明,政府主导型模式的优点是特定条件下的,是暂时的、局部的、表面的,而其弊端则是长久性的、根本性的、深层次的，其弊大于利、利后藏弊显而易见。

政府主导型模式不同于政府宏观调控。宏观调控是指政府在充分发挥市场配置资源的基础性作用的前提下，为了防止市场失效和保证国民经济总体稳定运行，通过运用宏观经济政策工具来调节国民经济，以实现国家宏观经济目标的一整套运作过程。首先是目的不同。政府对经济的宏观调控是为了有效克服市场的盲目性和功能缺陷性，不断完善社会主义市场经济体制，更好地发挥市场配置资源的基础性作用。宏观调控的主要目标是经济稳定增长、高就业或低失业、价格水平基本稳定、国际收支基本平衡。而实行政府主导型模式是为了有效引进大项目大企业、做大 GDP 而政府直接配置资源，排斥市场配置资源的基础性作用，忽视就业和收入协调增长。其次是手段不同。政府宏观调控的手段主要是财政政策、货币政策、收入政策、产业政策和人力政策等，而政府主导型模式的手段主要是政府承诺、行政手段。再次是结果不同。实行政府主导型模式，可以使大项目大企业纷纷落地，政府经济快速发展，GDP 迅速做大，但经济增长与百姓受惠不协调。加强政府宏观调控，完善社会主义市场经济体制，才能形成各类市场主体公平竞争的环境，百姓经济加快发展，人民群众共享改革发展成果。

由政府主导型模式向市场主导型模式转变，是深入贯彻落实科学发展观的内在要求，是转变经济发展方式的迫切需要。经济发展方式转变问题，从实质上说，是深化市场化取向改革的问题。因此，转变政府主导型模式的根本途径是深化市场化取向的改革。只有转变政府主导型模式，把配置资源尽可能交给市场，逐步放开对生产要素和资源性产品的价格管制，形成反映供求关系的价格形成机制，并实行严格的环境执法，使环境成本内部化。这样，严峻的资源环境压力才会传递到企业，迫使企业转变增长方式，并最终实现整个经济发展方式的转变。

二、投资拉动型模式

所谓投资拉动型是相对于消费拉动型或出口拉动型而言，指的是依托资源优势、地缘优势和环境优势，积极开展投资促进活动，千方百计引进资本，加大资本投入，主要依靠资本投入拉动经济快速增长的模式。投资是经济主体为了获取未来收益，投入资金或其他经济资源，以形成资产的经济活动。投资的本质在于其获利性，投资具有收益性和风险性双重属性。收益越高，风险越小，资本流入就越多，投资的拉动作用就越强。近些年，内蒙古投资拉动型模式的主要特征是，政府投身于规模空前的投资促进活动，顺应企业追求利润最大化企望，尽可能提高企业投资预期收益率，尽可能降低企业投资成本，着力营造一个收益较高、风险较小的投资环境和发展环境；吸引煤炭、电力、冶金、化工等行业的大企业大集团纷纷到内蒙古投资，数量可观的大项目接连落地；能源、冶金、化工等优势特色产业超常速增长，成为拉动内蒙古经济的主导力量。

专栏 7—4

投资及投资促进

投资是指投资主体为获得预期回报而将资金或其他形式的资产投入经济活动的行为过程。它是人类组织社会生产与再生产的主要行为之一，是经济主体进行的一种有意识的经济活动。投资的本质在于其获利性。投资具有收益性和风险性双重属性。

资本是投资活动不可缺少的资源。没有资本，投资活动就无法展开。随着经济视野的扩展，人们对于资本形式的认识越来越丰富和深化。资本的表现形式不仅有生产资本、商

业资本和金融资本，还有风险资本、人力资本和知识资本等。

　　投资促进是提高吸收内外资水平的有效手段。投资促进是指为了吸引投资，由政府或者民间机构实施的一系列营销服务活动，包括市场信息的提供、形象塑造和投资服务等。投资促进是一种性质特别的活动，它既有公共职能的性质，也具有一定的可营销性。政府是投资促进的主角。

　　从宏观上讲，近年来我国固定资产投资增长加快，这是国民经济和社会发展步入一个新阶段、消费结构升级带动产业结构升级、工业化和城镇化步伐加快的结果，与我国正处于加快推进工业化、城镇化的发展阶段有关，具有一定的客观合理性和必然性。固定资产投资在加强经济社会发展薄弱环节方面发挥了积极作用。从内蒙古看，"十五"以来在投资拉动型模式下，全社会固定资产投资呈现出以下几个方面的特点。

　　一是投资增长快。从 2002 年到 2004 年，内蒙古固定资产投资增速连续 3 年居全国第 1 位，2005 年增速居全国第 2 位。"十五"期间，全社会固定资产投资年均增长 44.25％，远远高于GDP 年均增长 17.1％的速度，也远远高于"十五"期间全国固定资产投资年均增长 21.9％的速度。2000—2007 年，内蒙古固定资产投资年均增长 39.4％，比同期全国固定资产投资年均增速高 16.8 个百分点。

　　二是投资规模大。"十五"期间，内蒙古固定资产投资总额达 6917.71 亿元，年均增长 44.25％，比"七五"至"九五"时期固定资产投资总和的两倍还多。2001—2007 年，内蒙古固定资产投资累计达 14728.81 亿元，年均增长 39.4％。内蒙古固定资产投资额在全国的排序由 2000 年的第 25 位跃升到 2007 年的第 12 位，8 年跃升了 13 位（见表 7—8）。"十五"以来的 8 年中，内蒙古主要经济指标中跃升排序最多的就是固定资产投资。

表7—8 "十五"以来内蒙古全社会固定资产投资增速、排序

单位:亿元、%

年份	固定资产投资额	排序	增速	排序	占全国比重
2000	430.42	25	12.3	16	1.31
2001	496.43	26	15.3	16	1.33
2002	715.09	25	44.1	1	1.64
2003	1209.44	19	68.9	1	2.18
2004	1808.91	16	49.6	1	2.57
2005	2687.84	12	48.6	2	3.03
2006	3406.35	11	26.7	13	3.10
2007	4404.75	12	29.3	9	3.21

资料来源:《中国统计年鉴》、《内蒙古统计年鉴》。

内蒙古全社会固定资产投资,1991年跃上100亿元台阶用了44年,1993年突破200亿元用了2年,1997年突破300亿元用了4年,接着,2000年突破400亿元,2002年突破700亿元,2003年突破1000亿元,2005年突破2000亿元,2006年突破3000亿元,2007年突破4000亿元,达到4404.75亿元。

三是资金来源多元。从内蒙古固定资产投资资金来源看,从2000年到2007年,财政性资金比重由10.7%下降到3.8%,银行贷款比重由18.6%下降到10.5%,企事业单位自筹资金和其他资金比重由66.9%上升到85.0%,投资资金来源结构不断优化,投资主体多元化格局逐步形成。

四是投资投向集中。2001—2007年,内蒙古第一产业累计投资807.93亿元,占全社会固定资产投资的5.49%,年均增长24.0%;第二产业累计投资7328.1亿元,占全社会固定资产投资的49.75%,年均增长46.6%;第三产业累计投资5025.91亿元,占固定资产投资的34.12%,年均增长32.4%。在7年累计

179

投资中第二产业投资几乎占了一半，2003—2006 年期间，内蒙古第二产业累计投资 4706.7 亿元中工业累计投资 4661.3 亿元，占全社会固定资产投资的 51.2%，年均增长 67.5%，成为内蒙古历史上工业投资最多的时期；特别是电力工业累计投资 1800 亿元，占工业投资的 38.62%，年均增长 55.6%，成为内蒙古历史上电力投资最多的时期。与此同时，第三产业投资相对较低，而第一产业投资又太低。

五是投资带动力下降。"十五"以来，内蒙古投资率从 39.7% 上升到 73.8%，上升 34.1 个百分点；消费率从 56.9% 下降到 43.2%，下降 13.7 个百分点；净流出率从 3.4% 下降到 －17.0%，下降 20.4 个百分点。8 年间，投资率飞速上升，消费率和净流出率大幅下降。"三驾马车"中，内蒙古经济超常速增长几乎是由投资这匹壮马独力拉动。因为，从 2002 年起净流出这匹马就跑到车后去拉倒车，拉的劲还不小，拉力被抵消以后，消费这匹马也只能帮 1/3 的忙。2007 年，内蒙古三大需求对 GDP 增长的贡献率中投资贡献率高达 89.4%、消费贡献率达到 43%，净流出的贡献率则是 －32.4%；GDP 增长 19.1% 的速度中投资拉动 17.1、消费拉动 8.2，净流出则是负拉动 6.2。内蒙古经济实现超常速增长，毫无疑问，主要靠了投资的拉动。同时，投资对 GDP 的带动力是不稳定的。2007 年与 2000 年相比，内蒙古投资弹性系数由 1.06 下降到 0.78，下降了 0.28。期间，从 2001 年到 2003 年逐年减弱，2004—2006 年呈逐步增强的趋势，2007 年又有所减弱。相比之下，消费弹性系数除了个别年份以外相对比较稳定（见表 7—9、表 7—10）。但是居民消费率逐年滑坡，由 2000 年的 41.3% 下降到 2007 年的 27.8%，同期，全国居民消费率由 46.4% 下降到 35.4%，2007 年内蒙古的居民消费率比全国低 7.6 个百分点（见表 7—11）。消费需求作为最终需求，是决定经济能否正常循环或持续发展的一个关键。居民消费率过低、投资率过高,是内蒙古经济重大比例关系不协调的突出表现。就需求拉动来说,由于居民消费持续乏力,尽管消费弹性系数相对比较稳定,也不能有效拉动经济增长。

表7—9　"十五"以来内蒙古投资弹性系数

单位:亿元、%

年份	地区生产总值	增长率	固定资产投资	增长率	投资弹性系数
2000	1539.12	10.8	430.42	10.2	1.06
2001	1713.81	10.7	496.43	14.4	0.74
2002	1940.94	13.2	715.09	42.6	0.31
2003	2388.38	17.9	1209.44	64.8	0.28
2004	3041.07	20.5	1808.91	42.4	0.48
2005	3895.55	23.8	2687.84	43.3	0.55
2006	4841.82	19.0	3406.35	22.7	0.84
2007	6091.12	19.1	4404.75	24.6	0.78

资料来源:《内蒙古统计年鉴》,表中生产总值的增长率是不变价增长率,固定资产总额的增长率是实际增长率。

表7—10　"十五"以来内蒙古消费需求弹性系数

单位:亿元、%

年份	地区生产总值	增长率	消费需求	增长率	消费需求弹性系数
2000	1539.12	10.8	873.65	8.1	1.33
2001	1713.81	10.7	974.44	11.8	0.91
2002	1940.94	13.2	1135.65	14.8	0.89
2003	2388.38	17.9	1257.47	7.9	2.27
2004	3041.07	20.5	1492.27	12.5	1.64
2005	3895.55	23.8	1809.52	12.1	1.97
2006	4841.82	19.0	2131.20	15.9	1.19
2007	6091.12	19.1	2631.52	18.1	1.06

资料来源:《内蒙古统计年鉴》,表中生产总值的增长率是不变价增长率,消费需求的增长率是实际增长率。

专栏 7—5

投资弹性系数、消费需求弹性系数

投资弹性系数是指经济增长率与固定资产投资增长率之比,即投资增长1个百分点带动GDP增长的百分点数。投资弹性系数＝GDP不变价增长率(或现价增长率)÷固定资产投资实际增长率(或名义增长率)。

消费需求弹性系数是指经济增长率与消费需求增长率之比,说明消费需求每增长1个百分点能带动经济增长的比例关系。消费需求弹性系数＝GDP不变价增长率(或现价增长率)÷消费需求实际增长率(或名义增长率)。

表7—11 "十五"以来全国、内蒙古居民消费率

单位:亿元、%

年份	全国			内蒙古		
	国内生产总值	居民消费	居民消费率	地区生产总值	居民消费	居民消费率
2000	98749.0	45854.6	46.4	1539.12	636.10	41.3
2001	108972.4	49213.2	45.2	1713.81	681.07	39.7
2002	120350.3	52571.3	43.7	1940.94	794.46	40.9
2003	136398.8	56834.4	41.7	2388.38	848.04	35.5
2004	160280.4	63833.5	39.8	3041.07	962.85	31.7
2005	188692.1	71217.5	37.7	3895.55	1197.75	30.7
2006	221651.3	80476.9	36.3	4841.82	1385.90	28.6
2007	263242.5	93317.2	35.4	6091.12	1693.96	27.8

资料来源:《中国统计年鉴》、《内蒙古统计年鉴》,表中生产总值是支出法生产总值。

内蒙古投资拉动的五个特点说明,"十五"以来内蒙古投资超常增长,规模迅速扩大,来源趋向多元,投向特别集中,成为拉动内蒙古经济超常速增长的主要力量,内蒙古经济是典型的投

资拉动型经济。由于投资的强劲拉动,内蒙古工业超常速增长,带动 GDP 超常速增长,经济总量迅速做大,经济结构大幅调整,排序大踏步前移。投资拉动型模式在特定时期拉动内蒙古经济实现跨越式发展中功不可没。同时,内蒙古投资拉动型模式的特征是拉动工业为主,服务业发展不足;拉动资源性产业为主,非资源性产业发展不足;拉动资本密集型产业为主,劳动密集型产业发展不足;拉动大型企业为主,中小型企业、非公有制经济发展不足;拉动内向型经济增长为主,外向型经济发展不足。固定资产投资是拉动经济增长的三大牵力之一,实践证明,促进经济平稳较快发展,必须保持适度的投资规模与合理的投资结构。如果规模不适当、结构不合理,必然导致产业发展的结构性矛盾更加突出,经济增长带动就业乏力,经济增长与城乡居民收入增长不协调,人民群众共享发展成果不充分,消费需求和出口需求不旺盛。

经济增长由投资、消费、出口"三驾马车"协调拉动是我们在经济活动中所追求的目标。但是内蒙古投资拉动型模式说明,在工业化初期,特别是欠发达的西部地区,由于发展程度、环境条件所限,消费需求不旺,出口更为乏力,要想经济快速增长,只能依靠投资拉动。然而,事物的发展都有一个度。三大需求拉动经济也一样,不协调过度,投资增长过度,也会给经济运行带来不良影响。在投资拉动型模式下,投资从两个方面影响经济运行。一方面,投资波动往往是经济波动的重要原因,投资拉动不能强劲持续,经济便可能大起大落;另一方面,投资决定资本积累的速度,从而决定了经济的长期增长和运行效率。我们也知道,在消费需求、出口需求乏力的情况下,投资需求不可能无限期增长。避免经济增长大起大落的波动,实现经济持续稳定健康发展,就要努力创造条件,逐步向投资、消费、出口三大需求协调拉动转变。

克服投资拉动型模式的弊端，必须加快转变经济发展方式，推动产业结构优化升级，由投资拉动型模式向创新驱动型、全民创业型模式转变。这是坚持扩大内需特别是消费需求的方针，促进内蒙古经济增长由主要依靠投资拉动向依靠消费、投资、出口协调拉动转变，由主要依靠第二产业特别是工业带动向依靠三大产业协同带动转变，由主要依靠增加物质资源消耗向主要依靠科技进步、劳动者素质提高、管理创新转变的关键环节。实行创新驱动型、全民创业型模式，将在下篇第一章讨论这个问题。

三、资源支撑型模式

所谓资源支撑型，是指依托丰富的自然资源特别是矿产资源招商引资、引进资本，大量开采矿产资源，消耗大量能源资源，以开采加工矿产资源为主，以出售矿产资源、原材料和初级产品为主，支撑经济快速增长的模式。资源支撑型模式以大量消耗能源资源的粗放型增长为主要特征。

用资源支撑型模式支撑经济超常速增长，首先要有非常丰富的矿产资源，同时这些资源必须适应市场需求，而且是很大的、持续的需求；其次要有政策吸引力，实行依托资源引进资本的优惠政策；再次要营造回报高的投资环境，基础设施较完善，劳动力价格低廉，降低投资成本。新世纪初以来，随着消费结构升级拉动产业结构调整，市场需求发生了有利于实行资源支撑型模式的变化，在内蒙古形成了规模空前的以发展能源、原材料产业为主的资源开发热。比如，"十五"期间，内蒙古原煤总产量达到8.12亿吨，是"九五"期间原煤总产量的2.15倍。2007年与2000年相比，内蒙古原煤产量由7247万吨增加到35438万吨，2007年的产量是2000年的4.89倍；占全国原煤产量的比重由5.58％提高到13.97％（见表7—12）。

表7—12 "十五"以来全国、内蒙古原煤产量

单位:亿吨、%

年份	全国原煤产量(亿吨)	内蒙古原煤产量(万吨)	比重(%)
2000	12.99	7247	5.58
2001	13.81	8163	5.91
2002	14.55	11471	7.88
2003	17.22	14707	8.54
2004	19.92	21235	10.66
2005	22.05	25608	11.61
2006	23.73	29760	12.54
2007	25.36	35438	13.97

资料来源:《中国统计年鉴》、《内蒙古统计年鉴》。

再比如,2002年,内蒙古电力装机容量为1034.26万千瓦,其中火电机组969.6万千瓦。2005年以来,内蒙古电力装机容量年均增长1000万千瓦以上,至2007年电力装机容量达到4200万千瓦,其中火电机组3972万千瓦、风电机组145万千瓦,分别占全部装机容量的94.6%和3.4%。内蒙古电力总装机容量居全国第5位,火电装机容量居全国第4位,风电装机容量居第1位。与此相联系,内蒙古发电量由2000年的439.22亿千瓦小时增加到2007年的1931.95亿千瓦小时,占全国发电量的比重由3.2%提高到5.9%。内蒙古外送电由2002年的204亿千瓦小时增加到2007年的686亿千瓦小时,2007年的外送电量是2002年的3.4倍,外送电量占内蒙古发电量的近40%,成为向华北电网送电的第一大户,是"西电东送"的主力省区(见表7—13)。

表7—13 "十五"以来全国、内蒙古电力发展情况

单位:万千瓦、亿千瓦小时

年份	内蒙古装机容量	全国发电量	内蒙古发电量	占全国发电量的比重	外送电量	占内蒙古发电量的比重
2000	900	13556	439.22	3.2	—	—

年份	内蒙古装机容量	全国发电量	内蒙古发电量	占全国发电量的比重	外送电量	占内蒙古发电量的比重
2001	—	14808	465.50	3.1	—	—
2002	1034.26	16540	517.98	3.1	204	39.4
2003	1198.56	19105.75	647.73	3.4	253	39.1
2004	1442.90	22033.1	816.75	3.7	319	39.1
2005	1989.52	25002.6	1056.59	4.2	383	36.2
2006	3018.64	28657.26	1416.00	4.9	553	39.1
2007	4200	32777.2	1931.95	5.9	686	35.5

资料来源：表中 2002 年以后的内蒙古电力装机容量和外送电量数据来自内蒙古经委：《2008 内蒙古自治区电力工业工作手册》。

又比如，2007 年与 2000 年相比，内蒙古原油产量由 90.5 万吨增加到 167.4 万吨，占全国原油产量的比重由 0.56％提高到 0.9％。

"十五"期间，内蒙古能源生产总量达到 59959.61 万吨标准煤，是"九五"期间能源生产总量 24409.66 万吨标准煤的 2.46 倍。2007 年与 2000 年相比，内蒙古能源生产总量由 4701.23 万吨标准煤增加到 26725.88 万吨标准煤，2007 年的能源产量是 2000 年的 5.68 倍；占全国能源生产总量的比重由 4.3％提高到 11.4％。能源消费总量由 3937.54 万吨标准煤增加到 14649.39 万吨标准煤，2007 年的能源消费量是 2000 年的 3.72 倍；占全国能源消费总量的比重由 3.1％提高到 5.5％。

2007 年与 2000 年相比，内蒙古钢产量由 423.60 万吨增加到 1040.36 万吨，2007 年的钢产量是 2000 年的 2.46 倍；铝产量由 14.56 万吨增加到 102.43 万吨，2007 年的铝产量是 2000 年的 7.04 倍。

由于实行资源支撑型模式，内蒙古经济实现了超常速增长，2007 年与 2000 年相比，内蒙古 GDP 增长了 2.96 倍。短短 8 年中 GDP 增长近 3 倍,这是我们正在分析的 4 种增长模式综合作用的结果,而其中支撑超常速的正是超常规开发的资源! 2007年与 2000 年相比,内蒙古原煤消耗了 4.89 倍,电量消耗了 4.40倍,钢消耗了 2.46 倍,铝消耗了 7.04 倍,水泥消耗了 4.56倍······2007 年与 2000 年相比,内蒙古能源生产弹性系数由 0.27提高到 1.04,在 8 年中,最高的年份 2002 年达到 2.98,最低的年份 2005 年下降到 0.94。一般来说,能源特别是电力的发展应当快于经济的发展,应超前发展。"十五"以来,除了 2005 年,其他年份能源的增长都比经济增长快。2007 年与 2000 年相比,内蒙古能源消费弹性系数由 0.77 略降到 0.72,在 2001—2005 年的 5年中,能源消费弹性系数都大于 1,说明这 5 年能源消耗的速度都比经济增长的速度快,反映了经济增长方式的粗放型。与全国比,从 2000 年到 2007 年的 8 个年份中除了 2004 年以外,都比全国能源消费弹性系数高,按年份依次是:高 0.35、0.83、0.59、0.03,低 0.15,高 0.04、0.02、0.06(见图 7—1)。

图7—1　"十五"以来内蒙古能源生产弹性系数和能源消费弹性系数

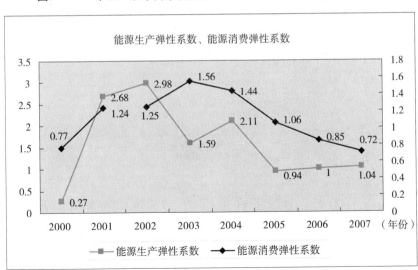

资料来源:《内蒙古统计年鉴》。

专栏 7—6

能源生产弹性系数、能源消费弹性系数

能源生产弹性系数是研究能源生产增长速度与经济增长速度之间关系的指标。计算公式为：能源生产弹性系数＝能源生产总量年平均增长速度÷同期 GDP 年平均增长速度。

能源消费弹性系数是反映能源消费增长速度与经济增长速度之间比例关系的指标，此指标由一个地区的产业结构和能耗装备技术水平所决定。计算公式为：能源消费弹性系数＝能源消费总量年平均增长速度÷同期 GDP 年平均增长速度。

资源支撑型模式能够支撑经济快速增长，同时，大量消耗能源资源，大量排放污染物，其粗放增长的特征特别明显。"十五"以来，内蒙古单位 GDP 能耗不但没有减少反而不断增加，由 2000 年的 2.31 吨标准煤/万元增加到 2004 年的 2.51 吨标准煤/万元，2007 年恢复到 2.31 吨标准煤/万元，比全国平均水平高 1.15 吨标准煤/万元，仍然是全国平均水平的近两倍，居全国倒数第 5 位。2004 年单位工业增加值能耗达到 6.33 吨标准煤/万元，到 2007 年仍然高达 4.88 吨标准煤/万元，居全国倒数第 3 位。单位 GDP 电耗由 2004 年的 1761.20 千瓦小时/万元上升到 2007 年的 2101.68 千瓦小时/万元，居全国倒数第 6 位。

内蒙古二氧化硫排放量由 2005 年的 145.6 万吨增加到 2006 年的 155.7 万吨，增加了 6.96％，2007 年下降 6.5％，才恢复到 145.6 万吨；化学需氧量由 2005 年的 29.7 万吨增加到 2006 年的 29.8 万吨，增加了 0.34％，2007 年下降到 28.77 万吨，下降了 3.46％。2007 年，内蒙古工业废气排放总量达到 18200 亿标立方米，占全国的 4.69％，居全国倒数第 8 位；工业

二氧化硫排放量达到 128.3 万吨,占全国的 6.0％,居全国倒数第 4 位;工业烟尘排放量达到 50.4 万吨,占全国的 6.54％,居全国倒数第 3 位;工业固体废物产生量达到 10973 万吨,占全国的 6.23％,居全国倒数第 5 位。除了资源、能源、环境以外,草原生态又付出了怎样的代价,目前还没有确切的数据来加以分析。可见,内蒙古是全国资源消耗很多、能源消耗很高、污染物排放很重的几个省区之一,也是经济增长方式很粗放的几个省区之一。

马凯任国家发改委主任时曾指出:"建国 50 多年来,我国的 GDP 增长了 10 多倍,矿产资源消耗却增长了 40 多倍。平均每增加 1 亿元 GDP 就需要高达 5 亿元的投资。粗放的经济增长是低效益的增长,使人们得不到与经济增长相适应的收入增长;粗放的经济增长是高消耗的增长,必然会过度索取自然,带来生态退化和自然灾害增多,导致社会财富减少。"用这段话来分析内蒙古的粗放型增长方式,也是贴切的。

在资源支撑型模式下,内蒙古超常速增长的 GDP 是由成倍的资源堆积起来的。能源资源消耗高、污染物排放多、生态环境代价大、收入分配不合理、可持续发展能力低,这是资源支撑型模式的突出特点。

资源支撑型模式,是长期以来我国很多地区特别是矿产资源较富集地区普遍采用的模式,人们称其为资源转换战略,改革开放初期叫做"有水快流"。实行资源支撑型增长模式是在一定阶段资源富集地区把资源优势转变为经济优势的必然选择,也是有效选择,在西部欠发达边疆少数民族地区尤其如此。但是,资源支撑型模式的粗放型增长特征也特别明显。发展经济没有资源不行,不开发利用资源不行,但过度消耗资源、浪费资源、污染环境、破坏生态更不行。深入贯彻落实科学发展观,实现又好又快发展,首先就要转变增长模式,由资源支撑型模式向资源节约型模式转变,由粗放型增长方式向集约型发展方式转变。在下篇第一章将阐述这个问题。

四、机遇牵动型模式

机遇是事物发展过程中的有利时机,是促成事物发展的重要条件。能不能促进事物发展,关键是善于不善于抓住促进事物发展的机遇。所谓机遇牵动型模式,指的是善于抓住既有机遇和潜在机遇,更把挑战变为机遇,因势利导,利用机遇牵动经济快速增长的模式。机遇牵动经济增长的过程,实际上是把地区优势和潜力与机遇的牵动力有机结合、融为一体的过程。

机遇不常有。人们常说,机遇稍纵即逝,机遇偏爱有准备的头脑。看来,机遇不常有,有了也不一定能抓住。怎样才能抓住机遇? 必须有准备。所谓有准备,首先要认识机遇,不能因不相识而失之交臂;其次要机敏,机不可失,及时抓住机遇,紧抓不放;再次要因势利导,因应挑战,把劣势变为优势。

那么,是什么机遇牵动内蒙古经济超常速增长,内蒙古是怎样抓住机遇的呢?

20 世纪末,国家提出实施西部大开发战略,最初内蒙古并不在西部大开发范围之内。内蒙古认识到这一历史性机遇绝不能错过,据理力争、积极争取、不懈努力,终于与广西一起被列入"10＋2"框架。实施西部大开发战略的重点是加强西部地区的生态建设和基础设施建设,加快发展教育、科技、卫生等公共服务。被列入西部省区市范围,享受西部大开发的各项优惠政策,确实为内蒙古的发展特别是加强基础设施建设和社会事业发展带来了历史性机遇。

新世纪初,中央决定实施振兴东北地区等老工业基地战略,这对内蒙古特别是发展较为滞后的内蒙古东部盟市无疑也是难得的机遇。内蒙古被列入西部大开发范围和部分盟市纳入振兴东北规划,应该说,这都是理所应当、顺理成章的事。首先,内蒙古是欠发达的边疆少数民族地区,需要加快发展;其次,内蒙古横跨西北、华北、东北,从经济区划看,它既是西部的一部分,也是东北的一部分;第三,振兴东北不能没有内蒙古东部盟市,因为,两者的联系很紧、互补性很强。因此,2005年内蒙古东部5个盟市被纳入国务院东北地区振兴规划。当然,促进中部地区崛起、支持东部地区率先发展乃至经济全球化等,都是机遇,对内蒙古的发展都有促进作用。但是,最现实、最具牵动力的机遇是我国经济进入新一轮快速增长周期带来的机遇。对内蒙古来说,这是牵动经济超常速增长的直接机遇。

经济学界普遍认为,我国经济从2002年下半年或2003年初开始进入新一轮快速增长周期的上升期。"十五"头两年,我国 GDP 分别增长 8.3%、9.1%,2003 年 GDP 增速达到10.0%,进入两位数增长时期,一直延续至今。经济学界将2003 年我国经济增长达到两位数称之为经济进入新一轮快速增长周期的上升期。这个时期的主要特点是消费结构的升级拉动相关产业快速增长。进入"十五"以来,随着我国工业化、城镇化进程加快,以住房、汽车为主的消费结构不断升级,带动了钢铁、水泥、电解铝等行业的快速增长,导致煤电油运瓶颈制约凸显,经济一度表现全面紧张。国家审时度势,及时加强宏观调控措施,坚持有保有压,在扩大供给能力、抑制需求增长两个方面加大了力度。内蒙古抓住全国煤电油运全面紧张的契机,大力发展具有比较优势的煤电等能源产业和钢、铝等基础原材料产业,带动工业乃至整个经济实现了前所未有的超常速增长。

从发展时段上看,内蒙古经济超常速增长与我国经济进入新一轮快速增长周期是完全一致的。"十五"头两年,内蒙古GDP 分别增长 10.7%和 13.2%,2003 年内蒙古经济增速大幅提升,GDP 增长达到 17.9%,此后的 4 年中,内蒙古 GDP 增速都没有低于 19％。这是因为,内蒙古紧紧抓住了全国经济进入新一轮快速增长周期的契机,特别是把经济领域煤电油运全面紧张和国家加强有保有压的宏观调控都当作加速开发资源、加快经济增长的难得机遇,提出"为国家缓解煤电油运全面紧张的瓶颈制约做贡献",以空前的阵势加大了招商引资力度。投资者也把全国性煤电油运全面紧张和内蒙古丰富的资源当作是发展做大的绝好机遇,也看好内蒙古的区位条件和发展环境,各方投资者包括国家所有大电力集团以空前的规模来内蒙古投资,开足马力大上煤炭开采、火力风力发电、煤化工和石油天然气开采加工等大项目。同时,内蒙古也以前所未有的速度加快了公路、铁路、机场等基础设施建设。

新世纪以来,内蒙古遇上了一系列历史性机遇,内蒙古看准了这些机遇,紧紧抓住了这些机遇,因而形成了前所未有的机遇牵动力。没有机遇,再富集的资源也只能沉睡在地下;历史机遇成就了内蒙古经济超常速增长。在市场经济条件下,对经济增长来讲,所谓机遇实际上就是市场机遇,是市场需求拉动的机遇,是市场对资源的需求机遇,是市场需求拉动的投资机遇。由于这些历史机遇的有力牵动,内蒙古这块富饶的土地被资本烤热了。内蒙古固定资产投资从 2003 年起每年以 500 亿元到 1000 亿元的速度增加,2003—2007 年 5 年间全社会固定资产投资累计达到 13517.29 亿元,比"七五"以来 17 年的全社会固定资产投资累计还要多 9000 多亿元,占全国同期全社会固定资产投资累计的 2.92％。仅 2005—2007 年 3 年,内蒙古城镇固定资产投资累计达到 10185.56 亿元,占全国同期城镇固定资产投资累计的 3.56％;其中工业投资达到 5450.89 亿元,占城镇固定资产投资额的 53.5％;工业投资中能源工业投资达到 2958.60 亿元,占工业投资的 54.3％。工业及工业中的能源产业是新一轮经济快速增长期所拉动的主要行业。

从 2000 年到 2007 年,内蒙古全社会固定资产投资由 430.42 亿元猛增到 4404.75 亿元,后者是前者的 10.2 倍;投资率由 41.7% 上升到 73.8%,上升了 32.1 个百分点;投资对 GDP 增长的贡献率由 27.1% 上升到 87.7%,上升了 60.6 个百分点;投资拉动 GDP 增长由对 10.8% 的增速拉动 2.9 个百分点提高到对 19.1% 的增速拉动 14.6 个百分点。

机遇的牵动力集中表现为市场需求对资源开发的强劲拉动、地方政府对开发资源的强烈冲动和资本投入对资源开发的强大带动。2007 年与 2000 年相比,内蒙古城镇固定资产投资对能源、原材料行业的投入增长了几倍、十几倍、几十倍、几百倍甚至上千倍,前所未有地拉动工业超常速增长,从而带动整个经济超常速增长(见表 7—14)。

表 7—14 2000 年、2007 年内蒙古工业主要行业城镇固定资产投资比较

单位:亿元

项目	2000 年	2007 年	倍数
全区城镇固定资产投资	340.42	3785.99	11.1
煤炭开采和洗选业	4.48	328.42	73.3
石油和天然气开采业	3.20	117.0	36.6
黑色金属矿采选业	0.06	66.31	1105.2
有色金属矿采选业	0.46	60.06	130.6
石油加工及炼焦业	0.096	115.68	1205
化学原料及化学制品制造业	4.34	198.35	45.7
非金属矿物制品业	0.69	87.37	126.6
黑色金属冶炼及压延加工业	11.98	90.43	7.6
有色金属冶炼及压延加工业	0.028	88.39	3156.8
电力、热力生产供应业	29.97	634.24	21.2
交通运输、仓储和邮政业	73.60	521.53	7.1

资料来源:《内蒙古统计年鉴》。

新世纪初,全国经济运行中出现的煤电油运全面紧张的局

面,成为内蒙古经济超常速增长的难得机遇,拉动能源产业发展实现了历史性跨越。从 2002 年到 2007 年,内蒙古原煤产量由 11471 万吨增加到 35438 万吨,6 年累计产煤 138219 万吨,这 6 年的原煤产量比内蒙古自治区成立到 2001 年 54 年的原煤累计产量还要多 2 亿多万吨;发电量由 2002 年的 517.98 亿千瓦小时增加到 2007 年的 1931.95 亿千瓦小时,6 年累计发电 6387 亿千瓦小时,比前 54 年的累计发电量还要多 1500 多亿千瓦小时。原油产量由 2000 年的 90.50 亿吨增加到 2007 年的 167.38 亿吨(见表 7—12、表 7—13)。

机遇的牵动力还表现为投资环境的改善,一方面国家加大了对西部基础设施建设的投入力度,另一方面市场化方式鼓励了对基础设施建设的投入。内蒙古对交通运输、仓储和邮政业的投资由 2000 年的 73.6 亿元增加到 2007 年的 521.53 亿元,后者是前者的 7.1 倍。2007 年与 2000 年相比,公路里程由 67346 公里增加到 138610 公里,增加了 105.8%,高速公路从无到有,增加到 1768 公里;铁路里程由 7179 公里增加到 9580 公里,增加了 33.4%。10 个机场每年起落飞机 3 万多架次,吞吐旅客 200 多万人次。内蒙古立体交通网络进一步完善,经济超常速增长的硬环境不断改善。

表 7—15 "十五"以来内蒙古公路、铁路里程和水泥产量

单位:公里、万吨

年份	公路里程	铁路里程	水泥产量
2000	67346	7179	630.0
2001	70408	7240	698
2002	72673	7475	787.22
2003	74135	7476	947.86
2004	75976	7885	1282.83
2005	124465	7689	1632.25

年份	公路里程	铁路里程	水泥产量
2006	128762	7839	2215.59
2007	138610	9580	2871.2

资料来源:《内蒙古统计年鉴》。

在机遇牵动型模式下,内蒙古工业特别是煤电等能源产业和相关产业大发展,基础设施不断改善,为内蒙古进一步发展创造了有利条件(见表7—15)。而且,机遇的牵动力对内蒙古发展还将持续发挥作用。这是因为当前和今后,全国、内蒙古的发展呈现着以下几个大趋势。第一,西部大开发战略、振兴东北地区等老工业基地战略才刚刚取得初步成效,实施的力度将进一步加大、进一步深化,对内蒙古发展的牵动还将持续下去。第二,我国已进入重化工业加快发展阶段,随着产业结构不断升级,产业不断向产业链的高端推进,对能源原材料的需求会更加旺盛;东北老工业基地资源趋于枯竭,能源接续需求更为迫切;东部发达地区依托其良好的基础条件、便利的交通运输和对外开放优势,实现了率先发展,然而,其能源资源瓶颈也逐步显现,在产业升级过程中其能源资源相关产业将加快转移,对内蒙古承接产业转移,促进产业升级带来了新的机遇。第三,我国煤炭资源和能源消费的地区分布是逆向的,内蒙古、新疆、山西、陕西和贵州5个省区的煤炭资源占全国总量的82.67%,向煤炭资源很少且已趋于枯竭的东部发达地区长距离运输煤炭的能源供应体系必将改变,内蒙古在未来全国能源供应体系和能源布局中将占有更加重要的地位,内蒙古必将成为我国重要的能源重化工业基地,必将成为我国新世纪经济发展的重要支点。第四,内蒙古具有加快发展能源重化工业的资源优势、区位优势和产业成本优势,通过提高自主创新能力和加快转变经济发展方式,提升优势特色产业层次,推动产业结构优化升级,必将大大提升在全国产业分工中的地位。第五，内蒙古工业发展的比较优势远未得到充分发挥，延长产业链条、资源深度加工的潜力很大，继续抓住难得机遇，不断增强自主创新能力，加快转变经济发展方式，积极推进产业集群化发展，提高资源性产业产品的附加值，是内蒙古将资源优势转化为经济优势，造福各族人民，进而走进前列的必然选择。第六，国际金融危机的冲击对内蒙古经济保持超常速增长势头带来不利影响，但"危"中有"机"、"危"可转"机"，危机具有倒逼机制，可以成为新的机遇，善抓机遇的内蒙古应抓住新机遇，形成新的牵动力。

在这一节里，对内蒙古经济超常速增长模式的 4 个类型做了分析，在内蒙古经济运行中这 4 个类型的发展模式是融为一体的，是互为条件、互动互促的，不能、也不可能单独发挥作用。一般来看，在这 4 个模式中，首先，在社会主义市场经济体制尚未完善、市场经济法规制度还不健全、政府职能没有真正转变的情况下，投资者特别看重政府的承诺，政府主导是关键，没有政府主导，投资可能引不进来或者引进不多。但政府的主导作用是依托优势资源、凭借机遇牵动来发挥的，没有优势资源、机遇牵动，政府就难以发挥主导作用。其次，资源支撑是基础，富集且易于开发、便于配套、又符合市场需求的资源，是政府主导的基础，是引进投资的依托，没有优势资源，政府难以主导，投资难以引进。但优势资源一直就有，为何今天更加光芒四射？就是因为前所未有的机遇牵动了它，没有机遇来唤醒，恐怕还要沉睡在地下。第三，投资拉动显然是动力，没有大量资本的原始推动，经济列车不会跑得这么快。但没有政府提供的诸多有利条件、优势资源的吸引、历史机遇的刺激，投资显然是乏力的。第四，机遇牵动是前提，没有机遇牵动，政府主导没有方向，投资不会有冲动，当然，资源也得不到开发。但是，如果没有政府主导、没有优势资源、没有投资介入，机遇就没有牵动的对象，也就无所谓机遇牵动了。正是由于 4 个类型模式的协同作用,内蒙古经济才实现了超常速增长。

只有深入了解内蒙古经济超常速增长的模式,才能更准确地认识和把握"内蒙古现象"。政府主导型、投资拉动型、资源支撑型、机遇牵动型模式,使内蒙古经济实现了超常速增长,也造就了引人注目的"内蒙古现象"。

说政府主导、投资拉动、资源支撑、机遇牵动 4 个方面构成了内蒙古经济超常速增长的模式,如果这样的分析概括能够成立,那么,便不难发现,在这个模式所精心搭建的大舞台上,若干重要角色的表现并不佳。从居民、政府、企业三者的表现看,有投资活跃的身影,有政府积极的作为,却少了百姓创业的热情;从"三驾马车"的表现看,投资大马膘肥体壮,消费瘦马勉强拉套,出口马驹索性就不拉套;从生产要素的表现看,有资源的大度,有劳动的辛苦,科技却显得很含羞。从科学发展的视角看这个大舞台,应该是各种角色各显神通、和谐共唱的大舞台,现在表现不佳的这些角色应该是这个大舞台的主角。这就足以说明,必须根据形势的发展变化,按照科学发展的理念,完善和转变这些模式。

第八章　内蒙古发展的
阶段性特征

特征是事物特点的征象。认识事物的特征是把握事物本质的钥匙。只有准确把握事物发展的特征,才能认识事物发展的规律。党的十六大以后,胡锦涛总书记首先提出我国发展的阶段性特征问题,并多次深入阐述了这个问题。"我国发展的阶段性特征"是一个非常重要的理论范畴,提出这一重要论断是对社会主义初级阶段理论的丰富和发展,而深刻理解和把握我国发展的阶段性特征,是深入贯彻落实科学发展观的前提。

第一节　深刻认识我国发展的阶段性特征

特征作为事物特点的标志,是人们认识事物本质和发展规律的向导。深刻认识我国发展的阶段性特征,对于坚持实事求是的思想路线,研究探索我国发展的规律性,深入贯彻落实科学发展观,都具有重大意义。

党的十七大报告指出,进入新世纪新阶段,我国发展呈现一系列新的阶段性特征,并从经济发展、经济体制、人民生活、协调发展、民主政治、文化建设、社会建设、对外开放等方面对我国发展的阶段性特征进行了精辟地概括:"经济实力显著增强,同时生产力水平总体上还不高,自主创新能力还不强,长期形成的结构性矛盾和粗放型增长方式尚未根本改变;社会主义市场经济体制初步建立,同时影响发展的体制机制障碍依然存在,改革攻坚面临深层次矛盾和问题；人民生活总体上达到小康水平，同时收入分配差距拉大趋势还未根本扭转，城乡贫困人口和低收入人口还有相当数量，统筹兼顾各方面利益难度加大；协调发展取得显著成绩，同时农业基础薄弱、农村发展滞后的局面尚未改变，缩小城乡、区域发展差距和促进经济社会协调发展任务艰巨；社会主义民主政治不断发展、依法治国基本方略扎实贯彻，同时民主法制建设与扩大人民民主和经济社会发展的要求还不完全适应，政治体制改革需要继续深化；社会主义文化更加繁荣，同时人民精神文化需求日趋旺盛，人们思想活动的独立性、选择性、多变性、差异性明显增强，对发展社会主义先进文化提出了更高要求；社会活力显著增强，同时社会结构、社会组织形式、社会利益格局发生深刻变化，社会建设和管理面临诸多新课题；对外开放日益扩大，同时面临的国际竞争日趋激烈，发达国家在经济科技上占优势的压力长期存在，可以预见和难以预见的风险增多，统筹国内发展和对外开放要求更高。"

我国发展的这些主要特征都是社会主义初级阶段基本国情在新世纪新阶段的具体表现，既肯定了作为主导方面的成绩和进步，又分析了存在的突出问题，更提出了新形势下面临的许多新课题。党的十七大报告对这些阶段性特征的全面深刻分析，贯穿了辩证法和实事求是精神。这些主要特征，既说明我们党立足于社会主义初级阶段制定的基本路线、基本纲领和各项方针政策是完全正确的；同时，又向我们提出了新课题、新任务，要求我们始终保持清醒头脑，迎接新的挑战，着力解决新形势下更加凸显的一些问题。这些主要特征表明，新中国成立以来特别是改革开放以来，我国经济、政治、文化、社会、外交等各个领域都发生了意义深远的重大变化，但我国仍处于并将长期处于社会主义初级阶段的基本国情没有变，人民日益增长的物质文化需要同落后的社会生产力之间的矛盾这一社会主要矛盾没有变。

深刻认识我国发展的阶段性特征是社会主义初级阶段基本国情在新世纪新阶段的具体表现，对于深入贯彻落实科学发展观，推进改革开放和现代化建设，具有重要意义。所谓社会主义初级阶段，就是社会主义的不发达阶段。我国是在生产力非常落后的条件下进入社会主义的，必须经历相当长时间的社会主义初级阶段，实现发达国家在资本主义条件下实现的工业化和现代化。党的十一届三中全会以后，我们党在总结历史经验的过程中，逐步形成了关于社会主义初级阶段的理论。党的十三大系统阐述了社会主义初级阶段的问题，党的十四大、十五大、十六大都重申和强调了社会主义初级阶段问题，并且不断丰富和发展了关于社会主义初级阶段的理论。党的十五大报告指出："社会主义初级阶段，是逐步摆脱不发达状态，基本实现社会主义现代化的历史阶段；是由农业人口占很大比重、主要依靠手工劳动的农业国，逐步转变为非农业人口占多数、包含现代农业和现代服务业的工业化国家的历史阶段；是由自然经济半自然经济占很大比重，逐步转变为经济市场化程度较高的历史阶段。"从 20 世纪中叶我国社会主义改造基本完成，到 21 世纪中叶基本实现现代化，这个历史进程至少需要 100 年时间，都是社会主义初级阶段。这是在经济文化落后的中国建设社会主义现代化不可逾越的历史阶段。

党的十七大之所以重申我国仍处于并将长期处于社会主义初级阶段的基本国情没有变，之所以在阐述重大问题时再三强调要立足社会主义初级阶段基本国情，这是因为，认清当前我国社会所处的历史阶段，是正确提出和贯彻党的理论和路线、方针、政策的关键，是推进改革和谋划发展的根本依据。社会主义初级阶段是至少需要 100 年时间的历史发展阶段，在这个历史进程中必然还要经历若干具体的发展阶段，不同发展阶段会显现出不同的阶段性特征。如果不能清醒认识我国仍处于并将长期处于社会主义初级阶段这个基本国情，就不可能从全局上和总体上把握中国实际，就会看不清大的方向；看不到发展的具体的阶段性变化，就有可能使关于社会主义初级阶段的全局性和总体性判断流于空泛，大的发展方略也难以贯彻落实。只有牢牢把握社会主义初级阶段这个大的发展阶段，又认真分析不同发展阶段具体的阶段性特征，才能正确判断我国社会发展的主流和方向，并据以制定正确的发展战略和政策。从根本上说，党的十六大以来，正是在科学分析和准确把握我国发展的阶段性特征的基础上，以胡锦涛为总书记的党中央，着眼于把握发展规律、创新发展理念、转变发展方式、破解发展难题，提出了贯彻落实科学发展观和构建社会主义和谐社会的重大战略思想。围绕这些重大战略思想所采取的一系列相应的方针政策，也都是根据我国经济社会发展进入新的阶段，适应我国发展的阶段性变化需要的正确决策。党的十七大报告全面分析了当前我国发展的阶段性特征，进一步丰富了对全面建设小康社会的认识，丰富了对社会主义初级阶段的认识，丰富和发展了中国特色社会主义理论。①

我国仍处于并将长期处于社会主义初级阶段，这是从社会性质和社会发展阶段上对中国国情所做出的全局性、总体性判断。建设中国特色社会主义要从中国实际出发，首先是从这个最大的实际出发。只有进一步认清我国社会主义初级阶段基本国情，进一步认清当前我国发展的阶段性特征，才能对面临的机遇和挑战做出清醒判断，抓住影响和制约科学发展的突出问题，从而找准推进工作的主攻方向和解决问题的切入点；才能把握

---

①　王梦奎：《社会主义初级阶段基本国情和当前我国发展的阶段性特征》，《十七大报告辅导读本》，人民出版社 2007 年版。

广大人民群众所思所想、所愿所盼，着力解决好人民群众最关心、最直接、最现实的利益问题，从而使发展思路和工作重点更好地顺应人民群众的新期待。只有从我国发展的阶段性特征出发想问题、做决策、办事情，才能沿着中国特色社会主义道路阔步前进。

在新形势下深入贯彻落实科学发展观，加快推进改革发展，必须深刻认识和准确把握党的十七大报告关于我国发展阶段性特征的重要论断，必须坚持理论联系实际，必须与本地区的发展实际紧密结合起来。这样才能深刻理解其思想内涵，进一步深化对本地区发展实际的把握，进一步提高深入贯彻落实科学发展观的自觉性和坚定性。

第二节　内蒙古经济发展的阶段性特征

胡锦涛总书记关于我国发展的阶段性特征的重要论断，完全符合内蒙古发展的实际，为进一步认识内蒙古发展的具体特征指明了方向。内蒙古的发展是全国发展的重要组成部分，我国发展的阶段性特征就是内蒙古发展的阶段性特征，同时，内蒙古的发展又有自己的历史和现实条件，它必然表现出内蒙古发展所特有的阶段性特征。

以胡锦涛总书记关于我国发展的阶段性特征的重要论断为武器，分析认识内蒙古发展特别是经济发展的阶段性特征，既是研究"内蒙古现象"、进一步把握内蒙古区情的思想指南，又是站在新的历史起点上谋划走进前列大计的根本依据。分析内蒙古经济发展的阶段性特征，对于认识"内蒙古现象"，实现内蒙古在新的历史起点上又好又快发展，都具有重要现实意义。从内蒙古经济发展的实践看，进入新世纪新阶段，内蒙古经济发展呈现出以下几个方面的阶段性特征。

一、各族人民生活得到较大改善,同时城乡居民收入增长与经济超常速增长不协调,与全国平均水平的差距进一步扩大,缩小收入差距成为走进前列的首要任务。

"十五"以来,内蒙古城镇居民人均可支配收入由2000年的5129元增加到2007年的12378元,年均增长13.4%。农村牧区居民人均纯收入由2000年的2038元增加到2007年的3953元,年均增长9.9%。"十五"以来,内蒙古城乡居民收入增速趋于加快,排序明显前移,城乡居民生活水平逐步提高,支出结构明显改善。城镇居民家庭恩格尔系数由2000年的34.5%下降到2007年的30.4%,下降了4.1个百分点;农村牧区居民家庭恩格尔系数由2000年的44.8%下降到2007年的39.3%,下降了5.5个百分点。

与此同时,内蒙古城乡居民收入增长与经济超常速增长明显不协调。第一,城乡居民收入增幅与其他经济指标增幅严重失衡。"十五"时期,内蒙古GDP年均增长17.1%,财政总收入年均增长28.1%,企业利润年均增长69.6%,分别比"九五"时期高6个百分点、12.8个百分点和58个百分点,而城镇居民人均可支配收入年均增长比"九五"时期仅仅高0.8个百分点,农村牧区居民人均纯收入年均增幅甚至低于"九五"时期3.2个百分点。第二,"十五"以来内蒙古城乡居民收入与全国平均水平的差距越拉越大。城镇居民人均可支配收入与全国平均水平的差距由2000年的1151元扩大到2007年的1408元,8年拉大了257元。农村牧区居民人均纯收入与全国平均水平的差距由2000年的215元扩大到2006年的245元,7年拉大了30元。只是到了2007年,出现一个拐点,农村牧区居民人均纯收入与全国平均水平的差距缩小到187元,差距第一次小于2000年。第三,城镇居民收入与农村牧区居民收入的差距越拉越大。2000年,内蒙古农村牧区居民人均纯收入与城镇居民人均可支配收入之比是 1：2.52，到 2007 年这个差距进一步扩大到 1：3.13。第四，城乡居民收入占人均 GDP 的比重逐年下降。2007 年与 2000 年相比，城镇居民人均可支配收入占人均 GDP 的比重由 78.9％下降到 48.7％，下降了 30.2 个百分点；农村居民人均纯收入占人均 GDP 的比重由 31.3％下降到 15.6％，下降了 15.7 个百分点。同期，全国城镇居民人均可支配收入占人均 GDP 的比重由 79.9％下降到 72.8％，下降了 7.1 个百分点；农村居民人均纯收入占人均 GDP 比重由 28.7％下降到 21.9％，下降了 6.8 个百分点。前者的下降幅度，内蒙古是全国的 4.3 倍；后者的下降幅度，内蒙古是全国的 2.3 个百分点（见表 2—18）。

内蒙古城乡居民收入增长与经济超常速增长的不协调，集中体现在城镇居民人均可支配收入水平与全国平均水平的差距、农村牧区居民人均纯收入与全国平均水平的差距、城镇居民收入与农村牧区居民收入差距这"三个差距"上。

为什么内蒙古城乡居民收入增长的"三个差距"越拉越大，为什么内蒙古经济增长速度连续 6 年雄居全国首位，而城乡居民收入增长的"三个差距"却没有消除？ 这"三个差距"至少给人们提供以下几点启示：一是经济与城乡居民收入能不能协调增长，取决于坚持什么样的经济发展指导思想。是坚持以人为本，千方百计增加城乡居民收入，以提高各族人民生活水平和质量为目的，以 GDP 核算作为实现上述目的的手段，还是坚持唯 GDP 论，想方设法做大 GDP，以 GDP 快速增长为目的，其结果决然不一样。二是经济快速增长、GDP 迅速做大并不能自然而然地带来城乡居民收入的快速增长。城乡居民收入的持续快速增长并不简单取决于 GDP 指标的快速增长，而取决于经济结构、产业结构、要素结构、企业组织结构、所有制结构以及教育结构等是不是有利于扩大就业、激励创业，取决于城乡统筹发展制度、分配制度、社会保障制度乃至整个公共服务是不是有利于增加城乡居民收入、改善群众的生活水平。出发点和落脚点不同，结构调整、制度创新的方向和力度就不同，其结果决然不一样。三是经济快速增长而城乡居民收入不能协调增长，经济增速终将掉下来。因为，城乡居民收入不能持续快速普遍增长，反而差距不断拉大，会伤害人民群众的积极性、主动性、创造性，经济缺少活力，必然影响经济快速增长；城乡居民收入不能持续快速普遍增长，反而差距不断拉大，会导致城乡购买力下降，消费需求更加乏力，必然影响经济快速增长。总之，实现经济增长，必须以科学发展观为指导，坚持以人为本，真正把各族人民过上更好生活的新期待作为一切工作包括经济工作的出发点和落脚点，真正做到发展为了人民、发展依靠人民、发展成果由人民共享。

内蒙古要走进前列，首先必须解决"三个差距"问题。"三个差距"得不到消除，内蒙古不可能走进前列，也不是真正走进前列。虽然 2007 年内蒙古城镇居民人均可支配收入已经居全国第 10 位，在排序排列上进入前 10 位，但与全国平均水平的差距却由 2000 年的 1151 元进一步扩大到 2007 年的 1408 元。不论怎么讲，连全国平均水平都没有到达，很难说是走进了前列。

二、工业成为带动经济超常速增长的主导产业，同时工业发展的结构性矛盾突出，节能减排形势严峻，转变增长方式任务艰巨。

"十五"以来，内蒙古工业的不俗表现，一是速度超常增长，2000—2007 年，工业年均增速达到 23.3％，规模以上工业增加值增速自 2003 年至 2006 年连续 4 年居全国第 1 位，2007 年居全国第 2 位。二是总量迅速扩张，工业增加值由 2000 年的 484.19 亿元增加到 2007 年的 2742.67 亿元，占 GDP 的比重由 31.5％提高到 45.0％，提高了 13.5 个百分点。三是企业数量增加，规模以上工业企业由 2000 年的 1373 个增加到 2007 年的

3364 个，大中型企业由 285 个增加到 438 个。四是结构加速调整，规模以上工业增加值占全部工业增加值的比重由 57.73％提高到 90.98％，6 个优势特色产业增加值占规模以上工业增加值的比重由 86.9％提高到 94.3％。五是效益大幅提高，规模以上工业企业实现利润由 16.10 亿元增加到 641.99 亿元，增长了 38.9 倍，规模以上工业企业经济效益综合指数由 88.84 提高到 301，提高了 212.16。六是带动作用增强，工业增加值对经济增长的贡献率由 2000 年的 34.9％提高到 2007 年的 61％，提高了 26.1 个百分点；工业增长对经济增长的拉动由 3.8 个提高到 11.6，提高了 7.8 个百分点。内蒙古工业已经成为带动全区经济超常速增长的主导产业。

与此同时，内蒙古工业发展的结构性矛盾也很突出，集中表现在工业产品结构、产业结构、增长方式以及吸纳就业能力等方面。第一，产业集中度低，尚未形成集群化发展格局。由于产业链条短，精深加工不够，工业产品的 80％以上仍然是原材料和初级产品。第二，资源性产业占主导，非资源性产业比重小。6 个优势特色产业中煤炭、电力为主的能源产业和钢、铝为主的冶金建材产业比重达到 66％以上，再加上农畜产品加工产业，其比重达到 84％，其他几个产业比重仅占 16％，特别是高新技术等非资源性产业比重很小。第三，由于非公有制工业和中小企业发展不够，工业吸纳就业能力较低。第二产业就业人员由 2000 年的 182.4 万人增加到 2007 年的 183.6 万人，8 年仅仅增加 1.2 万人，但采掘业从业人员却由 2000 年的 28.5 万人减少到 2007 年的 17.3 万人，8 年减少 11.2 万人；制造业从业人员由 2000 年的 100 万人减少到 2007 年的 41.7 万人，8 年减少 58.3 万人。第四，工业增长方式粗放，节能减排任务非常艰巨。从国家公布的 2005 年各省区市能耗情况看，内蒙古单位 GDP 能耗为 2.48 吨标准煤，是全国平均水平的 2.02 倍；单位工业增加值能耗为 5.67 吨标准煤,是全国平均水平的 2.19 倍;单位 GDP 电耗为 1714.1 千瓦小时,是全国平均水平的 1.26 倍。2006 年内蒙古单位 GDP 能耗 2.41 吨标准煤,下降 2.82%,2007 年单位 GDP 能耗 2.31 吨标准煤,下降 4.15%,连续两年没有完成预期目标。2006 年,内蒙古二氧化硫严重超标排放,排放量达到 155.7 万吨,比上年上升 6.96%。2007 年为 145.58 万吨,下降 6.5%。虽然 2007 年二氧化硫排放削减幅度较大,但由于 2006 年严重超排,又回到了 2005 年的水平。化学需氧量由 2005 年的 29.7 万吨增加到 2006 年的 29.8 万吨,增加了 0.34%,2007 年下降到 28.77 万吨,下降了 3.46%,但与 2010 年要下降 6.7 的目标比,还有很大距离。内蒙古经济增长主要以工业的超常速增长为支撑,其电力、钢铁、有色、化工、建材、煤炭六大行业能源消耗占全区的 69%,占工业能耗的 88%,内蒙古节能减排的任务异常艰巨。

内蒙古工业的结构性矛盾,包括能耗高、排放高,能源、资源、环境、技术的瓶颈制约日益突出等问题,这些矛盾和问题,它首先是发展中的问题,如果内蒙古工业没有实现今天这样一个前所未有的超常速增长,这些结构性矛盾和问题当然不会如此凸显。同时,必须直面现实,充分认识这些结构性矛盾和问题对工业发展乃至经济发展全局影响和制约的严重性和加快解决这些矛盾和问题的紧迫性。

在工业化进程中特别是工业化中期阶段,工业是引领经济增长的主导产业。优化工业结构,提升工业层次,推动技术进步,转变增长方式,系统推进这些相互关联的措施,是内蒙古走新型工业化道路的关键,是工业主导经济平稳较快发展的关键,也是解决工业高能耗高污染、完成节能减排任务的关键。内蒙古要走进前列,必须是迈着可持续的步伐走进前列,必须是干干净净走进前列,为此,必须完成节能减排任务。节能减排问题不解决,难以走进前列。走进前列,不仅是量的概念,更有质的内涵。无论任务有多么艰巨,加快结构调整、推动技术进步、转变增长方式,是内蒙古工业承担主导经济发展使命的必然选择。

三、农牧业、农村牧区发展成绩显著,同时农牧业发展方式粗放,农村牧区发展滞后的局面没有根本改变,形成城乡经济社会发展一体化新格局的要求紧迫。

内蒙古是我国重要的粮食、畜牧业生产基地,是全国 13 个粮食主产区之一,内蒙古草原畜牧业居全国 5 大牧区之首。"十五"以来,内蒙古农业连续 4 年获得丰收,粮食产量连创历史新高,2007 年粮食产量达到 362.22 亿公斤。2005 年牧业年度内蒙古牲畜头数一举突破 1 亿头大关,达到 10615.3 万头(只),实现了畜牧业发展的历史性跨越。内蒙古农牧业产业化经营稳步发展,带动第一产业内部结构调整,农区牲畜头数超过了牧区牲畜头数,优质高产高效农作物种植面积超过了农作物种植面积的 50%。2007 年,内蒙古有销售收入百万元以上的农畜产品加工龙头企业 2033 户,实现销售收入 1517.1 亿元,居全国第 6 位;有自治区级以上龙头企业 137 户,国家级龙头企业 18 户,上市公司 7 户,中国驰名商标 22 个;农畜产品加工率提高到 60%,龙头企业带动作用增强,辐射农牧户达 180 万户,占农牧民户数的 51.2%;农牧民从产业化经营中人均实现纯收入 2164 元,占农牧民人均纯收入的 54.7%。

"十五"以来,内蒙古农村牧区教育、卫生、文化、扶贫和社会保障等事业得到较快发展。在发展教育事业上,从 2007 年秋季开始,内蒙古在全国率先全部实施义务教育阶段"两免"政策,全区 260 多万义务教育阶段中小学生全部享受"两免"政策。在发展卫生事业上,2003 年 12 月,内蒙古在全区范围启动新型农村牧区合作医疗制度,到 2007 年年底,全区参合人数达到 1126.78 万人,参合率为 84.38%,在有农牧业人口的 95 个旗县市区全面推开,100%覆盖了农牧业人口,比国家目标要求提前1年实现了全覆盖。在发展文化事业上,农牧民喜闻乐见的群众文化日趋丰富,2007年,广播综合人口覆盖率达到92.98%,电视综合人口覆盖率达到91.44%。在扶贫开发工作上,"十五"以来,农村牧区绝对贫困人口由2001年的183.7万人减少到2007年的40万人,低收入人口由2003年的117万人减少到2007年的38万人。从2006年起内蒙古实行了农村牧区最低生活保障制度,保障了42.75万特困人口的生活,2007年保障了90.4万特困人口的生活。在改善农村牧区贫困家庭住房条件上,2007年内蒙古财政下拨专项资金6000万元,自治区直属各机关为每个特困户帮扶5000元,帮助兴安盟改造危草房8370户,圆了贫困户几代人的新房梦。

与此同时,内蒙古农牧业发展方式粗放,农村牧区发展滞后的局面没有根本改变,集中表现在以下几个方面。

第一,农牧业物质技术装备较差,基础设施薄弱。抗灾避灾能力和可持续发展能力较低,草场超载过牧现象仍旧普遍存在,2007年粮食总产和单产均居全国13个粮食主产区的第13位。农牧民专业合作组织发展滞后,农牧户小规模、分散化经营不仅使农畜产品生产与市场需求难以有效衔接,而且导致对农牧业提供社会化服务的成本偏高,农畜产品的市场体系和农牧业的社会化服务体系都不健全。龙头企业与基地农牧户远未建立紧密型利益联结机制。土地、草原承包经营权流转不规范,征用耕地和草场过程中损害农牧民利益的现象时有发生。

第二,农村牧区基本公共服务滞后,与城镇的差距依然很大。城乡教育资源配置不均衡,农牧民子女受教育的机会、过程、结果不平等的现象仍然很严重,农村牧区学校布局调整以后农牧民特别是牧民的教育负担依然比较重,2006年内蒙古扶贫重点旗县用于学生年人均教育费用支出为2336元,比全国贫困地区平均水平高 1228.34 元。城乡卫生资源配置不合理，医疗卫生事业发展不平衡，农村牧区卫生工作比较薄弱，医疗保障制度不健全，覆盖面过小、受益率偏低，看病难、看病贵仍然是群众反映强烈的突出问题。农村牧区文化建设与农牧民日益增长的精神文化需求还不适应，文化建设投入偏少，服务体系建设滞后，文化设施落后，公共文化产品供给严重不足，农牧民群众文化生活匮乏，保障农牧民基本文化权益的任务还十分艰巨。

第三，农牧民与城镇居民的生活水平、生活质量差距拉大。城乡居民人均收入差距，2002 年与 2006 年相比，城镇居民人均可支配收入与农村牧区居民人均纯收入的差距由 3965 元扩大到 7016 元。城乡居民人均消费差距，2006 年城镇居民人均消费 8898 元、农村牧区居民人均消费 2852 元，其差距由 2002 年的 3493 元扩大到 6046 元。城乡居民医疗卫生条件的差距，2006 年城市居民每万人口医院、卫生院床位数达到 48 张，农村牧区居民每万人口医院、卫生院床位数仅有 24 张，两者相差 1 倍。城乡居民住房面积的差距，2006 年农村牧区居民人均住房面积只有 20.11 平方米，不仅比城镇居民人均住房面积少 6.45 平方米，而且比全国农村居民人均住房面积少 10.54 平方米，居全国第 29 位。2006 年农村电话用户 112.8 万户，居全国第 24 位。

第四，农村牧区贫困人口比例依然较高，扶贫难度加大。据内蒙古扶贫部门统计，2007 年内蒙古贫困旗县农牧民人均纯收入 2966 元，比全区农村牧区居民人均纯收入低 987 元。与内地比，内蒙古农村牧区生产生活费用都要高，如果把内蒙古贫困标准比全国贫困标准高 100 元掌握，内蒙古仍有绝对贫困人口 109 万人、低收入人口 165 万人，分别占乡村人口的 9.1％和 13.8％。而且，已脱贫人口稳定性较差，因灾返贫现象严重，2007 年因灾返贫人口达到 50 万人以上。扶贫投入严重不足，截至 2007 年,内蒙古投入财政扶贫资金 12 亿元,在 5000 个重点嘎查村实施"整村推进工程",平均每个嘎查村投入只有 24 万元。边境牧区、少数民族聚居区和革命老区扶贫开发难度大,内蒙古贫困人口中,少数民族贫困人口占 54%。近年来,内蒙古贫困人口集中的地区多数是生态恶化、基础设施差,生活条件和生产条件恶劣,有的已失去生产生活的基本条件,自然资源、财力资源和人力资源等方面受到严峻制约的地区,是社会事业落后,人口素质和劳动技能低,当地增收困难,解决温饱难度非常大的地区。

　　第五,统筹城乡发展的思路不完善,形成城乡经济社会发展一体化新格局的体制机制不健全。统筹城乡发展,必须结合地区实际,建立相应的促进城乡经济社会一体化发展的体制机制,从而为形成城乡经济社会发展一体化新格局提供制度保障。比如,立足城乡经济社会一体化发展,统筹搞好盟市旗县域城镇建设、农田草场保护、产业聚集、嘎查村落分布、生态涵养等空间布局和基础设施建设、公共服务一体化规划;稳定和完善农村牧区基本经营制度,建立提高农牧民组织化程度、发展农牧业社会化服务体系、加快农牧业经营方式转变的机制;健全严格规范的农村牧区土地、草原管理制度,建立土地草原承包经营权流转市场化、发展多种形式的适度规模经营的机制;发展农牧业产业化经营,鼓励龙头企业与农牧民建立紧密型利益联结机制;促进农牧业可持续发展,建立草原畜牧业草畜平衡制度、草场禁牧休牧轮牧制度;完善农牧业支持保护制度,建立农牧业投入保障制度和政府扶持、多方参与、市场运作的农村牧区信贷担保机制;统筹城乡劳动就业,建立提高农牧民创业能力和就业技能、鼓励农牧民就近转移就业的制度;统筹城乡社会管理,建立在城镇稳定就业和居住的农牧民有序转变为城镇居民的户籍制度等。搞好上述规划和建立健全相关制度机制,是思路上城乡统筹、目标上城乡一体的基础环节，内蒙古在这些方面有缺失。

内蒙古农牧业、农村牧区发展中存在的这些问题说明，尽管党的十六大报告提出统筹城乡经济社会发展方略已过去7年，党的十七大要求建立以工促农、以城带乡长效机制，形成城乡经济社会发展一体化新格局，也有2年时间，但是要转变就"三农"问题解决"三农"问题的思维定式，消除城乡二元结构却是一个艰难的过程。

内蒙古走进前列，难点是农牧业和农村牧区的发展，重点是增加城乡居民特别是农牧民收入、提高农牧民生活水平。解决农牧业、农村牧区发展中的问题，就必须全面深入贯彻落实党的十七届三中全会精神，把建设社会主义新农村作为战略任务，把走中国特色农业现代化道路作为基本方向，把加快形成城乡经济社会发展一体化新格局作为根本要求，从农村牧区改革发展已进入重在制度建设新阶段的实际出发，从农村牧区产权制度改革切入，大力推进改革，创新体制机制，加强农村牧区制度建设，为农牧业、农村牧区改革发展提供制度保障。

四、科技事业取得新的成就，同时自主创新能力不强，科技进步还不适应经济社会发展需要，建设创新型内蒙古任重道远。

改革开放以来特别是实施科教兴区战略以来，内蒙古科技工作不断取得新的进步，"十五"期间科技投入累计达102.2亿元，研究与发展经费支出占GDP比重由0.24%上升到0.30%。到2007年，内蒙古旗有县以上国有科技机构134个，国有单位各类专业技术人员55.37万人，其中科学研究人员2160人，分别比2000年增长8.7%和7.9%。国家2006年科技进步统计监测结果显示，内蒙古综合科技进步水平指数已上升到全国第21位，增幅居全国第5位。根据科技部2005年技术进步监测，内蒙古高新技术产业化综合水平在全国的排序由2000年的第28位上升到2004年的第16位。近年来，内蒙古实施科技名牌培育、技术标准推进、知识产权创造战略,全区科技贡献率达到41%,接近全国平均水平。

与此同时,内蒙古科技进步工作还存在较大差距,还没有形成真正意义上的以企业为主体、市场为导向、产学研相结合的技术创新体系;科研院所体制改革进展缓慢,没有建立科研服务于生产、科技与经济结合的机制;人力资源能力建设薄弱,人才培养和引进工作不能适应经济社会发展的需要,市场配置人才资源的机制不完善;科研经费、科技推广资金不足,支持自主创新和人力资源开发投入机制不健全;职业技术教育发展滞后,特别是缺乏创业技能教育培训制度机制,不能适应新形势下以创业带动就业的要求。

一是科技投入过低。"十五"以来,内蒙古科技经费支出虽然逐年有所增加,但总量不足。据 2006 年全国科技经费投入统计公报显示,内蒙古 R&D 经费支出 16.5 亿元,R&D 经费占GDP 的 0.34%,分别居全国第 25 位和第 28 位。内蒙古地方财政科技拨款为 7.9 亿元,占地方财政支出的 0.97%,分别居全国第 22 位和第 24 位。2006 年,全国 R&D 经费占 GDP 比重为1.42%,内蒙古为 0.34%,不足全国的 1/4。2007 年内蒙古R&D 经费占 GDP 比重为 0.4%。二是科技人才短缺。企业和科研院所自主创新人才匮乏,领军人才更为稀缺。2007 年内蒙古科技活动人员 41998 人、其中科学家与工程师 30942 人,国有单位科学研究人员 2160 人。经济的竞争,归根结底是人才的竞争。经济长期持续快速发展的动力源泉在于人力资源的积累。内蒙古在建立人力资源开发、优化人才成长机制和环境,科技进步适应经济社会发展需要等方面还存在较大差距。三是科技创新成果数量在下滑。20 世纪 80 年代,内蒙古科技成果获得国家发明奖的有 3 项,获得国家科技进步奖的有 11 项,获得国家自然科学奖的有 1 项,获得自治区科技进步奖 715 项;20 世纪

90 年代获得国家发明奖的也有 3 项，获得国家科技进步奖的有 23 项，获得国家自然科学奖的有 3 项，获得自治区科技进步奖 1198 项；进入新世纪以来，还没有获得国家发明奖和国家自然科学奖，获得国家科技进步奖的也只有 7 项，获得自治区科技进步奖 743 项。四是高新技术产业化程度低。内蒙古高技术产品制造以零配件或零部件组装为主，真正能够自己生产的不多，产品技术含量低，结构不合理。在技术进口中成套设备进口比重很高，表明引进技术消化吸收能力和再创新能力依然很低。五是企业还没有成为技术创新主体。经济普查结果显示，2004 年，内蒙古只有 86 个规模以上工业企业开展了自主创新活动，企业自主创新活动覆盖面仅为 3.8％，远低于全国 6.1％的平均水平。作为自主创新骨干力量的大中型工业企业的自主创新活动覆盖面也只有 13.6％，远低于全国 20％的平均水平。2007 年，内蒙古 449 个大中型工业企业中有科技活动的只有 94 个，有研究与发展（R&D）活动的只有 57 个，科技活动经费筹集 35.89 亿元，R&D 经费内部支出 19.31 亿元；27 所高等学校中有科技活动的 26 所，有 R&D 活动的 26 所，科技经费筹集 2.3 亿元，R&D 经费内部支出 1.2 亿元。六是专利和科技论文数量不多。2007 年，内蒙古发明、实用新型、外观设计三种专利申请受理量达到 2015 项，比 2000 年增长 77.1％；批准量达到 1313 项，比 2000 年增长 69.4％；旗县以上国有科技机构的科技论文只有 775 篇。

　　科技活动中存在的这些问题说明，内蒙古科技事业基础薄弱，科技创新资源缺乏，重视程度和工作力度不够，再加上投入不足、改革滞后，科技进步的贡献自然不大，自主创新能力难以提高。当今时代，科技竞争是一个国家、一个地区综合实力竞争的焦点，自主创新能力是经济持续快速稳定发展的重要支撑力。科技进步的弱势状态，是内蒙古走进前列的真正最大制约。从根本上讲,内蒙古走进前列取决于科技进步的程度。自主创新能力没有较大提高,内蒙古难以走进前列,即便是一些经济指标位居前列,最终也是不可持续的。

2006年中央提出建设创新型国家,党的十七大进一步将提高自主创新能力、建设创新型国家确定为国家发展战略的核心、提高综合国力的关键,提出要坚持走中国特色自主创新道路,把增强自主创新能力贯彻到现代化建设各个方面。内蒙古要解决影响和制约科技进步的突出问题,就应把建设创新型内蒙古作为总体发展战略的核心,把提高自主创新能力作为提高综合实力的关键,深化科技体制改革,加大科技创新投入,培养创新人才队伍,加快推进区域创新体系建设,为走进前列提供强有力的科技支撑。

五、社会主义市场经济体制初步建立,对内对外开放格局初步形成,同时制约科学发展的体制性障碍依然存在,对外开放的广度和深度不够,政府职能需要加快转变。

内蒙古和全国一样,社会主义市场经济体制初步建立,各个领域的改革取得明显成效。"十五"以来,在农业税费改革中,比全国早3年取消牧业税、早1年取消农业税,减轻了农牧民负担。农村牧区学校布局普遍调整,新型农村牧区合作医疗制度逐步推进,建立了农村牧区特困户最低生活补贴制度。推行国有企业公司制改革,推进了撤乡并镇工作。对内对外开放进一步扩大,积极引进国内外资金。"十五"时期,外商直接投资累计达25.18亿美元,比"九五"时期增长4.78倍。实际利用外资40.18亿美元,比"九五"增长81.2%。2007年,外商直接投资达到21.49亿美元,是2000年的19.2倍;实际利用外资23.88亿美元,是2000年的4.36倍。"十五"期间,引进国内(区外)资金达到2655亿元。

与此同时,影响和制约科学发展的体制性障碍依然存在,推动科学发展的体制机制远没有建立起来。

第一，统一开放、竞争有序的现代市场体系还没有形成。内蒙古是资源富集区，但相对于人们的无限需求和社会的长远发展，再富集的资源都是稀缺的。政府主导型模式在由计划经济向市场经济过渡时期有其特定的作用，但不能把"政府主导"当做社会主义市场经济的常态。政府直接为大项目、大企业划拨矿产资源和土地草场资源的制度直接背离了市场经济竞争机制。深入贯彻落实科学发展观，建立资源节约型、环境友好型社会，必须充分发挥市场对资源配置的基础性作用，加快建立资本、土地、劳动力、技术等要素市场，不断完善反映市场供求关系、资源稀缺程度、环境损害成本的生产要素和资源价格形成机制，建立健全资源有偿使用制度和生态环境补偿制度（见第七章第三节"政府主导型模式"）。

第二，推进基本公共服务均等化和主体功能区建设的公共财政体系还没有建立。党的十七大做出了统筹城乡发展、区域协调发展、推进主体功能区建设、注重实现基本公共服务均等化的重大部署。内蒙古城乡、区域发展差距比较大，生态环境脆弱，统筹城乡、区域协调发展，推进主体功能区建设任务艰巨。关键是要适时利用财政收入突破千亿元、经济实力得到增强的有利条件，深化财税、金融、投资体制改革，建立推动科学发展的财税制度，完善公共财政体制，增强基层政府提供公共服务的能力，实现城乡、区域公共服务均等化。

第三，各种所有制经济平等竞争、相互促进的新格局还没有形成。由于各类市场主体准入市场的门槛不一样、竞争不平等，内蒙古个体、私营等非公有制经济发展不够，中小企业发展滞后，已成为影响经济发展全局的突出问题。长此以往，将抑制经济活力和社会创造力。因此，要加快推进国有企业公司制股份制改革，健全现代企业制度，发展多种形式的集体经济、合作经济;要鼓励、支持、引导非公有制经济发展,推进公平准入,改善融资条件,破除体制障碍,促进个体、私营等非公有制经济和中小企业加快发展。

第四,出口需求拉动经济增长乏力。促进经济增长由主要依靠投资、出口拉动向依靠消费、投资、出口协调拉动转变,这是就全国而言,内蒙古的问题是主要依靠投资拉动,而消费拉动不足,出口拉动更加乏力。内蒙古外贸进出口总额小、进出口结构不合理、进多出少是出口对经济增长贡献率低的症结所在。2007 年,进出口总额 77.45 亿美元,其中出口总额 29.47 亿美元,进口总额 47.97 亿美元,出口总额只占进出口总额的38.1%。内蒙古具有在经济全球化条件下参与国际经济技术合作的条件和优势。要统筹对内开放和对外开放,充分利用资源、区位和后发优势,大力加强横向经济技术联合与协作,积极引进资金、技术、人才,主动承接东部地区产业转移,优势互补、共同发展;充分利用边连两国、口岸众多的有利条件,拓展对外开放的广度和深度,大力发展边境贸易和口岸经济,在有序进行能源资源合作开发的同时,积极引进资金、技术、人才,实现互利共赢;提升沿边开放水平,加快转变外贸增长方式,立足以质取胜,调整进出口结构,大力发展服务贸易,扩大出口需求,实现对内对外开放相互促进。

第五,政府职能需要加快转变。行政管理体制改革是深化改革的重要环节。建设服务型政府是我们加快行政管理体制改革、转变政府职能的目标。建设服务型政府,就要着力转变职能、理顺关系、优化结构、提高效能,形成权责一致、分工合理、决策科学、执行顺畅、监督有力的行政管理体制;就要健全政府职责体系,加快推进政企分开、政资分开、政事分开、政府与市场中介组织分开,规范行政行为,加强行政执法部门建设,减少和规范行政审批,减少政府对微观经济运行的干预;就要完善公共服务体系,推行电子政务,推进政务公开,强化社会管理和公共服务,努力建设服务政府、责任政府、法治政府。

　　以上,对内蒙古经济发展的阶段性特征,从五个方面做了分析。"十五"以来,除了经济超常速增长之外,内蒙古民族文化建设、社会事业发展、草原生态保护等都取得了显著成绩,但与各族人民群众的精神文化需求相比,与构建和谐社会的要求相比,与人与自然和谐共生的需要相比,也都存在不小的差距;经济增长与文化发展、社会建设的全面性协调性较差的问题,经济增长与生态环境建设的协调性可持续性较差的问题,以及区域发展的协调性较差的问题,这些问题都比较突出,也都显现出各自不同的阶段性特征。对这些问题,将在下篇的有关章节进行讨论。总之,内蒙古自治区成立 60 年来,改革开放 30 年来,特别是有了"十五"以来突飞猛进的发展,内蒙古面貌发生了巨大变化,但内蒙古仍处于欠发达阶段的基本区情没有变,内蒙古与沿海发达地区之间存在的差距没有变。这就是内蒙古发展的阶段性特征。

　　牢牢把握社会主义初级阶段的基本国情,进一步认清内蒙古发展的阶段性特征,对面临的机遇和挑战做出清醒判断,抓住制约科学发展的突出问题,找准走进前列的主攻方向,高度关注各族人民群众所思所想、所愿所盼,着力解决好各族人民群众最关心、最直接、最现实的利益问题,从而使发展思路和工作重点更好地顺应各族人民群众的新期待,这是分析内蒙古发展阶段性特征的目的所在。

下篇　奋力走进前列

第一章 走进前列的发展 理念和模式

走进前列,是中国共产党第二代中央领导集体的核心、中国改革开放的总设计师邓小平为内蒙古发展确立的战略目标。走进前列就像一面旗帜指引着内蒙古的发展。只有走进前列,才能实现江泽民在20世纪末提出的力争使内蒙古成为我们国家21世纪经济增长的重要支点的期望;只有走进前列,才能实现胡锦涛总书记2007年在内蒙古考察时提出的让人民生活不断好起来、谱写人民美好生活新篇章的要求。走进前列,必须适应国内外形势的新变化,顺应各族人民过上更好生活的新期待,坚持把发展作为第一要务,着力把握发展规律、创新发展理念、转变发展模式,实现经济社会又好又快发展。

第一节 树立走进前列的发展理念

20年前,邓小平提出了关于内蒙古走进前列的重要论断。内蒙古2000多万草原儿女在中国共产党的领导下,为实现走进前列的宏伟目标而不懈奋斗,取得了历史性的进步。特别是进入新世纪新阶段以来,内蒙古经济超常速增长,"内蒙古现象"令人刮目相看。当代中国正在发生广泛而深刻的变革,当今内蒙古也正在发生广泛而深刻的变化。内蒙古正从新的历史起点上,乘势而上,走进前列。走进前列是内蒙古在全面建设小康社会征程上生动豪迈的写照。

走进前列，必须深刻理解和全面把握科学发展观的科学内涵、精神实质和根本要求，切实增强贯彻落实科学发展观的自觉性和坚定性，着力转变不适应不符合科学发展要求的思想观念，着力解决影响和制约科学发展的突出问题，把加快发展的积极性引导到科学发展上来，把科学发展观贯彻落实到内蒙古经济社会发展的各个方面。

走进前列，必须坚持以人为本，始终把实现好、维护好、发展好各族人民的根本利益作为一切工作的出发点和落脚点，尊重各族人民主体地位，发挥各族人民首创精神，保障各族人民各项权益，走共同富裕道路，促进人的全面发展，做到发展为了各族人民、发展依靠各族人民、发展成果由各族人民共享。这是内蒙古适应国内外形势的新变化，把握经济社会发展趋势和规律，深入贯彻落实科学发展观，实现经济社会又好又快发展的本质要求。

走进前列，必须坚持全面协调可持续发展，切实加强统筹兼顾。2007年11月，胡锦涛总书记在内蒙古考察工作时的讲话中特别强调，一定要把转变经济发展方式放在更加突出的位置来抓，着力推动经济增长由粗放型向集约型转变、由片面追求经济增长向全面协调可持续发展转变，切实把全社会的发展积极性引导到科学发展上来。走进前列，必须始终不渝地深入贯彻全面协调可持续发展的基本要求和统筹兼顾的根本方法。

走进前列，必须顺应各族人民过上更好生活的新期待，把着力解决内蒙古城乡居民收入水平比较低、各族人民生活水平还不高这个最突出问题放在首位。城乡居民收入水平比较低、各族人民生活水平还不高是影响内蒙古走进前列诸多问题中的核心问题。解决其他问题都要围绕这个核心问题、有利于解决这个核心问题，把解决这个核心问题作为解决其他问题的出发点和落脚点。

顺应各族人民过上更好生活的新期待,把提高城乡居民收入水平、提高各族人民生活水平作为一切工作的出发点和落脚点,真正做到发展为了各族人民、发展依靠各族人民、发展成果由各族人民共享,这应是内蒙古走进前列的发展理念。

树立走进前列的发展理念,必须发扬求真务实的精神,必须以老百姓认可、老百姓得实惠为标尺,不能搞浮夸,不能含水分。2006 年 11 月,江苏省第十一次党代会提出,要按照不含水分、人民群众得实惠、老百姓认可的要求,努力建设一个高水平的全面小康,就是要以县为单位实现全面小康,不能以市域总体达标代替县县全部达标;多数城乡家庭达到全面小康的收入和生活标准,不能以平均数代替大多数;多数老百姓认可全面小康的实际成果,不能以统计数据代替直观感受,切实提高人民群众的幸福感和满意度。

江苏省不能以总体代替全部、不能以平均数代替大多数、不能以统计数据代替直观感受,不含水分、人民群众得实惠、老百姓认可的要求,提得通俗、朴实、具体、实在,充分体现了发展为了人民、发展依靠人民、发展成果由人民共享的理念,具有很强的针对性和普遍的借鉴意义。这样的要求也应该是内蒙古走进前列的要求。只有达到这样的要求,内蒙古才能真真切切、踏踏实实地走进前列。

第二节　确立走进前列的发展模式

在上篇第七章里,分析了内蒙古经济超常速增长的政府主导型、投资拉动型、资源支撑型、机遇牵动型模式,这些既互为条件、又互相融合的模式在一系列特定条件下,对内蒙古经济超常速增长产生了积极的促进作用,同时也有其明显的弊端,对此我们都做出了详尽的论述。

在全面贯彻党的十七大精神、深入贯彻落实科学发展观的新形势下，内蒙古从新的历史起点上推动经济社会又好又快发展，实现走进前列的宏伟目标，需要着力解决经济超常速增长的同时凸显的提高城乡居民收入、统筹城乡区域协调发展、增强自主创新能力和节约能源资源、保护生态环境等方面的一系列突出问题，需要努力探索走进前列的规律，创新发展理念，转变发展模式。

胡锦涛总书记在党的十七大报告中强调指出："实现未来经济发展目标，关键要在加快转变经济发展方式、完善社会主义市场经济体制方面取得重大进展。"探索规律，创新理念，转变模式，是一个渐进过程，是一个扬弃过程。走进前列，要在加快完善社会主义市场经济体制方面取得重大进展，就要从政府主导型转变为市场主导型，这是不言而喻的。在加快转变经济发展方式方面取得重大进展，就要从投资拉动型向消费、投资、出口协调拉动转变，从资源支撑型向资源节约型转变。机遇牵动是经济发展、社会进步、走进前列的必要条件，过去、现在、将来都需要机遇牵动，而且还需要创新驱动，不断提高自主创新能力。走进前列是为了人民，走进前列必须依靠人民，走进前列需要全民创业、全民共享。根据这样的思考，内蒙古从新的历史起点上走进前列，应由以往的政府主导型、投资拉动型、资源支撑型、机遇牵动型模式转变为市场主导型、资源节约型、全民创业型、创新驱动型新模式。

一、市场主导型模式

所谓市场主导型是相对于政府主导型而言，是指致力于完善社会主义市场经济体制，在国家宏观调控下，使市场对资源配置发挥基础性作用的模式。市场经济是平等的所有者彼此交换产权的一种关系，所以，现代市场经济的基础是公开公正交易的体制机制,只有在公开公正交易的体制机制基础上,才能发展符合全体公民利益的市场经济。克服政府主导型模式的弊端,唯有实行市场主导型模式,建立健全充满活力、富有效率、更加开放、有利于科学发展的体制机制,这是内蒙古走进前列的强大动力和体制保障。

市场主导型的实质是使经济活动遵循价值规律的要求,让市场机制这只"看不见的手"实现资源最优配置,促进经济健康有序持续快速发展。实行市场主导型模式,有利于营造公平竞争的环境,使市场主体健康发育;有利于反映资源的稀缺程度,提高资源的综合利用水平;有利于增强自主创新能力,加快转变经济发展方式;有利于转变政府职能,履行好政府职能。

实行市场主导型模式,要毫不动摇地坚持改革方向,完善社会主义市场经济体制,最大限度地发挥市场配置资源的基础性作用,提高资源配置效率;要营造按市场经济规律办事的发展环境,形成各类市场主体公平竞争的体制机制;要加快建立能够充分反映市场供求关系、资源稀缺程度、环境损害成本的生产要素和资源价格形成机制,包括发展资本、土地、劳动力、技术等要素市场,形成有效抑制不合理消费和浪费的各种资源价格形成机制,建立健全矿产资源有偿使用制度和生态环境补偿机制;要切实转变政府职能,推进政企分开、政资分开、政事分开、政府与市场中介组织分开,减少和规范行政审批,做到方案公开、程序公正、社会参与、媒体监督,"让权力在阳光下运行";要建立支持节能降耗和提高自主创新能力的稳定投入机制,形成有利于转变经济发展方式、促进又好又快发展的机制。

实行市场主导型模式不是不要政府干预经济,而是要处理好政府与市场的关系,按政府的职能来调控经济。市场经济发展中的问题,只能靠不断完善市场体制来解决,这是解决市场经济问题的根本之道。完善市场经济体制,其核心是完善要素市

225

场体制；而完善要素市场体制，实质在改革政府干预经济的方式，着力转变政府职能，按照市场对资源配置起基础性作用的要求来规范政府与市场的关系，使其各司其职。

在现代经济中，市场机制和政府调控相辅相成，"看不见的手"和"看得见的手"都不能少，而且两手都要硬。违背市场规律和放松市场监管都要付出代价。既要充分发挥市场在资源配置中的基础性作用，又要有效克服市场的盲目性和局限性；既要加强和改善宏观调控，规范市场和微观主体行为，又不能代替市场功能，造成市场扭曲。政府与市场的边界是宏观调控，不能超越边界去搞微观干预。政府要努力转变职能，尽力做到既不缺位，也不越位。在市场经济条件下，政府必须正确处理自己与市场的关系，规范履行自己的职能，包括搞好产业发展规划、环境保护、重大基础设施建设等企业和老百姓做不了或不愿做的事，创造硬件和软件条件，形成各种各样的市场；制定规则并严格执行规则，形成公平竞争的市场秩序，不能既当裁判员又当运动员；用市场化的方式配置自然资源和社会资源；加强宏观调控，当市场失灵时用合法的、市场化的方法去干预和调控市场；做诚信政府，对市场诚实守信，对老百姓言必信、行必果。市场主导型依赖于政府转型，即政府职能转变。只有通过政府转变职能，才能使市场在更大程度上发挥配置资源的基础性作用。没有政府转变职能，市场主导型模式就难以确立，包括建立资源价格形成机制、自主创新能力提升机制、生态环境补偿机制和打破大企业垄断市场等就难以有实质性进展。

政府不越位，就必须通过市场主导型模式来促进经济发展方式转变，而经济发展方式难以转变是因为存在着一系列政府越位导致的体制性障碍，包括资源价格改革滞后，政府依然掌控土地、草场、矿产、信贷等重要资源的配置权力，以人为压低资源价格、不计环境代价来换取投资的快速增长，导致资源零价或资源价格扭曲,使企业外部不经济;把 GDP 的增长作为衡量各级政府官员政绩的主要标准,导致政府官员急功近利,直接干预微观经济,使企业依附于政府,企业成本外部化;现行财政体制把各级政府的财政收入状况和物质生产增长紧密地联系起来,导致各级政府不惜工本地支配自己的资源,扩大本地经济总量和财政总量;行政划拨资源或资源价格扭曲,导致行政寻租基础扩大、腐败蔓延和贫富分化。实行市场主导型模式就是要消除这些体制性障碍。

政府不缺位,就必须按照市场主导型模式来转变政府职能,使政府从政府利益的制约和束缚中走出来,重返公共利益代表者的地位,强化社会管理和公共服务,以实现社会的公平、正义作为整个政府行为的基本价值取向,坚持依法行政、合法行政、合理行政,特别是确立政府在基本公共服务中的主体地位和主导作用,提供公共产品,完善社会保障体系,发挥政府在公共产品供给中的有效作用。

二、资源节约型模式

资源节约型是相对于资源支撑、资源浪费型而言,是指全社会树立节约能源资源观念,对资源稀缺程度灵敏的资源价格形成机制比较健全,促进循环经济、低碳经济发展和可再生能源开发利用,有利于形成节约能源资源和保护生态环境的产业结构、增长方式、消费方式的模式。节约资源和保护环境是我国的基本国策,建设资源节约型、环境友好型社会是一项重要目标,节能减排是全面落实科学发展观、促进经济又好又快发展的基本要求,也是应对全球气候变化的迫切需要。内蒙古走进前列,必须实行资源节约型模式。

内蒙古是全国资源最富集的地区之一。资源富集地区发挥资源优势,开发利用资源,将资源优势转化为经济优势,是加快发展的必然选择。但资源并非取之不尽、用之不竭的，如果不注重节约资源，无度开发、不当利用，将导致资源支撑不住，环境容纳不下，社会承受不起，经济发展难以为继的后果。2007年与2000年相比，2007年内蒙古能源生产总量是2000年的5.68倍，原煤开采量是2000年的4.89倍，电量消耗了4.40倍，钢材消耗了2.41倍，水泥消耗了4.56倍。虽然采取了节能减排措施，但单位GDP能耗没有减少，2007年仍然保持2000年的2.31吨标准煤/万元的水平，单位工业增加值能耗2007年仍然高达4.88吨标准煤/万元，单位GDP电耗由2004年的1761.20千瓦时/万元上升到2007年的2101.68千瓦时/万元。2007年，内蒙古二氧化硫排放量仍然保持2005年的145.6万吨的水平，没有降下来；化学需氧量由2005年的29.7万吨下降到2007年的28.77万吨，下降了3.13%。2006年，内蒙古电力、钢铁、有色、化工、建材、煤炭六大耗能行业能耗占全区总能耗的69%，占工业能耗的88%。从这些数据可见内蒙古能源资源消耗、污染物排放之一斑。

走进前列的进程中，内蒙古正面临着经济超常速增长与资源环境约束趋紧的突出矛盾，同时也面临着转变经济增长方式的难得机遇，关键是将资源支撑型模式转变为资源节约型模式。大力推进节能减排、大力发展循环经济是实行资源节约型模式的两个抓手，而推动科技进步、引导全民节约资源是实行资源节约型模式的两个支撑。推进节能减排、发展循环经济，必须调整产业结构、提高产业技术水平、提升产业层次，这也是资源节约型模式的本质要求和所要实现的目标。就节能来说，降低单位GDP能耗取决于两个因素：一个是降低各产业能耗，另一个是调整产业结构、发展低耗能产业。产业结构不合理、节能技术开发应用程度低是内蒙古能耗高的主要原因。

实行资源节约型模式，就要加快调整产业结构，大力发展第三产业；就要加快调整工业结构，大力发展非资源性产业、高新技术产业；就要加快延长产业链，大力提高产业集中度；就要加快推动科技进步，大力开发应用节约能源资源新技术；就要深化用能领域体制改革，尽快建立节能体制机制；就要发展循环经济和低碳经济，坚持节约发展、清洁发展、安全发展，实现可持续发展。

三、全民创业型模式

全民创业型，是指着力增强社会成员的创业意识，提高社会成员创业能力的教育培训体系比较健全，鼓励和支持全社会创业的体制机制比较完善，创业环境宽松、创业服务周到、创业活力不断增强、创业主体大量涌现，有利于形成以创业带动就业格局的模式。全民创业型模式是形成经济内生性自主增长机制、促进社会和谐进步的重要基础和必要条件。实行全民创业型模式是深入贯彻落实科学发展观，顺应各族人民过上更好生活的新期待，实现走进前列宏伟目标的必然选择。

胡锦涛总书记提出的发展为了人民、发展依靠人民、发展成果由人民共享的重要论断是实行全民创业型模式的根本依据和指导思想，全民创业型是落实这一重要论断的具体模式。发展为了人民，是科学发展观的价值源；发展依靠人民，是科学发展观的动力源；发展成果由人民共享，是科学发展观的出发点和落脚点。发展是人民创业的过程，是人民创造财富、创造历史的过程。只有人民创业，才有历史的发展。发展为了人民，就必须尊重人民的创业主体地位，提高人民的创业能力。发展依靠人民，就必须发挥人民的首创精神，鼓励、支持人民创业。发展成果由人民共享，就必须共同创业、共同分享创业成果。共创才有成果，共创才能共享。人民是创业主体，也是市场主体。全民创业的过程也是培育市场主体的过程，全民创业才能增强经济发展活力,才能形成经济自主增长机制。

创业与就业既有联系又有根本区别。从经济意义上讲,创业是组合劳动、资本、技术、管理等生产要素进行生产经营活动,就业是提供劳动要素参与组合而进行生产活动。发展经济就是激活生产要素,使其相互结合、优化组合,共同创造财富。创业者是生产要素的组合者,就业者是生产要素的提供者。因此,创业者越多,生产要素的组合就越丰富、越活跃,经济发展也就越有活力;创业者越多、越成功,带来的就业机会就越多,带动就业就越有力。近年来,内蒙古城乡居民收入增长与经济超常速增长不协调,创业不活跃,就业不充分,其根本原因在于,在唯GDP论主导下,以主要精力、政策优惠倾斜于大项目、大企业,相比之下,老百姓的就业和创业活动就没有大项目、大企业那么幸运。

实行全民创业型模式,要坚持尊重劳动、尊重知识、尊重人才、尊重创造的方针,大力宣传全民创业的重大意义,在全社会营造鼓励人们干事业、支持人们干成事业的创业氛围;要建立健全全民创业的体制机制,制定和落实鼓励支持自主创业、自谋职业的政策,从政策和制度上保证全民创业、创业致富、劳动致富;要加强全民创业服务体系建设,创造教育培训周到、便于贷款融资、减少创业手续、减免税费负担、降低准入门槛、减轻行业垄断、降低创业成本的创业环境条件,放手让一切创业愿望得到实现、创业行为得到扶持、创业成果得到鼓励,让一切劳动、知识、技术、管理、资本的活力竞相迸发,让一切创造社会财富的源泉充分涌流,以造福于各族人民;要坚持关注民生、重视民生、保障民生、改善民生,促进以创业带动就业,创造更多就业岗位,让一切有就业愿望、就业能力的劳动者都能就业,以不断提高城乡居民收入水平。内蒙古实现全民创业之日,才是经济自主增长机制形成之时;内蒙古实现全民创业之日,才是走进前列的雄厚实力形成之时。

四、创新驱动型模式

创新驱动型,是指着力实施科教兴区战略和人才强区战略,全社会科学普及活动比较活跃,创新文化建设比较扎实,以企业为主体、市场为导向、产学研相结合的技术创新体系基本形成,创新要素向企业集聚、科技成果向现实生产力转化的机制比较健全,科技人才培养、科技管理体制、科技资源配置、技术创新和科技成果产业化的法制保障、政策体系、激励机制和市场环境比较完善,把增强自主创新能力贯彻到经济社会发展各个方面的模式。

内蒙古经济增长的结构性矛盾突出、增长方式粗放的根本原因是,自主创新能力弱,产业整体技术水平较低。内蒙古科技进步的差距主要表现在:一是科技投入很低,2006 年内蒙古 R&D 经费占 GDP 的比例为 0.34%,是全国该比例 1.42%的 23.9%,居全国第 28 位;2007 年内蒙古 R&D 经费占 GDP 比例为 0.4%,也仅仅是全国该比例 1.49%的 26.8%。二是科技人才很少,2007 年内蒙古有科技活动人员 4.2 万人,仅占全国 454.4 万人的 0.9%;国有企事业单位科学研究人员 2160 人,仅占全国 34.9 万人的 0.6%,居全国第 25 位。三是企业还没有成为技术创新主体。经济普查结果显示,2004 年,内蒙古只有 86 家规模以上工业企业开展了自主创新活动,企业自主创新活动覆盖面仅为 3.8%,远低于全国 6.1%的平均水平。作为自主创新骨干力量的大中型工业企业的自主创新活动覆盖面也只有 13.6%,远低于全国 20%的平均水平。2007 年,内蒙古有 R&D 活动的大中型工业企业只有 57 家,占全国有 R&D 活动的 8954 家大中型企业的 0.6%。四是专利和科技论文数量很少。2007 年,内蒙古发明、实用新型、外观设计三种专利申请受理量达到

2015件，占全国受理量69.4万件的0.29％，居全国第25位；授权量达到1313项，占全国授权量35.2万件的0.28％，居全国第26位；科技机构的科技论文只有775篇，仅占全国科技论文12.7万篇的0.6％。内蒙古科技活动相关主要数据，其比例一般不到全国的1％，其排序一般都在25位之后。在投入、人才、成果等硬指标差距背后的，恐怕是认识、思路、战略、政策、体制机制等软实力的差距。内蒙古以科技进步的后列状态走进全国前列，是不可想象的！

内蒙古走进前列，迫切需要增强自主创新能力。推进新型工业化，需要提高工业科技含量；发展现代农牧业，需要用现代科技改造农牧业；发展第三产业，需要用现代经营方式和信息技术改造提升传统服务业。总之，内蒙古实行创新驱动型模式，是深入贯彻落实科学发展观、实现经济社会又好又快发展的需要，是建设创新型内蒙古、走进前列的需要。

实行创新驱动型模式，要切实转变经济发展方式，由主要依靠增加物质资源消耗向主要依靠科技进步、劳动者素质提高、管理创新转变；要把增强自主创新能力作为科学技术发展的战略基点和调整产业结构、转变发展方式的中心环节；要建立以企业为主体、市场为导向、产学研相结合的技术创新体系；要适度提高生产要素价格和投资成本，使经济增长由过度依赖投资和生产要素投入转向依靠技术进步和提高生产效率，形成产业技术进步由外源性转向内生性的机制；要深化科技体制改革，调整优化科技结构，整合科技资源，形成产学研相结合的有效机制；要面向基层、面向群众、面向生产生活，加强科学普及工作；要树立人才资源是第一资源、创新型科技人才是科学发展第一资源的观念，坚持人才发展以用为本，加强人力资源能力建设，人才资源优先开发、人才结构优先调整、人才资本优先积累、人才制度优先创新，加大人力资源开发投入，推进市场配置人才资源，特别是注重培养一线的创新人才,使全社会创新智慧竞相迸发、创新人才大量涌现,营造人才辈出、人尽其才的社会氛围。

内蒙古走进前列模式的四个类型也应该是有机统一、融为一体、互为条件、相互促进的整体。市场主导是体制保障,走进前列必须完善社会主义市场经济体制,充分发挥市场在资源配置中的基础性作用,为经济社会发展提供有力的体制保障。没有市场主导的体制保障,资源节约难以落实,全民创业难有活力,创新驱动难以激发。资源节约是一条重要约束,走进前列不能以浪费资源、破坏生态、污染环境为代价,必须以节约资源为重要前提,走可持续发展的路子。市场主导是从体制机制上确保资源节约,全民创业也必须节约资源,创新驱动也包括对资源节约的驱动。全民创业是基础,走进前列是内蒙古各族人民的共同愿望、共同事业,只有全体人民的积极性、主动性、创造性充分调动起来,聪明才智和首创精神充分发挥出来,共创共建共享,才能实现走进前列的目标。没有全民创业,走进前列就没有依靠,成果难以共享,人民不会满意。创新驱动是动力,走向前列是内蒙古在新世纪新阶段新的时代条件下进行的伟大创举,只有不断增强自主创新能力,以科技进步为动力,掌握具有自主知识产权的核心技术,尽快适应产业升级的要求,才能实现走进前列的目标。

走进前列模式的四个类型,对经济超常速增长模式的四个类型来讲,不是全盘否定,而是扬弃、创新和完善。实行走进前列模式,政府不主导,但不是不作为,而是转变职能、履行职责,大有可为;不能单以资源支撑发展,不是不利用资源,而是要科学利用、节约利用、综合利用、高效利用、循环利用、可持续利用;不能单靠投资拉动,不是不增加投入,而是逐步转向消费、投资、出口"三驾马车"协调拉动;机遇依然存在,机遇还要牵动,走进前列要继续抓住用好既有机遇,善于发现和用好新的机遇。

第二章 走有内蒙古特点的 新型工业化道路

"十五"以来，工业主导内蒙古经济进入了工业化中期阶段。由工业主导向服务业主导转变是一个较长的发展过程。从工业化中期进入工业化后期，仍然要由工业主导，不同的是必须由传统工业化向新型工业化转变，走出一条有内蒙古特点的新型工业化道路。有内蒙古特点的新型工业化道路怎么走，可以有多种思路、多种表述。不论怎样思考、怎么表述，都需要对传统工业化和新型工业化有一个清晰的认识。

第一节 传统工业化与新型工业化

人类社会几百年的工业化，多数时间是在走传统工业化的路子，发达国家已经走到后工业化阶段，而走新型工业化道路是进入新世纪以后，中国根据时代发展要求和针对工业化进程中凸显的问题提出的推进工业化的新战略。

一、工业生产与工业的作用

在人类社会发展进程中，与漫长的农业社会相比，工业社会只走过了几百年的历程，但工业社会的丰富多彩与农业社会不可相提并论。今天的中国已经进入工业化中期，"十五"以来内蒙古经济超常速增长正是由工业的强劲带动而实现的。在走中国特色新型工业化道路的时候，我们不妨再认识一下工业生产与工业的作用。

工业生产包括生产对象、生产工具和生产者三个基本要素。[①] 其中,生产对象主要是工业原料、工业中间品和废弃物;生产工具主要是机器设备、辅助设施等用于加工制造及其相关过程的物质资料和物质条件;生产者是指从事工业生产活动的劳动者和管理者。简而言之,工业生产过程就是生产者运用生产工具将生产对象加工制造成工业产品的生产活动。综观工业发展历程,工业生产的演进过程实质上是工业生产三个基本要素及其关系的演变过程。在这个演变过程中推动工业发展的主要是相互关联的两个关键因素:一个是科学技术的进步。随着科技进步,不断出现的新技术、新设备、新材料、新工艺和新产品,促进了工业的发展。例如,18 世纪以水力和蒸汽动力机器生产为特征的第一次工业飞跃,19 世纪 70 年代以电力技术、化学合成材料、内燃机和汽车制造技术为基础的电气化大生产为特征的第二次工业飞跃,20 世纪 50 年代以信息技术、遗传工程、光导纤维、激光、海洋开发等技术为基础的信息控制、自动化生产为特征的第三次工业飞跃,都是以技术革命为动力的。另一个是社会分工的发展。最早的工业部门是由依附农业的手工业逐渐从农业中分化而来,此后很多新的工业部门也是适应原有工业部门规模扩大、生产专业化之需要,逐渐分化演进而来的。社会分工的发展促进了工业化发展。

工业生产过程,本质上是一个以现代科学技术为基础,由人与机器设备共同组合的系统实现的投入产出过程。从经济角度讲,工业生产过程是将加工对象(生产对象)变为满足进一步生产的中间品或者最终消费品的过程,是将加工对象的价值增加的过程。从技术角度讲,工业生产过程是建立在科技创新的基础上,

---

① 金碚主编:《新编工业经济学》,经济管理出版社 2005 年版。

使机器设备代替人的体力劳动和代替人的脑力劳动部分的功能的过程。从分工协作角度讲，工业生产过程是在生产最终产品的方向上不断增加资本品生产的内容，"用商品生产商品"，用专业化生产优势提高生产效率的、高度的社会分工协作过程。从系统角度讲，工业生产过程是以企业为基本组织单位，以信息流、物资流和资金流联系其研发、生产和市场等子系统的一个复杂系统的发展变化过程。这些就是现代工业生产过程的基本特征。

综观工业发展历程，工业对经济社会发展的作用主要体现在以下几个方面。

第一，工业发展能够促进农牧业现代化进程。农牧业是经济发展的起点和基础，而提高农牧业的素质、效益和竞争力，则必须靠工业为农牧业提供良种、农药、农膜、化肥、机械、大型基础设施等现代农牧业投入品和技术条件，提高农牧业劳动生产率；靠工业加工农畜产品，增加农畜产品需求，提高农牧业效益，促进农牧业快速增长，为整个经济发展奠定基础。

第二，工业发展能够推动国民经济各部门发展。工业不仅向国民经济各部门提供现代化的生产手段和技术装备，提高各部门的劳动生产率，而且为国民经济各部门提供能源、动力和原材料。一个国家或地区的生产技术水平和生产能力取决于工业发展水平。

第三，工业发展能够满足人们多样化的消费需求。人们的消费欲望是多种多样的。随着经济发展和人们收入水平提高，社会对物质消费品和精神消费品的需求都不断增加。工业能够不断生产新的消费品，既能满足人们的各种物质消费需求，又能为满足人们的各种精神消费需求提供物质技术基础，从而不断提高人们的生活水平。

第四，工业发展能够创造大量的就业机会。相对于国民经济其他部门而言，工业部门的联系效应最大，既能带动农牧业快速发展,又能拉动服务业加快发展,从而为社会直接或间接创造大量的就业机会,促进经济发展,提高人们的收入水平。

第五,工业发展能够做大经济总量。由于工业是使用机器生产的部门,尤其是制造业部门人均资本占有量大,专业化生产程度高,因而,劳动生产率很高,对做大经济总量贡献很大。尤其在工业化初期和中期阶段,工业增长对经济增长的贡献最大。

专栏 2—1

工业和工业革命

工业是指使用机器开采、收集自然资源和对各种原材料进行加工的物质生产部门。工业是国民经济中包括采掘业和制造业在内的庞大产业群。工业生产是将自然资源和各种原材料加工制造成人类生产和生活所需要的物质资料的过程。人类进行工业生产,从工场手工业到大机器工业,经历了几百年的历史。当工业发展到大机器工业阶段,工业才真正从农业中分离出来,成为独立的物质生产部门。18 世纪从英国开始的工业革命的完成,标志着工业从农业中最终独立出来,标志着以机器为主要生产工具的近代工业的初步形成。

工业革命是指机器生产代替手工生产,资本主义生产方式从工场手工业过渡到机器大工业的变革过程。17 世纪英国发生资产阶级革命,建立资产阶级国家政权,为 18 世纪的工业革命创造了必要的政治前提。18 世纪 60 年代,英国首先发生工业革命,至 19 世纪中叶完成;法、德、美等国也相继于 19 世纪完成。工业革命使社会生产力迅速提高,同时也形成了资本主义社会的两个基本阶级——工业无产阶级和工业资产阶级。(资料来源:金碚主编:《新编工业经济学》,经济管理出版社 2005 年版)

二、工业化及其特征

工业化是指随着工业的加快发展，一个国家或地区的经济从以落后的农业为主体向以先进的工业为主体的转变过程，也就是经济结构中工业的比重逐步超过农业的比重并继续提高的过程。工业化，从广义上讲，是指一个国家或地区从传统农业社会向现代工业社会的转化，以及工业社会自身的发展过程，这一转化过程从生产技术、生产工具的改变开始，引起包括人们的分工、工作方式、管理体制，直到思想观念的全面变革，即实现现代化。从狭义上讲，工业化是指工业特别是制造业在国民经济中的比重不断上升的过程，包括建成比较完整、独立的工业体系，非农业从业人数超过农业从业人数的过程。

工业化理论认为，工业化是人类社会经济发展的必然过程。从需求角度看，恩格尔消费规律表明，随着经济发展和收入水平的提高，人们用于食物的支出将逐渐减少，而用于工业品和服务的支出将逐渐增多，对工业品的巨大需求促进工业迅速发展。从生产角度看，随着工业部门为农业部门提供很多投入品，农业部门劳动生产率大大提高，而农业部门将相对越来越小，工业和服务部门将日益增大。从专业化分工角度看，随着专业化分工的发展，新的工业部门不断产生，与农业相关的很多行业又从农业部门中分离出来，从而使农业部门相对越来越少，工业和服务部门越来越多。仅从这三个角度看，工业化是一个国家和地区实现现代化不可逾越的阶段，是摆脱落后状态的必经之路，是衡量一个国家和地区发展阶段与发达水平的重要标志。

在迄今为止的人类发展史上，工业是推动劳动生产率提高最快的产业。正是由于工业化进程的推动，生产过程才成为高效率的活动，社会财富才大量地创造出来，社会文明的进程才大大加快。

现代化理论认为,工业化是现代化的推动力,现代化进程就是由于工业化而导致从传统农业社会向现代工业社会的全球性大转变,以及经济、政治、文化、思想各个领域的重大变革。世界的现代化始于18世纪英国工业革命和法国政治革命。现代化的实质就是工业化。实际上,自从近代工业产生以后,在一个国家漫长的工业化和现代化进程中,工业就按照自己的发展规律改造着一个国家的国民经济全貌,工业在一个国家国民经济中居于主导地位,主导着一个国家的经济发展。

工业在人类社会经济生活中的地位和作用,也同一切社会现象一样,是一个历史现象。也就是说,工业在一个国家国民经济中居于主导地位,主导一个国家的经济发展的现象,是一个国家处于工业化时期即工业经济时代的现象。从整个人类社会发展的历史看,在漫长的农业经济时代,农业居于主导地位,而进入后工业化社会即服务经济时代,尽管工业的作用仍然不可替代,但工业增长速度将低于服务业增长速度,服务业居于主导地位。

从工业化的历程看,工业化的特征着重体现在以下五个变化上:一是生产技术的变化。机器生产代替了手工劳动。二是经济结构的变化。工业和第二产业产值比重上升,农业产值比重下降。三是就业结构的变化。在工业和第二产业就业的人口比例上升,在农业就业的人口比例下降,整个人口的人均收入相应增加。四是生产组织的变化。专业化分工、社会化协作不断发展。五是经济制度和文化的相应变化。市场经济体制不断完善,工业文明与农业文明不断融合。

三、中国工业化历程及其特点

众所周知,我国工业化思想发端于19世纪60年代的"洋务运动"。新中国成立前,工业化进程十分缓慢,1949年工业在国民经济中仅占 10%，而且大都集中于轻工业，重工业几乎为空白，工业基础十分薄弱。从 1953 年"一五"计划起，我国大规模的工业化才开始。"一五"期间，我国集中力量建设以苏联援助的 156 个大型工程为中心的 694 个项目，其中大多数是重工业项目。到 1957 年，不仅钢铁、煤炭、电力等基础工业部门的生产能力实现了巨大发展，而且开始有了飞机和汽车制造业、新式机床制造业、发电设备制造业、冶金和矿山设备制造业、有色金属冶炼业等一批新的工业部门，以重工业发展为标志的工业化在中国取得了实质性进展。到 1978 年，工农业产值的比例已由 1952 年的 3:7 变为 7:3。但由于城乡二元结构，城乡人口的比例仍为 2:8。改革开放之前的中国仍然是一个穷国和农业国。

许多西方经济学家从经济结构变化的角度论述了工业化的含义，把工业化视为一种经济结构的转变过程。由需求变化引起的各种生产要素供给的组合变动，决定了经济结构的变动，即随着经济的成长，制造业（工业）在总产出和就业中所占份额的上升和农业所占份额的相应下降成为一种趋势。工业化也就是经济结构的转变。①

党的十一届三中全会以后，经济体制改革不断深入，对外开放不断扩大，工业化加速发展，到 21 世纪初，我国工业化已进入中期阶段。2003 年，我国就业比重，第一产业为 49.1%，第二产业为 21.6%，第三产业为 29.3%。2003 年，我国产业结构比重，第一产业占 12.8%，第二产业占 46.0%，第三产业占 41.2%，其中工业占 GDP 比重为 40.5%。2003 年我国人均 GDP 达到 1273 美元。

我国工业化历程，可以说受到两个方面的影响，经历了两个发展阶段。我国工业化主要是受到国外工业化思想的影响。改

---

① 赵国鸿：《论中国新型工业化道路》，人民出版社 2005 年版。

革开放以前主要受前苏联工业化理论和实践的影响，改革开放以后主要受西方经济理论的影响。我国工业化经历了计划经济条件下发展和社会主义市场经济条件下发展两个阶段，具有两个方面的特点。在计划经济条件下，由政府发动和投资，严格按计划进行，重工业优先发展，高速度推进，城乡二元结构加剧，在相对封闭的国际环境中推进工业化等。在市场经济条件下，逐渐由政府办工业向以市场推动为主、政府调控为辅转变；由片面追求速度开始向全面、协调、可持续发展转变；由城乡二元分割向调整城乡关系、缩小工农差距和城乡差距转变；实行"让一部分地区先富起来"的政策，部分地区和城市享有特殊优惠政策；实行对外开放政策，越来越融入国际分工体系，充分利用国际国内两个市场、两种资源，加速工业化进程。

尽管中国这个农业大国的工业化比欧洲早期工业国的工业化晚了200多年，但新中国经历半个世纪的工业化实践，深刻总结正反两方面的经验教训，逐渐探索出一条有中国特色的新型工业化道路。

四、新型工业化道路的提出

纵观世界工业化历程，发达国家经过200多年的发展，早已实现了工业化，其途径主要是传统工业化模式。新中国成立以来，也走了半个世纪传统工业化路子。进入新世纪，在党的十六大上响亮提出走新型工业化道路，这是一个不同于传统工业化模式的新型工业化模式。

传统工业化模式是以大量消耗资源和牺牲生态环境为代价的。传统工业化的典型特征是高投入、高消耗、高排放、高污染、低产出、低效益的粗放增长方式。发达国家在传统工业化过程中大量消耗资源、严重破坏生态环境，虽然在其本国范围内"先污染、后治理"取得了一定成效，但从全球范围看，在很多方面已

241

经造成无法挽回的损失。美国在其工业化过程中总共消耗了300多亿吨石油和近50亿吨钢，日本工业化高峰时期每年人均消费1吨钢材、2吨标准油。工业化国家无一不是以超过发展中国家几倍甚至几十倍的矿产资源人均消耗量实现了较少数人的工业化。

我国推进工业化面临的基本国情是人口多、就业压力大，底子薄、人均资源量少，能源消耗高、资源浪费严重，生态环境难以承受传统工业化之重。我国人均矿产资源占有量约为世界人均的1/2，我国能源利用率却很低，每创造1美元产值所消耗的能源是西方工业七国平均数的5.9倍。近几十年我国高速工业化已给生态环境造成了巨大破坏，大气污染、水污染、固体废物污染等已经非常严重，对经济持续发展、人民群众健康造成了很大威胁。

改革开放以来，中央不断强调把全部经济工作转到以提高经济效益为中心的轨道上来，使经济建设转到依靠科技进步和提高劳动者素质的轨道上来，促进整个经济由粗放经营向集约经营转变。但是，传统工业化粗放型增长模式并未得到根本改变，生态恶化、环境污染和资源浪费的问题越来越严重。2003年以来，新一轮经济高速增长中出现的煤电油运紧张、部分行业和地区投资过热等问题，其深层次根源在于我国仍未根本改变的传统工业化模式。沿袭传统工业化道路，资源和环境将是我国实现工业化不可克服的硬约束。探索走出一条新型工业化道路，是我国工业化的必然选择。

中国工业化面临的世界经济科技发展的大趋势，有两个鲜明特征。一是20世纪90年代以来，以信息技术为代表的技术革命突飞猛进，对经济社会产生了强烈而深刻的影响，信息化对经济增长的推动作用越来越大。二是经济全球化成为不可阻挡的趋势，世界范围的信息、资金、技术、商品、人员流动加快，各国经济和市场更加相互开放、相互依存,同时,各国之间综合国力的竞争也更加激烈。

上述基本国情和外部环境条件,对中国走出一条新型工业化道路,既是新的挑战,也是难得的机遇。

中国必须以新的战略应对新的挑战,抓住历史性机遇,完成历史性任务。2002年11月,党的十六大明确提出,走新型工业化道路,大力实施科教兴国战略和可持续发展战略。坚持以信息化带动工业化,以工业化促进信息化,走出一条科技含量高、经济效益好、资源消耗低、环境污染少、人力资源优势得到充分发挥的新型工业化路子。2007年10月,党的十七大进一步提出,要坚持走中国特色新型工业化道路,大力推进信息化与工业化融合,促进工业由大变强。

坚持走中国特色新型工业化道路,是立足中国基本国情,总结我国工业发展实践,借鉴发达国家工业化经验教训,顺应时代发展要求而确立的中国工业化基本方略,是用科学发展观指导中国工业化的一项根本性发展战略。坚持走中国特色新型工业化道路,既是我国工业化理念和路径的创新,也是工业化模式和标准的创新。坚持走中国特色新型工业化道路,其实质是转变经济发展方式,改变以往以矿物燃料为基础的工业化模式,按照信息化和可持续发展的要求,在经济发展中像利用物质资源和能源一样充分利用信息资源,以信息资源替代和减少物质资源的消耗,实现可持续发展。

坚持走中国特色新型工业化道路,其基本内涵是实施两大战略、坚持一个方针、实现五项要求。从总体上讲,走新型工业化道路,必须用科教兴国、可持续发展两大战略来支撑;信息化是我国加快实现工业化和现代化的必然选择,必须坚持以信息化带动工业化、以工业化促进信息化的方针;五项要求就是科技含量高、经济效益好、资源消耗低、环境污染少、人力资源优势得到充分发挥。

两大战略、一个方针、五项要求是相互联系、相互促进、相互依存、有机统一的整体。推进新型工业化,科教兴国是第一位的战略,科技含量高是第一位的要求,信息技术是最新技术,必须发挥科学技术作为第一生产力的重要作用,以信息化带动工业化,以工业化促进信息化,增强自主创新能力,实现技术跨越式发展;人力资源优势得到充分发挥,是科教兴国战略的重要目标,必须深化科技和教育体制改革,促进科技教育同经济结合,注重依靠科技进步和提高劳动者素质改善经济增长质量和效益。推进新型工业化,可持续发展是一个重大战略,资源消耗低、环境污染少是可持续发展的内在要求,必须坚持节约资源、保护环境的基本国策,实现人口、资源、环境协调发展。推进新型工业化,经济效益好是重要目标,科技含量高、资源消耗低、环境污染少、人力资源优势得到充分发挥都是为了经济效益好,必须用尽可能少的资源、劳动投入取得尽可能多的产出,最大限度地满足社会需要即人的全面发展的需要。这两大战略、一个方针、五项要求体现了新型工业化道路最鲜明的中国特色。

五、新型工业化的特点

中国特色新型工业化"新"在哪里? 概括地讲,相对于我国原有的工业化是新型的,相对于西方发达国家和新兴工业化国家的工业化也是新型的。

新型工业化是以人为本的工业化。推进新型工业化,其目的是实现现代化,提高各族人民的生活水平。新型工业化是以满足人的需求和全面发展为目标,注重人力资源开发,充分发挥人力资源优势,做到工业化为了人民、工业化依靠人民、工业化成果由人民共享。

新型工业化是信息化的工业化。21 世纪以信息技术为核心的新技术革命方兴未艾。牢牢把握信息化时代带来的历史机遇，发挥后发优势，以信息化带动工业化，乃是我国新型工业化有别于传统工业化的最显著特征。信息化是新型工业化的灵魂和核心。信息化贯穿新型工业化全过程，中国特色新型工业化道路的精髓就在于大力推进信息化与工业化融合。没有信息化，就没有新型工业化。

新型工业化是注重自主创新的工业化。自主创新是新型工业化的动力。新型工业化内涵五项要求中，科技含量高是统率其他四项要求的"纲"，是发挥后发优势，转变发展方式的中心环节。切实增强自主创新能力是实现中国特色新型工业化的关键。

新型工业化是市场经济条件下的工业化。我国传统工业化是在高度集中的计划经济体制下进行的，而新型工业化是在我国社会主义市场经济体制初步建立、经济全球化深入发展的条件下进行的。要切实把握时代赋予的历史机遇，既要坚持扩大内需的长期方针，不断提高城乡居民特别是农民收入水平，开拓国内市场；又要坚持"引进来"和"走出去"相结合，利用两个市场、两种资源，开拓国际市场，为我国新型工业化拓展更广阔的市场空间。

新型工业化是统筹发展的工业化。新型工业化不同于我国传统工业化主要通过工农业产品剪刀差和农业税积累资金，而是坚持以工补农、以城带乡，把改变城乡二元结构、促进农民向第二、三产业转移作为历史性任务，统筹城乡、区域、经济社会协调发展和人与自然和谐发展。

新型工业化是可持续发展的工业化。可持续发展是新型工业化的根本要求。可持续发展的理念要渗透到新型工业化的每一个环节、每一个领域，吸取发达国家在传统工业化过程中浪费资源、破坏生态、污染环境，实行"先污染、后治理"的教训，走出一条资源消耗低、环境污染少的可持续发展新路子。

新型工业化是和平发展的工业化。当今主要发达国家在其工业化进程中都曾借助于对殖民地或半殖民地的掠夺与剥削，这是传统工业化的一个历史特点。中国是社会主义国家，中国提出走新型工业化道路，是向全世界昭示和平发展纲领。新型工业化是在过去几十年努力的基础上，完全依靠自身力量来实现工业化。

新型工业化的特点是新的历史条件所赋予的时代特点，新型工业化是以科学发展观为指导的工业化，是科学发展观在工业化进程中的具体化。

第二节　走有内蒙古特点的新型工业化道路

2008年3月，在全国"两会"期间，胡锦涛总书记参加西藏代表团审议时说，要按照科学发展观的要求，把中央的方针政策同西藏实际紧密结合起来，走有中国特色、西藏特点的发展路子。胡锦涛总书记对西藏工作提出的要求，同样符合内蒙古的工作。深入贯彻落实科学发展观，执行中央的方针政策，必须从内蒙古实际出发，同内蒙古的具体实际紧密结合起来，既要体现中国特色，又要突出内蒙古特点。

内蒙古正处于从传统工业化向新型工业化转变的关键阶段。对这个阶段工业发展的特征，在上篇第八章第二节里做过分析。总的来看，发展来势较好，增长速度较快，企业利润较高，同时发展代价较大，矛盾和问题较多。具体地讲，信息化带动工业化不力，自主创新能力较低；工业超常速增长没有带来更多就业岗位，采掘业、制造业从业人员大幅下降，人力资源优势没有得到充分发挥；投入高、能耗高、排放高、污染高，能源、资源、环境、技术的瓶颈制约日益突出，节能减排难度加大；产业集中度较低,优势特色产业规模还较小;产业链条短,集群化发展不够,资源综合开发利用水平还不高等。

内蒙古工业发展中的突出矛盾和问题,既反映了工业化进程的一般特点,也凸现了内蒙古工业化的具体特征。从本质上讲,这些矛盾和问题是工业增长方式问题,是工业结构问题,包括产业结构、行业结构、企业规模结构、产品结构、地区结构、投资结构,也包括生产技术水平结构、劳动者结构、就业结构,还包括所有制结构、分配结构,等等。所以,加快转变增长方式,加速调整结构,是内蒙古工业由传统型向新型跨越的关键。应按照党的十七大关于坚持走中国特色新型工业化道路,大力推进信息化与工业化融合的战略部署,结合内蒙古工业发展实际,大力推进五个融合,通过五个融合促进增长方式转变,推动工业结构优化升级,实现工业由大变强的目标。

一、关于内蒙古工业化的"五个融合"

走进前列,内蒙古必须走中国特色新型工业化道路,必须认真落实新型工业化的两大战略、一个方针、五项要求,而且必须与内蒙古工业化进程的实际紧密结合起来,必须与解决内蒙古工业化进程中的突出矛盾和问题紧密结合起来,走出一条有中国特色、内蒙古特点的新型工业化道路。这就是大力推进信息化与工业化融合、资本密集型产业与劳动密集型产业融合、资源性产业与非资源性产业融合、公有制经济与非公有制经济融合、大企业与中小企业融合。

推进"五个融合"是内蒙古坚持走中国特色新型工业化道路的特点。所谓"融合"是指事物发展过程中不同形态事物之间的有机统一和一体化发展。大力推进"五个融合",就是要把握好内蒙古工业化进程中相关产业和市场主体之间相互联系、相互依托、相互影响的关系,促进其有机统一、协调发展。大力推进信息化与工业化融合，是用以信息技术为代表的高新技术和先进适用技术改造提升传统工业产业，把增强自主创新能力作为调整工业结构、转变工业增长方式中心环节的主要途径。大力推进资本密集型产业与劳动密集型产业融合，是工业带动就业、带动百姓增收，充分发挥人力资源优势的重要举措。大力推进资源性产业与非资源性产业融合，是加快转变工业粗放型增长方式，在节能减排上取得实质性突破的根本措施。大力推进公有制经济与非公有制经济融合，是深化企业改革，以现代产权制度为基础，发展混合所有制经济，增强经济活力的有效形式。大力推进大企业与中小企业融合，是提高产业集中度，延长产业链条，推动集群化发展，促进工业由大变强的必然选择。

这"五个融合"是紧密结合内蒙古工业化实际，大力实施科教兴国战略和可持续发展战略，坚持以信息化带动工业化，以工业化促进信息化，达到科技含量高、经济效益好、资源消耗低、环境污染少、人力资源优势得到充分发挥要求的系统性对策。这些对策旨在紧密结合内蒙古工业化实际，贯彻落实党的十七大关于加快转变经济发展方式，推动产业结构优化升级的战略部署。大力推进"五个融合"，要深入理解加快转变经济发展方式的内涵，以及转变经济发展方式与调整产业结构的关系。党的十七大报告对转变经济发展方式、调整产业结构做了非常精辟的论述："加快转变经济发展方式，推动产业结构优化升级。这是关系国民经济全局紧迫而重大的战略任务。要坚持走中国特色新型工业化道路，坚持扩大国内需求特别是消费需求的方针，促进经济增长由主要依靠投资、出口拉动向依靠消费、投资、出口协调拉动转变，由主要依靠第二产业带动向依靠第一、第二、第三产业协同带动转变，由主要依靠增加物质资源消耗向主要依靠科技进步、劳动者素质提高、管理创新转变。"

在这里，党的十七大报告第一次用"转变经济发展方式"的提法替代了党的十四届五中全会提出的"转变经济增长方式"的提法。这是一个重要的变化，虽然只是两个字的改变，却寓意深远，意义重大，针对性和指导性更强，体现了对实践经验的总结和理论认识的深化，说明我们党对经济发展规律的认识更全面、更深刻了。经济增长方式与经济发展方式，两者既相联系又有区别。一般来讲，经济增长方式是指通过要素结构变化包括生产要素数量增加和质量改善来实现经济增长的方法和模式，强调的主要是提高经济增长效益，是就增长过程中资源、劳动、资本等要素投入的效率而言。经济增长方式又分为粗放型增长方式和集约型增长方式两种模式。通常把主要依靠增加生产要素投入、单纯追求投资规模扩大和产值数量扩张的增长方式称为粗放型增长方式或外延扩张式增长方式。通常把注重依靠科技进步和提高劳动者素质、加强管理、改善效益、提高效率的增长方式称为集约型增长方式或内涵提升式增长方式。"转变经济增长方式"指的就是由粗放型增长方式向集约型增长方式转变。与经济增长方式比，经济发展方式的内涵更加丰富，除了涵盖经济增长方式的含义外，还对经济发展的理念、战略和途径等提出了更高要求，强调的不仅是提高经济增长效益，还包括促进经济结构优化、经济增长与资源环境相协调，以及发展成果的合理分配等，既涵盖要素结构的变化，又包括产业结构、需求结构、城乡结构、区域结构的变化，也包括资源和生态环境状况、人民生活水平等。"转变经济发展方式"，既要求从粗放型增长转变为集约型增长，又要求从通常的经济增长转变为全面协调可持续的经济发展。所以，用"转变经济发展方式"替代"转变经济增长方式"，是科学发展观的题中应有之义，是深入贯彻落实科学发展观的必然要求。

党的十七大报告强调"三个转变"，从需求结构、产业结构、要素结构等方面对经济增长提出了新的更高的要求，这是转变经济发展方式的重点任务和基本途径。走有内蒙古特点的新型工业化道路，大力推进"五个融合"，就要把转变经济发展方式、推动产业结构优化升级作为战略任务，大力推进信息化，以信息技术改造提升传统工业产业，创新企业技术工艺，提高产品科技含量，充分发挥人力资源优势，由主要依靠增加物质资源消耗向主要依靠科技进步、劳动者素质提高、管理创新转变，达到信息化与工业化融合；大力发展劳动密集型产业，最大限度地扩大就业容量，增加百姓收入、增强消费能力，由主要依靠投资拉动向依靠消费、投资、出口协调拉动转变，达到资本密集型产业与劳动密集型产业融合；大力发展非资源性产业，延长产业链条，发展生产性服务业，承接非资源性产业转移，促进资源综合利用，由高耗能、高排放、低效率向低耗能、低排放、高效率转变，达到资源性产业与非资源性产业融合；大力发展个体私营工业企业，以现代产权制度为基础，发展混合所有制经济，达到公有制经济与非公有制经济融合；大力发展中小企业，扩大产业规模，提高产业集中度，实现产业集群化发展，从制造原材料和初级产品为主向制造中间产品、最终消费品为主转变，达到大企业与中小企业融合。

二、大力推进信息化与工业化融合

党的十七大报告强调，要全面认识工业化、信息化、城镇化、市场化、国际化深入发展的新形势新任务。这是第一次把信息化与工业化、城镇化、市场化、国际化并提，在大部门体制改革中又新组建了国务院工业和信息化部，这些都表明中央更加重视信息化建设。大力推进信息化与工业化融合，具有重大战略意义。新型工业化是信息化时代的工业化，信息化将贯穿新型工业化全过程。没有信息化，就没有新型工业化。

内蒙古的信息化还比较落后，2007年，内蒙古电子信息产业销售收入仅为 370 亿元,其中,电子信息产品制造业销售收入 113.4 亿元,增长 8％,软件业销售收入 18.5 亿元,增长 17.8％,信息服务业销售收入 132 亿元,增长 17.6％。内蒙古电子信息产业主要集中在呼和浩特、包头两市,内蒙古电子信息产业企业 163 户,其中电子信息产品制造企业 38 户,主要集中在呼和浩特;软件企业 125 户,主要集中在包头。[①] 内蒙古电子信息产业小而弱,信息技术应用水平较低,还没有形成信息化对工业化的带动作用;自主创新能力比较弱,产业缺乏具有自主知识产权的核心技术和关键技术,科技进步对工业化的支撑作用不强。解决这些突出的问题,正是内蒙古加快信息化发展的内在要求。只有大力推进信息化与工业化融合,才能解决这些问题。

信息化是在工业、农业、服务业和科技等社会生产生活各个方面应用信息技术,开发利用信息资源,加速推进现代化的过程。信息化是工业化发展到一定阶段的产物。工业化为信息化奠定了物质技术基础,同时对信息化发展提出了广泛的应用需求,是拉动信息化的重要力量。大力推进信息化与工业化融合,能够使信息化发展获得持续动力。信息化与工业化融合,是运用信息技术改造提升传统产业,创造新的产业,其本质是在实现工业化的过程中,在国民经济各部门和社会各个领域广泛应用信息设备、信息产品、信息技术,充分发挥信息化的作用,做到既使信息化带动工业化,又使工业化促进信息化,工业化和信息化都能又好又快发展,进而促进经济社会协调发展。大力推进信息化与工业化融合,既是实现工业化的正确途径,也是发展信息化的正确途径。

大力推进信息化与工业化融合,要普遍应用信息技术。信息技术具有高渗透性、高倍增性、高带动性的特点,可以渗透于

---

① 　内蒙古信息化办公室资料,2008 年 4 月。

产品研发、设计、制作、管理、营销等整个过程之中，并大大提升产品质量、效率与效益，使制造业等传统产业在与高新技术结合的基础上得到更好更快的发展。要大力推进工业技术研发信息化、产品设计数字化、制造设备信息化、生产过程信息化、产品流通信息化、市场营销信息化、企业管理信息化。通过广泛应用信息技术，用以信息技术为代表的高新技术改造提升传统产业，提高资源利用率和投入产出率，促进优势特色产业做大做强。

大力推进信息化与工业化融合，要突出重点和选准突破口。注重利用信息技术推动节能减排工作，以电力、煤炭、钢铁、有色、建材、化工为重点，开发和推广节约能源资源、替代能源资源、循环利用资源和治理污染的先进适用技术，促进节约生产、清洁生产，鼓励和支持发展循环经济；开发和应用适合行业生产特点的综合数字控制系统，提高生产过程的自动化、智能化水平和监控的信息化水平，大幅降低资源能源消耗和污染物排放，为实现降低单位 GDP 能耗和减少污染物排放目标创造条件。

大力推进信息化与工业化融合，要努力提高自主创新能力。信息技术的发展具有高创新性，技术进步的速度非常快。因此，要加大自主创新投入力度，大幅提高 R&D 投入占 GDP 比重和企业销售收入比重，努力掌握核心技术和关键技术；要瞄准信息技术和先进制造技术发展前沿，根据 6 个优势特色产业结构优化升级的需求，着力在关键领域实现突破，为推进信息化与工业化融合提供技术支撑；要加快建立以企业为主体、市场为导向、产学研相结合的技术创新体系，引导和支持创新要素向企业集聚，促进科技成果向现实生产力转化。

大力推进信息化与工业化融合，要加快培养信息技术人才。推进信息化与工业化融合，人才是关键。内蒙古推进信息化与工业化融合，最大的制约是人才缺乏。高等院校应培养掌握信息技术和工业经济管理等知识的复合型人才，职业技术院校应加强对工程技术人员进行信息技术再培训,通过设立重大研究开发专项和产学研技术合作平台等措施培养高端人才。同时应通过多种渠道、采取多种模式,引进信息技术和工业经济管理方面的人才,为推进信息化与工业化融合所用。

大力推进信息化与工业化融合,要不断深化改革开放。信息技术的发展具有高投入性,需要高强度的资金投入和智力投入。推进信息化与工业化融合,要放宽市场准入,减少和规范行政审批,鼓励社会资金参与信息化建设;深化国有企业公司制、股份制改革,健全现代企业制度,积极发展非公有制企业,为推进信息化与工业化融合创造良好的微观基础;鼓励信息技术研究开发企业与工业企业联合,为推进信息化与工业化融合搭建合作平台;积极吸收和借鉴利用信息技术改造传统产业的先进做法和经验,为内蒙古推进信息化与工业化融合所用。

专栏 2—2

信息化、信息化与工业化

信息化是指人类通过发展和广泛应用现代电子信息技术,不断提高对信息资源的开发利用水平,引致国民经济、社会、生活方式和制度连续发生的由低级状态向高级状态演化的过程。具体地讲,信息化是由现代电子信息技术的发展推动的,信息技术是信息化的要素之一;信息化是一个动态的过程,是由一种状态到另一种状态的连续的过程;信息化虽由信息技术引起,但又超越了一般意义上的技术,是人类生产生活方式和生产工具发展的过程;信息是与物质、能量并立的世界基本组成要素之一,信息化不断演进就是为了更好地利用信息资源。

当今世界已进入信息化时代，一些主要发达国家早已进入后工业化社会，而以信息产业为代表的高新科技产业为其主导产业。我国新型工业化是在信息化时代进行的工业化。就经济和科技发展水平讲，我国新型工业化是信息化时代的工业化，同时我国工业化阶段与发达国家的信息化阶段相比，又落后一个历史性阶段，我国新型工业化正是在这种特殊的时代背景下进行的。信息化时代给我国提供了巨大历史机遇，把握住这个巨大历史机遇，是我国在信息化时代推进工业化的基本战略，牢牢把握信息化时代给我国提供的巨大历史机遇，乃是我国新型工业化道路有别于传统工业化模式的一个最重大的特征。我们知道，主要发达国家在长达200多年的时间里曾先后促使机械化、电气化、自动化等科技力量推进与实现工业化，它们当时根本不知道信息化为何物。当今我国推进工业化虽比主要发达国家晚了200多年，但我们却可以用信息化来带动工业化，以工业化促进信息化。当然，用信息化带动工业化，绝不是用信息化"代替"工业化，其带动作用主要体现在用以信息技术为代表的高新技术和先进适用技术改造传统产业，大力推进信息化与工业化融合。以信息技术为代表的高新技术，对于制造业等传统产业有很强的渗透力和提升力，信息技术可以渗透于从产品设计、研发、制作、管理、营销等整个过程之中，并大大提升产品质量、效率与效益，使制造业等传统产业能在与高新技术结合的基础上得到更快更好的发展。以信息化带动工业化，是历史赋予我们的最重要的后发优势。

【信息化与工业化】信息化和工业化特别是传统工业化是既有区别也有一定联系的两个概念，是两个性质不同的社会历史过程。

信息化给我国工业化道路注入了有别于传统工业化模式

的新内涵,新型工业化是在信息革命背景下充盈信息化的工业化。科学技术是第一生产力,信息技术是这个时期最具活力和影响的科学技术,因此,推进信息化也是发展第一生产力,信息化贯穿新型工业化的全过程和每一环节。以信息化带动工业化,以工业化促进信息化,是中国 21 世纪走新型工业化道路的必然选择。

　　走新型工业化道路,既是我国工业化理念和路径的创新,也是工业化模式和标准的创新。走新型工业化道路的实质是转变经济发展方式,改变以往西方国家发展过程中以矿物燃料为基础的工业化模式,按照可持续发展的要求,在经济发展中像利用物质资源和能源一样充分利用信息这一要素,以信息替代和减少物质资源的消耗,实现可持续发展。新型工业化,从狭义上讲,是指以可持续发展为基础、由信息化带动的、信息化与工业化有机结合的经济发展过程。从广义上讲,是指一个国家或地区以可持续发展方式向以信息化为基础的社会的转化过程,这一转变不仅限于技术层面、工具的改变,还包括了人们的分工、管理体制、工作方式、生活方式,直到思想观念的全面变革。

　　新型工业化是信息化时代的工业化,其实质是符合可持续发展与信息化要求的产业结构升级和就业结构调整。(资料来源:赵国鸿:《论中国新型工业化道路》,人民出版社 2005 年版)

三、大力推进资本密集型产业与劳动密集型产业融合

　　所谓资本密集型产业,是指在单位产品成本中,资本成本所占比重较高,而劳动成本所占比重较低的产业。所谓劳动密集型产业,是指生产主要依靠大量使用劳动力,而对技术和设备的

依赖程度低的产业，其衡量标准是在生产成本中，工资所占比重较高，而设备折旧及研发支出所占比重较低。根据内蒙古工业吸纳就业能力较低、城乡居民收入与全国平均水平的差距不断拉大的实际情况，在一定时期内，继续发展资本密集型、技术密集型产业的同时，更加注重因地制宜地发展劳动密集型产业，大力推进资本密集型产业与劳动密集型产业融合，是非常必要的。这样做，是坚持以人为本、稳定提高城乡居民收入、不断改善人民群众生活水平的需要，既符合充分就业要求，也符合产业层次性发展规律。

从要素密集度看，内蒙古工业是以资本密集型产业为主的结构。这是近几年以投资拉动为手段，以大项目、大企业为重点，使能源、冶金、化工等重化工产业加速发展的必然结果。内蒙古第二产业就业人员由 2000 年的 182.4 万人减少到 2006 年的 168.0 万人，规模以上工业企业从业人员年平均人数由 1996 年的 154.24 万人下降到 2007 年的 93.3 万人。内蒙古工业超常速增长，规模迅速扩大，而就业从业人员数量却大幅下降，说明工业结构不利于拉动就业，就业容量大的劳动密集型产业发展不够。因此，在调整工业结构的过程中注重发展劳动密集型产业，大力推进资本密集型产业与劳动密集型产业融合是一个符合实施扩大就业战略的选择。

大力推进资本密集型产业与劳动密集型产业融合，要着力发展社会化大生产。纵观工业化的历史，推动工业发展的主要是两个关键因素：一个是科学技术的进步，另一个是社会分工的发展。由于长期受小农经济生产方式的影响，目前，生产、流通和消费过程的社会化程度很不充分，自成体系、"大而全"、"小而全"的状况仍然普遍存在。推进资本密集型产业与劳动密集型产业融合，就要按照社会化大生产的要求，从两个方面调整产业组织方式，推进专业化分工、社会化协作，可以在不增加多少资源投入的条件下发展劳动密集型产业,增加更多就业岗位,提高生产要素配置效率。一方面,积极引导资本密集型产业分离劳动密集型生产流程、服务外包,或者围绕配套资本密集型产业的劳动密集型生产流程、服务需求,加快发展相应的劳动密集型产业。通过这样调整产业组织形式,推进专业化生产,既可扩大就业,又能提高效率和效益。另一方面,积极引导资本密集型特别是加工组装型核心企业,着力推进加工组装型制造业社会化协作和专业化分工。内蒙古大多数企业专业化分工程度低,企业从原材料采购、生产加工到产品组装和包装,大部分生产过程都在企业内部完成。从社会化大生产的角度讲,如果没有小而专的小企业配套,就没有大而强的大规模生产。在专业化分工的条件下,小而专、小而精的企业,是实现大批量、大规模生产的基础。产业组织结构调整应大力推进核心企业外部的专业化分工,从而带动劳动密集型产业发展。

　　大力推进资本密集型产业与劳动密集型产业融合,要着力发展县域经济。县域经济特别是县城经济,是县域发展的龙头,也是扩大就业尤其是让农村牧区富余劳动力就近转移就业的重要载体。从县域经济的发展看,既有加快发展劳动密集型产业的需要,也有加快发展劳动密集型产业的条件。在一个县域范围,县城即旗县所在地镇的基础设施较为完善,交通条件较为方便,教育科技卫生文化事业发展较好,生产生活服务比较便利,有不少旗县还开辟了工业园区。着力发展县域经济,要立足于统筹城乡发展,科学规划县域产业发展,发挥旗县所在地镇综合性功能较好、要素集聚力较强的优势,发挥本旗县资源优势,突出旗县地方特色,优先发展劳动密集型产业,包括围绕大中城市资本密集型产业配套发展劳动密集型产业,逐步达到资本密集型产业与劳动密集型产业融合,提供更多的就业岗位,营造更好的创业环境,为农村牧区富余劳动力就近转移就业、增收致富创造条件。

大力推进资本密集型产业与劳动密集型产业融合，要着力发展现代家庭加工业。发展现代家庭加工业，是东部发达地区发展劳动密集型产业，引导农民在第二、三产业就业，以创业带动就业，增加百姓收入的成功经验。内蒙古完全可以因地制宜地借鉴东部发达地区的好经验，从自己的实际出发，发展有内蒙古特点的现代家庭加工业。发展现代家庭加工业，要大力扶持能人创业，从融资贷款、税费减免、工商登记、信息咨询等方面予以积极支持。现代家庭加工业是老百姓的劳动密集型产业。发展现代家庭加工业是以创业带动就业的重要载体，是增加百姓收入、有效扩大内需的重要途径。若从做大 GDP、做大财政收入数字出发，那么，发展现代家庭加工业肯定不如引进一个大企业来得快。但发展现代家庭加工业是老百姓的事业，是老百姓的利益所在。假如千千万万个现代家庭加工业发展起来，其规模、贡献，不是一个或几个大企业能够比得了的，发达地区的经验证明了这一点。绝不是说引进大企业发展大企业不重要不要搞，而是说这两头都重要，都应该搞，不应偏废。

大力推进资本密集型产业与劳动密集型产业融合，要着力培养创业型人才。扩大内需、促进发展，扩大就业、增加百姓收入，最重要者莫过于把百姓特别是其中的能人培养成创业型人才，使其自谋职业、自主创业。有一大批创业型人才投身于创业，不仅自己增加收入、一个家庭富裕起来，还能带动更多的人实现就业、增加收入。因地制宜、因人制宜地培养创业者，不比搞"形象工程"、"政绩工程"更为容易，但对老百姓来说更为重要、更为长远、更为迫切、更为刻不容缓。作为领导者迫切需要的，不是急功近利，而是整合所有教育资源，调动一切积极因素，加大财政投入力度，扎扎实实地办好职业技术教育，卓有成效地开展创业技能培训，把培养创业者这件利国利民的大事办实办好。

大力推进资本密集型产业与劳动密集型产业融合,要着力完善体制机制。不论是发展社会化大生产,发展县域经济,还是发展现代家庭加工业,培养创业型人才,都需要创造有利的发展环境、制定有力的扶持政策和实行有效的激励机制。有人说,在扶持百姓就业、支持能人创业上,要像对待跨国公司一样对待夫妻店。这话非常深刻。从直观上说,一个夫妻店无论如何不能与一个跨国公司的分量和作用相比,但从老百姓的切身利益讲,从与老百姓日常生活的相关性讲,类似夫妻店这样的就业形式、收入来源对老百姓更为重要。从执政者的价值取向上讲,两者都是市场主体,两者是平等的,同样看待、平等对待,理所应当。

四、大力推进资源性产业与非资源性产业融合

所谓资源性产业、非资源性产业是相对的,没有特别明确的界限。所有产业的发展都要利用一定的资源,不是利用自然资源就是利用社会资源,不是利用物质资源就是利用非物质资源,而且往往是综合利用各类资源。然而,资源性产业和非资源性产业又有区别,其主要区别在于前者多指直接利用自然资源、物质资源的产业,后者多指利用社会资源、非物质资源或把资源性产业中间产品作为原料的产业。

资源性产业往往是能源资源消耗较多、污染物排放较高,而非资源性产业一般具有能源资源消耗较少、污染物排放较低、就业容量较大的特点。两者发展的条件不同,对环境造成的影响也不一样,但往往又互为条件、相互补充、相互促进,融合性很强。以资源性产业为主的地区注重发展非资源性产业,对节能减排有重要现实意义,等于是做大分母而减少分子。当然,大力推进资源性产业与非资源性产业融合,其意义不仅仅止于节能减排。

内蒙古工业以资源性产业为主,大力推进资源性产业与非资源性产业融合,是转变发展方式、优化产业结构的需要,是促

进节能减排、保护生态环境的需要，是延长产业链、促进产业集群化发展的需要，是扩大就业、提高城乡居民收入的需要。大力推进资源性产业与非资源性产业融合，内蒙古有条件、有优势、更有机遇。能源资源是战略资源，我国人口多、人均资源量少，能源资源紧缺始终是我国经济发展的瓶颈制约，而且这种瓶颈制约将长期存在。内蒙古作为能源资源大区，在国家经济发展全局中居于重要地位，内蒙古能源资源的开发利用对全国经济发展具有重大意义。江泽民提出"力争使内蒙古成为我们国家下一个世纪经济增长的重要支点"，其战略着眼点也正在这里。内蒙古理应成为国家经济增长的重要支点，为国家经济发展全局做出重大贡献。这是内蒙古发展的优势，也是内蒙古发展的机遇。其优势和机遇不仅在于利用富集的资源大力发展资源性产业，而且要通过延长资源性产业的产业链，大力发展非资源性产业。比如，近年来国际石油涨价导致石油化工产业成本不断提高，对内蒙古煤化工产业大发展带来机遇，而煤化工的产业链条长，对发展非资源性产业带动力就比较强。

大力推进资源性产业与非资源性产业融合，要下工夫延长资源性产业的产业链条。延长资源性产业的产业链，是做大做强内蒙古6个优势特色产业的主要途径。内蒙古6个优势特色产业以资源性产业为主，其中钢铁、有色金属、建材、化工和农畜产品加工等产业的精深加工还很不够，有的刚刚起步，延长产业链条的空间很大。从提升资源综合利用水平，提高经济效益的要求讲，必须延长产业链，必须发展精深加工，必须生产最终消费品，绝不能停留在出卖原料、原材料、初级产品的水平上。否则，永远不能扭转"挖出一个大坑（开采）、堆起一座高山（尾矿）、污染一片草原、留下一方穷地"，而加工和销售环节利润全让别人赚走的资源利用模式。

大力推进资源性产业与非资源性产业融合，要下工夫发展生产性服务业。推进资源性产业与非资源性产业融合,需要现代服务业为其融合提供条件和有效服务,包括技术创新、产品设计、现代物流、网络营销、金融保险、教育培训、数字控制、信息化管理等,而且服务业作为非资源性产业本身就需要与资源性产业很好地融合。围绕资源性产业加快发展服务业,特别是加快发展现代服务业,这既是改造提升第二产业的需要,也是加快发展第三产业,提高其比重的需要,更是增强产业吸纳就业能力,增加城乡居民收入、扩大内需的需要。下工夫发展生产性服务业,就要适应各个产业生产经营对服务业的需求,统筹兼顾、科学规划,市场主导、机制激励,降低门槛、提高层次,加大投入、减少卡要,放宽政策、加强监管,全民创业、必见成效。

大力推进资源性产业与非资源性产业融合,还要抓住难得机遇承接产业转移。产业转移指的是一国或一个地区的产业,通过企业跨国或跨地区投资,在不同国家和地区之间的转移与升级现象。产业转移是经济全球化和地区发展差异化的直接结果:企业为了在更大范围内配置资源和开拓市场,将生产或者部分研发环节转移到低生产成本或市场潜力较大的国家和地区。产业转移直接关系国家和地区经济之间的优势转换和经济格局的此消彼长。对转出方来说,可以为新一轮产业结构升级腾出空间,对承接方来说,一般能迅速建立起新的产业体系,并带动相关产业的发展。目前,经济全球化深入发展,世界范围的产业转移方兴未艾;国内东部发达地区土地趋于紧缺,劳务成本提高,资源环境制约增加,产业转移势在必行。国际非资源性加工产业和我国发达地区相关产业向西部地区转移是一个较长时期的现象。内蒙古有条件、有优势承接国际国内产业转移,借此发展非资源性产业,推进资源性产业与非资源性产业融合。当然,内蒙古要承接国际国内产业转移特别是非资源性产业转移,但不要落后过剩产能转移。

五、大力推进公有制经济与非公有制经济融合

个体、私营等非公有制经济是我国经济的重要组成部分，是国民经济发展的重要推动力量。坚持"两个毫不动摇"方针，鼓励、支持、引导非公有制经济发展，坚持平等保护物权，形成各种所有制经济平等竞争、相互促进新格局，是党的十七大做出的重大部署。个体、私营等非公有制经济具有经营机制活、成长性好、应变能力强、就业容量大等特点。加快发展非公有制经济，大力推进公有制经济与非公有制经济融合，有利于深化国有企业公司制、股份制改革，健全现代企业制度；有利于推进集体企业改革，发展多种形式的集体经济、合作经济；有利于打破行业垄断，引入竞争机制，以现代产权制度为基础，发展混合所有制经济；有利于调整产业结构，增强经济活力；有利于扩大就业，增加城乡居民收入。

"十五"以来，内蒙古非公有制经济增长速度加快，总量不断扩大，特别是私营企业增加较多，非公有制经济发挥着吸纳就业主渠道的作用。2007年与2000年相比，非公有制经济增加值由354亿元增加到2430亿元，占GDP的比重由23％提高到40％，私营企业数量由2.7万户增加到6.3万户。与此同时，非公有制经济单位数量在下降，吸纳就业能力也在下降，私营企业规模偏小，竞争力不强。2007年与2000年相比，非公有制经济单位由83.4万户减少到57.2万户，减少了26.2万户，其中，个体工商户由80.7万户减少到50.9万户，减少了29.8万户。2006年，内蒙古非公有制企业占全国非公有制企业494.7万户的1.1％；内蒙古非公有制企业注册资金超过1000万元的只有300多户，不到总数的1％。2007年与2000年相比，内蒙古非公有制经济从业人员由201.1万人减少到176.5万人，减少了24.6万人。2006年，内蒙古非公有制企业从业人员占全国非公

有制企业从业人员 1.45 亿人的 0.5%。

以上数据说明,近几年内蒙古非公有制经济发展较快,但从总体上、全局上看,还比较落后,不要说与发达省份比,同全国平均水平的差距就很大。非公有制经济单位大量减少的原因无非是这几个方面:一是个体工商户中的一小部分经营比较好,已经扩张为私营企业;二是非公有制经济发展环境不是改善了,可能还不如从前了;三是不少个体工商户由于经营不善而倒闭了,新增的远远没有倒闭的多;四是随着市场竞争的日益激烈,私营企业主和个体工商户的素质能力适应不了,而加强培育培训的工作却没有相应跟上去。非公有制经济单位大量减少,导致非公有制经济从业人员数量下降,吸纳就业能力下降,这是必然的事情。由此导致的内蒙古非公有制企业数量和非公有制企业从业人员数量占全国的比例与内蒙古经济总量和人口数量占全国的比例不相称,也是必然的事情。所以,加快发展非公有制经济,大力推进公有制经济与非公有制经济融合,从而不断增强内蒙古经济活力,尽快培育内生性增长机制,形成全民创业新格局,稳定增加城乡居民收入,也是必须做好的事情。

大力推进公有制经济与非公有制经济融合,要着力发展混合所有制经济。这是切实增强内蒙古经济活力的需要。党的十七大提出,以现代产权制度为基础,发展混合所有制经济。发展混合所有制经济,是推进公有制经济与非公有制经济融合的融合点。发展混合所有制经济,既是发展公有制经济的有效实现形式,也是非公有制经济发展空间的新拓展,而其融合的基础是现代产权制度。改革开放以来,内蒙古国有企业改革取得显著成效,国有企业经营管理不断改善,国有资产得到保值增值,职工工资大幅提高,为内蒙古经济发展做出了突出贡献。目前内蒙古国有企业数量不多,但国有经济比重较高,发展中还存在一些突出的矛盾和问题,比如,国有企业尚未建立起规范的现代企业制度，企业自主创新能力还不强，产业层次较低，产品结构处于低端，资产所有制结构较单一，经营管理体制不完善，发展后劲不足等。解决这些矛盾和问题，应认真落实党的十七大精神，深化国有企业公司制、股份制改革，健全现代企业制度，以现代产权制度为基础，采取引进联合、兼并重组等形式，发展混合所有制经济，达到公有制经济与非公有制经济融合。

大力推进公有制经济与非公有制经济融合，要着力推进公平准入。党的十七大报告强调，要推进公平准入，改善融资条件，破除体制障碍，促进个体、私营经济和中小企业发展。推进公平准入，破除体制障碍，是促进个体私营等非公有制经济发展的前提。公平准入，即非禁即入，凡是法律没有禁止的领域，都应允许非公有制经济进入，像对待公有制经济那样平等对待非公有制经济，营造优良环境，提供优质服务，鼓励、支持和引导非公有制经济发展，从而优化所有制结构，形成各种所有制企业相互竞争而又共同发展的局面。为此，必须完善社会主义市场经济体制，破除制约个体私营等非公有制经济发展的体制性障碍，达到公有制经济与非公有制经济融合。

大力推进公有制经济与非公有制经济融合，要着力改善融资条件。融资难是非公有制经济发展的最大制约。破解融资难制约，就要加快推进金融体制改革，发展各类金融市场，形成多种所有制和多种经营形式、结构合理、功能完善、高效安全的现代金融体系，为非公有制经济创造平等的融资条件，满足符合产业政策和环保政策，有市场、有技术、有发展前景企业的贷款需求；就要加强对非公有制经济的财税支持，设立非公有制经济发展专项资金，加大对非公有制企业贷款担保、结构调整、节能减排、技术创新等方面的财政支持。

大力推进公有制经济与非公有制经济融合，要着力加强非公有制经济人力资源开发。内蒙古非公有制经济长不大、做不强的一个关键因素是人力资源开发滞后，人力资本缺失。能不能加强非公有制经济人力资源开发，把人力资源上升到人力资本的高度，特别是能不能把提升私营企业人力资本水平和质量作为提升企业竞争力的核心，成了能不能提升私营企业竞争力的一个关键因素。加快发展非公有制经济，需要着力培养非公有制经济企业家，着力加强对非公有制企业经营管理人员、技术人员和从业人员的能力、技术、技能培训，切实把非公有制经济人力资源提升为人力资本，从而不断增强非公有制经济的竞争力。

六、大力推进大企业与中小企业融合

经济学理论认为，经济的规模是促使产品和服务成本下降的重要因素，无论是在宏观层面还是微观层面都如此。扩大经济规模，在宏观上，既需要扩大企业规模，又需要增加企业数量；在微观上，扩大企业规模、增加企业数量的同时，还需要促进大企业与中小企业的融合。这样，才能达到降低产品和服务成本的目的。国家"十一五"规划纲要提出，要发展具有较强竞争力的大公司大企业集团。党的十七大报告强调，促进工业由大变强，鼓励发展具有国际竞争力的大企业集团。"十五"以来，内蒙古工业超常速增长，工业总量迅速扩大，2007 年与 2000 年相比，工业增加值由 484.19 亿元增加到 2742.67 亿元，增长了 4.7 倍，规模以上工业增加值占全国规模以上工业增加值的比重由 1.10％上升到 2.13％，提高了 1.03 个百分点。但与提高工业层次和竞争力的需要相比，与主导经济发展、增加城乡居民收入的使命相比，与内蒙古走进前列、成为国家经济增长的重要支点的要求相比，其工业总量还很小，大企业规模不大，特别是具有国际国内较强竞争力的大公司大企业集团还没有，中小企业数量不足，大企业与中小企业的融合度也很差。

专栏 2—3

内蒙古大企业大集团

2005 年,内蒙古有规模以上工业企业 2447 家,其中,大中型企业有 365 家,营业收入超过 100 亿元的工业企业只有 5 家,这 5 家企业的营业收入,包钢集团 280 亿元、电力集团 222.8 亿元、伊利集团 118.8 亿元、蒙牛集团 110 亿元、北方电力 100.4 亿元。2005 年中国企业 500 强中,内蒙古只有 6 家。在西部省区市中,内蒙古进入全国 500 强的企业数量少于四川 4 家、云南 3 家和重庆 2 家。2005 年,内蒙古 60 家重点企业平均营业收入 26.17 亿元,合计营业收入 1570.63 亿元,仅相当于上海宝钢的 97％。

2007 年,内蒙古规模以上工业企业增加到 3364 家,其中,大中型企业有 438 家,营业收入超过 100 亿元的企业增加到 8 个:包钢集团 328.5 亿元、电力集团 260.7 亿元、蒙牛集团 211.8 亿元、伊利集团 193.6 亿元、北方电力 139.2 亿元、鄂尔多斯集团 123.3 亿元、霍林河集团 114.6 亿元、伊泰集团 102.3 亿元。

2007 年,内蒙古有上市公司 20 家:内蒙华电、鄂绒 B 股、鄂尔多斯 A 股、伊利股份、富龙热电、远兴能源、ST 平能、明天科技、伊煤 B 股、稀土高科、华资实业、金宇集团、北方股份、亿利科技、西水股份、兰太实业、包钢股份、时代科技、北方创业、露天煤业。(资料来源:2007 年数据:《内蒙古统计年鉴》)

做大做强内蒙古工业,既要扩大其总量,更要提高其质量、改善其结构、提升其层次、增加其效益、增强其竞争力。工业经济有其自身发展规律。工业发展有了一定基础,便需要培育发展一批大企业,否则,工业总量难以扩张,质量效益也难以提高,培育壮大一批带动力强的骨干企业是做大做强工业的必然要求。同时,也需要培育发展千千万万个中小企业,特别是根据工业集群化发展的需要,培育发展大批为大企业配套加工、配套服务的中小企业,这同样是做大做强工业的必然要求。大力推进大企业与中小企业融合,既是拓展大企业规模、增强大企业竞争力的可行选择,也是加快发展中小企业、稳定提高中小企业素质的内在要求。有了中小企业的配套加工和产前、产中、产后服务,大企业可以向产业上游下游同时延伸产业链条,以集群化发展的形式,迅速扩大规模、改善结构、提高效益、增强竞争力。有了核心大企业的产业链联动、技术扩散、经营示范,中小企业可以专业化生产、规模化经营,促进技术创新,不断提高素质,逐步向"专、新、特、精"方向发展。

大力推进大企业与中小企业融合,要统筹发展"如日中天"的大企业和"繁星满天"的中小企业。从微观角度讲,地方经济往往表现为大项目经济、大企业经济,一个地区如果没有支撑经济的大项目、大企业,就很难有快速发展。大型企业一般具有产业链条长、上下游关联度高、辐射带动作用大的特点,在国民经济和社会发展中具有举足轻重的作用。近年来,内蒙古经济之所以能够超常速增长,就是因为上了一批资本和资源密集型大项目,引进了一批规模较大的能源、冶金和化工大企业。资本和资源密集型企业,只有具有一定的规模才有经济性。而企业规模扩大的基础是资本规模的扩大。内蒙古要打造一批具有国际国内竞争力的大企业集团,最为重要的是开放企业资本结构,成为社会多元资本投资的企业,实现资本的多元化、社会化,迅速扩大资本规模和生产规模。同时,还要适应社会化大生产的需要,适应提高产业集中度的需要,大力支持中小企业发展。要努力解决中小企业发展中的突出问题，特别是中小企业融资难问题；加大对中小企业的财税支持，支持中小企业实行产业转型和结构优化升级，提高与大企业的配套协作能力；改善对中小企业的服务，重点加强信用担保和信用服务、技术创新服务、创业培训服务、市场开拓服务、管理咨询服务，建立健全中小企业社会化服务体系。

大力推进大企业与中小企业融合，要培育发展优势特色产业集群。现代企业的竞争，不再完全是单个企业间的竞争，更多的是企业群体之间的博弈，而产业集群则是提高企业群体竞争力的重要形式。所谓产业集群是指以专业化协作配套方式集中生产相关产品的关联企业、配套企业以及相关服务业在同一区域大量集中的产业经济现象。产业集聚度越高，产业集群优势越强，产业竞争力和城市竞争力也就越强。产业集群可以为不同生产力水平的企业构建适宜的发展平台，为不同层次的劳动者提供广阔的就业空间，特别是有利于中小企业的成长。产业集群能够强化专业化分工，充分发挥产业关联和协作效应，降低创新和交易成本，形成规模经济效益，促进生产要素合理流动和优化配置，是工业化发展到一定阶段的必然趋势。6个优势特色产业是内蒙古工业的主力，做大做强优势特色产业是工业发展的主题。2007年，6个优势特色产业增加值占规模以上工业增加值的94.3%，占工业增加值的85.8%，占GDP的38.6%，其中能源、冶金建材和农畜产品加工3个产业增加值占GDP的比重分别达到13.9%、11.7%和6.9%，化工、装备制造和高新技术3个产业所占比重加起来还不到7%。无论是规模较大的前3个产业，还是规模较小的后3个产业，都存在着产业链条短、精深加工不够的问题，同时都具备较好的基础，具有发展产业集群的潜力。内蒙古正在实施的"双百工程"，即一个产业带动百户中小企业、一个园区带动百户中小企业，是培育发展优势特色产业集群的可行模式。"双百工程"成功的关键是提高优势特色产业集中度,发展社会化大生产。核心大企业要加强专业化协作,实施外包加工,把部分生产能力扩散到搞配套协作的中小企业,推进原材料和初级产品精深加工,发展生产性服务,实现集群化发展,以大中小企业的配套协作促进资源优化配置,以资源优化配置促进优势特色产业集中,以产业集中提升产业竞争力,以产业竞争力提升优势特色产业质的飞跃。

大力推进大企业与中小企业融合,要集聚工业企业园区化发展。工业园区是指各类企业和关联企业在共同利用市政工程设施基础上组成的工业企业群所在地。工业园区的特点是投资强度大、产业密度高、服务环境好、吸引力强,是产业集群发展的平台。2007年,内蒙古有工业园区(开发区)46个,工业增加值合计1034.3亿元,其中重点工业园区20个、工业增加值为855.8亿元,其他工业园区工业增加值为178.5亿元。20个重点工业园区中除包头市稀土高新技术产业开发区工业增加值达到176.5亿元之外,其余工业园区工业增加值均在15亿—80亿元之间。其余26个工业园区工业增加值绝大多数不足10亿元。这些数据表明,内蒙古工业企业园区化发展已有了一定的基础和规模,同时规模还比较小,发展潜力很大。工业园区是工业企业发展,特别是大企业与中小企业融合、企业集群发展的重要条件和理想平台。应依据现有基础和条件,按照布局集中、用地集约、产业集聚的要求,加强工业园区规划和建设,进一步提高工业园区集聚工业企业的能力和水平。要不断完善基础设施,提高服务效率,吸引更多企业入驻,进一步提高其投资强度和产业密度;要依托带动力强、上下游关联度高的核心企业吸引配套企业和关联产业,形成产业规模效应,发展产业集群;要发挥园区优势,大力发展循环经济,以循环为导向集聚产业,使企业之间形成资源共享、副产品互换的产业共生体,提高资源综合利用水平。

第三章 建设有内蒙古特点的 新农村新牧区

内蒙古是农牧业大区,是国家重要的农畜产品生产和加工基地,是国家 13 个粮食主产区之一,也是全国著名的 5 大牧区之一。内蒙古草原面积为 13 亿亩,占土地总面积的 73.3%,占全国草原面积的 21.7%,居全国五大草原第 1 位。耕地面积为 10699.5 万亩,占土地总面积的 6.0%,占全国耕地 18.26 亿亩的 5.86%。2007 年,内蒙古乡村(户籍)人口 1319.85 万人,占总人口的 54.88%。

内蒙古农牧业、农村牧区的改革发展,关系内蒙古走进前列、实现全面建设小康社会宏伟目标的全局,同时也关系全国粮食安全、畜产品供给和构筑北方生态屏障的大局。新形势下推进农牧业、农村牧区改革发展,必须紧密结合内蒙古农牧业、农村牧区实际,全面贯彻党的十七大关于建设社会主义新农村、走中国特色农业现代化道路、加快形成城乡经济社会发展一体化新格局的重要精神和党的十七届三中全会关于推进农村改革发展的重大部署,走出一条建设有内蒙古特点的新农村新牧区的路子。

第一节 党的"三农"工作新理论新实践

建设有内蒙古特点的新农村新牧区,必须深入理解和把握改革开放以来中央关于"三农"工作的新理论、新实践,尤其要全面把握党的十七届三中全会精神,用来武装头脑、指导实践、推动工作。

我国是一个农业大国,长期以来,中央始终高度重视和着力解决农业、农村、农民问题。特别是改革开放以来,坚持把农村改革发展作为党和国家工作的一个重要着力点,从理论和实践上进行了艰辛探索。

1978年,党的十一届三中全会强调指出,调动我国几亿农民的社会主义积极性,"必须在经济上充分关心他们的物质利益,在政治上切实保障他们的民主权利"。从改革开放到20世纪末,分别在1979年的党的十一届四中全会、1991年的党的十三届八中全会、1998年的党的十五届三中全会上通过了3个涉农《决定》。党的十五届三中全会《决定》重申"调动农民的积极性,核心是保障农民的物质利益,尊重农民的民主权利"。从1982年起,中央连续发布5个1号文件指导农业农村工作,奠定了农村的基本经营制度,确立了农户的农村微观经济主体地位,初步形成了农产品市场体系和要素市场体系。

进入新世纪,2002年11月,党的十六大提出了"统筹城乡经济社会发展,建设现代农业,发展农村经济,增加农民收入,是全面建设小康社会的重大任务"的重要论断。"统筹城乡经济社会发展",这是党的政治报告第一次提出这样的重要论断,表明党的农村工作指导思想的重大转变,标志着发展理念的重大变化,是解决"三农"问题思路的重大创新,具有划时代意义。

2003年年初,胡锦涛总书记在中央农村工作会议上的讲话中指出:"为了实现十六大提出的全面建设小康社会的宏伟目标,必须统筹城乡经济社会协调发展,更多地关注农村,关心农民,支持农业,把解决好农业、农村和农民问题作为全党工作的重中之重,放在更加突出的位置,努力开创农业和农村工作的新局面。"此前,中央曾多次强调把农业放在经济工作的首位。从经济工作的首位到全党工作的重中之重,反映了党对"三农"问题的高度重视和认识的进一步深化。

2003年10月，党的十六届三中全会再次提出统筹城乡发展的思想，而且将它放在"五个统筹"之首。确立了统筹城乡发展的基本方略。

2004年9月，胡锦涛总书记在党的十六届四中全会上明确提出了"两个趋向"的重要论断，指出："综观一些工业化国家发展的历程，在工业化初始阶段，农业支持工业、为工业提供积累是带有普遍性的趋向；但在工业化达到相当程度以后，工业反哺农业、城市支持农村，实现工业与农业、城市与农村协调发展，也是带有普遍性的趋向。"在2004年的中央经济工作会议上，胡锦涛总书记进一步强调指出："我国现在总体上已到了以工促农、以城带乡的发展阶段。我们应当顺应这一趋势，更加自觉地调整国民收入分配格局，更加积极地支持'三农'发展"。

从2004年起，根据"三农"工作的新形势，中央又连续发布6个1号文件，实行"多予少取放活"的方针，出台了一系列强有力的政策措施。这些方针政策和重大措施，为我国农村发展和新农村建设奠定了思想基础、提供了理论依据，是近年来农业和农村工作取得巨大成就的制度根源和体制保障。

2005年10月，党的十六届五中全会通过《中共中央关于制定国民经济和社会发展第十一个五年规划的建议》，从社会主义现代化建设的全局出发，提出了建设社会主义新农村的目标任务。

2007年10月，党的十七大第一次提出了走中国特色农业现代化道路和城乡一体化的概念，强调要"建立以工促农、以城带乡长效机制，形成城乡经济社会发展一体化新格局"。

2008年10月，党的十七届三中全会上诞生了改革开放以来党的中央全会通过的第4个涉农《决定》，即《中共中央关于推进农村改革发展若干重大问题的决定》。这个《决定》深刻总结了 30 多年农村改革发展的伟大实践和基本经验,深入分析了当前农村改革发展面临的矛盾和问题,明确提出了新形势下推进农村改革发展的指导思想、发展目标、重大原则、主要任务和政治保障,并第一次宣布"赋予农民更加充分而有保障的土地承包经营权,现有土地承包关系要保持稳定并长久不变",是指导当前和今后一个时期推进我国农村改革发展的纲领性文件。这个《决定》是共产党以农民为本的行动纲领,充分体现了以人为本思想、改革创新精神和统筹发展方略,通篇贯穿了经济上充分关心农民的物质利益、政治上切实保障农民的民主权利、不断解放和发展社会生产力的改革主线。

改革开放 30 多年来,中央始终坚持经济上充分关心农民的物质利益、政治上切实保障农民的民主权利,极大地调动亿万农民的积极性,不断解放和发展了社会生产力。特别是党的十六大以来,党中央提出了一系列推进农村改革发展的新理念、新思路,从"统筹城乡经济社会发展"到"全党工作的重中之重",从"两个趋向"的重要论断到建设社会主义新农村目标任务的提出,再到"形成城乡经济社会发展一体化新格局"的要求,体现了党对中国特色社会主义建设规律认识的深化和升华。在党的"三农"工作新思想、新理论指导下,我国农村改革 30 多年迈出了三大步。第一步是以家庭承包经营为核心,建立农村基本经济制度和市场机制,保障农民生产经营自主权,一举解决了中国人的吃饭问题。第二步是以农村税费改革为核心,统筹城乡发展,调整国民收入分配关系,"三农"工作出现重要转机,粮食连续 6 年丰收,农民收入年均增长超过 6%。第三步是以促进农村上层建筑变革为核心,实行农村综合改革,解决农村上层建筑与经济基础不相适应的一些深层次问题,农村改革发展已进入重在制度建设的新阶段。

当前,我国农村正在发生新的变革,推进农村改革发展具备许多有利条件，也面对不少困难和挑战，特别是城乡二元结构造成的深层次矛盾突出。党的十七届三中全会《决定》从农村经济体制、农业发展方式、农村社会事业、农村基层组织四个方面，对这些深层次矛盾和问题做出了精辟的分析："农村经济体制尚不完善，农业生产经营组织化程度低，农产品市场体系、农业社会化服务体系、国家农业支持保护体系不健全，构建城乡经济社会发展一体化体制机制要求紧迫；农业发展方式依然粗放，农业基础设施和技术装备落后，耕地大量减少，人口资源环境约束增强，气候变化影响加剧，自然灾害频发，国际粮食供求矛盾突出，保障国家粮食安全和主要农产品供求平衡压力增大；农村社会事业和公共服务水平较低，区域发展和城乡居民收入差距扩大，改变农村落后面貌任务艰巨；农村社会利益格局深刻变化，一些地方农村基层组织软弱涣散，加强农村民主法制建设、基层组织建设、社会管理任务繁重。"解决好这些矛盾和问题，关键是要加强农村制度建设和创新，通过完善农村体制机制破解农业农村发展难题，进一步放开搞活农村经济，优化农村发展环境，为农村发展提供制度保障。这是党的十七届三中全会《决定》的一个基本精神。

专栏 3—1

中央 11 个 "1 号文件"

1982 年 1 月 1 日，中央发出改革开放以来第 1 个关于"三农"问题的 1 号文件《全国农村工作会议纪要》，明确指出包产到户、包干到户或大包干，都是社会主义集体经济的生产责任制。

1983 年 1 月 2 日，第 2 个 1 号文件《当前农村经济政策的若干问题》发出，从理论上肯定了家庭联产承包责任制"是

在党的领导下中国农民的伟大创造,是马克思主义农业合作化理论在我国实践中的新发展",开始全面推行家庭联产承包责任制。

1984年1月1日,第3个1号文件《关于1984年农村工作的通知》发出,强调继续稳定和完善联产承包责任制,提出延长土地承包期一般应在15年以上。

1985年1月1日,第4个1号文件《关于进一步活跃农村经济的十项政策》发出,决定改革30多年来农副产品统购派购制度,从1985年起实行合同订购和市场收购。

1986年1月1日,第5个1号文件《关于1986年农村工作的部署》发出,要求进一步深化农村改革,摆正农业在国民经济中的地位。

2003年12月31日(2004年1月1日印发),第6个1号文件《关于促进农民增加收入若干政策的意见》发出,这是时隔18年后中央1号文件重新锁定"三农",主题是农民增收问题,针对近年来农民人均纯收入增长缓慢的情况,决定降低农业税率1个百分点、取消除烟叶外的农业特产税,实行粮食直补、良种补贴和大型农机具购置补贴政策。2004年中央财政落实"两减免、三补贴"政策共安排补助支出313.2亿元,农民直接得到实惠451亿元。

2004年12月31日(2005年1月1日印发),第7个1号文件《关于进一步加强农村工作提高农业综合生产能力若干政策的意见》发出,主题是农业增产问题,要求坚持"多予少取放活"的方针,稳定、完善和强化各项支农政策,提高农业综合生产能力。继续调整农村经济结构,进一步深化农村改革。

2005年12月31日(2006年1月1日印发),第8个1号文件《关于推进社会主义新农村建设的若干意见》发出,主题是农村建设问题，进一步明确工业反哺农业、城市支持农村和"多予少取放活"的方针，凸现五大亮点：要加快建立以工促农、以城带乡的长效机制；要进一步深化以税费改革为主要内容的农村综合改革；要建立新农村的产业支撑，进一步强化对"三农"的补贴政策；要加强农村基础设施建设；要加快发展农村社会事业。

2006 年 12 月 31 日（2007 年 1 月 1 日印发），第 9 个 1 号文件《关于积极发展现代农业扎实推进社会主义新农村建设的若干意见》发出，主题是发展现代农业问题，明确提出发展现代农业是社会主义新农村建设的首要任务，是以科学发展观统领农村工作的必然要求，提出了建设现代农业的思路和目标。

2007 年 12 月 31 日（2008 年 1 月 1 日印发），第 10 个 1 号文件《关于切实加强农业基础建设进一步促进农业发展农民增收的若干意见》发出，主题是加强农业基础问题，提出要走中国特色农业现代化道路，建立以工促农、以城带乡长效机制，形成城乡经济社会发展一体化新格局。

2008 年 12 月 31 日（2009 年 1 月 1 日印发），第 11 个 1 号文件《关于 2009 年促进农业稳定发展农民持续增收的若干意见》发出，主题是促进农业稳定发展、农民持续增收，提出把保持农业农村经济平稳较快发展作为首要任务，强调稳粮、增收、强基础、重民生。

纵观 11 个 1 号文件，如果说 20 世纪 80 年代的 5 个 1 号文件，重点是解决农村发展的体制障碍、解放了农村生产力，进而为城市经济体制改革提供了物质和思想动力，那么，新世纪以来的 6 个 1 号文件，其核心思想则是工业反哺农业、城市支持农村、多予少取放活，终止了城市经济与农村经济的"汲取型"关系,国家对农民实现了由"取"向"予"的重大转折。
2004 年以来的 6 个 1 号文件,分别强调了"三农"工作的核心
问题、关键问题、根本问题、首要问题、基础问题和 2009 年的
首要任务。

第二节　深入把握党的十七届三中全会的总体思路

党的十七届三中全会通过的《决定》,提出了新形势下推进
农村改革发展的总体思路,对新形势下推进农村改革发展做出
了全面部署,《决定》是指导当前和今后一个时期推进农村改革
发展的纲领性文件。全面深入贯彻落实党的十七届三中全会精
神,首先必须深入把握新形势下推进农村改革发展的总体思路,
着重领会好把建设社会主义新农村作为战略任务、把走中国特
色农业现代化道路作为基本方向、把加快形成城乡经济社会发
展一体化新格局作为根本要求的重大战略思想。《决定》提出的
这个重大战略思想,完整表达了建设社会主义新农村、发展现代
农业、城乡一体化等推进农村改革发展的三个主要着力点,反映
了三个着力点在推进农村改革发展中的重要地位、重大作用及
其内在联系。

建设社会主义新农村,是新形势下推进农村改革发展的战
略任务。这个战略任务关系推进农村改革发展全局,关系全面
建设小康社会宏伟目标顺利实现,关系中国特色社会主义事业
全面推进,是做好农业、农村、农民工作的总抓手,是发展现代农
业、推进城乡经济社会发展一体化的总抓手。新形势下推进农
村改革发展,必须紧紧抓住这个总抓手,坚持发展现代农业的基
本方向,按照形成城乡经济社会发展一体化新格局的根本要求,

着眼长远、科学规划，深化改革、创新机制，分步实施、扎实推进，全面实现建设社会主义新农村的战略任务。

走中国特色农业现代化道路，是新形势下推进农村改革发展的基本方向。走中国特色农业现代化道路是推进社会主义现代化的客观要求，是维护国家粮食安全和主要农产品有效供给、增加农民收入、提高我国农业整体素质和竞争力的根本保障，是打牢建设社会主义新农村物质基础的必由之路。发展现代农业是建设社会主义新农村的首要任务，是城乡经济社会一体化发展的主要内容。新形势下推进农村改革发展，必须长期坚持走中国特色农业现代化道路的基本方向，必须从发展现代农业上切入，加快由传统农业向现代农业转变的进程。

加快形成城乡经济社会发展一体化新格局，是新形势下推进农村改革发展的根本要求。实现城乡经济社会发展一体化是破解农业、农村、农民工作难题的根本出路，是推动城乡生产要素优化组合、促进城乡协调发展的根本举措，是缩小城乡差别、实现城乡共同繁荣的根本途径。统筹城乡经济社会发展是新形势下解决"三农"问题的大思路、大举措，而形成城乡经济社会发展一体化新格局是统筹城乡发展的大目标、大结果。新形势下推进农村改革发展，必须始终遵循这个根本要求，尽快形成城乡经济社会发展一体化新格局。

紧紧抓住这三个着力点，着力推进新形势下的农村改革发展，要大力推进改革，创新体制机制，加强农村制度建设，为农业农村改革发展提供制度保障。农村改革发展30多年的经验充分说明，调动亿万农民的积极性必须依靠改革，开创农业、农村、农民工作新局面必须依靠改革，建设社会主义新农村、发展现代农业、推进城乡一体化，从根本上说，也必须依靠改革。我国农村改革发展已进入重在制度建设的新阶段，把成熟的改革措施制度化，构建有利于农业农村科学发展的体制机制，以制度建设和机制创新推动农村改革发展不断深化,这是完善社会主义市场经济体制的重要任务,也是健全农村制度体系的迫切需要。所以,准确地把握新形势下推进农村改革发展的总体思路,建设社会主义新农村、发展现代农业、推进城乡经济社会发展一体化,必须坚定不移地推进改革,着力解决制约农村经济社会发展中的突出矛盾和问题,着力破除城乡二元结构,为城乡经济社会协调发展提供强大动力和体制保障。

改革开放以来,内蒙古农牧业得到长足发展,农村牧区面貌发生深刻变化,农牧民生活水平显著提高。与此同时,在新形势下继续推进农村牧区改革发展,既有许多有利条件,又有不少困难和挑战,特别是城乡二元结构造成的深层次矛盾比较突出,呈现出以下几个阶段性特征:

一是农牧业生产条件有所改善,产业化经营加快发展,种植业和畜牧业结构调整取得明显成效,生态环境初步改善。同时,农牧业物质技术装备较差,基础设施薄弱,发展方式依然粗放,抗灾避灾能力和可持续发展能力较低,草场超载过牧现象仍旧普遍存在。龙头企业与农牧民尚未建立紧密型利益联结机制,农牧民专业合作组织发展滞后,农牧户小规模、分散化经营不仅使农畜产品生产与市场需求难以有效衔接,而且导致对农牧业提供社会化服务的成本偏高,农畜产品的市场体系和农牧业的社会化服务体系都不健全。土地、草原承包经营权流转不规范,征用耕地、草场过程中损害农牧民利益的现象时有发生。

二是农村牧区教育、文化、医疗卫生条件有所改善,交通、通信加快发展,电力网和广播电视覆盖面扩大。同时,农村牧区社会事业发展和基本公共服务滞后,与城镇的差距依然很大。城乡教育资源、卫生资源配置不均衡,农牧民子女受教育的机会、过程、结果仍然不平等,农村牧区学校布局调整以后农牧民特别是牧民的教育负担依然比较重。医疗卫生事业发展不平衡,医疗保障制度不健全，覆盖面过小、受益率偏低，看病难、看病贵仍然是群众反映强烈的突出问题。农村牧区文化建设投入偏少，服务体系建设滞后，文化设施落后，农牧民群众文化生活匮乏。加强农村牧区民主法制建设、基层组织建设、社会管理任务繁重，构建城乡经济社会发展一体化体制机制要求紧迫。

三是农牧民收入增长较快，生活水平显著提高，农牧民市场观念、商品意识有所加强。同时，农牧民与城镇居民的生活水平、生活质量差距，包括人均收入差距和人均消费差距拉大。农牧民住房质量差、面积小，农牧民人均住房面积不仅比城镇居民住房面积低，而且比全国平均水平低。农牧民职业教育和技术培训滞后，农牧民科学文化素质、生产经营能力和转移就业技能总体上依然比较低，农村牧区贫困面依然比较大，扶贫投入不足，扶贫难度加大。农牧民收入与全国平均水平仍然有差距，依靠农牧业持续增收的空间越来越小，持续快速提高农牧民收入、缩小城乡、区域收入差距任务艰巨。

总之，内蒙古农牧业基础仍然薄弱，最需要加强；农村牧区发展仍然滞后，最需要扶持；农牧民增收仍然困难，最需要加快。

内蒙古农牧业、农村牧区发展的阶段性特征，是内蒙古欠发达区情，特别是农村牧区落后的集中体现。农牧业、农村牧区发展中的这些突出的矛盾和问题说明，既有的发展方式和生产经营制度已经难以成为再提高农牧业发展效率和效益的基础，农牧民增收的长效机制远未形成。这是之所以存在这些突出矛盾和问题的深层次原因。所以，必须在现有土地、草原承包经营责任制基础上，进一步加大改革力度，加强农村牧区制度建设，对农牧民的家庭承包经营构成新的制度激励，使传统农牧业的改造提升与新型工业化和城镇化进程相互联动，生成现代农牧业的盈利模式，为农牧民利用各种可持续增收手段乃至获得财产性收入创造条件。

目前,内蒙古农村牧区改革发展也已进入重在制度建设的新阶段。在新形势下推进农村牧区改革发展,必须按照党的十七届三中全会提出的总体思路,从内蒙古农牧业、农村牧区发展的阶段性特征出发,紧密联系实际,立足于构建有利于农牧业、农村牧区科学发展的体制机制,以产权制度改革增强农村牧区发展活力,以产业化经营促进现代农牧业发展,以公共服务均等化推动城乡发展一体化,建设有内蒙古特点的新农村新牧区。

第三节 以产权制度改革增强
农村牧区发展活力

大力推进改革创新,加强农村制度建设,是党的十七届三中全会做出的重大战略部署。《决定》提出:"实现农村发展战略目标,推进中国特色农业现代化,必须按照统筹城乡发展要求,抓紧在农村体制改革关键环节上取得突破,进一步放开搞活农村经济,优化农村发展外部环境,强化农村发展制度保障。"在农村牧区体制改革关键环节上取得突破,就要以产权制度改革增强农村牧区发展活力,稳定和完善农村牧区基本经营制度,健全严格规范的农村牧区土地、草原管理制度。

以产权制度改革增强农村牧区发展活力,要稳定和完善农村牧区基本经营制度。以家庭承包经营为基础、统分结合的双层经营体制,是农村牧区的基本经营制度,是党的农村牧区政策的基石,必须毫不动摇地坚持。

第一,赋予农牧民更加充分而有保障的土地、草原承包经营权,现有土地、草原承包关系要保持稳定并长久不变。土地、草原是农牧民谋生的主要手段,也是农牧民进行投资、积累财富及在代际转移财富的主要途径。为了稳定农村基本经营制度,改革开放以来中央下发了一系列文件。1982年中央关于"三农"

问题的第 1 个 1 号文件指出，农村实行的各种责任制都是社会主义集体经济的生产责任制，要长期不变。1983 年第 2 个 1 号文件从理论上肯定了家庭联产承包责任制，并在全国全面推广。1984 年第 3 个 1 号文件明确了土地承包期为 15 年，让农民吃了"定心丸"。1993 年中央决定，在 15 年承包期到期之后，再延长 30 年不变。新形势下稳定和完善农村牧区基本经营制度，就要认真落实党的十七届三中全会《决定》精神，现有土地、草原承包关系要保持稳定并长久不变，建立健全归属清晰、权责明确、保护严格、流转顺畅的现代农村牧区产权制度，通过确权颁证这项以"还权赋能"为着力点的重大改革举措，进一步增强农牧民对承包土地、草原的主人翁意识，使农村牧区最重要的资产不仅具有理论价值，更具有实际价值，使农牧民最重要的生产资料土地和草原的价值得到货币的承认，提高农牧业、农村牧区经济的货币化、金融化、市场化程度。

第二，完善土地、草原承包经营权权能，依法保障农牧民对承包土地、草原的占有、使用、收益等权利。改革开放以来，农村牧区普遍实行了土地、草原承包经营责任制，但不完善、不规范的现象也比较普遍。多数地方将土地、草原承包到户了，但有的只是承包到组或者联户承包，还没有真正落实到户；有的虽然承包到户了，但实质上界限不清，经常发生纠纷；有的虽然承包到户了，但没有签订正式承包合同，没有制度保障；有的虽然承包到户了，但由于没有承包合同，或者承包合同没有法律效力，发包方随意收回土地、草原；有的农牧户由于没有承包合同，或者承包合同没有法律效力，对所承包土地、草原没有尽到生产经营和保护建设的责任，等等。新形势下稳定和完善农村牧区基本经营制度，就要搞好确权颁证，向农牧民颁发具有明确法律效力的承包土地、草原权属证书，彻底解决农村牧区土地、草原承包经营过程中存在的一系列问题，把承包土地、草原的面积、空间位置和权属证书落实到户,从而完善和规范土地、草原承包经营权权能,依法保障农牧民对承包土地、草原的占有、使用、收益等权利。

第三,培育农牧民新型合作组织,提高农牧民组织化程度。提高农牧民组织化程度是发展现代农牧业、引领农牧民参与市场竞争的基本要求,而确权颁证有利于农牧民以股份合作等形式参加各类农牧民新型合作组织,有利于发展各种农牧业社会化服务组织。近年来,内蒙古农牧民专业合作组织有了一些发展,但由于引导不够、扶持不力,总体上还处于起步阶段,农畜产品的市场体系和农牧业的社会化服务体系都很不健全,与农牧业规模化经营、集约化经营的要求相比,与龙头企业同农牧民建立紧密型利益联结机制的要求相比,与形成多元化、多层次、多形式经营服务体系的要求相比,还有很大差距。农牧户的小规模生产、分散经营,不仅导致农畜产品的生产与市场需求难以有效衔接,而且导致对农牧业提供社会化服务的成本偏高。新形势下稳定和完善农村牧区基本经营制度,就要按照服务农牧民、进退自由、权利平等、管理民主的要求,扶持农牧民专业合作社加快发展,使之成为引领农牧民参与国内外市场竞争的现代农牧业经营组织。通过确权颁证,引导农牧民以转包、出租、互换、转让、股份合作等形式流转土地、草原承包经营权,提高农牧民组织化程度,发展多种形式的适度规模经营。

以产权制度改革增强农村牧区发展活力,要健全严格规范的农村牧区土地、草原管理制度。土地和草原管理制度是农村牧区的基础制度。健全严格规范的农村牧区土地、草原管理制度,其实就是加快推进农村牧区产权制度改革,按照产权明晰、用途管制、节约集约、严格管理的原则,进一步完善农村牧区土地、草原管理制度,划定永久基本农田、基本草场,建立农田、草原保护补偿机制,确保基本农田、基本草场总量不减少、用途不改变、质量有提高。切实搞好农村牧区土地、草原确权、登记、颁证工作。确权颁证就是对农村牧区集体土地、草原所有权、集体建设用地使用权、土地草原承包经营权、房屋所有权进行确权登记，明确产权。将集体土地草原所有权、集体建设用地使用权确权到嘎查①村或组，承包经营的土地草原、宅基地和农牧民的房屋确权到户，从而把本来属于农牧民的权利确定给农牧民，切实保护农牧民的利益。确权颁证是一项基础性改革举措，对新形势下推进农村牧区改革发展具有重大现实促进作用和长远持续推动意义。

第一，建立健全土地、草原承包经营权流转市场，发展多种形式的适度规模经营。规模经营、集约经营是发展现代农牧业的内在要求，也是稳定提高农牧业效益、持续增加农牧民收入的根本途径。而土地、草原承包经营权流转是实现规模经营、集约经营的基础条件之一。加强土地、草原承包经营权流转管理和服务，建立健全土地、草原承包经营权流转市场，是土地、草原承包经营权市场化流转的制度保障。近年来，内蒙古已经允许农牧民按照依法自愿有偿原则，搞土地、草原承包经营权流转。但由于制度不完善、流转无市场，随意性很大，收益很低，土地、草原承包经营权权能得不到保障，不仅难以达到规模经营、集约经营的目的，而且导致草原生态破坏、耕地质量下降的现象时有发生。党的十七届三中全会《决定》提出的确权颁证与建立健全土地、草原承包经营权流转市场，是相辅相成的两个方面。土地、草原承包经营权流转是两个不同市场主体之间的要素配置过程，是一种市场行为。土地、草原承包经营权越稳定，产权关系越清晰，交易成本就越低，就越有利于流转。农牧民有了具有法律效力的土地、草原承包经营权证，才能在土地、草原承包经营

---

① 内蒙古牧区的嘎查、苏木、旗、盟，相当于农区的村、乡、县、专区。

权流转市场上进行流转;只有在流转市场上进行流转,农牧民的土地、草原才能成为可以流动的资本而具有吸引力,资金、技术、管理等生产要素才能向农牧业、农村牧区流动,相应的农村牧区人口向城镇流动。可以说,确权颁证与流转市场相结合,将带来土地、草原承包经营权顺利流转,进而带来生产要素在城乡之间双向流动。实行规模经营、集约经营,发展现代农牧业,提高土地、草原产出率和附加值,核心在于推动农村牧区产权流转。

第二,建立土地、草原承包经营权流转服务组织,加强土地、草原承包经营权流转管理和服务。积极稳妥地推进农村牧区产权制度改革,要先行搞好农村牧区产权流转试点。盟市和旗县应分别建立农村牧区产权交易市场和农村牧区产权流转交易市场。苏木乡镇设立土地草原承包经营权流转服务中心,负责辖区内土地草原承包经营权流转服务工作;嘎查村设立土地草原承包经营权流转托管服务站。加强对土地草原承包经营权、农村牧区房屋产权和林权等流转的管理和服务,做到程序规范——流转双方自愿签订合同、嘎查村级审核、苏木乡镇级批准,合同规范——提供示范合同、条款齐全、手续完备,行为规范——农牧民自主决定流转、流转收益归农牧民所有、不得改变土地草原所有权性质和用途。在公开透明的市场机制中,让流转服务组织为流转双方提供信息沟通、法规咨询、价格评估、合同签订、纠纷调处等服务,确保农村牧区产权流转交易的自由便捷,切实保护农牧民权益。同时还应建立产权流转担保公司这样的"桥梁式"非银行金融机构,形成农牧户和新型集体经济组织与金融机构之间的融资媒介,确保农牧民权益。投资者通过流转市场租赁农牧民的土地草原承包经营权,先要买担保,一旦投资者经营不善或者破产,则由流转担保公司直接向农牧民兑现租金。集体经济实力较强的嘎查村可探索建立类似"土地银行"、"草原银行"的农牧业资源经营专业合作社,将农牧户零散的承包土地、草原经营权"存入银行"，"银行"根据产业规划和种养大户经营规模需要，将土地、草原整理成片"贷"给种养大户，"银行"通过利息差获得收益，农牧户可获得"利息"、赢利分红和务工收入。

第三，允许农牧民依法参与经营性建设用地开发经营，分享开发经营收益。党的十七届三中全会《决定》提出："在土地利用规划确定的城镇建设用地范围外，经批准占用农村集体土地建设非公益性项目，允许农民依法通过多种方式参与开发经营并保障农民合法权益。"在推进工业化、城镇化过程中，随意征用农牧民土地、草原作为经营性建设用地的现象时有发生，侵犯农牧民合法权益，损害农牧民切身利益，成为农牧民上访的主要原因。深化土地、草原征用制度改革，要严格界定公益性和经营性建设用地，逐步建立城乡统一的建设用地市场，对依法取得的农村牧区集体经营性建设用地，必须通过统一有形的土地市场、以公开规范的方式转让土地、草原使用权，在符合规划的前提下与国有土地享有平等权益，确保农牧民作为土地、草原产权的拥有者在土地、草原征用和土地、草原要素市场化中的基本权益。依法征收农村牧区集体土地、草原，应按照同地同价原则及时足额给农村牧区集体组织和农牧民合理补偿，解决好被征地农牧民就业、住房、社会保障等问题。

第四，严格保护土地和草原，完善农牧民社会保障。土地、草原是农牧民最基本的生产资料，也是农牧民最可靠的生活保障。农村牧区产权制度改革的前提是严格保护土地和草原。严格保护土地关系坚决守住18亿亩耕地红线、保障国家粮食安全的大局，严格保护草原关系人与自然和谐相处、确保国家北部生态安全的大局，严格保护耕地和草原关系保障农牧民土地、草原承包权益的大局。党的十七届三中全会《决定》提出："划定永久基本农田，建立保护补偿机制，确保基本农田总量不减少、用途不改变、质量有提高。"创新耕地、草原保护补偿机制是农村牧区产权制度改革的核心内容。实现永久保护耕地、草原的目标,中央和自治区财政应大力支持旗县政府建立耕地保护基金和草原保护基金,规定单位耕地、草原补贴标准。建立耕地、草原保护补偿机制,就是在颁发农牧民土地、草原承包经营权证的同时按照耕地、草原补贴标准向农牧民发放耕地保护卡、草原保护卡和养老保险卡,从耕地、草原保护补贴金中扣除一定比例的土地、草原流转担保金和农牧业保险金以后,根据本人意愿,可选择将耕地、草原保护补贴转到养老保险卡上,抵扣养老保险费。农牧民到了退休年龄,经耕地、草原保护协会确认其所承包耕地、草原没有遭受破坏,就可一次性领取耕地、草原保护补贴金。建立耕地、草原保护补偿机制,使农牧民的权利与义务对等,法律法规和市场机制双管齐下,既可以极大提高农牧民保护耕地、草原的积极性和主动性,又可以有效解决农牧民的社会保障问题,是政府支持保护农牧业、保障农牧民利益的重要制度,而确权颁证和建立土地、草原保护基金是兼顾土地、草原保护和农牧民社会保障两个方面的制度性载体。

建立和完善城乡一体的社会保障体系,才能为推进农村牧区产权制度改革奠定基础、创造条件。按照党的十七届三中全会精神,建立耕地、草原保护补偿机制,以"耕保"换"社保",可以实现三大突破:一是实现耕地、草原保护责任到人,让农牧民成为耕地、草原保护的主体和监督者,使耕地、草原这个不可再生资源得到可持续性保护;二是实现社会保障在农村牧区的全覆盖,消除社保领域的城乡差别;三是通过土地、草原对农牧民保障功能的货币化,实现农村牧区人地关系向市场经济领域转轨,生产要素的配置更具时代特点。需要强调的是,加快推进农村牧区产权制度改革,必须搞好相关领域、相关方面的配套改革,必须综合配套,协调推进。

总之，以产权制度改革增强农村牧区发展活力，要稳定和完善农村牧区基本经营制度，赋予农牧民更加充分而有保障的土地、草原承包经营权，依法保障农牧民对承包土地、草原的占有、使用、收益等权利；既要提高家庭经营的集约化水平，又要增强统一经营的服务功能，培育农牧民新型合作组织，提高农牧民组织化程度。以产权制度改革增强农村牧区发展活力，要健全严格规范的农村牧区土地、草原管理制度，搞好土地、草原确权、登记、颁证工作，"还权赋能"，建立健全土地、草原承包经营权流转市场，加强土地、草原承包经营权流转管理和服务，发展多种形式的适度规模经营；允许农牧民依法参与经营性建设用地开发经营，分享开发经营收益；严格保护土地和草原，完善农牧民社会保障。以产权制度改革增强农村牧区发展活力，除了稳定和完善农村牧区基本经营制度、健全严格规范的农村牧区土地草原管理制度以外，还要完善农牧业支持保护制度、建立现代农村牧区金融制度、建立促进城乡经济社会发展一体化制度、健全农村牧区民主管理制度，构建农村牧区市场经济的微观基础，建立和完善农村牧区市场经济体制机制，真正提高农牧业、农村牧区的市场化程度，让农牧民拥有的土地、草原资源变成资本，让农牧民自己解决自己的问题。农村牧区产权制度改革将犹如一把钥匙，打开农村牧区要素市场的大门，让农牧民的财富源泉充分涌流。

第四节　以产业化经营促进现代农牧业发展

走中国特色农业现代化道路，是新形势下推进农村改革发展的基本方向。发展现代农业是建设社会主义新农村的首要任务，是城乡经济一体化发展的主要内容。结合内蒙古农牧业实际，坚持走中国特色农业现代化道路的基本方向，发展现代农牧业,我们需要全面把握党的十六大以来中央关于发展现代农业的新思路。

一、十六大以来中央关于发展现代农业的新思路

发展现代农业是农业发展的必经阶段。党的十六大以来,中央就发展现代农业提出了一系列新思想、新论断、新要求和新部署。

2002 年 11 月,党的十六大提出:"统筹城乡经济社会发展,建设现代农业,发展农村经济,增加农民收入,是全面建设小康社会的重大任务。"党的十六大提出建设现代农业,是以统筹城乡经济社会发展为统领和前提,作为全面建设小康社会的重大任务。党的十六大还提出,积极推进农业产业化经营,提高农民进入市场的组织化程度和农业综合效益。发展农产品加工业,壮大县域经济。

2007 年中央 1 号文件提出了发展现代农业的思路、措施和目标要求:"发展现代农业,要用现代物质条件装备农业,用现代科学技术改造农业,用现代产业体系提升农业,用现代经营形式推进农业,用现代发展理念引领农业,用培养新型农民发展农业,提高农业水利化、机械化和信息化水平,提高土地产出率、资源利用率和农业劳动生产率,提高农业素质、效益和竞争力。"这"六个用"是发展现代农业的思路措施,"三个提高"则是发展现代农业的目标要求。

2007 年 10 月,党的十七大提出:"要加强农业基础地位,走中国特色农业现代化道路,建立以工促农、以城带乡长效机制,形成城乡经济社会发展一体化新格局。坚持把发展现代农业、繁荣农村经济作为首要任务,加强农村基础设施建设,健全农村市场和农业服务体系。"走中国特色农业现代化道路,建立以工促农、以城带乡长效机制,形成城乡经济社会发展一体化新格

局,这三个新的目标要求都是党的十七大第一次提出,并继续强调要加强农业基础地位,继续要求把发展现代农业作为首要任务,突出强调了农村基础设施、农村市场和农业服务体系建设。

2008年10月,党的十七届三中全会《决定》第一次提出把走中国特色农业现代化道路作为基本方向,并强调,发展现代农业,必须按照高产、优质、高效、生态、安全的要求,加快转变农业发展方式,推进农业科技进步和创新,加强农业物质技术装备,健全农业产业体系,提高土地产出率、资源利用率、劳动生产率,增强农业抗风险能力、国际竞争能力、可持续发展能力。《决定》要求集中力量办好关系全局、影响长远的大事,从确保国家粮食安全、推进农业结构战略性调整、加快农业科技创新、加强农业基础设施建设、建立新型农业社会化服务体系、促进农业可持续发展、扩大农业对外开放7个方面进行了部署。

走中国特色农业现代化道路,是新形势下推进农村改革发展的基本方向。走中国特色农业现代化道路,就是要立足我国基本国情,遵循农业现代化一般规律,以保障农产品供给、增加农民收入、促进可持续发展为目标,以现代科学技术、物质装备、产业体系为支撑,以稳定和完善农村基本经营制度、发展农业产业化经营、健全社会化服务体系为保障,充分发挥市场配置资源的基础性作用、农民的主体作用、政府的支持保护作用,提高土地产出率、资源利用率和劳动生产率,增强农业抗风险能力、国际竞争能力、可持续发展能力,加快改造传统农业,逐步实现农业现代化。

中央关于发展现代农业的一系列论述中都强调了农业产业化经营。国外经验和国内实践证明,产业化经营是现代农业的基本经营形式,是发展现代农业的切入点。建设有内蒙古特点的新农村新牧区,坚持走中国特色农业现代化道路的基本方向,把发展现代农牧业作为首要任务,加快转变农牧业发展方式,就必须用产业化经营促进现代农牧业发展。

二、用产业化经营促进现代农牧业发展

所谓农牧业产业化经营,就是立足于农畜产品增值,适应市场需求,调整产业结构,转变发展方式,推进规模化、标准化生产,通过加工、营销环节使农畜产品增值,龙头企业与农牧民建立紧密型利益联结机制,实现农牧民持续增收的生产经营过程。农牧业产业化是农牧业生产发展到一定阶段的必然要求。产业是生产内容,而产业化是生产方式。按照传统分类方法,农业产业包括农、林、牧、副、渔业,而产业化则是三大产业之间的相互衔接、一体化发展。产业化经营的核心是实现农畜产品增值。产业化经营是现代农牧业的基本经营形态。产业化经营,首先解决了农畜产品卖难问题,进而解决农畜产品加工增值和营销增值问题。产业化经营,有利于农牧民增收,有利于财政增收,有利于龙头企业发展,有利于农牧业生产区域化、规模化、专业化、社会化、标准化、信息化发展,有利于农牧业科技进步,有利于提高农牧业组织化程度,有利于实现农牧业生产经营的社会化服务,有利于满足消费者对农畜产品的高品质和多样化需求,有利于提高农牧业素质、效益和竞争力。产业化经营,关键是农畜产品增值,基础是推进规模化、标准化生产,机制是利益联结,目的是农牧民持续增收。

农牧民生产的农畜产品只有通过龙头企业的加工或者营销环节才能实现增值,龙头企业是产业化经营的关键;而龙头企业搞加工或者营销,要求农畜产品生产必须规模化、标准化,没有规模化、标准化生产,就没有产业化经营的基础;推进规模化、标准化生产的途径是调整农牧业产业结构,转变农牧业发展方式,提高组织化程度,否则无法满足产业化经营的要求;调整农牧业产业结构,必须适应龙头企业加工、营销需要,必须以市场需求

为导向，发挥资源优势、突出地方特色，这是调整农牧业产业结构、建设产业化基地必须遵循的原则；龙头企业应当与农牧民建立紧密型利益联结机制，这是农牧民通过产业化经营持续增收的需要，也是农牧业产业化经营健康发展的需要；建立紧密型利益联结机制，推进规模化、标准化生产，都要求培育农牧民新型合作组织，发展各种农牧业社会化服务组织，提高农牧业生产经营的组织化程度。这6个方面是农牧业产业化经营必须具备的基本条件和各要素间的运行关系。概言之，产业化经营的本质是农牧业的市场化、农畜产品的增值化和农牧民的组织化。

产业化经营各要素间的运行关系反映了产业化经营的发展规律。推动产业化经营健康发展，要着力培育和完善龙头企业、产业化基地和农牧民专业合作组织三个要素。实践证明，推进农牧业产业化经营，这三个要素缺一不行，各要素间强弱不齐也不行。

产业化经营是内蒙古农牧业发展的一个亮点、一个优势。其优势集中表现在，产业化经营覆盖面不断扩大，龙头企业带动力较强，农畜产品驰名品牌影响力较广，农牧民参与产业化经营所得收入逐年提高。2007年，内蒙古有农牧业产业化销售收入百万元以上的龙头企业2033个，其销售收入达到1517.1亿元、增加值达到482.0亿元，其中规模以上企业1499个、国家级重点龙头企业18个，农牧业产业化龙头企业为38.2万人提供就业岗位，带动180万户农牧民参与产业化经营，农牧民通过产业化经营获得纯收入2164元，内蒙古24个中国驰名商标中农畜产品商标22个，占91%，大草原品牌已经成为引领内蒙古农牧业产业化发展的火车头。[①]

内蒙古推进农牧业产业化经营取得了显著成绩，同时在发

---

① 数据来自内蒙古自治区推进农牧业产业化办公室资料。

展中也存在一些不容忽视的问题。第一个是产业化经营的广度和深度还不够。目前,美国、英国、法国和日本农副产品加工业产值分别是该国农业总产值的 3.8 倍、3.7 倍、2.6 倍和 2.2 倍,而 2007 年内蒙古龙头企业销售收入是农牧业总产值的 1.2 倍,说明产业化经营的覆盖面不广、加工度不深、增值能力不强。第二个是产业化基地建设滞后。内蒙古各类产业化基地覆盖面还不广、生产规模小、基础设施差、科技含量低。2006 年,内蒙古农畜产品加工能力过剩 35％,产业化基地农畜产品产量远远不能满足龙头企业加工、营销的需求。第三个是农牧民组织化程度低。由于农牧民组织化程度低,不具有与龙头企业平等的市场主体地位,龙头企业与农牧民之间只能是简单的买卖关系,还没有建立起紧密型利益联结机制,农牧民还不能分享农畜产品加工、营销环节增值收益。

三、培育和完善产业化经营三要素

内蒙古以产业化经营促进现代农牧业发展,就要依托产业化经营的良好基础,通过着力培育和完善龙头企业、产业化基地和农牧民专业合作组织三个要素,充分发挥已经具有的产业化经营优势,切实解决产业化经营中存在的突出问题,进一步提高产业化经营水平,不断促进现代农牧业发展,大力提高农牧业效益,持续稳定增加农牧民收入。

龙头企业是农牧业产业化经营的关键,是农牧业产业化经营的带动力量。农畜产品的加工增值或营销增值只有通过龙头企业的加工、营销才能实现。但龙头企业不是单纯的农畜产品加工或营销企业,龙头企业要为农牧民提供经济技术等方面的配套服务,从而使农牧民的生产符合市场需求。如果只是简单地买断农牧民的产品,龙头企业与农牧民就是"两张皮"。作为龙头企业,首先应具备将农畜产品加工增值、营销增值的能力,建立健全销售网络，逐步发展精深加工，不断提高企业效益，增强企业带动力；其次应与基地农牧民建立紧密型利益联结机制，鼓励农牧民专业合作组织参股经营，承担与农牧民利益共享、风险共担的责任和义务，从而调动农牧民积极性，生产适合龙头企业加工、营销的产品，持续增加农牧民收入；第三应通过农畜产品加工增值、营销增值拉动农牧业结构调整、发展方式转变，促进规模化、标准化生产，扩展产业化经营覆盖面，扩大产业化基地规模，为进一步做大做强企业自身创造条件；第四应通过与基地农牧户分享加工、营销环节增值收益带动农牧民专业合作组织发展，促进各种农牧业社会化服务组织发展，着力提高组织化程度，从而推动产业化基地向采用先进科技和生产手段的方向转变，提高集约化水平。概言之，龙头企业的作用在于，使农畜产品增值、使农牧民持续增收、拉动农牧业结构调整、带动农牧业组织化。政府应从各方面大力扶持龙头企业发展，扶持龙头企业发展就是扶持农牧业产业化经营，就是扶持农牧民增收致富。

产业化基地是农牧业产业化经营的基础，是发展现代农牧业的载体。建设产业化基地的目的就是为龙头企业的加工、营销提供合格的农畜产品。建设产业化基地要切实抓好以下五点：第一，大力推进农牧业结构战略性调整。这是构建现代农牧业产业体系的根本途径，也是建设产业化基地的重要举措。通过农牧业结构调整，使基地生产的农畜产品适合龙头企业加工、营销的需要。第二，大力推进适度规模经营。这是发展现代农牧业的内在要求，也是建设产业化基地的迫切需要。要建立健全土地、草原承包经营权流转市场，加强土地、草原承包经营权流转管理和服务，坚持依法自愿有偿原则，积极引导土地、草原承包经营权流转，发展多种形式的适度规模经营。第三，大力推进农牧业科技创新。这是发展现代农牧业的根本途径，也是建设产业化基地的有力支撑。要促进产学研、农牧科教结合,支持高等学校、科研院所同农牧民专业合作社、龙头企业、农牧户开展多种形式的技术合作,适应农牧业规模化、标准化、设施化、信息化等要求,加快开发多功能、智能化、经济型农牧业装备设施,重点在田间作业、舍饲圈养、设施栽培、健康养殖、精深加工、储运保鲜等环节取得新进展,逐步实现农牧业技术集成化、劳动过程机械化、生产经营信息化。第四,大力推进农牧业基础设施建设。这是改善现代农牧业重要物质条件的需要,也是提高产业化基地设施装备水平的需要。要加强以农田水利为重点的基础设施建设,加快中低产田改造,推广测土配方施肥和保护性耕作,推广节水灌溉,因地制宜地发展灌溉草场,发展节约型农牧业、循环型农牧业、生态型农牧业,加强生态环境保护。第五,大力推进农牧业社会化服务体系建设。这是发展现代农牧业的必然要求,也是建设产业化基地的必要条件。要健全苏木乡镇农牧业技术推广、动植物疫病防控、农畜产品质量监管等公共服务机构,支持供销合作社、农牧民专业合作社、专业服务公司、专业技术协会、农牧民经纪人、龙头企业等为农牧民提供多种形式的生产经营服务,构建公益性服务和经营性服务相结合、专项服务和综合服务相协调的覆盖全程、综合配套、便捷高效的新型农牧业社会化服务体系。

农牧民专业合作组织是农牧业产业化经营的主体,是联结基地农牧户与龙头企业的纽带。目前,日本、法国、韩国、澳大利亚、新西兰、荷兰、丹麦等国家90％以上的农民加入了农业合作社。我国2亿多农户的分散经营方式,导致农民难以保护自身利益,农产品生产与市场需求难以有效衔接,农业服务成本难以降低。从20世纪80年代以来,农民创办了各类专业合作组织,但发展非常缓慢,目前有农民合作经济组织15万个,成员3870万户,只占全国农户总数的13.8％。2007年,内蒙古有各类协会等农民合作组织 3018 个、牧民合作组织 362 个,但依法登记注册得很少,有的旗县甚至一个都没有。内蒙古农牧民专业合作组织发展还处于探索起步阶段,发育慢、数量少、规模小、规范差、覆盖面窄、带动能力弱。农牧民合作组织作为农牧民抵御市场风险、维护自身权益的组织形式,作为有效沟通和协调政府与农牧民关系的中介,其地位和作用是无可替代的。"三农三牧"问题的解决离不开提高农牧民的组织化程度。在稳定和完善农牧户家庭承包经营的基础上,提高农牧民组织化程度,建立健全统一经营的服务体系,把家庭分散经营的优势与统一经营的服务优势结合起来,形成有活力的农村牧区经营体制,这是适应市场经济运行规律、发展现代农牧业必须解决好的一个根本性问题。通过发展农牧民多种形式的联合与合作,一是要维护农牧民自己的权益,提高农牧民市场主体能力;二是要达到适度规模经营,提高农牧业集约化水平;三是要增强统一经营的服务功能,提高农牧业专业化生产、社会化服务水平。加快发展农牧民专业合作组织要着力做好以下工作:第一,建立盟市、旗县两级土地、草原承包经营权流转市场和苏木乡镇、嘎查村级服务组织,加强土地、草原承包经营权流转管理和服务,按照依法自愿有偿原则,引导农牧民以转包、出租、互换、转让、股份合作等形式流转土地、草原承包经营权,发展多种形式的适度规模经营。第二,支持农牧民专业合作组织参股龙头企业经营,鼓励龙头企业与农牧民建立紧密型利益联结机制,使农牧民既能得到生产环节的收益,又能分享加工、营销环节增值收益。第三,引导农牧户联合与合作,形成多元化、多层次、多形式经营服务体系,发展集体经济、增强集体组织服务功能,培育农牧民新型合作组织,发展各种农牧业社会化服务组织,提高农牧业生产经营组织化程度。第四,政府应把依法规范、加快发展农牧民专业合作组织作为创新农村牧区经营体制的战略举措,认真落实国家扶持农牧民专业合作组织的优惠政策。扶持新型农牧民合作组织，就是扶持农牧业和农牧民。应把农牧民自愿、农牧民受益作为发展新型农牧民合作组织的出发点，营造良好的政策、法律和社会环境，从财政、金融、税收、担保、保险、科技、人才等方面加大扶持力度，提高农牧民专业合作组织的自我发展能力。

龙头企业、产业化基地和农牧民专业合作组织三者是相互依存、相互促进的关系，谁也离不开谁。培育和完善产业化经营三要素，是用产业化经营促进现代农牧业发展的根本举措。应认真落实各项政策措施，建立健全相关制度机制，从政策和机制上保证产业化经营三要素相互促进、协调发展，提高农牧业产业化经营水平，加快现代农牧业建设步伐。

第五节　以基本公共服务均等化推动城乡发展一体化

城乡发展一体化是针对城乡二元结构而言。促进城乡一体化发展，必须充分认识破除城乡二元结构体制的必要性和建立促进城乡经济社会发展一体化制度的重要性，从推进城乡基本公共服务均等化上切入，着力破除城乡二元结构，逐步形成城乡经济社会发展一体化新格局。

一、着力破除城乡二元结构

形成城乡经济社会发展一体化新格局，这是党的十七大提出的重大战略任务。一般认为，城乡经济社会发展一体化是指城乡之间生产要素自由流动、公共资源均衡配置、基本公共服务均等化，城乡居民平等参与现代化进程、共享改革发展成果，城乡经济社会良性互动、协调发展、融为一体，其实质在于从法律和政策上切实保障农民经济、政治、文化、社会等方面的合法权益。党的十七届三中全会准确判断我国总体上已进入着力破除城乡二元结构、形成城乡经济社会发展一体化新格局的重要时期，把加快形成城乡经济社会发展一体化新格局作为推进农村改革发展的根本要求，并提出要建立促进城乡经济社会发展一体化制度。胡锦涛总书记讲这一战略任务和根本要求的重大意义时深刻指出，加快形成城乡经济社会发展一体化新格局，是破解农业、农村、农民工作难题的根本出路，是推动城乡生产要素优化组合、促进城乡共同繁荣的根本举措，是缩小城乡差别、实现城乡共同繁荣的根本途径，必须认真落实。

形成城乡经济社会发展一体化新格局，就要破除城乡二元结构的旧体制。长期以来，城乡二元结构作为一种制度性或体制性安排被固化，积累了一系列经济社会矛盾，导致城乡差距扩大，社会事业发展滞后，农民收入提高缓慢，国内需求增长乏力，社会就业不充分等问题长期难以解决。破除城乡二元结构，形成一体化发展新格局，是前所未有的重大转变。建设有内蒙古特点的社会主义新农村新牧区，必须深刻领会胡锦涛总书记讲的根本出路、根本举措、根本途径，准确把握形成城乡经济社会发展一体化新格局的根本要求，紧密结合内蒙古农村牧区经济社会发展的实际，突出"一体化发展"，注重制度创新。准确把握根本要求，必须把城镇和农村牧区作为一个全域来把握，把经济社会发展作为一个整体来考虑，从思想上彻底打破城乡分割的观念，在工作上坚决破除长期以来人为提出两个标准、制定两种政策、实行两种待遇的"二元结构"体制。当然，"一体化发展"不是"一样化发展"，城乡差别是历史发展的产物，城乡环境条件的差异性、资源占有的不均等性以及发展的不平衡性等是历史形成的，有着十分复杂的政治、经济、文化原因，是人类社会发展的一种历史阶段性表现。破除城乡二元结构，关键是在关系农牧民切身利益的各个方面与城镇居民享有同等待遇，这是形成城乡经济社会发展一体化新格局的本质要求。城乡"二元结构"是历史形成的,破除二元结构、实现同等待遇,也是一个历史过程,最终消除城乡差别,不是一朝一夕、一蹴而就的事情,需要农村牧区社会生产力的极大发展,需要农牧民综合素质的极大提高。既然是一个历史过程,就必须通过一体化发展逐步加以实现。而这个历史过程既然已经开始,我们的思想观念、发展理念、体制机制、政策措施,都要以同等待遇为出发点,扎扎实实地推进一体化进程。

二、建立城乡发展一体化制度

形成城乡经济社会发展一体化新格局,必须建立促进城乡经济社会发展一体化制度。对建立一体化发展制度,党的十七届三中全会《决定》提出"五个统筹",要求尽快在城乡规划、产业布局、基础设施建设、公共服务一体化等方面取得突破,促进公共资源在城乡之间均衡配置、生产要素在城乡之间自由流动,推动城乡经济社会发展融合。

在统筹土地、草原利用和城乡发展规划上,要从农村牧区实际出发,认真做好盟市旗县域城镇建设、农田草场保护、产业聚集、嘎查村落分布、生态涵养五个规划。制定这五个规划,不是以往那样搞城镇和农村牧区"二元结构"的规划,而是要从城乡一体化发展统筹考虑、合理安排其空间布局,做到科学有序、综合开发。一是统筹规划盟市旗县域城镇建设。盟市、旗县所在地镇和中心镇都要按照城乡经济社会发展一体化的要求,按照农牧民就近转移就业的要求统筹规划。二是统筹规划农田草场保护。要贯彻产权明晰、用途管制、节约集约、严格管理的原则,坚持最严格的耕地、草场保护制度,坚决杜绝靠出卖耕地、草场而扩张城市,靠牺牲农牧民的利益而换取城市建设资金。三是统筹规划产业聚集。县城(旗县所在地镇)是城乡结合部,是统筹城乡发展的抓手。要以县城产业发展为龙头，推进旗县域经济结构调整，带动工业向园区聚集、农牧业向优势产业带聚集。四是统筹规划嘎查村落分布。嘎查村落的形成是传统农牧业生产经营方式的产物，其分布是同传统农牧业生产方式相适应的。发展现代农牧业，建设新农村新牧区，城乡一体化发展，就必须按照一体化、集中化、现代化的要求统筹规划嘎查村落分布。五是统筹规划生态涵养区。要按照构筑国家北方重要生态屏障的要求，根据资源环境承载能力，科学划分主体功能区，保护好耕地、水域、森林、草原、湿地，保护好生态环境。

在统筹城乡产业发展上，要从农业和畜牧业、农村和牧区实际出发，统筹工业化、城镇化、农牧业现代化建设。一是优化农村牧区产业结构，以产业化经营带动农牧业发展方式转变和结构调整，以农牧业布局调整推动农牧业向优势产业带集中，以培育完善产业化经营三要素促进现代农牧业发展，构建现代农牧业产业体系。二是发展农村牧区服务业和乡镇企业，以农牧业经营体制机制创新促进农牧户联合与合作，形成多元化、多层次、多形式的经营服务体系，发展集体经济、增强集体组织服务功能，培育农牧民新型合作组织，发展各种农牧业社会化服务组织，推动农村牧区服务业发展。三是引导城市资金、技术、人才、管理等生产要素向农村牧区流动，通过加强土地、草原承包经营权流转管理和服务，建立健全土地、草原承包经营权流转市场，按照依法自愿有偿原则，规范农牧民以转包、出租、互换、转让、股份合作等形式流转土地、草原承包经营权，发展多种形式的适度规模经营，让农牧民的土地、草原变为资本，吸引城市资金、技术、人才、管理等生产要素向农村牧区流动；同时，创新农村牧区金融体制，放宽农村牧区金融准入政策，建立商业性金融、合作性金融、政策性金融相结合，资本充足、功能健全、服务完善、运行安全的农村金融体系；创新农村牧区基层干部选拔任用体制，注重从农村牧区致富能手、退伍军人、外出务工返乡农牧民中选拔嘎查村干部，引导高校毕业生到嘎查村任职，鼓励党政机关和企事业单位优秀年轻干部到嘎查村帮助工作，加大从优秀嘎查村干部中考录苏木乡镇公务员和选任苏木乡镇领导干部力度。

在统筹城乡基础设施建设和公共服务上，要从加大投入、建立制度两方面下工夫。城乡二元结构本质上是城镇与农村牧区在享有基本公共服务上的二元结构。所谓公共服务是指由政府介入提供的能够满足公民生活、生产与发展的某些直接需求，主要是社会发展领域的教育、科技、卫生、文化、就业、社会保障、环境保护等社会公共服务。推进城乡基本公共服务均等化是实现城乡经济社会发展一体化的重点。城是城，乡是乡，任何时候城和乡不可能一样化，但不论是城，还是乡，基本公共服务应该均等化，这是城乡发展一体化的真谛所在。为城乡居民提供均等化的基本公共服务，是政府的主要职能之一。统筹城乡基础设施建设、推进基本公共服务均等化，应从以下几个方面着力：一是全面提高公共财政保障农村牧区公共事业水平。大幅度增加财政对农村牧区基础设施建设和社会事业发展的投入，大幅度提高政府土地出让收益、耕地占用税新增收入用于农牧业的比例，大幅度增加对农村牧区公益性建设项目的投入。完善义务教育免费政策和经费保障机制，促进城乡义务教育均衡发展。建立稳定的农村牧区文化投入保障机制，尽快形成完备的农村牧区公共文化服务体系。巩固和发展新型农村牧区合作医疗制度，提高筹资标准和财政补助水平。完善农村牧区最低生活保障制度，加大财政补助力度，做到应保尽保，不断提高保障标准和补助水平。二是加强农村牧区基础设施和环境建设。把农村牧区建设成为广大农牧民的美好家园，切实改善农牧民生产生活条件。科学制定苏木乡镇、嘎查村建设规划。加快农村牧区饮水安全工程建设、公路建设、能源建设、清洁工程建设和信息化建设,逐步实现城乡基础设施资源共享。三是加快发展农村牧区公共事业。巩固农村牧区义务教育普及成果、提高义务教育质量,加快普及农村牧区高中阶段教育,重点加快发展农村牧区中等职业教育并逐步实行免费。健全旗县域职业教育培训网络,加强农牧民技能培训,广泛培养农村牧区实用人才。推进广播电视村村通、文化信息资源共享、苏木乡镇综合文化站和嘎查村文化室建设、农村牧区电影放映、农牧民书屋等重点文化惠民工程。完善农村牧区医疗救助制度,坚持政府主导,整合城乡卫生资源,建立健全农村牧区三级医疗卫生服务网络,重点办好旗县级医院并在每个苏木乡镇办好一所卫生院,支持嘎查村卫生室建设,向农牧民提供安全价廉的基本医疗服务。贯彻广覆盖、保基本、多层次、可持续原则,加快健全农村牧区社会保障体系。按照个人缴费、集体补助、政府补贴相结合的要求,建立新型农村牧区社会养老保险制度。四是逐步建立城乡统一的公共服务体系。立足建设覆盖全程、综合配套、便捷高效的社会化服务体系,加快构建以公共服务机构为依托、合作经济组织为基础、龙头企业为骨干、其他社会力量为补充,公益性服务和经营性服务相结合、专项服务和综合服务相协调的新型农牧业社会化服务体系。

在统筹城乡劳动就业上,要突出建立人力资源市场、保护农牧民工权益两个重点。一是加快建立城乡统一的人力资源市场,引导农牧民有序外出就业,鼓励农牧民就近转移就业,扶持农牧民工返乡创业。统筹城乡劳动就业,关键是统一市场。只有建立城乡统一的就业市场,辅之以政策引导,才能有序调节农牧民在城乡之间顺畅流动,才能有效扶持其就业创业。二是加强农牧民工权益保护,逐步实现农牧民工劳动报酬、子女就学、公共卫生、住房租购等与城镇居民享有同等待遇,改善农牧民工劳动条件,保障生产安全,扩大农牧民工工伤、医疗、养老保险覆盖面,尽快制定和实施农牧民工养老保险关系转移接续办法。

　　在统筹城乡社会管理上,要坚持服务农牧民、依靠农牧民,完善管理体制机制,保持城乡社会和谐稳定。一是推进户籍制度改革,放宽中小城市落户条件,使在城镇稳定就业和居住的农牧民有序转变为城镇居民。以稳定就业和居住为依据改变城乡户籍,这是户籍管理制度的改革,也是城乡居民身份转换的很大变化。小小户口本是城乡"二元结构"的象征,自出生之日起就把人截然分为城乡两个部分,从此享受两种待遇。改革现行户籍管理制度,就拆除了阻隔城乡两种人的一道樊篱。二是推动流动人口服务和管理体制创新,这是推进户籍制度改革的必要前提,也是适应流动人口日益增多现实情况而加强服务和管理的必然要求。目前流动人口的主体是农牧民工,为他们搞好服务和创新管理体制,最重要的是创造更多就业岗位、营造良好创业环境、提供较多支持帮助、尽力解除其后顾之忧。三是增强旗县域经济活力和实力,扩大旗县域发展自主权,增加对旗县的一般性转移支付、促进财力与事权相匹配。城乡一体化发展,壮大旗县域经济是关键。增强旗县域经济活力和实力,是统筹城乡经济社会发展的迫切需要,是实现城乡经济社会一体化发展的物质保障。只有旗县域经济活力和实力增强了,才有能力增加对旗县域社会事业、基础设施、公共服务的投入,才能早日形成城乡经济社会发展一体化新格局。增强旗县域经济活力和实力,要用产业化经营促进现代农牧业发展,围绕农牧业上工业,依托资源搞精深加工,面向城乡生产生活发展服务业,形成独具特色的优势产业体系。四是加快推进城镇化,发挥好城镇特别是县城对农村牧区的辐射带动作用,依法赋予经济发展快、人口吸纳能力强的县城和中心镇相应行政管理权限,促进大中小城市和小城镇协调发展,形成城镇化和新农村新牧区建设互促共进机制。推进城镇化和建设社会主义新农村新牧区是改善城乡结构的两个重要抓手，要强化城镇特别是县城产业支撑，切实增强以工促农、以城带乡能力，不断拓宽吸纳农村牧区人口转移的空间，在城乡一体化发展方面取得突破。

三、大力培育新型农牧民

新形势下推进农村牧区改革发展，建设有内蒙古特点的新农村新牧区、发展现代农牧业、推进城乡一体化发展，顺应了千百万农牧民过上美好生活的新期待，是千百万农牧民自己的伟大事业，是前所未有的伟大实践，千百万农牧民是这个伟大事业、伟大实践的主体。党的十七大报告明确指出："培育有文化、懂技术、会经营的新型农民，发挥亿万农民建设新农村的主体作用。"内蒙古农村牧区人口众多，劳动力资源比较丰富，但农牧民职业教育和技术培训滞后，农牧民科学文化素质、经营能力和转移就业技能总体上依然比较低。按照培育有文化、懂技术、会经营的新型农牧民要求，大力发展农牧民职业教育，广泛开展技术技能培训，切实提高农牧民科学文化素质，把农村牧区丰富的人力资源转化为人力资本，这是建设社会主义新农村新牧区的客观要求，是发展现代农牧业、促进农牧民持续增收的根本大计，是统筹城乡经济社会发展的一项战略性、全局性、长期性的重要工作。

培育有文化、懂技术、会经营的新型农牧民，有文化是基础和前提，有文化才能学技术、懂技术、用技术，有文化才能学经营、搞经营、会经营；懂技术是关键，懂得技术、掌握技术、使用技术，才能提高劳动技能、提高生产效率、提升产品质量，懂技术又是会经营的支撑，懂技术才能更好地经营；会经营是市场经济对农牧民的基本要求，会经营才能提高农牧业经济效益，会经营才能不断增加收入、持续扩大积累、提高生活水平；懂技术、会经营又能激发学文化、求知识的欲望，懂技术、会经营是进一步提高文化水平的动力。有文化、懂技术、会经营三者是相互联系、相互促进的有机整体,是对新型农牧民综合素质的高度概括,是培育新型农牧民的方向和标准。

有文化、懂技术、会经营的要求,是办好农村牧区教育事业特别是发展农牧民职业教育的指导方针。培育有文化的农牧民,应从其狭义和广义的结合上去把握,既要帮助农牧民完成一定学业,具有较高的文化水平,又要提高农牧民的思想道德素质,懂得社会主义核心价值,牢固树立爱国主义、集体主义、社会主义思想。培育懂技术的农牧民,要大力开展农牧民技能教育和技术培训,大力加强农牧业技术推广普及,同时有针对性地开展非农牧产业劳动技能和创业技能培训,既要帮助农牧民掌握好发展现代农牧业的各种技术,又要帮助农牧民掌握好进城务工、转移就业的生产劳动技能和城市生活知识。培育会经营的农牧民,要大力开展适合农牧民从事现代农牧业生产经营活动和从事城乡自主创业活动的市场经济基本知识培训,显著提高农牧民从事现代农牧业生产经营活动的本领和从事城乡自主创业活动的本领。

培育有文化、懂技术、会经营的新型农牧民,要大力办好农村牧区教育事业,促进教育公平。一是巩固农村牧区义务教育普及成果,提高义务教育质量,完善义务教育免费政策和经费保障机制,保障经济困难家庭儿童、留守儿童特别是女童平等就学、完成学业,改善农村牧区学生营养状况,促进城乡义务教育均衡发展,加快普及农村牧区高中阶段教育。特别是大力扶持贫困地区、民族地区农村牧区教育,切实解决农村牧区学校布局调整特别是牧区学校布局调整中出现的中小学寄宿条件不适应、班容量过大、牧民送孩子上学交通支出和陪读支出加大等新问题,努力实现农村牧区孩子与城市孩子接受教育的机会公平、过程公平、结果公平。二是适应大力培育新型农牧民,大规模开展针对性、实用性强的职业技能培训需求，重点加快发展农村牧区免费中等职业教育和农牧民职业教育。健全旗县域职业教育培训网络，加强农牧民专业技能培训，增强农牧民创业就业技能，广泛培养农村牧区实用人才。三是适应培育有文化、懂技术、会经营的新型农牧民的需要，及时组织编写体现时代特点的新教材。新教材应贯彻党的十七届三中全会精神，紧密结合内蒙古农村牧区实际和农牧民素质状况，内容涵盖有文化、懂技术、会经营，突出培训用途和实用特点。四是保障和改善农村牧区教师工资待遇和工作条件，健全农村牧区教师培养培训制度，提高教师素质。健全城乡教师交流机制，继续选派城市教师下乡支教。发展农村牧区学前教育、特殊教育、继续教育。加强远程教育，及时把优质教育资源送到农村牧区。五是增强高校为农村牧区输送人才和服务的能力，设置嘎查村干部班，办好涉农涉牧学科专业，鼓励人才到农村牧区第一线工作，对到农村牧区履行服务期的毕业生代偿学费和助学贷款，在研究生招录和教师选聘时优先。

培育有文化、懂技术、会经营的新型农牧民，是"三农三牧"工作中坚持以人为本的重要体现，是推进城乡经济社会一体化发展的重大举措。千百万农牧民是发展现代农牧业的主体，是建设社会主义新农村新牧区的主体；没有有文化、懂技术、会经营的新型农牧民，便没有现代农牧业，也没有社会主义新农村新牧区；农牧业现代化首先需要农牧民现代化，建设社会主义新农村新牧区首先要培育有文化、懂技术、会经营的新型农牧民。一个具有战略眼光的领导者，必须把培育新型农牧民这项基础性、战略性、全局性的重要工作抓在手上，抓住不放，抓实抓好。

第四章　建设创新型内蒙古

　　内蒙古的经济社会发展已经站在一个新的历史起点上,同时内蒙古也进入一个必须更多依靠科技进步和创新推动经济社会又好又快发展的历史阶段。"十五"以来内蒙古经济实现了超常速增长,同时经济发展的结构性矛盾更加突出,能源资源和环境的制约更加凸显,粗放的增长方式难以为继。从根本上解决这些突出的矛盾和问题,实现经济平稳较快可持续发展,必须着力转变发展观念、实行创新驱动型发展模式,必须把增强自主创新能力作为调整产业结构、转变增长方式的中心环节,必须按照中央关于建设创新型国家的战略部署,紧密结合内蒙古经济社会发展实际,努力建设创新型内蒙古。

第一节　建设创新型国家战略决策的提出

　　我国是世界上最大的发展中国家,人口多、底子薄、人均资源少、科技水平低是我国的基本国情,我国发展的一个基本特点是生产力发展水平具有多层次性和不平衡性。由此决定了我国既要发挥劳动力资源丰富的比较优势,大力发展劳动密集型产业,也要发挥科技进步的后发优势,积极推进产业升级,在技术与知识密集型产业领域缩小与发达国家之间的差距,提升我国在国际产业分工体系中的地位,努力提高综合国力和国际竞争力。

　　改革开放以来,中央准确把握国内外发展大势,把科学技术摆在国家发展的战略地位，做出一系列重大决策和战略部署，我国科技事业取得举世瞩目的成就。1978年3月，党中央召开全国科学大会，邓小平旗帜鲜明地提出科学技术是生产力、知识分子是工人阶级的一部分、四个现代化关键是科学技术现代化等著名论断。"这是科学的春天！让我们张开双臂，热烈地拥抱这个春天吧！"大会上郭沫若的讲话《科学的春天》成为我国知识分子解放的宣言，象征着一个科技新时代的开始。20世纪80年代初中央提出了"经济建设必须依靠科学技术，科学技术工作必须面向经济建设"的科技工作基本方针。1985年，中央做出《关于科学技术体制改革的决定》，促进科学技术成果广泛应用于生产，解放和发展科学技术生产力。1986年，中央确立"发展高科技，实现产业化"的目标，启动了高技术研究发展"863"计划。1988年，邓小平提出了"科学技术是第一生产力"的重要论断，为我国科学技术发展奠定了极为重要的思想理论基础。20世纪90年代，以信息技术、生物技术为代表的新科技革命风起云涌。1995年，中央召开全国科学技术大会，发布《关于加速科学技术进步的决定》，以江泽民总书记为核心的党的第三代中央领导集体把科技进步和创新摆在经济社会发展的关键位置，提出实施科教兴国战略和可持续发展战略，把经济建设转移到依靠科技进步和提高劳动者素质的轨道上来。1997年，国家重点基础研究发展规划"973"计划开始实施，在更深的层面和更广泛的领域解决国家经济社会发展中的重大科学问题。1999年，中央召开全国技术创新大会，发布了《关于加强技术创新发展高科技实现产业化的决定》，进一步优化科技力量布局和科技资源配置，提高科学技术的支撑能力、公益服务能力和持续创新能力。

改革开放30多年来，我国科技实力显著提升，部分领域进入世界前列，整体上与国际先进水平的差距进一步缩小，对世界科技发展的影响迅速提高，科技为经济社会发展和保障国家安全提供了强有力的支撑。目前,我国形成了比较完整的科学研究和技术开发体系,建立了较为完备的学科领域,无论是科技政策环境、人力资源、科研投入、基础条件建设,还是基础研究和前沿技术研究、科技成果的应用和产业化发展等各个方面都上了一个大台阶。同时,科技体制改革取得重大进展,科研院所、高校和企业的创新活力得到空前激发,科技与经济的结合更加紧密。这一切,都为增强自主创新能力和建设创新型国家奠定了良好基础。

进入新世纪新阶段,世界新科技革命发展的势头更加迅猛,科技竞争成为国际综合国力竞争的焦点,许多国家纷纷把推动科技进步和创新作为国家战略,在国际经济、科技竞争中争夺主动权。2007年6月,日本通过《"创新25"科技长期战略方针》,提出面向2025年的创新型国家远景目标。2007年8月,美国通过《美国竞争法》,提出要在科研和人才培养方面继续领先世界。2008年3月,英国发布《创新型国家》白皮书。俄罗斯、韩国、印度、巴西等国也都提出了面向未来的科技创新计划和行动。

世界科技发展的新趋势,要求我国把握科技创新机遇,瞄准战略制高点,赢得发展的主动权。在经济全球化深入发展条件下提升我国综合国力,特别是提升我国在国际产业分工体系中的地位,正面临以下几个方面的情况:第一,工业生产过程超越了国家边界,技术创新和产业升级趋向在开放环境中进行,有利于我国引进技术;第二,日益激烈的国际竞争又使各国更加注重保护知识产权、控制核心技术转移,以实现自身利益最大化;第三,我国的技术研发起步较晚,技术和产业起点较低,为了缩小与发达国家的技术差距,往往通过向跨国公司转让国内市场份额,以换取国外的先进技术,这种以市场换技术的交换在一定程度上能够缩小技术差距,但难以获得核心技术,也难以避免产品生命周期和技术代际差异。在国际产业分工体系中，我国技术密集型制造业大多处于产业垂直分工的低端。我国虽然是居世界第三位的进出口贸易大国，但货物出口的55％是加工贸易，其中高技术产品出口的90％左右来自加工贸易。国内需要的先进技术装备主要依靠进口，制造业对外来技术的依存度在50％以上。改变这种受制于人的状况，我国必须大力增强自主创新能力，加快建设创新型国家。

什么是创新型国家呢？创新型国家是指把科技创新作为基本战略，大幅度提高科技创新能力，具有强大的竞争优势的国家。目前，世界上公认的创新型国家有20个左右，他们的共同特点是：创新综合指数明显高于其他国家，科技进步贡献率在70％以上，研发投入占GDP的比重一般在2％以上，对外技术依存度一般在30％以下。此外，这些国家所获得的美国、欧洲和日本授权的三方专利占全球总量的绝大多数。

建设创新型国家，是我国走有中国特色社会主义道路、开创有中国特色社会主义事业新局面的必然选择，是实现全面建设小康社会宏伟目标的内在要求，是深入贯彻落实科学发展观的重大举措。研究分析表明，倘若我国科技进步对经济增长的贡献率仍旧保持在目前39％左右的水平，到2020年人均国内生产总值将翻两番、全面建设小康社会的目标是难以实现的。我国必须大幅度提高科技创新能力，将科技进步对经济增长的贡献率在目前的水平上至少再提高20个百分点，使科技进步真正成为经济社会发展的有力支撑。目前，我国发展的比较优势和国际竞争力，在相当程度上依靠的是劳动力价格低、资源价格低、环境价格低，同时，缺乏核心技术、缺乏自主知识产权、缺乏世界知名品牌。这"三低三缺乏"集中到一点，就是自主创新能力低，由此造成产业结构不合理，经济增长中资源消耗多、环境污染重、整体素质不高和运行不稳定。实践经验证明，传统的高投入、高消耗、高污染、低效益的路子已经难以为继。因此,大力增强自主创新能力、加快建设创新型国家是必然选择。

2006年1月,中央召开了21世纪以来第一次全国科学技术大会,发布了《国家中长期科学和技术发展规划纲要(2006~2020年)》,分析国内外发展大势,立足国情,面向未来,做出了加强自主创新、建设创新型国家的重大战略决策,提出了"自主创新、重点跨越、支撑发展、引领未来"的指导方针。胡锦涛总书记在大会上做了《坚持走中国特色自主创新道路,为建设创新型国家而努力奋斗》的重要讲话。2007年10月,党的十七大把"自主创新能力显著提高,科技进步对经济增长的贡献率大幅上升,进入创新型国家行列"作为实现全面建设小康社会奋斗目标的新要求,把提高自主创新能力、建设创新型国家作为国家发展战略的核心和提高综合国力的关键,摆在促进国民经济又好又快发展的首要位置。这些重大战略决策部署对于指导新的时代条件下我国科技发展,具有重要的现实意义和深远的历史意义。

建设创新型国家,核心就是把增强自主创新能力作为发展科学技术的战略基点,走出有中国特色自主创新道路,推动科学技术的跨越式发展;就是把增强自主创新能力作为调整产业结构、转变增长方式的中心环节,建设资源节约型、环境友好型社会,推动国民经济又好又快发展;就是把增强自主创新能力作为国家战略,贯穿到现代化建设各个方面,激发全民族创新精神,培养高水平创新人才,形成有利于自主创新的体制机制,大力推进理论创新、制度创新、科技创新,不断巩固和发展有中国特色社会主义伟大事业。

建设创新型国家,是深入贯彻落实科学发展观、开创社会主义现代化建设新局面的重大战略部署。实施3年来,这一战略举措逐步深入人心,不断变为全国上下的实践,在提升我国自主创新能力和增强国家核心竞争力,改变关键技术依赖于人、受制于人的局面方面，在转变发展观念、创新发展模式、提高发展质量，加快推进新型工业化、城镇化和农业现代化方面，日益显现出重大而积极的推动作用。内蒙古应进一步深刻认识这一战略举措的极端重要性和紧迫性，进一步深入把握这一重大战略部署的精神和要求，为建设创新型内蒙古而努力奋斗。

第二节　建设创新型内蒙古

建设创新型内蒙古，是紧密结合内蒙古经济社会发展实际，全面落实中央关于建设创新型国家重大战略部署的必然要求，是切实增强内蒙古自主创新能力，依靠科技进步和创新促进经济社会又好又快发展、实现走进前列目标的迫切需要。

建设创新型内蒙古，就是要坚持自主创新、重点跨越、支撑发展、引领未来的指导方针，把增强自主创新能力作为发展科学技术的战略基点和调整产业结构、转变增长方式的中心环节，把集成创新和引进消化吸收再创新作为提高自主创新能力的重点，把掌握优势特色产业领域的核心技术、关键技术作为技术创新的重点，完善创新战略，激发创新资源，建立创新体制，营造创新环境，提高科技进步对经济增长的贡献率，为实现走进前列目标提供强有力的支撑。

建设创新型内蒙古，必须把增强自主创新能力作为调整产业结构、转变增长方式的中心环节。科学技术是第一生产力，是先进生产力的集中体现和主要标志。当今时代，科学技术已经成为支撑和引领经济快速发展和社会文明进步的主要动力，占据科技进步和创新的优势，就能够掌握经济社会发展的主动权。从深层次上看，内蒙古经济社会发展中存在的突出矛盾、问题和差距，归根结底是产业结构问题、增长方式问题，是自主创新能力不强的表现。从根本上解决这些问题，就必须把增强自主创新能力摆在全部科技工作的首要位置,充分发挥科学技术第一生产力的作用,通过增强自主创新能力促进产业结构调整和增长方式转变,推动经济社会又好又快发展。

建设创新型内蒙古,必须把集成创新和引进消化吸收再创新作为提高自主创新能力的重点。自主创新,就是从增强国家创新能力出发,加强原始创新、集成创新和引进消化吸收再创新。自主创新是以我为主、靠自己创新,但自主创新不是排他创新,而是开放创新,借助他国技术的创新也属自主创新。在自主创新的三种方式中,集成创新、引进消化吸收再创新都是在他国创新基础上的再创新。原始创新是技术创新的源泉,是占据国际高端市场的战略制高点。提高包括基础研究和前沿技术研究的原始创新能力是国家整体创新能力的核心。原始创新是自主创新的方式之一,积极整合现有技术的集成创新,以及积极引进国内外先进技术、充分消化吸收再创新,也都是自主创新。像日本、韩国等成为世界科技创新强国,他们主要靠的不是原始创新,而是集成创新和再创新。建设创新型内蒙古,应从内蒙古现有科学基础和技术水平出发,以增强集成创新能力、再创新能力为重点,切实提高自主创新能力。

建设创新型内蒙古,必须把掌握优势特色产业领域的核心技术、关键技术作为技术创新的重点,提高科技进步对经济增长的贡献率。科技进步对经济增长的贡献率是衡量一个国家和地区科技发展水平和科技实力的一个重要指标。目前,美国、韩国、日本等 20 多个创新型国家科技进步对经济增长的贡献率均在 70％以上,而"十五"时期我国科技进步对经济增长的贡献率仅为 41.9％,内蒙古科技进步对经济增长的贡献率也只有41.3％。6 个优势特色产业是内蒙古工业化的主导产业,优势特色产业技术水平代表着内蒙古的科技发展水平,优势特色产业竞争力就是内蒙古工业的竞争力。提高优势特色产业竞争力，必须从优势特色产业领域发展的现实紧迫需求出发，着力突破重大核心技术、关键技术，切实提高科技进步对经济增长的贡献率。

改革开放以来，内蒙古实施科教兴区战略，科技事业稳步发展，科技人才队伍逐步扩大，科技投入逐年增加，企业技术改造加快推进，取得了一系列重大科技发明和科技新成果，有些研究领域、技术领域取得了国内甚至国际领先的成果，一些企业的技术装备达到了国内甚至国际领先的水平。1984 年 3 月 9 日，首例"试管羔羊"的诞生曾轰动全世界，内蒙古大学教授旭日干在日本成功地培育出世界第一胎"试管羔羊"，攻克了山羊体外受精这项具有划时代意义的技术难关，被誉为"试管羔羊"之父。同年，日本兽医畜产大学授予旭日干博士学位。2007 年与 2000 年相比，内蒙古科技活动人员由 3.68 万人增加到 4.14 万人，从事研究与开发（R&D）人员由 8500 人增加到 1.47 万人，研发经费投入由 3.34 亿元增加到 23.76 亿元，研发经费支出占 GDP 比重由 0.24% 提高到 0.39%（见表 4—1）。特别是"十五"以来，随着工业化加快推进，招商引资力度加大，一批技术起点较高的能源、冶金、化工大项目纷纷在内蒙古落地，一批本土企业加快技术改造，引进国外先进设备，一些企业技术装备达到了国内甚至国际领先水平。比如，在能源工业领域，一些大型煤矿技术装备达到了世界领先水平，发电企业 30 万千瓦以上机组占到 70%；在冶金工业领域，包钢集团薄板坯连铸连扎等设备已达到国外同类装备的先进水平，包铝集团是国内唯一拥有预焙电解槽直接制取 99.9% 以上高纯铝技术的最大铝合金生产企业；在化学工业领域，神华集团煤直接液化项目试车成功是我国煤制油技术的重大突破，其核心装置采用了具有自主知识产权的工艺技术和催化剂，标志着我国成为世界上唯一掌握百万吨级煤直接液化关键技术的国家；在农畜产品加工业领域，鄂尔多斯集团和鹿王集团在羊绒新型纺纱、新型印染和自动化编制等领域居国际领先水平。

表4—1　国家和内蒙古科技进步相关指标

单位:万人、亿元、%、个

项目＼年份	国家				内蒙古			
	2000年	2005年	2006年	2007年	2000年	2005年	2006年	2007年
科技活动人员	322.40	381.50	413.20	454.40	3.68	3.69	3.89	4.14
研究与试验发展人员	92.50	136.50	150.20	173.60	0.85	1.27	1.38	1.47
研究与试验发展经费	896.00	2450.00	3003.10	3710.20	3.34	11.32	16.49	23.76
占GDP比重	1.00	1.33	1.42	1.49	0.24	0.30	0.34	0.39
基础研究经费占R&D支出	5.0	5.2	5.2	5.2	4.5	3.9	3.3	2.2
企业研发经费支出	540.30	1673.80	2134.50	2681.10	1.26	8.60	12.36	18.41
企业研发经费占主营业务收入比重	1.69	0.76	0.77	0.81	0.66	0.30	0.38	—
有科技活动企业	—	—	—	—	363	328	323	317
科技进步贡献率	"十五"时期科技进步贡献率41.9%				"十五"时期科技进步贡献率41.3%			

资料来源:内蒙古科学技术厅。

同时,还应清醒地看到,在新的时代条件下,与建设创新型内蒙古、提高自主创新能力的要求相比,内蒙古科技事业的发展还存在很大差距。从创新战略看,还需要完善立足现实、面向未来,思路清晰、目标明确、针对性和操作性强的科技发展战略。从创新资源看,2007年,内蒙古从事科技活动人员为4.14万人、研发人员为1.47万人,分别仅占全国的0.9%和0.8%,科研体系、科研设备等科研条件比较差;R&D经费23.76亿元(见表4—1),仅占全国的0.6%,且增长缓慢;发明、实用新型、外观设计三种专利申请受理量达到 2015 件，占全国受理量 69.4 万件的 0.29%，居全国第 25 位；授权量达到 1313 项，占全国授权量 35.2 万件的 0.28%，居全国第 26 位；科技机构的科技论文只有 775 篇，仅占全国科技论文 12.7 万篇的 0.6%；拥有研究开发机构的企业很少，拥有研究开发人员的企业很少，拥有自主知识产权的企业很少，企业在技术创新中的主体作用还没有充分发挥。从创新体制机制看，科技管理体制改革不够深入，还没有建立促进全社会科技资源高效配置和综合集成的体制，还没有形成以企业为主体、市场为导向、产学研相结合的技术创新体系，还没有健全科研院所、高等院校和企业间相互协作、联合攻关的机制，还没有形成激发科技人才创新激情和能动性的激励机制，还没有形成引导和支持创新要素向企业集聚的机制。从创新环境看，还没有营造出有利于创新的法律政策环境、市场竞争环境、金融环境、教育环境、文化环境以及其他社会环境，还没有形成充分发挥科技人才积极性、主动性、创造性的环境，特别是创新文化发展不够，在形成讲科学、爱科学、学科学、用科学的社会风尚方面存在较大差距。从创新需求看，农牧业科技不能适应发展现代农牧业的需求；工业科技不能适应调整产业结构、转变增长方式和节约资源、保护环境的需求；服务业科技不能适应发展现代服务业、新兴服务业和改造传统服务业的需求（见下篇第一章"创新驱动型模式"）。

总之，内蒙古科技事业稳步发展，取得了显著成效，积累了有益经验，为今后的发展奠定了较好的基础，同时与新时期新阶段科技进步和创新的要求相比，与经济社会又好又快发展对科技进步的需求相比，在创新资源、创新能力、创新成果以及创新体制机制和创新环境上还存在着很大差距。内蒙古经济社会又好又快发展、实现走进前列的目标，还缺乏强有力的科技支撑。对内蒙古来说，提高自主创新能力，从来没有像今天这样紧迫，立足于提高自主创新能力,完善创新战略、激发创新资源、建立创新体制、营造创新环境,从来没有像今天这样紧迫。

建设创新型内蒙古,必须完善创新战略、激发创新资源、建立创新体制、营造创新环境。自主创新应具备创新资源、创新战略、创新体制和创新环境这四个要素。[①]　建设创新型内蒙古,提高自主创新能力,必须完善创新战略、激发创新资源、建立创新体制、营造创新环境。有了完善的创新战略,自主创新才能有明确的方向和目标,才能围绕目标优化配置创新资源,建立体制机制,营造良好环境;自主创新靠创新资源,提高自主创新能力必须激发创新资源;激发创新资源靠体制机制,建立创新体制机制是提高自主创新能力的制度保障;良好的创新环境是激发创新资源、提高自主创新能力不可或缺的重要条件。自主创新的战略、资源、体制、环境这四个要素中创新资源是核心要素,没有创新资源,自主创新无从谈起;同时自主创新也离不开其他三个要素,这四个要素是相互依存、有机统一的整体,自主创新是四个要素相互作用的复杂系统。

第三节　完善创新战略

建设创新型内蒙古,首要的问题是完善创新战略。创新战略是总体发展战略的核心,是提高自主创新能力的龙头和导向。确立一个切合当前实际、引领未来发展的创新战略,对于加快建设创新型内蒙古、扎实提高自主创新能力至关重要。完善内蒙古创新战略,应着力把握以下几点:

第一,建设创新型内蒙古,提高自主创新能力,直接目的是

---

① 尚勇:《提高自主创新能力关键是体制机制创新》,2008 年 4 月 10 日《理论动态》。

要掌握优势特色产业领域的核心技术、关键技术。优势特色产业是内蒙古经济发展的主导产业,优势特色产业技术水平决定着内蒙古经济的竞争力,关系内蒙古经济平稳较快持续健康发展。提高优势特色产业技术水平,增强经济竞争力,必须掌握优势特色产业领域的核心技术和关键技术。核心技术和关键技术,既有联系,又有区别。一般说来,核心技术是决定一个企业或产业竞争力的前沿性技术,是他人尚未掌握的技术,掌握了核心技术就增强了竞争力;关键技术是当前制约企业或产业乃至经济社会发展的重要技术,突破了关键技术,企业或产业乃至经济社会就可能取得突破性发展。核心技术和关键技术都不是一成不变的,都是不断发展变化的。要保持长久的竞争力,保持持续快速健康发展,就需要切实提高自主创新能力,不断创新核心技术和关键技术。

努力掌握优势特色产业领域的核心技术、关键技术,要增强历史责任感和现实紧迫性。就目前来讲,内蒙古优势特色产业,包括各产业的大多数企业,都还没有形成自己的核心技术和关键技术,即使达到了较先进的技术水平,也很少有自主知识产权。制造业行业多数先进装备都依赖进口,许多先进技术还要依赖国外而受制于人。在新科技革命迅猛发展、科技进步日新月异的今天,这样的状况维持一段时间可以,长此以往就没有出路了。如果不抓住当前的有利时机,加快推进技术创新,努力掌握优势特色产业领域的核心技术、关键技术,提高经济竞争力和城乡发展的动力,那么,不仅走进前列无望,而且将错过历史性机遇。

努力掌握优势特色产业领域的核心技术、关键技术,就要坚持重点跨越,把解决优势特色产业发展中的突出矛盾作为主攻方向,把解决经济社会发展的瓶颈制约放在优先位置,加快实施重点突破。围绕推进新型工业化,大力推进工业科技自主创新,努力掌握节约能源、节约资源的技术，努力掌握减少污染、保护环境的技术，努力掌握提高产品质量和附加值的技术，努力掌握社会化生产、专业化协作的技术，努力掌握电子信息产业技术，努力掌握资源综合利用、循环式发展的技术等，在能源、资源、环境、信息等领域取得重大技术突破，逐步实现新型工业化科技含量高的要求；围绕发展现代农牧业，大力推进农牧业科技自主创新，努力掌握农牧业生物技术、良种培育技术、丰产栽培技术、健康养殖技术、精深加工技术、节水灌溉技术、防灾减灾技术，努力掌握提高农牧业资源利用率技术，努力掌握优质农作物增产技术，努力掌握保护和建设草原生态的技术，努力掌握内蒙古羊两年产三羔技术，努力掌握舍饲条件下羊绒增产技术，努力掌握舍饲或半舍饲条件下保持内蒙古羊肉独特风味技术，努力掌握提高奶牛产奶量技术，努力掌握家畜家禽疫病防治技术，努力掌握农牧业信息服务技术等，逐步实现农牧业技术集成化、劳动过程机械化、生产经营信息化，使内蒙古畜牧业科技整体实力进入全国前列；围绕实现以服务业为主导产业的目标，大力推进现代服务业科技自主创新，努力掌握改造传统服务业、提高传统服务业层次的技术，努力掌握加快发展现代服务业和新兴服务业的技术等，逐步提高服务业科技水平。

优势特色产业领域的核心技术、关键技术，实质上是优势特色产业各企业的核心技术、关键技术。掌握优势特色产业领域核心技术、关键技术的目的，就是要开发高附加值、低资源消耗、高生产效率、低生产成本的产品，形成一批自主知识产权和知名品牌，占领产业技术前沿和市场，提高企业的核心竞争能力。努力掌握优势特色产业领域的核心技术、关键技术，要落实到具体产业、具体企业，做出具体规划和方案，引导和支持创新要素向企业集聚，促进科技成果向现实生产力转化。这样，创新战略才能逐步得以落实。落实了创新战略，掌握了核心技术、关键技术，就能促进产业结构调整和增长方式转变，就能促进资源节约型、环境友好型社会建设，就能推动经济社会又好又快发展。

第二，建设创新型内蒙古，提高自主创新能力，要坚持以集成创新和再创新为主。原始创新、集成创新和引进消化吸收再创新都是自主创新的实现形式，核心技术、关键技术可以源自原始创新，也可以来自集成创新和再创新。选择自主创新的哪一种实现形式，应考虑发展阶段的合理性，而且主要实现形式的阶段性选择对自主创新成功关系重大。一般来说，提高自主创新能力，要坚持原始创新、集成创新和再创新有机结合、联动推进，同时必须从当时当地具体情况和条件出发，对主要实现形式做出阶段性合理选择。对内蒙古来说，掌握优势特色产业领域的核心技术、关键技术，当前应坚持以集成创新、再创新为主，有条件的领域也可以进行适当的原始创新，但集成创新和引进消化吸收再创新是我们赶超先进、重点跨越的捷径。

坚持以集成创新、再创新为主提高自主创新能力，需要把握着力点：一是着力于技术创新。技术创新是"新技术的首次商业化应用"，[①]是自主创新的核心载体。努力掌握优势特色产业领域的核心技术、关键技术，就要在首先把相关科技成果创造性地应用于商品化开发和生产实践上下工夫。这就要根据现实市场需求和市场开发前景，找准制约优势特色产业领域各产业乃至各企业提升产品质量、提高产品附加值、新产品开发的关键技术环节，依靠技术创新体系，实施相关科技成果的商品化开发，实现优势特色产业技术创新。二是着力于整合和消化技术。提高自主创新能力，并不排斥技术改造和技术引进。实践证明，通过技术改造增强自主创新能力，为了提高自主创新能力而引进技

---

① 周镇宏：《技术创新若干关键问题辨析》，2008 年 6 月 20 日《理论动态》。

术,都有利于企业提高技术水平和市场占有率。关键是致力于整合技术和消化吸收。积极整合现有技术是集成创新的基础,引进技术并消化吸收是再创新的基础。努力掌握优势特色产业领域的核心技术、关键技术,要处理好整合技术与集成创新、引进技术与消化吸收再创新的关系,处理好用于前者的投入与用于后者的投入的关系,着力提高整合技术和消化吸收的能力,着力提高对整合技术和消化吸收的投入,从"引进—落后—再引进—再落后"的怪圈中走出来。三是着力于促进中小企业技术创新。改革开放以来,我国75%以上的技术创新、80%的新产品是由中小企业创造的。中小企业尤其是创业型、科技型中小企业是直接进行技术创新的主角。努力掌握优势特色产业领域的核心技术、关键技术,要大力支持中小企业技术创新,从财税政策、金融服务、公共技术服务平台建设等方面为中小企业技术创新提供服务,特别是为科技型中小企业提供便捷、低成本的融资条件,使其成为技术创新的主角。

第三,要把建设创新型内蒙古,提高自主创新能力,作为内蒙古发展战略的核心、走进前列的关键,贯彻到经济社会发展的各个领域,贯彻到现代化建设的各个方面。要坚持科技为经济社会发展服务、为人民群众服务的方向,把科技创新与提高各族人民生活水平和生活质量紧密结合起来,与提高各族人民科学文化素质和健康素质紧密结合起来,使科技创新的成果惠及各族人民群众。要坚持解放思想、实事求是、与时俱进,大力推进理论创新、制度创新、文化创新,为科技创新提供科学的理论指导、有力的制度保障和良好的文化氛围。要培育全社会创新精神,增强全社会创造活力,形成讲科学、爱科学、学科学、用科学的社会风尚,为科技进步和创新夯实最深厚、最持久的社会基础。要在全社会大力传播科学知识、科学方法、科学思想、科学精神,提倡敢为人先、敢冒风险、勇于实践、不屈不挠的精神,倡导敢于创新、勇于竞争、诚信合作、宽容失败的精神,努力营造鼓励科技人员创新、支持科技人员实现创新的有利条件。要充分尊重群众的首创精神,深入推进群众性技术革新活动,鼓励各行各业广泛开展群众性的小发明、小革新,动员各族人民群众投身到建设创新型内蒙古的伟大事业中来。

第四节　激发创新资源

建设创新型内蒙古,需要开发利用创新资源、动员整合创新资源、培育扩大创新资源,依靠创新资源推进创新活动。创新资源主要包括科技人才、创新主体、科研机构、科研条件、科技投入等,创新资源是开展创新活动的基础。没有创新资源,一切创新活动无从谈起,提高自主创新能力更无从谈起;有创新资源而不能激发其活力,同样不能提高自主创新能力。内蒙古具备一定的创新资源,具有提高自主创新能力、掌握优势特色产业领域核心技术和关键技术的基础,同时还存在创新资源数量较少、能力较差、激发不够的问题,还不能适应提高自主创新能力、掌握优势特色产业领域核心技术和关键技术的需要。激发创新资源,应在以下几个方面下工夫。

一是培养造就富有创新精神的人才队伍。科技创新,关键在人才。人才资源是创新资源的第一资源,科技人才是提高自主创新能力的决定性因素。建设创新型内蒙古、提高自主创新能力,必须始终把培养造就富有创新精神的人才作为根本大计。要坚定不移地实施科教兴区战略和人才强区战略,在全社会形成尊重劳动、尊重知识、尊重人才、尊重创造的良好风尚,坚持用创新事业凝聚人才、用创新实践造就人才、用创新机制激励人才、用创新法制保障人才。要遵循创新型科技人才成长规律,依托国家重大人才培养计划、优势特色产业领域重大科研和重大工程项目、高等院校重点学科和重点实验室,积极推进创新团队建设;以培养造就研究开发人才为重点,提高科技人才的综合素质,提高其研究开发能力,尤其要着力培养造就国家级科学大师、科技领军人物和学科带头人,抓紧培养造就一批中青年高级专家,抓紧培养造就一批创新型企业家,不断完善适合掌握优势特色产业领域核心技术、关键技术需要的科技人才结构,发展壮大科技创新人才队伍。要坚持培养人才与引进人才相结合,既要充分发挥现有人才的作用,充分调动其积极性、主动性、创造性,在创新实践中发现人才、使用人才,在创新活动中培育人才、锻炼人才,在创新事业中凝聚人才、成就人才,又要加大引进人才、引进智力工作力度,不拘一格、广纳群贤,尤其是要积极引进高层次研究开发人才,不求所有、不求所在,但求为我所用、为掌握优势特色产业领域的核心技术和关键技术所用;既要充分发挥高等院校、科研院所科技人才的作用,引导和鼓励他们通过各种形式,包括产学研相结合的形式,奉献自己的聪明才智,致力于掌握优势特色产业领域的核心技术、关键技术,又要充分发挥企业科技人才、研发人员的作用,充分调动其积极性、主动性、创造性,发挥他们熟悉企业技术工艺、了解企业技术需求的优势,依靠企业和全社会创新资源,致力于掌握优势特色产业领域的核心技术、关键技术。

二是确立和强化企业技术创新的主体地位。创新是一个民族进步的灵魂,也是一个企业兴旺发达的源泉。在社会主义市场经济条件下,企业是市场竞争的主体,也是技术创新的主体,企业的技术创新能力是表征一个国家和地区科技实力的一个重要方面。确立企业技术创新主体地位、强化企业技术创新主体意识、提高企业技术创新能力,是提高自主创新能力、掌握优势特色产业领域核心技术和关键技术的关键。市场需求是技术创新的导向,市场竞争是技术创新的动力。企业成为技术创新主体的前提是企业要成为名副其实的市场主体，这就要求政企分开、政不干企、企不依政、各司其职。建设创新型内蒙古，必须加快建立创新型企业，全面提升企业的自主创新能力。要坚持市场化为导向、提高创新能力为中心的企业制度改革，使企业真正把创新能力作为其核心竞争力，把创新活动作为其经营活动的核心；使企业真正成为市场竞争的主体、技术创新活动的主体、凝聚创新人才的主体、知识产权创造的主体、研究开发投入的主体、创新成果应用的主体、体制机制创新的主体。要鼓励和引导国有大企业加快研究开发机构建设，加大研究开发投入，提高企业研究与试验发展经费支出占主营业务收入比例，努力形成一批集研究开发、设计、制造于一体，具有国际国内竞争力的创新型企业集团，使其成为掌握优势特色产业领域核心技术和关键技术的主力军。重视和发挥民营科技企业在建设创新型内蒙古伟大事业中的重要作用，创造公平竞争的环境，支持民营科技企业尽快提高自主创新能力，积极参与国际国内竞争，使其成为掌握优势特色产业领域核心技术和关键技术的生力军。扶持和帮助中小企业特别是科技型中小企业的技术创新活动，为科技型中小企业推进技术创新提供良好条件，使其不断提高自主创新能力，尽快做大做强。

三是积极组建和培育行业创新联盟。所谓行业创新联盟，就是通过有效机制，把相关骨干企业结合起来，并引导有关科研机构、高等院校加入进来，形成资源共享的行业创新平台，围绕行业竞争的重大技术需求，集成优势资源协同创新，加快形成行业整体创新能力，并通过行业创新联盟这一机制，带动各企业自身创新能力的提高。行业创新联盟是产学研结合的有效载体，是创新型国家高效运作的成功模式。对于创新资源比较分散、企业个体创新能力比较薄弱、产学研尚未有效结合的内蒙古来说，利用行业创新联盟这样的模式和机制，适应行业重大技术创新需求,尽快形成行业整体创新能力,掌握优势特色产业领域的核心技术、关键技术,具有现实实用性和长远可行性。结合内蒙古优势特色产业发展实际,创造性地借鉴利用行业创新联盟这一技术创新组织模式,就要探索建立相关的企业、科研机构、高等院校相互结合而建立联盟的利益联结机制,联盟成员创新资源共用、创新成果共享的密切合作机制,达到集成优势资源、集体协同创新的效果,走出一条掌握优势特色产业领域核心技术、关键技术的捷径。

四是不断加大自主创新投入力度。科技创新具有投入多、风险大、周期长、回报高的特点。企业是技术创新的主体,企业技术创新的全部目的在于追求商业利润,获得商业利益,企业当然是技术创新投入的主体。同时,建设创新型内蒙古又是关系内蒙古发展全局的大战略,需要加大财政对科技进步和创新的投入力度,确保财政科技投入增幅明显高于财政经常性收入增幅,并形成多元化、多渠道、高效率的科技投入体系,使全社会研究开发投入占国内生产总值的比例逐年提高。由于技术创新投资具有高风险性,需要大力发展风险投资事业;需要改善对企业创新的信贷服务和融资环境,加大对企业技术创新的金融支持;需要适时推进增值税转型改革,统一各类企业税收制度,加大对企业研究开发投入的税收激励;需要发挥好政府创新基金的"种子"基金作用,建立与社会风险投资配合的机制,用少量财政投入引导更多的企业投入和社会投入;需要实施扶持自主创新的政府采购政策,建立财政性资金采购自主创新产品制度,对具有自主知识产权的重要高新技术装备和产品实行政府首购政策和订购制度,以此激励自主创新。通过各种渠道加大自主创新投入,尽快提高企业 R&D 投入占企业主营业务收入的比例、全社会 R&D 投入占 GDP 的比例,以保证掌握优势特色产业领域核心技术、关键技术的投入需求。

第五节　建立创新体制

建设创新型内蒙古,体制机制是保障。提高自主创新能力,必须深化科技体制改革和经济体制改革,消除制约科技进步和创新的体制机制障碍,通过建立创新体制机制,有效整合全社会创新资源,推动经济与科技紧密结合,形成技术创新、知识创新、区域创新、科技中介服务、创业创新服务等相互促进、充满活力的创新体系。深化科技体制改革,建立创新体制,其目的就是要充分发挥政府的主导作用,充分发挥市场在创新资源配置中的基础性作用,充分发挥企业在技术创新中的主体作用,充分发挥科研机构的骨干和引领作用,充分发挥高等院校的基础和生力军作用,形成科技创新的整体合力,为建设创新型内蒙古提供良好的制度保障。

建立创新体制,要以掌握优势特色产业领域的核心技术、关键技术为目标,以改革激发创新资源,以改革营造创新环境,充分调动广大科技人员积极性、主动性和创造性,加快建设相互促进、充满活力的创新体系。要加快建设以企业为主体、市场为导向、产学研相结合的技术创新体系,使企业真正成为研究开发投入的主体、技术创新活动的主体和创新成果应用的主体,不断提高企业的自主创新能力。要加快建设科学研究与高等教育有机结合的知识创新体系,建立开放、流动、竞争、协作的运行机制,高效利用科研机构和高等院校的科技资源,形成掌握优势特色产业领域核心技术、关键技术的优势学科领域、研究基地和人才队伍。要加快建设覆盖若干盟市的各具特色和优势的区域创新体系,促进区域内外科技力量有机结合,整合区域创新资源,根据区域产业发展特点开展创新活动,增强科技创新对区域经济社会发展的支撑力度。要加快建设社会化、网络化的科技中介服务体系,大力培育和发展各类科技中介服务机构,围绕优势特色产业发展加强先进适用技术推广应用。加快建设创新创业服务体系,建立公共技术服务平台,为中小企业技术创新提供服务,为自主创业者提供技术指导。

建立创新体制,要加快推进科技管理体制改革,在微观上注重搞活,使各级各类科技人才的创新激情和聪明才智得以充分发挥;在中观上注重加强,使创新系统中各主体有效互动、产学研有机结合、创新要素顺畅流动;在宏观上注重转变,充分发挥政府的主导作用,营造良好的创新环境,统筹协调创新活动,提高创新效率。要深化科研机构管理改革,破除科研和人才管理封闭分割的体制,建立现代科研院所制度,从制度上保证科技人才创新激情和才能的充分发挥。政府管理以规划指导和政策调控为主,减少行政干预,赋予科研院所更多科研自主权和管理自主权,实行科研院所负责人和科研人员聘任制,实行科研骨干与流动性科研人员结合的人才管理制度,形成以科研带头人为中心的内部组织结构,实现掌握优势特色产业领域核心技术、关键技术目标与科研机构、科技人才的有机结合,真正形成既能够使个人创新激情迸发,又能够充分发挥团队创新优势的高效的创新管理制度。强化科技成果产业化、创新带动创业的政策导向,采用更加柔性、灵活的人事管理制度,鼓励科技人员通过辞职、短期离职、业余兼职等形式从事创新创业和科技成果产业化活动。完善激励科技人才创新激情和能动性的机制,激活科技人才瞄准市场全身心投入创新创业,按照国家有关政策,使项目承担者从科技成果转化的收益中获得更高报酬,运用利益驱动机制加快科技成果产业化,促进创新创业。

建立创新体制,要加快推进以提高创新能力为中心的现代企业制度改革。提高自主创新能力是调整产业结构、转变增长方式的中心环节。对企业来说,就要深化以提高创新能力为中心的制度改革，使企业真正成为技术创新的主体，把建立健全研究开发体系作为重点，形成经营、创新、生产、服务有机联系的创新链，从机制上促使企业不断开发新产品、新工艺，采用新的生产组织方式，实施新的市场战略，推行新的管理方式，建设企业创新文化；把研究开发投入作为主要再生产投入大幅增加，把创新人才作为企业第一资源大量吸纳、大力培养，以优惠待遇、优越环境吸引优质创新资源向企业聚集；把技术引进结构从企业单独引进向科研系统、制造系统联合引进转变，引进目的从生产使用为主向消化吸收再创新为主转变，引进方式从单纯进口生产线向重视引进软技术和必要的关键设备转变，引进对象从以产品导向的技术为主向引进产业核心技术、关键技术为主转变。深化以提高创新能力为中心的制度改革，要加快建立以企业为主体、市场为导向、产学研相结合的技术创新体系，引导和支持创新要素向企业集聚，促进科技成果向现实生产力转化；要改变科研机构科研活动与企业技术需求脱节的以学术为主的科研导向和以引进为主的技术获取方式，鼓励企业利用大学、科研机构优势资源研究开发所需技术，建立科研院所、大学、企业间相互协作、联合攻关的机制，以增强创新体系各要素间有机联系和有效互动来提高创新效率，促进科技成果加速转化；要加快培育社会化科技中介服务体系，激发微观活力，通畅创新系统联系，集中创新力量，优化资源配置，达到创新链有效连接，技术成果加速转化，提高整体创新效率。

建立创新体制，要进一步完善适应社会主义市场经济发展要求的政府管理科技事业的体制机制，充分发挥政府的主导作用，建立健全有关法律法规，促进科技创新要素和其他社会生产要素有机结合，形成科技不断促进经济社会发展、社会不断增加科技投入的良好机制。要按照市场经济体制框架，完善科技资源配置方式，优化科技资源配置，加强科技基础条件平台建设，促进科技资源开放和共享,形成广泛的多层次的创新合作机制。
要加快实施以自主创新为中心的技术标准战略和知识产权战
略,提升知识产权创造、运用、保护和管理能力,着力完善知识产
权制度。要加强宏观统筹协调,加大规划部署、政策导向和系统
推进力度,使政府真正成为创新规划制定者,创新大环境营造
者,各创新主体的服务者、促进者和监督者,形成政府与企业、科
研机构的创新伙伴关系。

第六节　营造创新环境

　　建设创新型内蒙古,营造创新环境是重要条件。所谓创新
环境包括市场环境、社会环境、法律政策环境、金融环境和文化
环境等。结构优化、关联互动的创新体系,再加上有效的法律政
策环境、市场竞争环境、金融支持环境、教育文化环境及其他社
会环境,便构成创新生态系统。科技创新,作为一种创造性的社
会活动,十分依赖创新生态系统。创新生态系统的优劣决定着
创新活动及其成效。完善的创新生态系统是科技创新的良好气
候和适宜土壤。创新生态系统的形成,可使创新激情竞相迸发
并活力增强,创新资源激活并优化配置,创新要素互动并优势集
成,创新效率提升并质量不断提高,创新成果高产并迅速转化成
现实生产力和竞争力。营造创新环境的基础是较成熟和完善的
市场环境,最需要的是公平竞争的社会环境,以及与之相适应的
金融支持环境等。

　　营造创新环境,要形成公平竞争的市场环境。驱动技术创
新的最大动力是市场需求。恩格斯曾经指出,一个市场需求要
比十所大学更能拉动技术进步。在适应市场需求的应用中改进
和提高,是技术进步的基本规律。内蒙古作为技术创新的后发
地区,要实现创新能力的超常规提升、技术的跨越式发展,必须

以市场需求为根本动力，而掌握优势特色产业领域的核心技术、关键技术，就是这个领域企业容量大、潜力大、需求大的市场优势。在经济全球化和知识经济迅速发展的条件下，企业竞争力的主要因素发生了根本变化，创新能力已经成为决定企业持续竞争能力的主要因素。优势特色产业领域的企业只有把内蒙古独特而富集的资源优势和劳动力成本优势与技术创新能力相结合，提高以产业核心技术、关键技术为支撑的核心竞争力，才能真正形成持续的竞争优势。形成良好的市场环境，要建立公平竞争的市场环境，同时要防止市场的过度竞争。竞争能够促进创新，但过度竞争又不利于创新，凭借低价格拼成本来竞争，企业最终没有能力搞创新。

营造创新环境，要形成以创新应对危机的环境。回顾历史，重大的经济危机总是催生重大科技变革，重大科技成果又推动经济走向复苏与繁荣。比如，1857年的世界经济危机引发了以电气革命为标志的第二次技术革命；1929年的世界经济危机引发了战后以电子、航空航天和核能等技术突破为标志的第三次技术革命。再比如，日本在20世纪90年代曾经历泡沫经济破灭的深刻危机，但日本政府和企业对科技的投入有增无减，将倡导多年的"技术立国"转变为"科学技术创造立国"、"知识产权立国"，2001年提出50年内培养30名诺贝尔奖获得者的"诺贝尔奖计划"，至今已有7名日本科学家获此殊荣；韩国在1997年亚洲金融和经济危机中受到了严重打击，但韩国仅仅3年之后就实现了经济复苏，10年间全面完成了经济结构转型，也是得益于在汽车、电子、冶金、造船等行业技术领域长期坚持不懈搞创新，到2007年，韩国的科学竞争力和技术竞争力已分别跃居世界第7位和第6位。今天的情形也不会例外，日益严峻的经济危机和日趋激烈的国际竞争将成为各国不断推进科技进步、增强经济竞争力的不竭动力即所谓倒逼机制，科技进步和创新也将成为应对经济危机、摆脱困境、引领和支撑经济复苏的根本力量。内蒙古优势特色产业领域的企业要转"危"为"机",就必须以应对危机为契机,把提高自主创新能力作为调整产品结构、转变增长方式的中心环节,加快推进技术改造,以技术创新应对经济危机。技术改造具有技术新、投资少、工期短、见效快、效益高的特点。形成以创新应对危机的环境,要大力支持企业技术改造,针对企业的薄弱环节和瓶颈制约,用高新技术和先进适用技术提升改造,提高企业素质,增强企业市场竞争力。

营造创新环境,要形成以扩大内需带动创新的环境。为应对由美国次贷危机引发的国际金融与经济危机对中国经济的影响,我国政府及时果断地决定实施积极的财政政策和适度宽松的货币政策,迅速出台了促进经济平稳较快发展的一揽子计划,旨在以增强发展协调性和可持续性、提高自主创新能力为目标,通过扩大最终消费需求,带动中间需求,有效吸收和消化国内生产能力,形成发展新优势。这些以扩大内需为导向的加快民生工程和基础设施建设的政策措施所产生的巨大技术需求,是科技事业实现跨越式发展的机遇,是企业提升核心竞争力的机遇,是调整产业结构、转变发展方式的机遇。从国家财政扩大内需的投资方向看,对内蒙古调整优化优势特色产业结构、提升优势特色产业层次是一个难得机遇,特别是提高自主创新能力,掌握优势特色产业领域核心技术、关键技术的难得机遇。形成以扩大内需带动创新的环境,要大力支持优势特色产业领域企业为调整产品结构、转变增长方式而推进技术创新,从建立技术创新体系、组建行业创新联盟、建设科技基础条件平台、建设公共技术服务平台、财税政策、金融服务等方面提供良好的环境条件。

营造创新环境,要形成激励创新的政策环境。关键是要促进科技政策、创新政策和经济政策等的紧密结合和协调一致。特别是经济政策,如税收优惠激励政策、引进技术消化吸收政策、进出口政策、激励促进创业的金融政策和股权期权激励政策，要保持协调性、稳定性、连续性。要造就有利于人才辈出的育人用人环境。杰出科学家和科学技术人才群体，是建设创新型内蒙古的决定性因素。创新资源特别是人才资源总是向创新环境优越的地方流动、聚集。因此，要围绕建设创新型内蒙古的战略目标，锁定掌握优势特色产业领域核心技术、关键技术的创新方向，努力营造鼓励人才干事业、支持人才干成事业、帮助人才干好事业的社会环境，形成有利于人尽其才、优秀人才脱颖而出的体制机制，实行大量吸纳和培养科技人才，特别是不惜代价引进中青年高级专家、国家级乃至世界级科学大师和科技领军人才，为建设创新型内蒙古所用的政策。要造就有利于引进消化吸收再创新的开放环境。自主创新的三种方式本质上都是在前人知识积累的基础上开展的创新。应充分利用全国乃至全球创新资源，为建设创新型内蒙古服务，提升自主创新能力、获得优势特色产业领域核心技术和关键技术的自主知识产权。一方面，通过引进技术，在高起点上消化吸收再创新，尽快形成自主创新能力和核心竞争力；另一方面，围绕掌握核心技术、关键技术开展自主研发，利用国内外相关现有技术进行配套，以加快集成创新步伐。要造就有利于创新的文化环境。创新文化是创新成功的土壤和气候。建设创新型内蒙古，必须大力发展创新文化，努力培育全社会的创新精神。创新文化的本质是个性文化、民主文化和诚信文化。为此，必须大力弘扬"尊重个性、张扬特长、激励探索、提倡冒尖、鼓励合作、宽容失败"的创新文化，努力形成尊重知识、尊重人才、崇尚创新、支持创新的社会氛围，增强不懈奋斗、勇攀高峰的信心和勇气。必须改革教育体制、改进教学方法，大力推进素质教育，从青少年入手培养创新意识和实践能力，鼓励青少年参加丰富多彩的科普活动和社会实践。必须大力倡导敢为人先、敢冒风险的精神，大力倡导敢于创新、勇于竞争和宽容失败的精神,最大限度地鼓励科技人员创新、最大限度地帮助科技人员创新,最大力度地支持科技人员献身于建设创新型内蒙古的光荣使命。

　　自主创新能力是内蒙古竞争力的核心。建设创新型内蒙古、提高自主创新能力,是内蒙古实行创新驱动型发展模式、保持持久竞争力的重大选择,是引领内蒙古未来发展、奋力走进前列的战略主线。把掌握优势特色产业领域的核心技术、关键技术作为技术创新的重点,把集成创新和引进消化吸收再创新作为提高自主创新能力的重点,把增强自主创新能力作为全局性战略贯彻到经济社会发展的各个领域,以此完善创新战略;培养造就富有创新精神的人才队伍,确立和强化企业技术创新的主体地位,积极组建和培育行业创新联盟,不断加大自主创新投入力度,以此激发创新资源;加快建设技术创新体系、知识创新体系、区域创新体系、科技中介服务体系和创业创新服务体系,加快推进科技管理体制改革、现代企业制度改革和政府管理科技事业体制改革,以此建立创新体制;着力改善市场环境、政策环境和社会文化环境等,以此营造创新环境。这就是建设创新型内蒙古的思路框架。

第五章　建设可持续发展型
内蒙古

可持续发展理念的形成是人类文明进步的一个重要体现，实行可持续发展模式是人类生产生活方式的一个重大转变。坚持节约资源、保护环境的基本国策，建设可持续发展型内蒙古，是内蒙古深入贯彻落实科学发展观的内在要求，是调整经济结构、转变经济发展方式的重要途径，是从新的起点上走进前列的战略性选择。

第一节　可持续发展的提出

工业革命以来，科技迅猛发展，经济快速增长，人口迅速增加，人类的生产和生活对自然界的影响越来越大。工业文明的出现，使社会生产力有了质的飞跃，人类利用自然的能力极大提高。20 世纪后期，随着人类经济活动规模的急剧扩大，对资源的掠夺性使用加剧，对环境的破坏与日俱增。在"人是自然的主宰"思想支配下，对自然资源无节制的大规模消耗带来污染物的大量排放，最终造成自然资源迅速枯竭和生态环境日趋恶化，能源危机、环境污染、水资源短缺、气候变暖、荒漠化、动植物物种大量灭绝等灾难性恶果直接威胁到人类的生存与发展，人与自然的和谐面临着有史以来最严峻的挑战。从 20 世纪 60 年代开始，人类对自身与自然的关系不断进行反思，对人类与自然、社会与经济的认识也日益深入，有识之士提出了很多对策。1962

年美国生物学家切尔·卡逊发表了环境科普著作《寂静的春天》，提出了人类如何与自然和谐相处的问题，引发了人们关于经济发展观的争论，标志着人类关心和研究环境问题的开始。1970 年以美国未来学家丹尼斯·麦多斯为首形成了罗马俱乐部轰动世界的著名研究报告《增长的极限》，发出关于自然资源的耗损和环境的破坏导致增长极限的呼吁。1972 年美国学者巴巴拉·沃德和尚内·杜博斯出版的《只有一个地球》一书，把人类对生存和环境的认识推向一个新的境界——可持续发展的境界。可持续发展就是在这种背景下提出的。1972 年，联合国人类环境会议在瑞典斯德哥尔摩召开，全世界联手应对环境问题由此开始了新的历程，会议通过了《人类环境宣言》。1992年，联合国环境与发展大会通过了《里约环境与发展宣言》、《21世纪议程》，接着《联合国气候变化框架公约》和《生物多样性公约》等一系列有关环境问题的国际公约和国际文件相继问世，标志着实现人与自然和谐发展已成为全球共识。

联合国环境与发展委员会在其调研报告《我们共同的未来》中对可持续发展给出的定义是："可持续发展是这样的发展，它满足当代的需求，而不损害后代满足他们需求的能力。"《中国21世纪议程》把可持续发展定义为"人口、经济、社会、环境和资源相互协调的，既能满足当代人的需求又不对满足后代人需求的能力构成危害"的发展。可持续发展的提出得到国际社会普遍认同，标志着人类发展观的根本性转变，体现了人类社会的共同追求与发展方向。

我国对可持续发展的认识和实践是逐步深化的。1978 年，中共中央指出："消除污染，保护环境，是进行社会主义建设、实现四个现代化的一个重要组成部分……我们绝不能走先污染、后治理的弯路。"这是第一次以党中央名义对环境保护做出的重要指示，标志着最高决策层对环境保护问题有了清醒的认识。

1983 年召开的第二次全国环保会议把环境保护确定为基本国策，奠定了环境保护的重要地位。1992 年，联合国环境与发展大会召开后，我国率先制定了环境与发展十大对策，第一次明确提出转变传统发展模式，走可持续发展道路。1996 年，全国人大八届四次会议批准的经济社会发展"九五"计划和 2010 年远景目标《纲要》第一次以法律形式把可持续发展与科教兴国并列为国家战略。2002 年 11 月，党的十六大再次高举可持续发展大旗，并将新型工业化与可持续发展联系起来。2003 年 10 月，党的十六届三中全会通过的《决定》第一次表述科学发展观的定义，将可持续发展作为科学发展观的基本要求的主要内容，标志着可持续发展成为我国经济社会发展指导思想的重要组成部分。2005 年 10 月，党的十六届五中全会通过的"十一五"规划《建议》提出："要把节约资源作为基本国策，发展循环经济，保护生态环境，加快建设资源节约型、环境友好型社会，促进经济发展与人口、资源、环境相协调。"第一次把节约资源确定为基本国策，提出了建设"两型"社会的目标要求。"十一五"规划纲要首次以国家规划的形式将建设资源节约型、环境友好型社会确定为我国国民经济和社会发展中长期规划的一项重要内容和战略目标。建设资源节约型、环境友好型社会，是深入贯彻落实科学发展观的一项重要的全局性任务，是实现可持续发展的前提和途径。2007 年 10 月，党的十七大把生态文明首次写入政治报告，把建设生态文明作为一项战略任务和全面建设小康社会目标首次明确下来，并将建设资源节约型、环境友好型社会写入党章，标志着资源节约、环境保护作为基本国策和全党意志，进入了国家政治经济社会生活的战略布局。建设生态文明，实质上就是要建设以资源环境承载力为基础、以自然规律为准则、以可持续发展为目标的资源节约型、环境友好型社会。

　　资源节约和环境友好不仅是中国追求的目标，也是全人类的共同责任和努力方向。近年来,节约资源逐渐成为一种世界潮流,成为各国人民的共识。从 20 世纪六七十年代开始,德国、美国、日本等工业发达国家大力发展循环经济,以资源的高效利用和循环利用为核心,以尽可能少的资源消耗和尽可能少的环境代价实现最大的发展效益。1992 年,联合国环境与发展大会正式提出了"环境友好"的概念。时至今日,国际社会已将经济发展、社会进步和环境保护作为可持续发展的三大支柱。

建设资源节约型、环境友好型社会,是走有中国特色社会主义道路、实现可持续发展的重大战略选择。我国的基本国情是人口众多,资源紧缺。进入 21 世纪,随着新一轮以重化工业拉动为特点的经济高速增长以及消费结构变化,我国的资源环境压力持续增加。实践证明,传统的高投入、高消耗、高排放、低效率的粗放型增长方式,将会使有限的资源加速耗竭,环境状况进一步恶化,资源存量和环境承载力两方面都将对经济社会发展产生严重制约。今后,我国仍将处在工业化和城镇化快速发展的阶段,国民经济的快速发展将进一步加大资源消耗的强度。我国面临着人口不断增加、资源约束突出、环境压力加大的严峻挑战。

国家"十一五"规划纲要提出,要落实节约资源和保护环境基本国策,建设低投入、高产出,低消耗、少排放,能循环、可持续的国民经济体系和资源节约型、环境友好型社会。规划纲要第一次提出"十一五"期间单位国内生产总值能源消耗降低 20%、主要污染物排放总量减少 10%的两个具有法律效力的约束性指标。这是一项异常艰巨的任务,2006 年全国没有实现年初确定的节能减排目标。日本用 30 年时间将单位 GDP 能耗下降了30%。20 世纪最后 20 年,我国以能源消费翻一番为代价,实现了经济总量翻两番,单位 GDP 能耗降低了 65%,年均降低5.1%。2007 年 3 月,温家宝总理在全国"两会"上郑重指出:"'十一五'规划提出这两个约束性指标是一件十分严肃的事情,不能改变，必须坚定不移地去实现。"并庄严承诺：为了完成节能减排任务，"十一五"期间要关停 5000 万千瓦，其中 2007 年关停 1000 万千瓦的小火电机组。经过各方面努力，2007 年节能减排取得积极进展，单位国内生产总值能耗比 2006 年下降 3.66％，化学需氧量、二氧化硫排放总量首次出现双下降，分别比 2006 年下降 3.14％和 4.66％。节约资源和保护环境从认识到实践都发生了重要转变。

当然，我国目前仍处在资源消费强度较高的时期，节能减排见效还需要一个过程。但只要高度重视，增强紧迫感，采取强有力的措施，就一定能够实现"十一五"规划纲要确定的节能减排目标。

专栏 5—1

各省份节能降耗指标

根据"十一五"规划纲要，我国单位国内生产总值能源消耗 5 年间要降低 20％左右，2006 年 11 月初，这个指标已经分解到各个省份。5 年间单位 GDP 能耗降低最高的是吉林，需要下降 30％，最低的是海南和西藏，需要下降 12％。到 2010 年，黑龙江降低 28％，山西、内蒙古下降 25％，山东下降 22％，云南、青海下降 17％，广东、福建下降 16％，广西下降 15％，北京、上海等其他 19 个省份降幅均为 20％。

能耗基数按 2005 年统计结果确定。全国单位 GDP 能耗指标要从 2005 年的 1.22 吨标准煤/万元下降到 2010 年的 0.98 吨标准煤/万元。分解原则是综合考虑发展水平、产业结构、单位 GDP 能耗、能源消费总量、人均能源消费量、能源自给水平等因素，确定其能耗降低指标。

节能降耗的主要措施是调整优化产业结构，严格限制高耗能产业发展，大力开发、推广和应用节能技术，加强能源生产、运输、消费各环节的管理。

各地能源消耗指标是具有法律效力的约束性指标。（资料来源：2006 年 11 月 8 日《经济日报》）

第二节　建设可持续发展型内蒙古

建设可持续发展型内蒙古，是深入贯彻落实科学发展观的内在要求，是实施可持续发展战略的重大举措，是落实党的十七大关于建设生态文明，基本形成节约能源资源和保护生态环境的产业结构、增长方式、消费模式，在全社会牢固树立生态文明观念的迫切需要。

建设可持续发展型内蒙古，就是要以建设资源节约型、环境友好型社会为目标，以节能减排为主要抓手，以发展循环经济、低碳经济为基本模式，把生态环境保护和建设作为长期任务，形成协调推进的节能减排工作格局，实现环境保护工作的三个转变，促进经济发展与人口、资源、环境相协调，推动可持续发展。

建设可持续发展型内蒙古，要确立建设资源节约型、环境友好型社会目标。一般来说，资源节约型社会是坚持节约优先，珍惜、保护和永续利用资源，节约资源的法律法规健全，经济和行政措施有效，在生产、消费和生活领域都能综合利用资源的社会。其核心内涵是以最少的资源消耗获得最大的经济和社会收益，实现经济社会可持续发展。环境友好型社会则是一种人与自然和谐共生的社会形态，其核心内涵是人类的生产、消费活动和生活方式以遵循自然规律为准则，以环境承载能力为基础，与自然生态系统协调可持续发展。资源节约型、环境友好型社会，体现了热爱自然、尊重生命、珍惜资源、保护环境、人与自然和谐的观念，是人与自然和谐发展的社会，通过人与自然的和谐来促进人与人、人与社会的和谐。资源节约和环境友好既是渐进的、动态的概念，又是相辅相成、互为补充的关系。资源节约，资源综合利用，才能减少废物遗弃、污染物排放，达到环境友好；环境友好反过来抑制资源浪费，促进资源节约。建设资源节约型、环境友好型社会是一项涉及经济、政治、文化、社会广泛领域的系统工程。以资源节约型、环境友好型社会为目标，推进可持续发展型内蒙古建设，就要切实抓好这项系统工程。

建设可持续发展型内蒙古，要以节能减排为主要抓手。提出节约能源、减少污染物排放，并将其量化为两个具有法律效力的约束性指标，就抓住了传统工业化粗放增长方式的主要弊端，抓住了制约新型工业化发展的主要矛盾，抓住了建设资源节约型、环境友好型社会的牛鼻子。以节能减排为抓手推进可持续发展型内蒙古建设，并辅之以加征高耗能高污染资源性"两高一资"产品出口关税、"区域限批"、"流域限批"、问责制和"一票否决制"等果断措施，就能够有效促进各地区加快转变经济发展方式、推动产业结构优化升级，促进各企业加大技术改造力度、提高自主创新能力、采用循环经济模式、调整产品结构，有利于形成节约能源资源和保护生态环境的产业结构、增长方式和消费模式。以节能减排为主要抓手推进可持续发展型内蒙古建设，就要运用综合措施，确保完成节能减排目标任务，尽快缩小与全国的差距。

建设可持续发展型内蒙古，要以发展循环经济、低碳经济为基本模式。循环经济是通过资源的循环利用，最大限度地提高资源利用效率，"榨干吃尽"，达到节约能源资源、减少甚至"零排放"污染物。所以，循环经济是建设资源节约型、环境友好型社会的基本经济模式。以低能耗、低污染、低排放为特征的低碳经济则是一种新的经济发展模式，从本质上讲，其内涵与建设生态文明的内涵是一致的。低碳经济也必然以循环经济为路径,同样是建设资源节约型、环境友好型社会,实现可持续发展的重要途径。建设可持续发展型内蒙古,应尽快由资源依赖型、要素驱动型发展模式转向循环经济、低碳经济模式。

建设可持续发展型内蒙古,要形成协调推进的节能减排工作格局。2007年11月,胡锦涛总书记在谈到节能减排工作时提出,要切实加大节能减排工作力度,按照节能减排的约束性目标要求,进一步淘汰落后生产能力,抓好节能减排重点工程建设,积极发展循环经济,推动形成以政府为主导、企业为主体、全社会共同推进的节能减排工作格局。[①] 胡锦涛总书记提出的这个节能减排工作格局简洁而深刻地概括了节能减排工作的思路和要求。在工作目标上,节能减排必须完成两项约束性目标,不能动摇、不能后退。在工作力度上,必须加快调整产业结构,进一步淘汰落后生产能力;必须加快推进科技进步和创新,抓好节能减排重点工程建设;必须积极发展循环经济,实现废弃物资源化利用。在工作机制上,要以政府为主导、企业为主体、全社会共同推进。胡锦涛总书记提出的这个工作格局,言简意赅,目标、措施和机制明确,针对性、操作性很强,既是节能减排工作格局,也是资源节约型、环境友好型社会建设工作格局。建设可持续发展型内蒙古,要努力形成这样的工作格局。

建设可持续发展型内蒙古,要实现环境保护工作的三个转变。2006年4月,温家宝总理在第六次全国环境保护大会上指出,做好新形势下的环保工作,关键在于加快实现三个转变:一是从重经济增长轻环境保护转变为保护环境与经济增长并重,在保护环境中求发展。二是从环境保护滞后于经济发展转变为环境保护和经济发展同步推进,努力做到不欠新账,多还旧账,

---

① 在党外人士座谈会上的讲话,2007年11月28日。

改变先污染后治理、边治理边破坏的状况。三是从主要用行政办法保护环境转变为综合运用法律、经济、技术和必要的行政办法解决环境问题，自觉遵循经济规律和自然规律，提高环境保护工作水平。温家宝总理提出的这三个转变，为正确处理经济增长与环境保护的关系指明了方向，对做好新形势下的环保工作提出了新思路。实现三个转变，首先要实现思想认识的转变、发展理念的转变，实践中真正坚持在保护环境中求发展，不要以破坏环境为代价求经济超常速增长；真正坚持环境保护和经济发展同步推进，不要先污染、后治理；真正坚持按规律办事，不要急功近利而给后代留下不利。建设可持续发展型内蒙古，要努力实现环境保护工作顺应时代发展要求的战略性三个转变。

"十五"以来，内蒙古经济超常速增长，GDP 增速连续 6 年居全国第 1 位，令世人刮目相看，但也为此付出了很大的资源环境代价，经济增长与资源环境的矛盾日趋尖锐。从能源消耗上看，2005 年，内蒙古单位 GDP 能耗为 2.48 吨标准煤，是全国单位 GDP 能耗 1.226 吨标准煤的 2.02 倍。内蒙古提出"十一五"期间单位 GDP 能耗要降低 25%。2006 年单位 GDP 能耗下降了 4.44%，2007 年下降了 4.50%，连续两年没有完成预期目标。2007 年内蒙古是全国 7 个没有完成节能任务的省区之一。内蒙古单位 GDP 能耗两年总的下降 7.1%，完成了"十一五"节能目标的 28.4%。这意味着，内蒙古要在任务期限一半的时间内完成 70% 以上的节能任务。从污染物排放看，2005 年，内蒙古化学需氧量为 29.7 万吨、二氧化硫排放量为 145.6 万吨。国家核定"十一五"期间内蒙古化学需氧量要减少 6.7%、二氧化硫排放量要减少 3.8%。2006 年化学需氧量为 29.8 万吨，不降反升 0.34%，2007 年为 28.77 万吨，下降 3.46%。两年总的下降 3.13%，完成了目标任务的 46.72%。2006 年二氧化硫不仅没有下降，而且严重超标排放，达到 155.7 万吨，上升 6.96%。

2007 年为 145.58 万吨,下降 6.5%。由于 2006 年严重超排,两年下降仅 0.01%,只完成"十一五"目标的 1.5%。这意味着"十一五"5 年的减排任务必须在后 3 年内完成(见表 5—1、表5—2)。

表5—1　近几年全国、内蒙古节能减排相关数据

单位:吨标准煤、千瓦时、万吨、%

项目 年份	单位GDP能耗		单位工业增加值能耗		单位GDP电耗		化学需氧量排放量		二氧化硫排放量	
	全国	内蒙古	全国	内蒙古	全国	内蒙古	全国	内蒙古	全国	内蒙古
2005	1.226	2.48	—	5.67	—	1714.10	1414	29.70	2549	145.60
2006	1.204	2.41	—	5.37	—	1913.10	1428	29.80	2589	155.70
2007	1.160	2.31	—	4.88	—	2101.68	1381.8	28.77	2468	145.58
2010 目标	1.86		—		—		1270	27.7	2295	140

资料来源:《中国统计年鉴》、《内蒙古统计年鉴》。

表5—2　近几年内蒙古节能减排情况

单位:吨标准煤、千瓦时、万吨、%

项目 年份	单位GDP能耗	增减	单位工业增加值能耗	增减	化学需氧量排放量	增减	二氧化硫排放量	增减
2005	2.48	−1.20	5.67	−10.4	29.70	—	145.60	—
2006	2.41	−2.82	5.37	−5.29	29.80	+0.34	155.70	+6.96
2007	2.31	−4.50	4.88	−9.22	28.77	−3.46	145.58	−6.50
2010	1.86	−25.00	—	—	27.70	−6.70	140	−3.80

资料来源:《中国统计年鉴》、《内蒙古统计年鉴》。

目前,内蒙古电力、煤炭、焦炭、煤化、钢铁、电解铝、水泥、电石、铁合金等高耗能产品产量增长仍然过快,而且新建项目陆续投产,耗能总量将明显增加。主要污染物减排形势也很严峻,完成目标任务的难度在于减排余地变小,电力脱硫机组已达 80% 以上。根据内蒙古产业结构和增长趋势,如果不采取全局性的

重大而及时的举措，能源资源消耗和污染物排放难有大的改观。高投入、高消耗、高排放、低效率的粗放型增长方式使得内蒙古同样面临着资源支撑不住、环境容纳不下、社会承受不起、经济发展难以为继的局面。因此，必须把节能减排作为实现科学发展的重要抓手，加大推进力度，在节约发展、清洁发展、可持续发展上取得实质性突破。

第三节　把节能减排作为主要抓手

"节能减排"这四个字很好地概括了节约能源资源、减少污染物排放、保护生态环境的要求。节能减排是深入贯彻落实科学发展观的必然要求，是建设资源节约型、环境友好型社会，实现可持续发展的关键举措，是促进经济结构调整、增长方式转变、加快技术进步的重要抓手和突破口。节能减排对内蒙古来说是一项硬约束、硬指标、硬任务，又是经济发展中的一个突出薄弱环节。建设可持续发展型内蒙古，必须按照胡锦涛总书记提出的形成以政府为主导、企业为主体、全社会共同推进的节能减排工作格局的要求，全力以赴、积极应对节能减排的严峻挑战，变挑战为机遇，变压力为动力，在硬约束上实施硬突破。

第一，充分发挥政府的主导作用。形成以政府为主导、企业为主体、全社会共同推进的节能减排工作格局，首先要充分发挥政府的主导作用。应从深入贯彻落实科学发展观的高度深刻认识节能减排的战略意义，加快实现从重经济增长轻环境保护转变为保护环境与经济增长并重，从环境保护滞后于经济发展转变为环境保护和经济发展同步推进，从主要用行政办法保护环境转变为综合运用法律、经济、技术和必要的行政办法解决环境问题这三个转变，本着对国家、对历史、对未来、对子孙后代高度负责的精神，形成制度完善、产业优化、技术创新三个层面的有力导向。

一是推进制度创新,形成明确的制度导向。完善政策法规,强化激励和约束机制,是促进节能减排的重要保障。内蒙古在节能减排体制机制方面存在的突出问题是,节能减排政策法规不健全,缺少能耗标准、排放标准和准入标准,特别是重点行业能耗和排放标准;节能减排市场机制不健全,缺少促进节能减排的能源资源价格形成机制;节能减排奖惩机制不健全,缺少促进节能减排的有效激励和刚性惩罚措施。形成节能减排的制度导向,就要加快完善节能减排的法规体系,制定明确的能耗标准、排放标准和准入标准,特别是重点行业能耗和排放标准、重点耗能产品及新建建筑能效标准,使行业和企业节能减排有章可循;加快建立能够反映能源资源稀缺程度、市场供求关系和环境成本等完全成本,能源使用权和排污权市场化交易,有效抑制过度消耗能源、污染环境和破坏生态的能源资源价格形成机制、生态补偿机制和节能减排指标交易机制,用市场机制引导企业节能减排;加快建立有利于节能减排的奖惩机制,综合运用财税、金融、投入政策,既着眼于企业节能减排,又着眼于地区监管责任,强化目标责任评价考核,使节能减排先进企业、先进地区享受有关财税金融等优惠政策,使没有完成目标任务额企业、地区受到责任追究和相应惩罚,加快完善科学的节能减排指标体系、监测体系、考核体系,形成推进节能减排的长效机制。

二是优化产业结构,形成结构调整的导向。能源消耗和污染物排放问题,实质上是产业结构问题,能源消耗高、污染物排放高,说明产业结构中高能耗、高污染行业比重高。"十五"以来,内蒙古经济主要依赖第二产业特别是工业超常速增长,而低能耗、低排放的第三产业发展滞后、比重偏低。从三次产业结构看,服务业比重逐年下降,占 GDP 的比重由 2003 年的 41.9％降到 2007 年的 35.7％,下降 6.2 个百分点;2003 年,内蒙古服务业占 GDP 比重比全国高 0.5 个百分点,而 2007 年却比全国低了 4.4 个百分点。从工业内部结构看,能耗和排放较低的装备制造业、农畜产品加工业、高新技术产业比重很低或者下降较多,2007 年与 2000 年相比,装备制造业增加值占规模以上工业增加值的比重由 2.50% 提高到 4.2%,农畜产品加工业增加值所占比重由 22.14% 下降到 16.9%,高新技术产业增加值所占比重由 4.28% 下降到 3.8%。而高耗能行业的能耗比重却很高,2006 年,内蒙古全社会总能源消耗为 11356.5 万吨标准煤,其中工业能源消耗 8858 万吨标准煤,占全区总能耗的 78%;其中电力、钢铁、有色、化工、建材、煤炭 6 大行业能源消费占全区总能耗的 69%,占工业能耗的 88%。可见,内蒙古高能耗、高污染问题的根子在产业结构。据专家测算,如果我国第三产业增加值比重提高 1 个百分点,第二产业中工业增加值比重相应降低 1 个百分点,那么,单位 GDP 能耗可相应降低约 1 个百分点;如果高新技术产业比重提高 1 个百分点,而高耗能行业比重相应降低 1 个百分点,那么,单位 GDP 能耗可相应降低约 1.3 个百分点。节能减排是促进结构调整的重要抓手,而反过来,调整优化产业结构又是推进节能减排的根本性举措。内蒙古要实现节能减排目标乃至建设可持续发展型内蒙古,必须加快调整产业结构、提升产业水平。加快推进产业化经营,促进现代农牧业发展,提升第一产业水平。加快发展低投入、低能耗、低污染、高效益的"三低一高"产业,控制和淘汰高投入、高能耗、高污染、低效益的"三高一低"产业,提升第二产业水平。加快发展服务业,特别是面向城乡生产的现代服务业和消费性新兴服务业,提升第三产业水平。

三是推进技术创新,为节能减排提供技术支撑。推进技术创新,为节能减排提供技术支撑,是政府主导节能减排的一个重要方面。能源消耗水平和污染物排放程度是一个地区增长方式、科技水平、管理能力的反映。建设可持续发展型内蒙古,通过推进科技进步来节约能源资源、减少污染的领域很多,潜力也很大。电力是内蒙古能源产业的主体,又是列在 6 大高耗能行业首位的高耗能行业。据专家分析,我国目前火电平均供电煤耗比国际先进水平高 22.5%,如果每度电的供电煤耗下降 10克标准煤,则全国每年可少消耗 2000 万吨标准煤。2006 年全国平均供电煤耗为 367 克/千瓦时,比 2002 年下降 16 克。2007年,内蒙古发电量达到 1931.95 亿千瓦时,火电平均供电煤耗又比全国高,如果内蒙古每度电的供电煤耗下降 10 克标准煤,则一年可少消耗近 200 万吨标准煤。内蒙古经济过度依赖高投入支撑工业超常速增长,加剧了资源、能源、环境与发展的矛盾,能源利用效率与国际国内先进水平相比,存在很大差距。改变这个状况,在政府层面应积极推动资源节约、环境保护领域共性技术和关键技术的科技攻关,通过集成创新和引进消化吸收再创新,掌握节能环保新技术,完善技术服务体系,加快资源综合利用新技术、节能减排新技术的推广应用,推动企业改进生产工艺和生产流程,减少能源资源消耗和污染物排放,做到节约发展、清洁发展、安全发展,实现可持续发展。还应结合内蒙古实际,全面实施国家"十一五"规划纲要确定的低效燃煤工业锅炉改造、区域热电联产、余热余压利用、节约和替代石油、电机系统节能、能量系统优化、建筑节能、绿色照明、政府机构节能、节能监测和技术服务体系建设十大节能重点工程,制定和实行支持节能重点工程的配套政策和措施,加大组织实施力度。

第二,充分发挥企业的主体作用。充分发挥企业的主体作用与充分发挥政府的主导作用是相辅相成的。在政府主导下,企业的主体作用才能更好地发挥,政府的主导作用也首先是影响和促进企业发挥主体作用。企业是主要的能源消耗者和污染物排放者,因而必然是节能减排的主体。2006 年,我国工业能耗约占全社会能耗的 70%,以钢铁行业为例,其 GDP 权重仅为

3.14％,而在全国能耗总量中的份额却高达 15％。2006 年,内蒙古全社会总能耗为 11356.5 万吨标准煤,其中工业能耗 8858 万吨标准煤,占全区总能耗的 78％,比全国高 8 个百分点。可见,充分发挥企业的节能减排主体作用,对实现节能减排目标至关重要。充分发挥企业的主体作用,加大企业节能减排力度,既是实现全社会节能减排目标的需要,也是提高企业自身竞争力的需要。而且对内蒙古工业企业来讲,通过节能减排提高竞争力的潜力也很大。一是坚决贯彻节约资源、保护环境的基本国策,提高经营管理者和全体员工的思想认识。增强社会责任感,通过企业的自觉行为推进节能减排。二是调整产品结构,淘汰能耗高、污染重的落后产能,代之以能耗低、污染少的先进产能,提升产品层次,通过结构调整推进节能减排。三是加强生产管理,完善企业节能减排制度,把节约能源、减少污染落实到生产经营的各个环节,通过加强管理推进节能减排。四是推进企业技术进步和创新,积极参加以企业为主体、产学研相结合的节能减排技术创新与成果转化体系,采用先进的节能减排技术,改进工艺、设备,通过技术进步推进节能减排。五是推进企业间联合与重组,提高产业集中度和规模效益,降低能耗,减少污染,通过调整企业规模和层次推进节能减排。

第三,努力形成全社会共同推进的格局。节能减排是深入贯彻落实科学发展观的必然要求,是为各族人民提供良好生产生活环境、保障各族人民健康幸福、关系全社会根本利益的大事,必须动员全社会广泛参与、持续推进,才能完成节能减排任务,才能建成资源节约型、环境友好型社会和可持续发展型内蒙古。一是创新发展理念。广泛深入地搞好宣传教育,不断提高全社会的可持续发展意识,进一步增强公众的能源忧患意识和环境忧患意识,大力倡导健康文明的节约文化、环境文化,形成"节约光荣、浪费可耻"、"环境优先、污染可耻"的社会氛围,让节约资源、保护环境的基本国策深入人心，树立以人为本、全面协调可持续的发展理念。二是创新发展方式。加快推进经济发展方式转变，促进经济增长由目前主要依靠投资拉动向依靠消费、投资、出口协调拉动转变，由主要依靠第二产业带动向依靠三大产业协同带动转变，由主要依靠增加物质资源消耗向主要依靠科技进步、劳动者素质提高、管理创新转变；大力推进淘汰能耗高、污染重的落后产能，严格控制高耗能、高污染行业过快增长，大力发展先进制造业、非资源性产业、现代服务业和绿色农牧业，加快形成节约能源资源、保护生态环境的产业结构和清洁高效的现代产业体系。三是创新消费模式。形成全社会共同推进的节能减排格局，要大力倡导全民健康、文明、节俭、适度的消费理念，普遍建立节约型、环保型消费模式，全社会共同节能减排、共同节约能源资源、共同保护生态环境。以节能为例，我国是一个人口大国，全社会节能潜力非常大，据有关专家推算，如果我国把现有的普通白炽灯全部更换成节能灯，每年可节电 600 多亿度。从产品消费上，推广新的促销机制，扩大实施强制性能效标识管理范围，加强节能产品认证，引导用户和消费者购买节能型产品，促进企业加快高效节能产品的研发。从能源消费上，实施电力需求侧管理，优化用电方式，提高终端用电效率。从带动效应上，发挥政府的主导作用，在广泛深入持久地开展节能减排宣传、完善相关政策制度的同时，党政机关带头节能减排，向社会公布党政机关带头节能减排的措施和成效，建立监督检查机制，带动全社会节能减排，真正形成全社会共同推进节能减排的格局。

第四节　积极发展循环经济和低碳经济

国家"十一五"规划纲要提出，发展循环经济，坚持开发节约并重、节约优先，按照减量化、再利用、资源化的原则，在资源开采、生产消耗、废物产生、消费等环节，逐步建立全社会的资源循环利用体系。这是在国家发展规划纲要中首次提出发展循环经济问题。

循环经济理念产生于 20 世纪 60 年代，是人类对自身发展过程深刻反思的结果，是对传统经济发展方式的扬弃。所谓循环经济就是更有效地利用资源，循环往复地使用资源，以尽可能小的资源消耗和环境代价，取得尽可能大的经济效益和社会效益，从而实现经济社会发展与生态环境保护的协调，实现人与自然的和谐相处。循环经济是以减量化、再利用、资源化为原则，使经济发展与环境保护有机结合，实现经济社会可持续发展，达到社会经济系统与自然生态系统相和谐的发展模式。

循环经济强调以循环发展模式替代传统的线性增长模式，循环经济与传统经济最大最明显的区别在于对废弃物即垃圾的处置方式不同。传统经济只能将废弃物当"垃圾"来废弃，污染环境，对人类自身造成危害。在循环经济看来，垃圾只是"放错了地方的资源"，只要使用得当，非但不会污染环境，还会成为其他行业的能源资源，产生经济效益。所谓废弃物是以往由于技术或经济原因而无法加以利用的物质。随着科学技术的发展，昨天的废弃物今天就可能成为有价值的原材料。废弃物的综合利用不仅节约了自然资源，提高了经济效益，又防止了环境污染。这就是循环经济的功劳。

当今世界，人口、能源、资源、环境状况对经济发展已构成严重制约，温室气体排放和气候变暖问题越来越成为人们关注的焦点。循环经济模式产生以后，迅速成为一种世界性的改变经济增长方式的潮流。1972 年联合国发表了《人类环境宣言》，1992 年召开了联合国环境与发展大会，2000 年制定了联合国千年发展目标，2002 年再次召开可持续发展世界首脑会议，人类环境与发展事业不断向前推进。

我国人口多,能源资源相对短缺,环境承载能力有限,经济高速增长与资源环境的矛盾日益突出。循环经济的产生和发展,为解决全球以及我国资源环境问题开辟了一条新道路。内蒙古虽然资源相对富集、能源产业又是 6 个优势特色产业中最大的产业,但这不可能成为不重视节能减排的理由,况且内蒙古的能耗排污程度远远高于全国平均水平。在传统经济生产模式下,经济发展速度越快,付出的资源环境代价就越大,最终将丧失发展的基础和后劲。"十五"以来内蒙古经济超常速增长,也基本上延续了这样的传统增长模式。近两年重视和加强节能减排工作,实行节能减排目标责任制,取得了积极成效。但能源资源利用效率仍然较低,单位 GDP 能耗仍然偏高,污染物排放仍然偏多,节能减排形势依然严峻,建设资源节约型、环境友好型社会任重而道远。

2007 年 11 月,胡锦涛总书记在内蒙古考察工作时的讲话中强调指出,要坚决抑制高耗能、高污染和产能过剩行业盲目扩张,紧扣节约推进经济结构调整,牢固树立能源资源基地也要厉行节约的意识,把节能减排作为经济结构调整的主攻方向,认真落实工作责任制,严格落实节能减排指标,依法淘汰落后生产能力,积极发展循环经济。胡锦涛总书记针对内蒙古实际,指出了调整经济结构、转变发展方式的重要性、方向、方法和内容,具有极强的指导意义。发展循环经济,是贯彻落实胡锦涛讲话精神,调整经济结构、转变发展方式的切入点,也是建设可持续发展型内蒙古的战略选择。减量化、再利用、资源化,是循环经济模式的基本原则,这些原则在生产过程中表现为"资源—产品—再生资源",在消费过程中表现为"生产—消费—再循环",从而有效利用资源和保护环境,最终达到以较小发展成本获取较大的经济效益、社会效益和环境效益。发展循环经济，就要在生产、流通和消费过程中努力贯彻减量化、再利用、资源化原则。推进减量化，要采取减少单位生产总值能耗、减少单位工业增加值用水量、提高重要矿产资源的单位增加值产出等措施。国家确定"十一五"期间单位GDP能耗下降20％、单位工业增加值用水量下降30％、铁矿石和有色金属等15种重要资源的增加值产出率提高25％左右的目标，内蒙古提出了单位GDP能耗下降25％、单位GDP用水量控制在320立方米、单位工业增加值用水量下降到80立方米的目标。推进再利用，要采取提高主要再生资源回收利用、机电产品回收利用等措施。国家确定"十一五"期间钢铁等主要再生资源回收利用量增长65％、再生有色金属所占比重提高到30％左右、机电产品回收利用和再制造达到一定规模的目标，内蒙古尚未提出再利用方面的目标。推进资源化，要采取提高矿产资源综合利用、工业固体废物综合利用等措施。国家确定"十一五"期间矿产资源综合利用率提高5个百分点、工业固体废物综合利用率提高到60％的目标，内蒙古提出了工业用水重复利用率达到60％以上的目标。推进无害化，要采取减少主要污染物排放、城市污水处理、城市生活垃圾处理等措施。国家确定"十一五"期间主要污染物排放总量减少10％、城市污水处理率不低于70％、城市生活垃圾无害化处理率不低于60％的目标，内蒙古提出了化学需氧量排放量减少6.7％、二氧化硫排放量减少3.8％、盟市所在地污水处理率达到95％以上、旗县所在地污水处理率达到75％以上的目标。[①]

发展循环经济，实现减量化、再利用、资源化目标任务，要

---

① 参见：全国国民经济和社会发展"十一五"规划纲要、国务院关于发展循环经济的若干意见。

按照企业内部工艺循环、园区内部企业间循环、区域内部产业循环的模式,循序渐进地推动。就全国来讲,循环经济发展仍处于起步阶段。2005年10月,国家发改委会同环保总局等6个部门启动第一批循环经济试点工作以来,涌现出一批典型企业,再生资源循环利用体系逐步完善,园区循环经济发展模式初步形成,区域循环经济和全社会资源循环利用体系有了雏形。截至2007年年底,全国工业固体废物综合利用率已达56%、钢铁工业年废钢利用量相当于粗钢产量的20%、废旧有色金属年回收利用量相当于年产量的25%左右,北京、上海、重庆、山东、辽宁、江苏6个循环经济试点省市节能减排成效尤为明显。① 内蒙古循环经济发展刚刚起步,一些企业和园区开始形成循环发展雏形,包钢集团公司等4个企业被列入国家两批178个循环经济试点单位,内蒙古也将阿拉善盟经济开发区和亿利资源集团公司等8个园区(企业)确定为自治区发展循环经济示范单位。

发展循环经济,要创新体制机制来保障在企业、园区、区域和全社会四个层面逐步推进。要建立和完善循环经济政策法规和体制机制,推行相关标准、产品节能环保认证和标识制度;要制定循环经济发展规划,在经济社会发展、区域发展、产业发展等方面都体现循环经济的要求;要加强循环经济技术研发和推广,用关键技术和共性技术为循环经济发展提供技术支撑;要进一步加强循环经济试点企业和园区的试点工作,逐步向区域循环和全社会循环推开;要加强循环经济宣传教育和培训,加快培养循环经济人才,普及循环经济知识,形成全民节约资源、保护环境、文明消费的良好社会氛围。

---

① 解振华在全国循环经济试点工作会议上的讲话,2007年12月1日《人民日报》。

专栏 5—2

我国资源利用率与国外先进水平的差距

改革开放以来,我国经济快速增长,各项建设取得巨大成就,同时也付出了很大的资源和环境代价,经济发展与资源环境的矛盾日趋尖锐。这些问题与我国资源利用效率相对低下密切相关。例如,目前我国钢铁、电力、水泥等高耗能行业的单位产品能耗比世界先进水平平均高 20% 左右;矿产资源总回收率为 30%,比国外先进水平低 20% 以上;木材综合利用率为 60%,比国外先进水平低 20%。再生资源利用量占总生产量的比重,比起国外先进水平也低出很多。以上问题严重制约了我国未来的发展,必须坚持科学发展,通过推进循环经济等途径加以解决。发展循环经济的积极作用在于,能够为经济发展开辟新的资源,有效减少污染物排放,提高经济效益。（资料来源:《中国人大》2007 年第 9 期）

专栏 5—3

内蒙古亿利能源重化工循环经济产业基地

该基地由亿利资源、上海华谊、神华集团、中盐公司、冀东水泥共同建设,位于鄂尔多斯市达拉特旗树林召镇,正在实施 40 万吨/年 PVC 和 40 万吨/年离子膜烧碱、1000 万吨/年煤炭开采、4×200MW 煤矸石发电、60 万吨/年真空精制盐、120 万吨/年环保水泥等项目。第一期工程总投资 140 亿元,建成后每年可实现销售收入 150 亿元。项目区按照统一规划、统一配套、统一污控、统一物流的原则,采用"煤—煤矸石—发电—精制盐—聚氯乙烯—废渣综合利用生产水泥"的一体化大循环产业模式，实现节能降耗最大化、污染排放最小化、废渣利用最大化、投资成本最优化的资源高效利用目标。据测算，PVC 成本可降低 25%、水泥成本降低 10%、年节约煤炭 300 万吨、利用神东矿区煤矸石 360 万吨、年节约用水 800 立方米。一体化产业模式的最大优势表现在节能环保、综合利用、降低成本，使整个园区形成了要素综合利用、投资递减、效益提高的优势，吸引众多企业入驻园区。

　　低碳经济，是一种碳生产力达到一定水平的经济形态，是一种单位碳排放的经济产出较高的经济增长模式。低碳经济在国际和国内都是一个比较新的提法。虽然低碳经济的术语在 20 世纪 90 年代后期的文献中就曾出现，但直到 2003 年英国《能源白皮书》发布，才逐渐受到国际社会的关注。

　　低碳经济是以低能耗、低污染、低排放为基础的经济模式，是人类社会继农业文明、工业文明之后的又一次重大进步。谈低碳经济离不开"碳排放"，但其内涵不仅仅是碳排放。在全球气候不断恶化、减少温室气体排放呼声日高的背景下，低碳经济日益受到世界各国关注。联合国环境规划署将 2008 年 6 月 5 日"世界环境日"主题确定为"戒除嗜好，面向低碳经济"（另一种译文为"转变传统观念，推行低碳经济"）。低碳经济不仅已成为全球发展的一个新趋势，而且正成为越来越多国家和地区的战略行动。由于低碳经济是与当代经济社会发展趋势相适应的新模式，所以，低能耗、低污染、低排放的低碳经济发展模式和低成本的医疗服务发展模式以及低风险的农业发展模式，被人们并称为"三低"模式，成为人类解决这些问题的必然选择。

专栏 5—4

碳排放计算器

减排 1 吨碳（液碳或固碳）＝减排 3.67 吨二氧化碳。

节约 1 度电＝减排 0.997 千克二氧化碳＝减排 0.272 千克碳。

节约 1 千克标准煤＝减排 2.493 千克二氧化碳＝减排 0.68 千克碳。

节约 1 升汽油＝减排 2.3 千克二氧化碳＝减排 0.627 千克碳。

节约 1 升柴油＝减排 2.63 千克二氧化碳＝减排 0.717 千克碳。（资料来源：2009 年 1 月 7 日《经济日报》）

2008 年 6 月 27 日，胡锦涛总书记在中共中央政治局第六次集体学习时强调，必须以对中华民族和全人类长远发展高度负责的精神，充分认识应对气候变化的重要性和紧迫性，坚定不移地走可持续发展道路，采取更加有力的政策措施，全面加强应对气候变化能力建设，为我国和全球可持续发展事业进行不懈努力。要大力落实控制温室气体排放的措施，坚持实施节约资源和保护环境的基本国策，坚持走有中国特色新型工业化道路，加快转变经济发展方式，强化能源节约和高效利用，积极发展循环经济、低碳经济。这是最高决策层明确提出我国要积极发展低碳经济。

低碳经济的目标是低碳高增长。虽然我国目前推进节能减排的主要污染物治理还集中在二氧化硫和化学需氧量上，二氧化碳还不是主要的治理目标，但低碳经济距离我们并不遥远。从本质上讲，低碳经济内涵与建设生态文明的内涵是一致的。

积极发展低碳经济并不是未来需要做的事情,而是从现在起就需要做的事情。低碳经济的核心内容包括低碳产品、低碳技术、低碳能源的开发利用等。低碳经济发展离不开低碳技术,支撑低碳经济的是低碳技术。低碳技术涉及电力、交通、建筑、冶金、化工、石化、汽车等多个行业,包括可再生能源及新能源、煤的清洁高效利用、油气资源和煤层气的勘探开发、二氧化碳捕获与理存等领域的有效控制温室气体排放的新技术。低碳技术几乎涵盖了国民经济发展的所有支柱产业。未来经济竞争在很大程度上可能是低碳技术的竞争。从某种意义上说,谁掌握了发展低碳核心技术,谁就将赢得主动,赢得商机。

内蒙古是目前我国主要的能耗高、污染重、排放多的省区之一,内蒙古能源消费对煤炭的依赖度超过 90％,是全国 6 个对煤炭依赖度最高的省区之一。这种过度依赖煤炭的能源消费结构,造成了严重的环境问题,是不可持续的能源消费方式。据测算,内蒙古人均二氧化碳排放量达到 11.95 吨/人,居全国第 1 位。内蒙古是典型的高碳经济区。积极发展循环经济、低碳经济,对内蒙古来说既是严峻的挑战,也是难得的机遇,更是推动技术创新、调整经济结构、转变发展方式的不二选择。要充分发挥可再生能源资源丰富的优势,加快推进低碳技术开发和低碳产品研发,大力发展可再生能源和煤基洁净燃料,开发碳排放交易市场,切实转变能源消费结构和方式,逐步减少能源消费对煤炭的依赖度。

第五节　切实保护好内蒙古这块辽阔草原

草原是重要的战略资源,是我国国土的主体和陆地的绿色生态屏障。草原具有调节气候、涵养水源、防风固沙、保持水土、净化空气以及维护生物多样性等多种功能。生态环境是人类生存和发展的基本条件，尤其是在全球环境日趋恶化的今天，良好的生态环境不仅是生存之需要，而且是发展之优势。保护建设草原生态环境，关系人与自然的和谐发展，是建设资源节约型、环境友好型社会的重要内容，也是发展现代畜牧业、建设社会主义新牧区的重要内容和基础性建设。

内蒙古拥有 13 亿亩草原，占内蒙古总面积的 73.26%，其可利用面积居全国首位。内蒙古草原地处我国北方，草原生态不仅是内蒙古生态的主体，更是国家最重要的生态屏障。保护内蒙古草原生态，不仅关系内蒙古各族人民群众的生存和发展，而且关系国家生态环境的保护和改善。多年来，由于超载过牧等各种因素的综合作用，内蒙古草原生态环境整体功能在下降，退化沙化面积在扩大，抵御各种自然灾害的能力在减弱。近几年来，草原生态环境保护和建设得到重视，投入增加较多，保护建设措施有效，草原生态退化沙化趋势在局部得到控制和改善。但从整体上看，草原生态恶化的范围还在扩大，程度仍在加剧，危害不容忽视。

2007 年 11 月，胡锦涛总书记在内蒙古考察工作时语重心长地讲，内蒙古历来是祖国北疆一块绿色宝地。我们一定要本着对国家、对民族、对子孙后代高度负责的精神，切实保护好内蒙古这块辽阔草原，保护好大兴安岭这片绿色林海，为建设祖国北方重要生态屏障做出贡献。胡锦涛总书记特别要求内蒙古，要下大气力推进生态环境保护。

切实保护好内蒙古这块辽阔草原，首先必须解决好畜草矛盾问题。这是在草原畜牧业发展中说了多年而又没有解决好的问题。草原是牧民的生产资料，是牧民生存和发展的基本条件。在牧区没有更多就业门路，牧民只能靠发展牲畜来增加收入，养家糊口。牲畜越多收入越高，要增加收入、改善生活就得多养牲畜。所谓头数畜牧业由此而来。追求头数、超载过牧是导致草原生态退化的直接原因。近几十年来,牧区牲畜增长了十几倍,牧区人口也增长了好几倍,而草原面积在减少、质量在下降。从草原载畜量看,牲畜已经超载很多,但从牧民增收看,牧区人均牲畜又比较少,靠畜牧业增收的空间越来越小了。这就是草原畜牧业发展面临的突出矛盾,也是保护草原生态面临的突出矛盾。显然,解决这个矛盾,需要减少对草原的索取,转变畜牧业生产经营方式;需要减少牧区人口,转移牧民到城镇从事第二、三产业。转变生产经营方式,转移牧区人口,在传统畜牧业条件下是难以实现的。深入贯彻落实科学发展观,加快推进工业化、城镇化,统筹城乡发展的今天,已经有条件解决这个问题了。

内蒙古辽阔草原的主体锡林郭勒盟 1999—2001 年经历了历史罕见的 3 年大旱,草原畜牧业遭到毁灭性打击。这个盟经过灾后反思,提出并实施以"围封禁牧,收缩转移,集约经营"为主要内容的"围封转移"战略,取得了显著成效,其基本内涵就是转变生产经营方式,转移牧区人口,使草原牧区真正走上一条生产发展、生活富裕、生态良好的文明发展道路。

所谓"围封禁牧",主要是实行草场"三牧"制度。草场"三牧"制度,指的是草场的禁牧、休牧、轮牧制度。禁牧是禁止对严重退化沙化草场的放牧利用,使其自然修复;休牧是在春季草场返青期停止对草场的利用,使草原植被得到恢复;轮牧是对草场划区分阶段轮换利用,减少草原的利用强度。实行草场"三牧"制度是遵循草原生态自然规律,按照人与自然和谐相处的理念,科学合理利用草场的制度,是草原利用方式的重大转变。实行草场"三牧"制度,需要推进草原围栏化建设,为禁牧、休牧和轮牧创造条件;无论是禁牧,还是休牧和轮牧,实质上都是搞禁牧,禁牧一般指常年禁牧,休牧是季节性禁牧,轮牧是阶段性禁牧,只是禁牧的时间长短有别。故将其概括为"围封禁牧"。

所谓"收缩转移",主要是调整牧区生产力布局,促进畜牧业生产向条件较好的地区转移，引导牧区富余劳动力向城镇转移。传统草原畜牧业的特点是人口居住分散，生产布局分散，这是由其生产对象、生产条件、生产方式决定的。生产布局的大分散带来交通不便，信息闭塞，教育、科技、文化、卫生发展落后，生产生活成本高，且难以改善。解决这些问题的途径，就是适度收缩，促进畜牧业生产向条件较好的地区转移集中；减少牧区人口，引导牧区富余劳动力往城镇转移就业。这是调整牧区生产力布局的重要内容，是保护草原生态环境的关键举措。促进畜牧业生产向条件较好的地区转移，就要加强条件较好地区的基础设施建设，为转变草原畜牧业生产经营方式创造条件。引导牧区富余劳动力向城镇转移，就要加强教育培训，提高他们转移就业和自主创业的能力，大力发展城镇特别是旗县所在地镇的劳动密集型产业、服务业、中小企业和个体私营等非公有制经济，为牧区富余劳动力转移就业提供就业岗位，为他们自主创业营造良好的环境条件。

所谓"集约经营"，主要是转变草原利用方式和草原畜牧业发展方式。转变草原利用方式，要立足于保护优先，实行严格的草畜平衡制度。草畜平衡制度，就是根据不同类型草场正常年景产草量确定牧户牲畜饲养量，避免超载过牧，防止草原继续退化，从而达到人与草原和谐发展。实行草畜平衡制度，应由草原管理部门免费为牧户测定草场产草量，按照以草定畜的原则确定其牲畜饲养量，达到草畜平衡协调发展。转变草原畜牧业发展方式，要立足于集约经营，加快推进牧区产权制度改革，按照产权明晰、用途管制、节约集约、严格管理的原则，进一步完善牧区草原管理制度，切实搞好牧区草原确权、登记、颁证工作，从而赋予牧民更加充分而有保障的草原承包经营权，使现有草原承包关系保持稳定并长久不变，依法保障牧民对承包草原的占有、使用、收益等权利；培育牧民新型合作组织，发展各种畜牧业社会化服务组织,着力提高牧民的组织化程度。通过草原承包经营权市场化流转,引导牧民以转包、出租、互换、转让、股份合作等形式流转草原承包经营权,发展多种形式的适度规模经营;通过草原承包经营权市场化流转,吸引资本、技术、管理等生产要素向牧区流动,增加牧区投入,相应的让牧区人口向城镇流动,减少牧区人口,着力提高草原畜牧业的集约化水平。总之,切实保护好内蒙古这块辽阔草原,要统筹城乡发展,转变草原利用方式,转变草原畜牧业发展方式,转移减少牧区人口,实现人与草原和谐发展。

第六章 建设开放型内蒙古

统筹国内国际两个大局,树立世界眼光,加强战略思维,全面提高开放水平,这是党的十七大提出的一个重大方针,也是科学发展的根本方法的一个重要方面。建设开放型内蒙古,是坚持统筹兼顾的根本方法,深入贯彻落实科学发展观的必然要求,也是内蒙古充分发挥对外开放优势,奋力走进前列的必然要求。

第一节 对外开放大格局中的
内蒙古沿边开放

对外开放是我国的基本国策。20 世纪 70 年代末,邓小平以政治家的伟大气魄和战略眼光,提出了对外开放的方针。这位改革开放的总设计师还说,改革开放是决定中国命运的一招。1979 年,中央决定对广东、福建两省的对外经济活动实行特殊政策和优惠措施,1980 年设立了深圳、珠海、汕头、厦门 4 个经济特区,标志着中国对外开放的航船正式扬帆起程。20 世纪 80 年代中期至 90 年代初,我国对外开放的范围由特区逐步扩大到沿海、沿江、沿边地区。2001 年 11 月,中国加入世界贸易组织。至此,一个从沿海到内地、由南向北、自东向西、全方位对外开放的格局基本形成,我国的对外开放进入了全新的发展阶段。

由于实现了从封闭半封闭到全方位开放的伟大历史转折,我国对外经济贸易迅速增长,利用外资规模不断扩大,"走出去"战略取得显著成效。2007 年我国货物进出口总额达到 21737

亿美元,其中,出口总额达到 12178 亿美元,进口总额达到 9560
亿美元;外汇储备达到 1.53 万亿美元;我国在世界贸易中的排
序由 1978 年的第 29 位提升到 2004—2007 年稳居第 3 位,占世
界贸易总额的比重提高到近 8%,成为名副其实的贸易大国。
2007 年我国吸收外商直接投资达到 748 亿美元,从 1993 年起
连续 15 年成为吸收外资最多的发展中国家。到 2007 年年末在
我国实有注册的外商投资企业超过 28 万家,世界 500 强中有
480 多家来华投资,外商投资企业实有投资总额达到 2.11 万亿
美元,缴纳税收超过 9900 亿美元,占全国税收收入的 20%,提
供就业岗位超过 5000 万个。实施"走出去"战略方面,2007 年
我国对外直接投资达到 265 亿美元,截至 2007 年年底,7000 多
家境内投资主体设立的境外直接投资企业超过 1 万家,我国对
外直接投资存量达到 1179 亿美元,其中,金融类企业存量 167
亿美元,非金融类企业存量 1012 亿美元。

对外开放,促进了我国向经贸大国的转变,促进了我国工业
化进程,我国制造业增加值已居世界第 1 位,促进了自主创新能
力提升,促进了区域经济振兴,推动了社会主义市场经济体制的
建立和完善,推动了我国国际地位和影响力的提升。对外开放
功不可没。

内蒙古北部与俄罗斯、蒙古两国接壤,边界线长,口岸多,对
外开放具有独特的地缘优势。随着国家对外开放范围由沿海扩
大到沿边,内蒙古积极实施开放带动战略,不断扩大对内对外开
放,在发展开放型经济方面取得了显著成效。

一是对外经济贸易规模不断扩大。2007 年,内蒙古货物进
出口总额达到 77.45 亿美元,比 2000 年增长 2.8 倍,居全国第
23 位;其中出口总额 29.48 亿美元,居全国第 25 位;进口总额
47.97 亿美元,居全国第 17 位。获得外贸经营权的企业达 3861
家,其中出口额在 1000 万美元以上的企业 41 家,与全球 160 多

个国家和地区有贸易往来，出口商品达 700 多种。

二是引进国内外资金持续增长。内蒙古实际利用外资额由 2000 年的 5.48 亿美元增加到 2007 年的 23.88 亿美元，增长了 3.4 倍，占全国实际利用外资额 783.39 亿美元的 3.0%；其中外商直接投资额由 1.12 亿美元增加到 21.49 亿美元，增长了 18.2 倍，居全国第 16 位；占全国外商直接投资额 747.68 亿美元的 2.87%。2007 年，内蒙古外商投资企业 1071 户，占全国外商投资企业 286232 户的 0.37%，企业户数居全国第 24 位。2006 年，内蒙古引进国内（区外）资金 1365.1 亿美元，创历年最高水平（包括后续项目的到位资金），同比增加 268 亿美元，增长 24.4%。

三是积极引进先进技术和设备。包钢等冶金企业和鄂尔多斯、伊利、蒙牛等农畜产品加工企业引进了先进成套设备和先进工艺技术，同时随着国内外大企业大集团到内蒙古投资发展，也引进了人才、管理和先进技术设备。

四是不断加快"走出去"步伐。2007 年，内蒙古对外承包工程、设计咨询和对外劳务合作等实现营业额 8032 万美元，外派劳务 7366 人次，设立境外投资企业 20 家、投资总额达 7371 万美元。到 2007 年，小肥羊、小尾羊在美国、日本、加拿大、澳大利亚、阿联酋、中国香港等国家和地区设立连锁店 12 家，累计投资近 1500 万美元。

五是口岸经济持续发展。内蒙古利用与俄罗斯、蒙古两国接壤的区位优势和口岸条件，不断扩大了与两国的贸易往来。2005 年，中俄边境贸易额达到 50 多亿美元，占中俄贸易额的 1/6 强，中蒙边境贸易额达到 4 亿美元，占中蒙贸易额的 50% 左右。但比起中日、中美、中欧贸易，中俄、中蒙贸易还有巨大的合作空间。2006 年，中俄双边贸易额达到 334 亿美元。两国政府提出，将努力使双边贸易额在 2010 年达到 600 亿—800 亿美元。2006 年，内蒙古对蒙古国的贸易额达到 5.8 亿美元。蒙古国已经成为内蒙古对外贸易第二大合作伙伴,中国成为蒙古国最大的投资国、第一大出口国和第二大进口国。中国成为俄罗斯第四大贸易伙伴,俄罗斯成为中国第八大贸易伙伴。2007年,内蒙古口岸进出境货运量达到 3320 万吨、进出境客运量约416 万人次,其中满洲里口岸进出境货运量达到 2402 万吨,二连浩特口岸进出境货运量达到 619.5 万吨。

"十五"以来,内蒙古发展开放型经济取得显著成效,同时也存在一些突出的矛盾和问题。一是货物进出口总额小,外贸依存度低。2006 年,内蒙古货物进出口总额为 59.47 亿美元,仅占全国的 0.34%;对外贸易依存度为 9.7%,比 2002 年降低3.1 个百分点,而同期全国对外贸易依存度由 2002 年的 42.7%提高到 2006 年的 66.9%。2007 年,内蒙古货物进出口总额达到 77.45 亿美元,也仅占全国的 0.36%;全国外贸依存度仍高达 66.8%,内蒙古外贸依存度下降到 9.3%,全国过高,而内蒙古却过低。二是货物进出口结构不合理,进多出少,出口对经济增长的贡献率低。从 2002 年起,内蒙古净出口率一直是负增长,由 2002 年的负增长 2.9% 下降到 2005 年负增长 19.5%。2007 年,全国出口大于进口 27.4%,而内蒙古却是进口大于出口 62.7%。内蒙古货物进出口总额居全国第 23 位,其中出口额居第 25 位,在西部分别居第 5 位和第 7 位。三是进出口商品结构不合理,一般贸易比重较大,加工贸易比重偏小。2006 年,内蒙古进出口商品中一般贸易进出口额占进出口总额的 52%,加工贸易比重仅为 5.9%,而全国分别为 42.6% 和 47.3%(见表 6—1)。内蒙古货物进出口结构和进出口商品结构不合理是出口对经济增长贡献率低的症结所在。四是加强同兄弟省份的横向经济联合和协作,特别是主动承接东部地区产业转移上有较大差距。从 2006 年内蒙古引进国内(区外)资金情况看,仍然以北京、辽宁、河北等周边省份为主。

专栏 6—1

外贸依存度

对外贸易依存度是指在一定时期内(通常为一年),一国或地区的进出口贸易总值占其国内生产总值或国民生产总值的比重,是开放度的评估与衡量指标。其中,进口总额占GDP 或 GNP 的比重称为进口依存度,出口总额占 GDP 或 GNP 的比重称为出口依存度。

一般而言,在开放经济条件下,小国的外贸依存度低于大国;处于经济发展中期阶段的国家的外贸依存度高于处于经济发展初级阶段的国家和发达国家;采取出口导向发展战略的国家的外贸依存度高于采取内向型发展战略的国家。

对外开放以来,我国的外贸依存度经历了一个由低到高的阶段式变化过程。根据 WTO(世界贸易组织)和 IMF(国际货币基金组织)的测算,全球平均贸易依存度 2003 年接近45%,其中,发达国家为 38.4%,发展中国家为 51%,我国2004 年和 2006 年的外贸依存度分别为 68.44%和 66.85%,高出世界平均水平较多,不仅远高于发达国家,而且也高于绝大多数发展中国家。

表 6—1 "十五"以来内蒙古货物进出口、利用外资情况

单位:亿美元、%

项目 \ 年份	2000		2005		2006		2007	
	全国	内蒙古	全国	内蒙古	全国	内蒙古	全国	内蒙古
货物进出口总额	4742.9	20.36	14219.1	51.62	17604	59.47	21737.3	77.45
排序	—		—	21	—	23	—	23
外贸依存度	39.6	11.0	63.8	10.7	66.9	9.7	66.8	9.29

年份 项目	2000		2005		2006		2007	
	全国	内蒙古	全国	内蒙古	全国	内蒙古	全国	内蒙古
货物出口额	2492	10.22	7619.5	20.65	9689.4	21.41	12177.8	29.48
排序	—	—	—	—	—	25	—	25
货物进口额	2250.9	10.14	6599.5	30.97	7914.6	38.06	9559.5	47.97
排序	—	—	—	—	—	—	—	17
实际利用外资额	593.56	5.48	638.05	14.00	670.76	19.69	783.39	23.88
外商直接投资	407.15	1.12	603.25	11.86	630.21	17.41	747.68	21.49
一般贸易比重	—	—	—	—	42.6	52	44.5	56.1
加工贸易比重	—	—	—	—	47.3	5.9	45.4	2.7

资料来源:《中国统计年鉴》、《内蒙古统计年鉴》。

第二节　建设开放型内蒙古

2007年11月,胡锦涛总书记在内蒙古考察工作时就扩大开放问题强调指出:"要统筹对内开放和对外开放。充分利用自身资源和区位优势,大力加强同兄弟省份的横向经济联合和协作,加强同区外大企业或企业集团的合作,积极引进资金、技术、人才,主动承接东部地区产业转移,形成与其他地区优势互补、共同发展的格局。同时,要充分利用同俄罗斯、蒙古接壤的有利条件,坚持'引进来'和'走出去'相结合,大力发展边境贸易和口岸经济,有序进行能源资源合作开发,切实做好向北开放这篇大文章。"

胡锦涛关于内蒙古扩大开放问题的重要论述包含着这样几个重要观点,第一个是总的要求,要统筹对内开放和对外开放;第二个是对内开放,要加强横向经济联合和协作;第三个是对外开放,要切实做好向北开放这篇大文章。这三个方面是新形势下内蒙古扩大开放的大思路,建设开放型内蒙古一定要认真贯彻落实这个重要指导思想。

建设开放型内蒙古，发展开放型经济，是内蒙古在经济全球化条件下参与对外经济合作，形成竞争新优势的必然要求。内蒙古具有"边连两国，横跨三北，毗邻八省"的区位优势。建设开放型内蒙古，既有扩大对外开放的优势，也有扩大对内开放的优势。扩大对外开放，首先要发挥边连俄、蒙两国的优势，切实做好向北开放这篇大文章，但不限于俄、蒙两国；扩大对内开放，要发挥毗邻八省的优势，加强与周边地区的合作，但不限于周边八省。要积极拓展对内对外开放的广度和深度，实现全方位、宽领域、深层次的互利合作，这就是经济全球化条件下的开放。发挥区位优势，提升沿边开放，拓展对外开放广度和深度，实现对内对外开放相互促进，提高开放型经济水平，形成竞争新优势，这是建设开放型内蒙古的主题。

建设开放型内蒙古，进一步扩大开放，无论是对外开放，还是对内开放，其实就是进出两个字，进我所需、出你所需。进我所需是利用你的资源——不限于自然资源，是广义的资源——为我所用；出你所需是满足你的需求，占领你的市场。你我双方，反之亦然。这就是所谓充分利用国际国内两个市场、两种资源，平等合作、互利共赢。关键是看进什么、出什么，进多少、出多少。商品贸易、互通有无，这是开放，但这是低层次的开放；人财物生产要素顺畅流动、提高资源配置效率，这是中等层次的开放；推动技术知识交换、制度知识传播扩散，这是较高层次的开放。对外开放还要看进多少、出多少，既要"引进来"，又要"走出去"。进多出少是逆差，拉动经济增长会乏力；出多进少是顺差，会引起对外贸易摩擦。这就需要统筹国内发展和对外开放，把"引进来"和"走出去"更好结合起来，完善内外联动、互利共赢、安全高效的开放型经济体系，形成经济全球化条件下参与国际经济合作和竞争的新优势。

可见,开放是有层次的。开放上升到制度竞争的层次,就为制度创新创造了条件。社会生产不仅仅是资源投入和技术活动,而且是经营管理活动和社会活动;经济竞争不仅仅是商品和技术的竞争,而且是管理能力和制度效率的竞争;因而比较优势不仅仅限于自然资源和人力,而且包括对经济活动的组织管理和制度安排的相对优势。各种生产要素总是向更能高效利用它们的地区和生产经营者聚集,这是资源优化配置规律。只要管理科学、制度先进,资源贫乏、人才缺乏的地区同样可以吸引大量外部人才和资源,取得骄人的经济成绩;口岸、港口、空港是进出的通道,是对外开放不可或缺的设施,但提高这些设施的利用效率又取决于管理能力、制度安排;在信息技术革命和交通运输发展大大缩短时空距离的今天,拥有管理能力和制度环境的比较优势,甚至可以高效组合利用全球资源,可以占据全球生产价值链的高端。

建设开放型内蒙古是内蒙古走进前列的必要条件。内蒙古扩大对外开放,需要提高口岸过货量,以扩大进出口货物总额;需要加大招商引资、利用外资力度,以扩大固定资产投资规模;但更需要引进高层次人才,以增强自主创新能力;更需要引进先进技术,以利于消化吸收再创新和集成创新;更需要学习先进管理知识和制度知识,以利于形成后发优势。总之,需要扩大开放领域,优化开放结构,提高开放质量,拓展对内对外开放广度和深度,实现对内对外开放相互促进,提高开放型经济水平。

第一,加快转变外贸发展方式。内蒙古货物进出口规模小、出口少的问题,归根结底是出口产品结构问题,其结构以一般贸易为主、以原材料产品为主、以初级产品为主、甚至以高耗能、高污染和资源性产品为主。2007 年,全国货物进出口总额中一般贸易占 44.2%、加工贸易占 50.7%,内蒙古货物进出口总额中一般贸易进出口额占到了 56.1%。加快转变外贸发展方式,一是要优化出口结构,立足于扩大内蒙古对外经济贸易规模特别是出口规模,引导企业用高新技术改造提升传统产业,增强综合竞争力,提高出口产品质量、档次及附加值,扩大高新技术产品、机电产品和高附加值劳动密集型产品出口。二是要发展外向型经济,适应出口需求,完善加工贸易政策,在边境旗市特别是口岸城市建立加工贸易区,承接东南沿海加工贸易企业向中西部转移,着力发展加工贸易,着重提高产业层次和加工深度,增强国内配套能力,引导企业构建境外营销网络,增强自主营销能力,并积极开拓非传统出口市场,推进市场多元化。三是要发展服务贸易,发挥内蒙古的区位优势和比较优势,扩大对外承包工程、劳务合作、设计咨询、技术转让、跨境运输、教育培训、信息技术、民族文化等服务贸易出口,并积极创造条件,发展服务外包。四是要推进外贸品牌战略,发挥内蒙古品牌优势,推动内蒙古知名品牌进入国际市场,在继续发展中国名牌产品和中国驰名商标的基础上,鼓励自主知识产权和自主品牌产品出口,以自有品牌、自主知识产权和自主营销为重点,努力打造世界名牌和国际品牌。五是要积极扩大进口,围绕实现进出口基本平衡,发挥进口在促进内蒙古经济发展中的作用,重点扩大先进技术、关键设备及零部件和国内短缺的能源、原材料进口。

专栏 6—2

加工贸易

加工贸易是一种"两头在外"的业务,即国内的生产厂家从国外进口保税原材料和配件等在国内生产组装,生产出的成品再销往国外。加工贸易主要包括来料加工与进料加工等方式。来料加工是指加工方按照对方的要求,把对方提供的原辅料加工成制成品后交与对方以收取加工费;进料加工是

指加工方自己进口原辅料进行加工,成品销往国外。(资料来源:商务部编写组:《国际贸易》,中国商务出版社2007年版)

　　第二,加快创新利用外资方式。利用外资是扩大对外开放,发展开放型经济的重要内容。内蒙古利用外资规模还比较少,2007年外商直接投资金额为21.49亿美元,占全国的2.87%。建设开放型内蒙古,要坚持内外联动、互利共赢,创新利用外资方式,优化利用外资结构,提高利用外资质量,发挥利用外资在推动自主创新、产业升级、区域协调发展等方面的积极作用。一是进一步优化投资环境,完善法律法规和政策,形成稳定、透明的管理体制和公平、可预见的政策环境,抓住国际产业转移机遇,积极有效利用外资,重点通过利用外资引进国外先进技术、管理经验和高素质人才,把利用外资同提升内蒙古产业层次、技术水平结合起来。二是引导外商投资方向,依托内蒙古资源优势和区位优势,以6个优势特色产业为基础,引导外资更多地投向科技研发、高新技术产业、先进制造业、现代农牧业、现代服务业和服务外包产业、基础设施、节能环保产业和社会事业,促进产业升级。三是引导区内企业同外资企业开展多种形式的合作,发挥外资的技术溢出效应,在保护内蒙古自主品牌基础上,引导和规范外商参与区内企业改组改造。四是有效利用境外资本市场,支持区内企业境外上市,并用好国际金融组织和外国政府贷款,重点用于资源节约、环境保护和基础设施建设。

　　第三,加快实施"走出去"战略。拓展对外开放广度和深度,把"引进来"和"走出去"结合起来,扩大开放领域,优化开放结构,提高开放质量,这是建设开放型内蒙古的必然要求。应不断完善和落实支持企业"走出去"的体制和政策措施,促进生产要素跨境流动和优化配置,支持有条件的企业对外直接投资和跨国经营。俄罗斯和蒙古是内蒙古企业"走出去"的主要国别市场。应按照优势互补、平等互利的原则，树立长期合作的思想，培养长期合作的伙伴，扩大境外资源合作开发。应提高资源合作开发的效益和可持续发展能力，坚持保护优先、科学开发，积极回报当地社会，为当地经济社会发展做出贡献，为对方老百姓多做实事，为长期合作创造良好的社会环境。应进一步拓宽经贸合作范围，推动有实力的企业前往俄罗斯、蒙古投资开办日用消费品生产和农畜产品加工等企业，带动内蒙古相关产品、材料、技术和设备出口；鼓励企业参与境外基础设施建设，提高工程承包水平，稳步发展劳务合作；因应对方经济发展需求，积极投资境外经济园区建设，搭建境外发展载体，比如内蒙古企业投资建设俄罗斯后贝加尔工业经济园区、赤塔州华商贸易加工合作园区、阿金斯克工业经济园区和推动蒙古国扎门乌德经济区建设，便是良好的开端。应以内蒙古优势特色产业为重点，引导企业开展境外加工贸易，促进产品原产地多元化。

第三节　加快发展口岸经济

口岸是现代经济发展的稀缺资源。内蒙古与俄罗斯、蒙古两国接壤，有 4253 公里边境线，东起呼伦贝尔市额尔古纳的室韦口岸，西至阿拉善盟额济纳旗的策克口岸，内蒙古有 19 个口岸，形成了对俄、蒙开放的口岸群，其中，通往俄罗斯的边境口岸 6 个，通往蒙古的边境口岸 10 个，国际航空口岸 3 个；室韦水路口岸、黑山头水路口岸、满洲里公路口岸和铁路口岸及国际航空口岸、阿日哈沙特公路口岸、额布都格公路口岸、珠恩嘎达布其公路口岸、二连浩特公路口岸和铁路口岸、满都拉公路口岸、甘其毛都公路口岸、策克公路口岸、呼和浩特国际航空口岸、海拉尔国际航空口岸 15 个口岸是一类口岸，二卡公路口岸、胡力也

吐水路口岸、阿尔山公路口岸、巴格毛都公路口岸等尚未开通的
4个口岸是二类口岸。到2007年,内蒙古口岸货运通过能力达
到6000万吨,客运通过能力达到1000万人次。这些口岸已经
联结成为一个铁路、公路、水路和空运交织的全方位、立体式口
岸通关网络。

专栏6—3

中国的口岸

随着对外经济贸易的快速发展,我国已构建了以港口、航
空口岸为中心,以公路、水路、铁路为网络的立体化的口岸物
流基础设施体系,形成了沿海、沿江、航空和内陆边境全方位
的立体化口岸开放格局。截至2005年年底,全国共有对外开
放的一类口岸253个。这些口岸包括水运口岸133个、铁路
口岸17个、公路口岸47个、航空口岸56个。(资料来源:
2006年7月20日《人民日报》)

满洲里口岸是我国最大的陆运口岸,是我国对俄罗斯最大
的口岸,承担着中俄贸易60%以上的陆运任务。1984年,国务
院将满洲里市定为乙级开放城市,1985年定为甲级开放城市,
1992年批准为沿边开放城市。二连浩特口岸是我国对蒙古国
最大的公路、铁路口岸,是我国距首都北京最近的陆运口岸,是
运距最短的欧亚大陆桥。1986年,国务院批准二连浩特市为甲
级开放城市,1992年批准为沿边开放城市。

利用口岸这个稀缺资源,加快发展口岸经济,这是内蒙古得
天独厚的优势。近年来,内蒙古不断加强口岸基础设施建设,切
实优化通关环境,口岸通过能力迅速提高。2006年,内蒙古口
岸货运量通过能力达到6000万吨、客运通过能力1000万人次。

2007年，内蒙古口岸进出境货运量达到3320万吨、进出境客运量约416万人次，其中满洲里口岸进出境货运量达到2402万吨，旅游人数达到405.5万人次、旅游收入27.1亿元，二连浩特口岸进出境货运量达到619.5万吨，出入境人数达到159.4万人次、国际旅游创汇2.16亿美元。虽然目前口岸经济在内蒙古经济总量中所占比重依然较小，但发展潜力很大，是个新的经济增长点。

口岸是内蒙古向北开放的通道和载体，更是国家向北开放的前沿阵地。切实加强口岸建设，充分发挥口岸功能，加快发展口岸经济，是内蒙古实现对内对外开放相互促进的需要，更是国家统筹国内发展和对外开放的需要。口岸经济是指依托口岸功能发展的经济。传统意义上的口岸功能主要是人员过境、货物通关，随着改革开放和市场经济的加快发展，口岸地区的一般贸易、边境小额贸易、旅游贸易和加工过岸资源的口岸地区加工业也逐步发展起来，形成了具有内蒙古特色和优势的口岸经济。在新形势下，发挥沿边的新优势，推动口岸功能的新拓展，切实做好向北开放这篇大文章，这是建设开放型内蒙古面临的新课题，也是提高开放型经济水平的新机遇。

1994年8月，胡锦涛在内蒙古二连浩特口岸考察时曾提出"在边字上做文章，在开放上下工夫，在内联上求发展"的要求。这三句话切中了口岸工作的要害，今天仍然具有很强的现实指导意义，是建设开放型内蒙古、加快发展口岸经济的重要指导思想。

加快发展口岸经济，必须在边字上做文章。边字是口岸的突出特征，在边字上做文章是对发挥口岸功能、拓展口岸功能的高度概括。在边字上做文章，一是加强口岸设施现代化建设，扩大吞吐能力，缩短通关时间，降低通关成本，做到手续简便，各项服务礼貌、周到、快捷、规范，提高人员过境、货物通关效率，为内蒙古和全国向北开放搞好服务;二是优化边境贸易环境,完善中外商品交易区、互市贸易区、自由贸易区等平台,为中外双方边境贸易商户提供系列化、社会化服务,降低交易成本,加快边境贸易发展,加强边地贸易合作,活跃边境贸易市场,提高口岸城市影响力和吸引力;三是加快发展口岸特色旅游业,充分利用异域风貌、边关风情、国门国界、边贸市场等具有神秘感的独特旅游资源,开展丰富多彩的口岸旅游、跨界旅游乃至跨境旅游,辐射周边地区旅游业,带动口岸城市服务业发展;四是加快发展口岸特色加工业,充分利用进口货物以资源性商品为主的特点,适应出口商品组装、包装的需求,以进口资源加工区和出口商品加工区为依托,引进相关企业搞进口资源加工、出口商品组装包装,降低运输成本,提高经济效益,增强口岸城市经济实力。

加快发展口岸经济,必须在开放上下工夫。口岸是国家的门户、窗口,是国家的形象。开放,才能树立良好形象,开放是思想的解放。口岸在开放上下工夫,首先要增强开放意识,树立开放的形象、思想解放的形象。口岸比其他地方更要思想解放,更要改革开放,以思想解放为先导、以改革开放为动力,推动口岸经济科学发展。开放,才能吸收人类文明发展积累的优秀成果。口岸在开放上下工夫,要充分利用自身独特的地位,努力学习和吸收国外先进科技成果和有益经验,为发展口岸经济所用,也为周边地区提供国外的科技信息、传播有益经验,发挥辐射带动作用。开放,也是改革,开放才能兼容并蓄。口岸在开放上下工夫,要努力学习和吸收国外先进管理经验和制度安排,以提高自身资源配置效率,从而促进要素流动,吸引更多要素聚集,也为周边地区开拓国外市场、扩大出口创造条件,提供支持。开放,才能使互利合作向纵深发展。口岸在开放上下工夫,要以更加开放的眼界和胸怀,把口岸的发展置于国内和国际两个大局中来谋划,充分利用自身有利条件,以切实做好向北开放这篇大文章为使命，在开拓对外贸易空间、加强区域经济合作方面发挥作用。比如，经欧亚大陆桥桥头堡二连浩特开行的"如意号"集装箱专列，可大大缩短国内商品进入欧洲市场的时间，用什么合作机制连通沿途各国，使集装箱专列更好地发挥作用；具有鸡鸣三国优势的满洲里可以成为东北亚区域经济合作的平台，用什么形式促进东北亚区域经济合作，这些都可以用创新的思维去谋划，借以推动自身的发展。

加快发展口岸经济，必须在内联上求发展。内蒙古是国家向北开放的前沿阵地，口岸是向北开放的重要通道。在内联上求发展，就是把内地作为向北开放的后方腹地，把口岸不仅要作为内蒙古向北开放的重要通道，而且要作为内地向北开放的大通道，在向北开放上充分发挥口岸的桥梁和纽带作用，积极主动与内地多方联合、密切协作，实现互利共赢。在内联上求发展，应与内地各省市和县建立固定而经常性的联系，为它们发展对外经济贸易和进出口货物提供有关信息和力所能及的服务；应与内地有进出口经营资格的企业建立固定而经常性的联系，为它们提供对方国家市场需求信息和力所能及的服务；应引导口岸城市有进出口经营权的企业根据对方国家市场需求，与内地相关企业建立广泛的业务联系，组织内地商品出口，为内地发展对外经济贸易疏通渠道。内蒙古口岸城市通过各种渠道为内地发展对外经济贸易提供服务、扩大进出口，是加强同兄弟省份的横向经济联合和协作的一种重要形式，是加强同区外大企业或企业集团合作的一种重要渠道，是与其他地区优势互补、共同发展的具体体现，这样做既可发挥向北开放前沿阵地的作用，又能促进自身的发展，是真正的互利共赢。

第七章　建设文化内蒙古

说一个人是文化人，是指他（她）是有文化有知识的人，是从事文化工作的人。说文化内蒙古，是指内蒙古有深厚的文化底蕴、丰富的文化资源和优秀的文化传统，是创造文化、发展文化的内蒙古。建设文化内蒙古，就是继承发扬优秀民族文化，发展繁荣社会主义文化，兴起文化建设新高潮，提升文化软实力，不断满足各族人民日益增长的精神文化需求。

第一节　文化是软实力

提高国家文化软实力，这是党的十七大报告第一次提出的一个重大战略思想。"软实力"是美国哈佛大学教授约瑟夫·奈在 20 世纪 90 年代提出来的概念。软实力是相对于一个国家的人口、资源和经济、科技、军事力量等看得见、摸得着的"硬实力"而言的，特指一个国家的精神力量，包括文化、价值观念、社会制度等影响自身发展潜力和国际感召力的因素，而占首要位置的是文化的吸引力和感染力。文化软实力是文化创造力、文化生产力、文化消费力、文化影响力等方面可以用知识产权、文化市场份额、对生产总值的贡献等数字和规模来衡量的部分，体现在文化事业和文化产业两个方面。提升国家文化软实力，就是大力发展繁荣文化事业和文化产业，提高本国文化创造力、文化生产力、文化消费力、文化传播力和文化影响力，充分发挥文化在增强民族自尊心、自信力、凝聚力，促进人的全面发展、提高全民族科学文化素质和文明程度方面的巨大作用。当今时代，文化已经成为国家核心竞争力和软实力的重要组成部分。

文化，在广义上指的是人类认识世界和改造世界的成就的总括，是人类在长期社会实践过程中所获得的物质、精神的生产能力和所创造的物质、精神成果的总和，是人类全部思想和行为的总记录；在狭义上指的是精神生产能力和精神产品，是与经济、政治相对应的文化。人们通常说的文化是后者，是指精神、观念形态的文化，包括理想信念、伦理道德、科技人文知识、文学艺术、社会心理以及社会舆论等，内涵知识系统和价值系统，直观的表现形态是文化产品以及人们的日常行为方式。文化是一个民族的精神内核，属于上层建筑的一部分。

作为一种历史现象，文化的发展有其历史的继承性和现实的时代性。在阶级社会中文化具有阶级性，同时又具有民族性、地域性。不同民族、不同地域的文化，又形成了人类文化的多样性。传统意义上的文化一般以宗教、音乐、戏剧、文学等形式存在。但是，随着社会生产力的发展和科学技术的进步，文化存在于社会的方式更加多样化，更加丰富多彩。

作为社会意识形态的文化，是一定社会政治、经济的反映，同时又对一定社会的政治、经济产生巨大的影响。人类社会的每一次进步，都表现为文化的进步。任何一个民族的觉醒，都首先是文化的觉醒。任何一个国家的强盛，都要靠文化的发达，靠文化软实力的提升。当代中国的社会主义文化，是社会主义政治、经济的反映，是顺应历史潮流、反映时代精神、代表未来方向、推动社会进步的文化，是以当代中国马克思主义为指导的文化，是继承和发扬中华民族一切优秀文化传统、吸收世界一切优秀文化成果的文化，是顺应时代潮流、创新和发展的文化，是为人民服务、为社会主义服务的文化，是国家软实力的核心。

作为精神生产力和精神产品，文化具有巨大的文化力，这种文化力即文化生产力主要表现为对经济社会发展的影响力和推动力。从文化与经济的关系看，文化生产力是社会生产力的重要组成部分，文化生产力影响社会生产力，社会生产力支撑文化生产力。经济和文化相互作用，相互促进，共同发展，推动了社会历史的进步。在现代社会，文化生产力对社会生产力的影响表现为对生产力基本要素的渗透，通过人的文化素质和科技知识水平的提高、劳动工具科技水平的提高、管理系统化水平的提高，在人和劳动工具等生产力要素上表现出来。没有文化生产力的影响，社会生产力难以发展。经济发展必须有文化的推动，没有文化推动的经济没有生命力。21世纪是知识经济时代，也是文化经济时代。在一定意义上，有没有文化决定着能不能在知识经济时代生存和发展。从文化与社会的关系看，文化是一个社会的灵魂，文化是一个国家和民族的灵魂，文化的力量深深熔铸在民族的生命力、创造力和凝聚力之中。文化的影响反映和体现在社会的各个方面，文化是推动社会前进的精神动力，文化软实力在振奋民族精神、增强民族凝聚力和意志力方面，都发挥着极为重要的作用。

作为上层建筑的一部分，文化建设对经济建设、政治建设、社会建设具有重要的引领、促进、推动、保障和提高作用。在经济全球化、世界多极化日益发展的时代条件下，文化与经济、政治、社会相互交融的程度日益加深，文化软实力的战略作用日益凸显。当今时代，文化越来越成为民族凝聚力和创造力的重要源泉、越来越成为综合国力竞争的重要因素。文化是一个国家和民族的血脉和灵魂。文化直接影响着一个国家和地区的国际竞争力。一个有文化竞争力的国家和地区，必然是具有国际竞争力的国家和地区。谁创造了先进文化并用先进文化武装起来，谁就能够在激烈的国际竞争中赢得先机、把握主动。是否拥有先进文化，是否代表先进文化的前进方向，决定着一个政党、一个国家和民族的素质、能力和兴衰。

第二节　内蒙古的文化基础

文化建设是有中国特色社会主义事业四位一体总体布局的重要构成部分。文化建设对经济建设、政治建设、社会建设具有先导性、基础性、支撑性、保证性的重大作用。兴起社会主义文化建设新高潮，推动社会主义文化大发展大繁荣，是党的十七大提出的战略任务。内蒙古要科学发展、和谐发展，需要由社会主义文化的大发展大繁荣提供有力的思想保证、强大的精神支撑、坚实的道德基础和良好的文化条件。内蒙古走进前列，必然是在科学发展道路上走进前列，必然是在全面协调可持续发展道路上走进前列，既要经济发达，也要文化繁荣，既要有经济的硬实力，也要有文化的软实力；走进前列的内蒙古，必然是经济社会全面发展、社会主义文化大发展大繁荣的内蒙古；文化软实力未有提升却走进前列是不可想象的。切实保障各族人民享有基本文化权益，切实满足各族人民日益增长的文化需求，着力提高各族人民的文明素质，着力提高文化产业占国民经济的比重，这是建设文化内蒙古的根本任务。

内蒙古自治区成立 60 多年来，特别是改革开放 30 多年来，内蒙古的文化进入了加快发展时期，文化建设取得了显著成就。公共文化基础设施建设逐步加强，一批公益性文化工程相继建成，初步形成了四级群众文化网络。重点文化工程取得积极进展，文化信息资源共享工程的各级中心、基层服务点和苏木乡镇综合文化站建设工程扎实推进，群众性文化活动广泛开展，各族人民群众的精神文化生活显著改善。艺术创作和文艺演出繁荣活跃,具有民族特色、地区特点的文化精品深受欢迎,一大批文化、艺术、哲学社会科学成果获得全国"五个一工程奖"等奖项,内蒙古广播电视艺术团无伴奏合唱在国际合唱比赛中多次获奖,震撼了国际乐坛。城镇广场文化、社区文化、企业文化、节庆文化、校园文化、军营文化等基层群众文化积极开展,1957年创立的乌兰牧骑这个被周恩来总理称为"红色文艺轻骑兵"的文艺团体,受到党的三代中央领导人的赞扬,被誉为我国社会主义文艺的一面旗帜。文物考古发掘取得重大成果,文化遗产保护工作成绩显著。到2007年,内蒙古有群众艺术馆13个、文化馆102个、文化站848个、博物馆37个、公共图书馆113个。广播人口覆盖率达到92.98%、电视人口覆盖率达到91.44%,分别比2000年提高7.4个百分点和10.02个百分点。内蒙古体育事业在普及的基础上不断提高,具有民族特点的项目逐步进入全国先进行列。群众性体育活动深入开展,人民健康水平有了明显提高。2005年,中国、蒙古两国联合成功地将蒙古族长调民歌申报为联合国第三批"人类口头和非物质文化遗产代表作",2006年6月国务院公布的"第一批国家级非物质文化遗产名录"中,内蒙古的格萨尔、蒙古族长调民歌、蒙古族呼麦、蒙古族马头琴音乐、蒙古族四胡音乐、达斡尔族鲁日格勒舞、蒙古族安代舞、二人台、乌力格尔、达斡尔族传统曲棍球竞技、蒙古族搏克、蒙古族勒勒车制作技艺、桦树皮制作技艺、成吉思汗祭典、祭敖包、那达慕、鄂尔多斯婚礼17项榜上有名,有国家级非物质文化遗产代表性传承人10个。文化市场体系逐步形成,对外文化交流有所扩大,文化工作的各个领域涌现出一大批区内外知名的优秀人才,成为发展繁荣内蒙古文化的主要力量。这些人文资源优势和成就,是建设文化内蒙古的宝贵财富和坚实基础。

专栏 7—1

什么是文化遗产？

文化遗产包括物质文化遗产和非物质文化遗产。

物质文化遗产主要是具有历史、艺术和科学价值的文物，包括可移动文物和不可移动文物。不可移动文物是指古文化遗址、古墓葬、古建筑、石窟寺、石刻、壁画、近现代重要古迹和代表性建筑。可移动文物是指历史上各时代重要实物、艺术品、文献、手稿、图书资料、代表性实物等，分为珍贵文物和一般文物；珍贵文物又分为一级文物、二级文物、三级文物。

非物质文化遗产，是指各民族人民世代相传的、与群众生活密切相关的各种传统文化表现形式（如民俗活动、表演艺术、传统知识和技能，以及与之相关的器具、实物、手工制品等）和文化空间。非物质文化遗产的范围包括：在民间长期口耳相传的诗歌、神话、史诗、故事、传说、谣谚；传统的音乐、舞蹈、戏剧、曲艺、杂技、木偶、皮影等民间表演艺术；广大民众世代传承的人生礼仪、岁时活动、节日庆典、民间体育和竞技，以及有关生产、生活的其他习俗；有关自然界和宇宙的民间传统知识和实践；传统的手工艺技能；与上述文化表现形式相关的文化场所等。（资料来源：2006 年 5 月 26 日《人民日报》）

同时，内蒙古文化工作和文化建设中仍然存在一些不容忽视的问题。主要是文化建设与经济增长还不协调，与各族人民日益增长的精神文化需求还不适应，文化建设投入偏少，公共文化服务体系建设滞后，基层文化设施特别是农村牧区文化设施还比较落后，公共文化产品供给严重不足，农牧民群众以及城镇低收入居民、农民工的文化生活还很匮乏，实现和保障各族人民群众基本文化权益的任务还十分艰巨；文化人才缺乏，文化创新能力不强，文化市场主体发育不足，有实力和竞争力的文化企业寥寥无几，制约文化发展的体制机制障碍尚未破解；非物质文化遗产保护工作面临着传统文化毁弃遗失严重、保护经费投入太少、专业保护队伍力量不足、古老民间艺术后继乏人等状况。建设文化内蒙古，就是要着力解决文化工作和文化建设中存在的这些突出问题。

建设文化内蒙古，是深入贯彻落实科学发展观、建设和谐内蒙古的内在要求，是提高各族人民文明素质、保障各族人民基本文化权益、满足各族人民精神文化需求的迫切需要，是内蒙古走进前列的题中之义。建设文化内蒙古，就是要兴起社会主义文化建设新高潮，激发各族人民文化创造活力，充分发挥各族人民在文化建设中的主体作用，使各族人民共享文化发展成果。建设文化内蒙古，就是要充分发掘丰富独特的草原文化资源，重视发展公益性文化事业，加快振兴文化产业，树立内蒙古文化形象，提高内蒙古文化软实力。

第三节　建设文化内蒙古

建设文化内蒙古，就要牢牢把握社会主义先进文化的发展方向，以提高各族人民的文明素质为目标，加强社会主义核心价值体系建设，巩固各族人民团结奋斗的共同思想基础；加强草原文化研究体系建设，传承发展草原文化；加强公共文化服务体系建设，着力发展和谐文化；加强文化创新体系建设，着力发展公益性文化事业和经营性文化产业，不断满足各族人民多样化、多层次、多方面的精神文化需求，增强各族人民的凝聚力、创造力，提升内蒙古文化软实力。

大力加强社会主义核心价值体系建设，巩固各族人民团结

奋斗的共同思想基础。各族人民团结奋斗的共同思想基础是实现中华民族伟大复兴的精神动力，是内蒙古走进前列的重要凝聚力。兴起社会主义文化建设新高潮、建设文化内蒙古，最根本的就是围绕巩固各族人民团结奋斗的共同思想基础，建设社会主义核心价值体系。社会主义核心价值体系是社会主义意识形态的本质体现。建设文化内蒙古，必须确立社会主义核心价值体系的主导地位，用有中国特色社会主义理论体系教育各族人民，用有中国特色社会主义共同理想凝聚力量，用以爱国主义为核心的民族精神和以改革创新为核心的时代精神鼓舞斗志，用社会主义荣辱观引领风尚，切实把社会主义核心价值体系融入国民教育和精神文明建设全过程，使社会主义核心价值体系深入人心，成为各族人民普遍理解、自愿接受、自觉奉行、自觉追求的核心价值理念。

建设社会主义核心价值体系，是一项长期的艰巨复杂的系统工程，其重点是深入持久地学习实践科学发展观，着力推动广大党员、干部群众特别是各级领导干部深刻理解和全面把握科学发展观的科学内涵、精神实质、根本要求，增强结合内蒙古实际深入贯彻落实科学发展观的自觉性和坚定性，在学习实践中进一步提高党员干部队伍素质，着力提高各级领导干部贯彻落实科学发展观的本领，从而着力把各族人民的根本利益作为贯彻落实科学发展观的根本出发点和落脚点，进一步动员各族人民群众投身科学发展、走进前列的伟大实践，使贯彻落实科学发展观的过程成为不断为民造福的过程，成为不断提高各族人民生活质量和水平的过程，成为不断提高各族人民思想道德素质、科学文化素质和健康素质的过程，成为不断保障各族人民经济、政治、文化、社会权益的过程，让发展成果真正惠及各族人民群众。

大力加强公共文化服务体系建设，着力发展和谐文化。和谐，既是一种基本的价值追求，又是一种基本的思维方式，是处理人与自然、人与社会、人与人关系乃至人自身内心矛盾的基本准则。实现社会的团结和谐,既需要雄厚的物质基础、可靠的政治保证,又需要有力的精神支撑、良好的文化条件。2006 年 6 月,胡锦涛总书记在云南考察时提出了和谐文化的概念,并强调要促进和谐文化建设,为构建社会主义和谐社会提供强大的思想道德力量。和谐文化以崇尚和谐、追求和谐为价值取向,融思想观念、思维方式、行为规范、社会风尚为一体,反映着人们对和谐社会的总体认识、基本理念和理想追求,是社会主义文化的重要组成部分。和谐文化是各族人民团结进步的重要精神支撑,建设和谐文化是把社会主义核心价值体系付诸行动以形成高度文明的道德风尚的关键,是推进社会和谐的必然要求。

着力发展和谐文化,要尊重各族人民的文化权利、保障各族人民的基本文化权益。保障各族人民基本文化权益,是文化建设的重要任务,是以人为本、执政为民的具体体现。要以满足各族人民日益增长的精神文化需求为出发点和落脚点,把公益性文化事业作为社会事业发展的重点,坚持以政府为主导,以公共财政为支撑,以公益性文化事业单位为骨干,以不断丰富基层特别是农村牧区精神文化生活为重点,加快构建覆盖城乡的公共文化服务体系,促进城乡、区域文化协调发展,逐步实现公共文化服务均等化。

着力发展和谐文化,要大力弘扬爱国主义、集体主义、社会主义思想,以增强诚信意识为重点,加强社会公德、职业道德、家庭美德、个人品德建设,发挥道德模范榜样作用,引导人们自觉履行法定义务、社会责任、家庭责任。要加强和改进思想政治工作,注重人文关怀和心理疏导,用正确方式处理人际关系。深入开展群众性精神文明创建活动,形成男女平等、尊老爱幼、互爱互助、见义勇为的社会风尚。

着力发展和谐文化,要大力提高各族人民的文明素质。提高各族人民的文明素质，是文化内蒙古建设的核心，是文化建设坚持以人为本的集中体现。提高各族人民的文明素质，要弘扬科学精神，普及科学知识，广泛开展全民健身运动。坚持不懈地抓好以科学文化知识为重点的知识体系培训，使科学文化知识体系深入人心，使各族人民的创造活力、创业能力得以提升，使各族人民的思想道德素质、科学文化素质和健康素质明显提高，形成比较完善的现代国民教育体系、科技和文化创新体系、全民健身和医疗卫生体系，形成全民学习、终身学习的学习型社会，促进人的全面发展。

着力发展和谐文化，要大力加强公共文化服务体系建设。文化属于各族人民，努力提供更多更好的文化产品和文化服务，丰富社会文化生活，是各族人民的新期待。文化建设要发挥各族人民的主体作用，文化发展要服务于各族人民，文化发展成果要由各族人民共享。公共文化服务体系，是城乡文化、区域文化协调发展，丰富农村牧区和偏远地区精神文化生活，丰富进城务工人员精神文化生活的基础。建设能够保障每一个人充分发挥文化创造潜力，使每一个人都能够充分分享社会、经济、文化进步成果的公共文化服务体系，是发展和谐文化的主要途径。只有大力加强公共文化服务体系建设，才能实现公共文化服务均等化，不断满足各族人民日益增长的精神文化需求，使各族人民基本文化权益得到更好保障，使社会文化生活更加丰富多彩，使各族人民精神风貌更加昂扬向上。

着力发展和谐文化，要完善公共文化服务链条。建设一个链条完整的公共文化服务体系，应努力健全公众公共文化需求表达、意见搜集、社会评估机制，形成政府主导、社会力量广泛参与的公共文化服务提供格局；应努力建设以公共文化产品生产供给、设施网络、资金人才技术保障、组织支撑和运行评估为基本框架的公共文化服务体系；应努力实施广播电视村村通工程、文化信息资源共享工程、苏木乡镇综合文化站和基层文化阵地建设工程、农村牧区电影放映工程、草原书屋工程五个公共文化服务工程，切实保障各族人民群众看电影电视、听广播、读书看报、进行公共文化鉴赏、参加大众文化活动等文化权益；应努力加强群艺馆、文化馆、图书馆、博物馆、美术馆、广播电视台、互联网公共信息服务点等公共文化设施建设，优化社区和农村牧区公共文化资源配置，形成覆盖城乡、结构合理、功能健全、实用高效的公共文化设施网络；应努力发挥精神文明建设"五个一"工程龙头作用，通过健全组织协调、创作激励、经费保障、市场营销、人才培养等机制，形成文化精品生产保障体系，推动精品创作，繁荣公共文化产品生产，保障文化产品供给。

大力加强草原文化研究体系建设，传承发展草原文化。内蒙古历史悠久，文化灿烂，是中华文明的重要发祥地之一。内蒙古大草原是我国北方游牧民族的摇篮，有着悠久的人类活动历史，生活在北方草原上的先民创造了特色鲜明的草原文化。草原文化是中华文化的主源之一，是中华文化的重要组成部分，为中华民族的形成和发展做出了巨大贡献，是中华民族共有的宝贵精神财富。草原文化与黄河文化、长江文化交相辉映、汇聚融合，共同造就了博大精深、源远流长的中华文化。新中国成立以后特别是改革开放以来，内蒙古优秀的历史文化传统、底蕴深厚的草原文化、特色浓郁的民族文化，得到了较好的传承和保护。

专栏7—2

内蒙古的文化遗址

漫长的历史进程中，北方的游牧文明与中原的农业文明交汇融合，在内蒙古不同地域形成了国内外享有盛誉的红山文化、大窑文化、兴隆洼文化、河套文化、夏家店文化、朱开沟文化等，目前已发现 15 万多处文化遗存，其中全国重点文物保护单位 35 处。这些文化遗产堪称全国甚至亚洲之最，如赤峰市红山文化碧玉龙这个"中华第一龙"的问世，将中华古文明向前推进了 1000 年，还有被誉为"亚洲第一龙"的白垩纪查干诺尔恐龙化石、"华夏第一村"兴隆洼遗址、"草原第一都"辽上京、辽中京遗址等。内蒙古的长城遗存，其长度和跨越的历史年代，居全国之首；阴山岩画和贺兰山岩画，其数量和艺术价值亦属全国之最。

　　草原文化经历匈奴、鲜卑、突厥、党项、契丹、女真、蒙元、满清、现当代几个高峰期的发展，以及与中原文化的长期碰撞、交流、融合，今天已经演进为以蒙古族文化为典型代表的，历史悠久、特色鲜明、内涵丰富的文化体系。这个体系已经融入中华文化的大体系之中，使中华文化成为一个包容工业、农耕、游牧、渔猎等生产方式在内的多元一体的文化体系。①

　　传承发展草原文化，要全面认识草原文化，取其精华，去其糟粕，使之与当代社会相适应、与现代文明相协调，保持民族性，体现时代性。草原文化形成的社会历史条件是北方游牧民族的游牧社会。在古代游牧生产方式条件下，生产收获的多少取决于自然环境。所以，人们崇尚自然，把收获的希望寄予自然界，遵从人与自然的和谐，将人与自然的和谐奉为最高准则。游牧生活和游牧生产方式又决定人际和谐和群体和谐。因为，只有保持人际和谐和群体和谐，才能达到生活稳定，社会安定。以人际和谐为基础，进而达到群体和谐，最终实现天人和谐，这就是

---

　　①　内蒙古社会科学院课题组：《论草原文化在中华文化发展史上的地位与作用》，2005 年 5 月。

草原文化的和谐模式。以和谐为灵魂的草原文化的基本内涵是:崇尚自然、热爱家园、真诚友善、包容开放、团结奋进。草原文化的基本内涵凝结了草原民族特别是蒙古民族的精神特质——崇尚自然,千百年来生产生活的一切行为都顺应自然规律,体现了人与自然的和谐;热爱家园,一个又一个感天动地的建设家园、回归家园、保卫祖国的英雄壮举,体现了价值追求的和谐;真诚友善,处世真诚、对人友善,尊老爱幼、互帮互助,体现了人与人的和谐;包容开放,用草原般宽广的胸怀包容吸纳其他民族一切优秀文化成果,同时用自己的文化影响其他民族,体现了人与社会的和谐;团结奋进,"五箭教子"成为团结精神的经典,勤劳勇敢、奋发进取,体现了精神追求的和谐。总之,以和谐为灵魂的草原文化五个方面的基本内涵,充分体现了爱国主义、集体主义、人与自然和谐共生等核心价值理念。深入梳理草原文化的发展脉络,科学全面概括草原文化基本内涵,对于弘扬草原文化优秀传统,为现代文明提供多姿多彩的形式和内容,对于在新的历史条件下促进民族团结,增强民族凝聚力,推进生态文明建设,构建各民族共同繁荣发展的和谐社会,都有着极其重要的意义。

传承发展草原文化,要建设草原文化研究体系,不断深化草原文化研究。深入研究草原文化,挖掘和利用这一我国三大文化体系中覆盖面积最广、涉及古今民族最多、文化底蕴最厚重的精神资源,是弘扬中华文化、建设中华民族共有精神家园的需要,是促进民族大团结、增强民族凝聚力、构建各民族共同繁荣发展的和谐社会的需要,是提升内蒙古文化软实力、为内蒙古走进前列提供文化支撑的需要。2003年内蒙古提出建设民族文化大区以来,关于草原文化的研究逐步深入,取得了开创性成果,产生了广泛的影响,为进一步深入研究奠定了坚实基础。建设文化内蒙古,需要有效整合研究资源,积极调动包括高等院校、科研单位、专业部门、社会团体在内的区内外、国内外研究力量，形成较为完善的研究体系，加强组织协调，搭建研究平台，健全激励机制，扩大宣传交流，使草原文化成为文化内蒙古最响亮、最有影响力的品牌，将内蒙古的文化形象鲜明地展示在世人面前。

传承发展草原文化，要提高文化自觉。对所有吮吸草原文化乳汁长大、受草原文化熏陶成长、在草原文化氛围中生活工作的人们来说，还要对草原文化有自知之明，对草原文化的来历、形成过程，对草原文化基本内涵的科学概括，对传承发展草原文化的重要意义，对草原文化前进方向的把握等，都要有清醒而明确的理性认识。文化自觉是一个艰巨的过程，只有在清醒认识草原文化，同时接触并理解多种文化的基础上，才能在世界文化发展大潮中确立草原文化的位置，不断丰富和发展草原文化，使草原文化的精神血脉得以延续，始终保持草原文化的鲜明个性和独立品格，重铸草原文化的辉煌。

大力加强文化创新体系建设，加快发展文化事业和文化产业。文化，可以分为公益性的文化事业和经营性的文化产业。公益性文化事业是文化创造、文化传承、人格塑造的主渠道，是保障人民文化权益的主要途径，承担着提高全民族思想道德素质、科学文化素质、生理心理素质的神圣职责。从一定意义上讲，文化的本质就是公益性，文化具有渗透性、弥漫性和规范性的特点，文化于人正像空气于人一样，是人人应该自由享受的权利。文化公平也是社会公平的重要方面。发展文化事业关系民生，是政府公共服务职能的组成部分。如果文化事业发展滞后和衰落，必然导致机会不公正，影响人的现代化和人的全面发展。经营性文化产业是为社会公众提供文化、娱乐产品和服务的活动，以及与这些活动有关联的活动的集合。文化产业及相关产业的范围包括：提供文化产品、文化传播服务和与文化休闲娱乐活动有直接关联的用品、设备的生产和销售活动以及相关文化产品的生产和销售活动。文化产业是20世纪末兴起的特殊产业,是文化与经济、科技紧密结合的产物,它在文化的经济化和经济的文化化过程中,鲜明地体现了文化的经济价值和经济的文化意义。文化产业资源消耗低、环境污染少、附加值高,是具有广阔发展前景的"朝阳产业"。

文化具有市场与非市场的双重属性。在社会主义市场经济条件下,文化以产业为载体进入市场。大力发展文化事业和文化产业,要善于利用文化的双重属性,使文化既成为繁荣和促进市场经济发展的生力军和积极因素,解放和发展文化生产力,有效地利用市场促进文化的发展;又成为弥补市场的盲目性和缺失性,能够对市场经济加以调控和制约的体制机制,有效地运用政府行为推动文化的发展。如果说文化产业的发展是为了增加社会财富,提供更为丰富和多样化、个性化的文化服务,为满足消费者多样化、多层次、多方面精神文化需求提供可能性,那么文化事业特别是公共文化服务,则是提供惠及各族人民的,范围更广、更为基本的文化服务,两者相得益彰。

建设文化内蒙古,应统筹文化事业和文化产业,统筹宏观控制力和微观竞争力,统筹城乡和区域文化发展,不断创新文化发展方式,准确把握当代社会文化生活的新特点和各族人民对精神文化生活的新期待、新要求,在新的时代高起点上创新文化发展的内容形式、体制机制、传播手段,解放和发展文化生产力,创造新的文化样式和文化业态,创作更多反映各族人民主体地位和现实生活、群众喜闻乐见的优秀精神文化产品,努力实现文化的全面、协调和可持续发展。

建设文化内蒙古,加快发展文化事业和文化产业,关键是要大力加强文化创新体系建设,深化文化体制改革。经过30多年的改革开放,文化赖以生存的经济基础、体制环境、社会条件都发生了深刻的变化，推动文化创新的社会意义前所未有地凸显出来。只有在时代的高起点上推动文化创新，草原文化才能与当代社会相适应、与现代文明相协调。只有大力推进观念创新、体制机制创新和传播手段创新，形成文化创新体系，才能够真正实现草原文化的传承发展，建设文化内蒙古。

大力加强文化创新体系建设，应围绕区分公益性文化事业和经营性文化产业发展，进行体制机制创新，增强文化发展活力。文化体制改革是解放和发展文化生产力的强大动力和根本途径。国有文化事业单位，应根据其提供产品的公共属性或商品属性进行区分，根据机构的营利与非营利性质进行区分，使文化事业单位中更多商品属性的文化产品和营利的文化机构回归市场。积极推进国有经营性文化单位转企改制，重塑市场主体，推动文化产业快速发展，通过市场机制提供日益丰富的竞争性文化商品；积极推进公益性文化事业单位改革，按照增加投入、转换机制、增强活力、改善服务的要求，扎实推进人事制度、收入分配制度和医疗保险制度改革，通过全员聘用、岗位工资、业绩考核、项目负责等办法，引入竞争激励机制，提高工作质量和效率，激发全体员工的积极性、主动性和创造性，不断提高公共文化服务能力和水平。

建设文化内蒙古，应把发展公益性文化事业作为保障人民基本文化权益的主要途径，加大公共财政投入力度，加强城镇社区和农村牧区文化设施建设。深化文化体制改革，完善扶持公益性文化事业发展的政策，调动广大文化工作者的积极性、主动性、创造性，更加自觉、更加主动地推动文化大发展大繁荣，让各族人民共享文化发展成果。

大力发展文化产业，是市场经济条件下发展繁荣社会主义文化的重要途径，是经济社会发展的一个新的增长点。在文化产业市场竞争十分激烈的情况下，如果不能抓住机遇抓紧发展壮大内蒙古文化产业,就很难适应整个文化领域进一步开放和竞争的形势。从总体上看,内蒙古文化产业发展尚处于起步阶段,产业基础较为薄弱,文化资源开发利用较为滞后,产业发展政策仍不完善,体制机制性障碍尚未破除,文化企业规模偏小,产业总量偏少,经营比较分散。2004 年,我国文化产业实现增加值 3440 亿元,占 GDP 的 2.15％。2006 年,内蒙古文化产业增加值占 GDP 的 1.05％,在全国的排序居后列。就拿 2006 年内蒙古文化产业增加值占生产总值的比重与 2004 年全国的情况比,内蒙古的文化产业增加值占生产总值的比重还不到全国的一半。2006 年,内蒙古文化、体育和娱乐业增加值 27.19 亿元,占 GDP 的 0.56％;全国文化、体育和娱乐业增加值 1325.2 亿元,占全国 GDP 的 0.63％;内蒙古文化、体育和娱乐业增加值占全国文化、体育和娱乐业增加值的 2.05％。

大力发展文化产业,应把文化产业发展纳入经济社会发展整体规划。当今时代,文化与经济彼此渗透、相互促进,文化生产力成为社会生产力的重要方面;文化与科技的融合日益紧密,为文化发展提供了新的动力;文化促进社会建设的作用日益突出,先进文化在和谐社会建设中的作用无可替代。要适应文化资源加快调整整合和文化产业发展的新趋势,推进文化体制机制创新,实施重大文化产业项目带动战略,积极培育骨干文化企业和企业集团,加快文化产业基地和区域性特色文化产业群建设,并始终把社会效益放在首位,做到经济效益与社会效益相统一。

大力发展文化产业,应着力彰显草原文化特色。文化产业的根本属性是文化,而不是经济;决定文化产业根本属性的是它的内容,而不是它的形式。需求决定生产,需求的内容规定了生产的属性。发展文化产业,生产文化产品,提供文化服务,应着力彰显草原文化特色,在产品开发中积极融入草原文化元素,凸显其经济价值，着力打造草原文化品牌。要着力完善发展文化产业、鼓励文化创新的政策，着力营造有利于出精品、出人才、出效益的环境，着力培育建设强势的草原文学派、马头琴音乐派、长调歌派、草原舞蹈派、乌兰牧骑演艺派、草原画派、草原影视派、草原动漫派、草原诗风、草原书风、草原学派等，着力适应各族人民对文化产品更加丰富的需要，着力满足文化市场多层次、多方面、多样性需求，着力提高草原文化的活力和竞争力、影响力和传播力、吸引力和魅力。

大力发展文化产业，应着力加强文化产业示范园区建设。在经济全球化的背景下，企业和产品的竞争力是以市场空间占有率和覆盖率的高低而决定的。谁在短时间内占有了市场空间，谁就掌握了市场发展的速度和节奏。建设文化产业示范园区，有助于文化产业规模化、集约化效应的形成，能够促进关联性产业聚集，促进文化企业间的合作，起到降低企业交易成本的作用；有助于调整区域经济结构，改变高能耗、高污染的经济发展模式，使文化产业占国民经济的比重明显提高，走出一条特色鲜明、风格独特的文化产业发展道路。内蒙古具有丰厚的草原文化资源、旅游资源和较好的生态环境，为文化产业示范园区建设提供了可资经营的文化资源，创造了一个可持续发展的空间。大力发展文化产业，应依托优势资源和较好的环境条件，以建设草原文化产业园区的形式整合区域资源，推动草原特色文化产业的规模化、集约化、集群化、品牌化发展，以空间换时间，通过文化产业跨越式发展来提高文化产业占国民经济的比重，促进产业结构优化升级。

建设文化内蒙古，应积极推进文化市场综合行政执法改革，结合文化市场发展的实际，探索文化市场综合行政执法的途径和方式，增强法制观念，规范执法行为，提高依法行政和维护各族人民群众文化权益的能力和水平。

建设文化内蒙古,应着力加强文化人才队伍建设。大量德艺双馨的优秀文化人才是文化发展的推动力量,是文化发展的核心要素和根本保证,也是文化发展繁荣的重要标志。要适应文化内蒙古建设的需要,加快人才培养速度,加大人才引进力度,珍惜爱护人才,使各类人才文化创造有平台、展示才华有舞台,贡献得到社会尊重,建设一支规模较大、结构合理、素质较高、专业门类齐全、富有活力和创作激情的文化人才队伍,特别是要着力培养少数民族文化艺术拔尖人才、民族民间文化艺术传承人和文化领域的领军人物等特殊人才,为文化内蒙古建设提供有力保证。人才的培养是长期任务,人才的成长是长期过程,应立足长远,形成切实可行的人才培养模式、人才引进制度和人才使用制度,坚持不懈地抓下去。

建设文化内蒙古,应加快构建传输快捷、覆盖广泛的文化传播体系。构建文化传播体系是文化建设的重要组成部分。当今世界,文化与科技的联系越来越紧密,日新月异的网络技术改变了文化传播的速度、广度和深度,改变了人们的思维方式和生活方式。建设文化内蒙古,要顺应时代潮流,加快文化与科技的融合,创新文化传播手段和传播方式,运用先进传播技术改造传统的文化传播模式,尤其是要把互联网这一新兴文化传播手段建设好、运用好、管理好,使其成为传播草原文化的新阵地、公共文化服务的新平台、各族人民精神文化生活的新空间。

文化是一个国家和地区形象的基本元素和最主要标志。人们观察、认识、了解一个国家和地区,总是首先从文化上着眼。一个国家和地区的文化标记,往往是这个国家和地区的最突出象征。内蒙古要走进前列,刻不容缓的是要在传承发展草原文化、建设文化内蒙古上取得历史性进步。

文化内蒙古建设的四项任务,是相互联系、相互促进的有机整体。社会主义核心价值体系是文化软实力的内核,和谐文化是文化软实力在各族人民中发挥凝聚功能的表现，草原文化是文化软实力在全国乃至世界民族文化之林中的自我定位，文化创新则涉及文化软实力在现代社会中产生影响力的经典方式。四项任务之间有着内在的逻辑联系，共同指向提高内蒙古文化软实力。①

---

① 赵峰：《提升国家软实力的文化战略新思路》，2007 年 11 月 12 日《学习时报》。

第八章　建设和谐内蒙古

和谐内蒙古是内蒙古走进前列的社会发展结果,也是内蒙古走进前列的社会建设过程。建设和谐内蒙古,要深刻把握中央关于构建和谐社会的重大战略思想,紧密结合内蒙古实际,着力保障和改善民生,以实现"五个有"为重点,扎实推进社会建设。

第一节　构建和谐社会的提出

2002 年 11 月,党的十六大提出了 21 世纪头 20 年全面建设小康社会的宏伟目标,"社会更加和谐"是全面小康"六个更加"重要目标之一。把社会和谐作为重要目标,这在党的历次代表大会的报告中是第一次。2004 年 9 月,党的十六届四中全会通过了《中共中央关于加强党的执政能力建设的决定》,把构建社会主义和谐社会作为党执政的重要目标更加明确地提出来,强调要把和谐社会建设摆在重要位置,形成全体人民各尽所能、各得其所而又和谐相处的社会。这表明,随着我国经济社会的不断发展,中国特色社会主义事业的总体布局更加明确地由社会主义经济建设、政治建设、文化建设三位一体发展为社会主义经济建设、政治建设、文化建设、社会建设四位一体。2005 年 2 月,中央举办了省部级主要领导干部提高构建社会主义和谐社会能力专题研讨班,胡锦涛总书记在研讨班上做了重要讲话,深刻阐明了构建社会主义和谐社会的重大意义、科学内涵、基本特征、重要原则和主要任务，明确提出，根据马克思主义基本原理和我国社会主义建设的实践经验，根据新世纪新阶段我国经济社会发展的新要求和我国社会出现的新趋势新特点，我们所要建设的社会主义和谐社会，应该是民主法治、公平正义、诚信友爱、充满活力、安定有序、人与自然和谐相处的社会。2006年10月，党的十六届六中全会通过了《中共中央关于构建社会主义和谐社会若干重大问题的决定》，这是党的历史上的第一个关于构建社会主义和谐社会的《决定》。《决定》明确了构建社会主义和谐社会的指导思想、目标任务和原则，强调社会和谐是中国特色社会主义的本质属性，是国家富强、民族振兴、人民幸福的重要保证，并全面部署了以解决人民群众最关心、最直接、最现实的利益问题为重点，着力发展社会事业、促进社会公平正义、建设和谐文化、完善社会管理、增强社会创造活力，走共同富裕道路，推动社会建设与经济建设、政治建设、文化建设协调发展的各项任务。

2007年10月，党的十七大报告第一次明确提出了加快推进以改善民生为重点的社会建设的重大任务，并强调社会建设与人民幸福安康息息相关，必须在经济发展的基础上，更加注重社会建设，着力保障和改善民生，推进社会体制改革，扩大公共服务，完善社会管理，促进社会公平正义，努力使全体人民学有所教、劳有所得、病有所医、老有所养、住有所居，推动建设和谐社会。提出这"五有"目标要求，是十七大报告的一大亮点，进一步明确了构建社会主义和谐社会的切入点和着力点。

第二节　建设和谐内蒙古

建设和谐内蒙古，就是以科学发展观为指导，以民主法治、公平正义、诚信友爱、充满活力、安定有序、人与自然和谐相处为总要求，以改善民生为重点，努力使各族人民学有所教、劳有所得、病有所医、老有所养、住有所居，以创新制度、健全体制机制为保障，促进社会和谐。

建设和谐内蒙古，要始终坚持以科学发展观为指导。科学发展和社会和谐是内在统一的。没有科学发展就没有社会和谐，没有社会和谐也难以实现科学发展。建设和谐内蒙古，既是社会建设的过程，也是社会发展的结果，是在发展的基础上正确处理各种社会矛盾的历史过程和社会结果。坚持科学发展与社会和谐的统一，就必须把发展作为第一要务。坚持把发展作为第一要务，立足于全面协调可持续发展，善于统筹兼顾，社会才能和谐发展；经济、政治、文化、社会全面发展，社会才能和谐发展；城乡、区域协调发展，国内发展与对外开放相协调，社会才能和谐发展；经济增长、资源节约、生态环境保护相协调，速度、结构、质量、效益相统一，社会才能和谐发展；用发展的办法解决前进中的问题，大力发展社会生产力，增加社会物质财富，才能为社会和谐创造雄厚的物质基础。坚持科学发展与社会和谐的统一，就必须以改善民生为重点。坚持以人为本，把各族人民的根本利益作为一切工作的出发点和落脚点，立足于人的全面发展和增强各族人民的综合素质，大力发展社会事业，促进社会公平正义，妥善协调利益关系，正确处理社会矛盾，着力解决各族人民群众最关心、最直接、最现实的利益问题，不断提高各族人民的生活水平和质量，才能逐步建设各族人民各尽所能、各得其所而又和谐相处的社会。

建设和谐内蒙古，要全面把握和谐社会的总要求。民主法治、公平正义、诚信友爱、充满活力、安定有序、人与自然和谐相处，既是构建和谐社会的总要求，也是社会主义和谐社会的基本特征。民主法治，就是社会主义民主得到充分发扬，依法治国基本方略得到切实落实，各方面积极因素得到广泛调动；公平正义，就是社会各方面的利益关系得到妥善协调，人民内部矛盾和其他社会矛盾得到正确处理,社会公平和正义得到切实维护和实现;诚信友爱,就是全社会互帮互助、诚实守信,各族人民平等友爱、融洽相处;充满活力,就是能够使一切有利于社会进步的创造愿望得到尊重,创造活动得到支持,创造才能得到发挥,创造成果得到肯定;安定有序,就是社会组织机制健全,社会管理完善,社会秩序良好,各族人民群众安居乐业,社会保持安定团结;人与自然和谐相处,就是生产发展,生活富裕,生态良好。

建设和谐内蒙古,要以创新制度、健全体制机制为保障。制度和体制机制是深入贯彻落实科学发展观、构建社会主义和谐社会的根本保证。建设和谐内蒙古是在科学发展的基础上正确处理各种社会矛盾的历史过程。内蒙古社会发展、社会管理中存在的诸多矛盾,只有在建设和谐内蒙古的过程中才能够解决。解决矛盾,不是抹杀矛盾、消灭矛盾,更不是掩盖矛盾,而是为矛盾提供新的运动形式。和谐成为矛盾的运动形式,乃至和谐社会的实现,从根本上说,是一系列制度条件和体制机制作用的结果。制度是社会成员共同遵守、按一定程序办事的行为准则,体制是使制度系统相互作用、得以实行的组织形式,机制是使制度系统相互作用、得以实行的动力因素。要把创新制度、健全体制机制贯穿到科学发展、社会和谐的各个环节,着力构建充满活力、富有效率、更加开放、有利于科学发展、社会和谐的体制机制,为妥善协调各方利益关系、正确处理各种社会矛盾创造条件,为深入贯彻落实科学发展观、构建社会主义和谐社会提供有力的制度和体制机制保障。

建设和谐内蒙古,要以民生为重点。"民惟邦本,本固邦宁"。民生问题是建设和谐内蒙古的根本问题,民生有保障,社会自和谐。要坚持发展为了人民、发展依靠人民、发展成果由人民共享,统筹城乡教育、科技、文化、卫生事业发展和社会保障,推进基本公共服务均等化,着力解决各族人民最关心、最直接、最现实的利益问题,实现各族人民学有所教、劳有所得、病有所医、老有所养、住有所居,坚持共同建设、共同享有,努力形成各族人民各尽其能、各得其所而又和谐相处的社会。

第三节　努力实现各族人民学有所教

教育是民族振兴的基石,教育公平是社会公平的重要基础。优先发展教育,实现教育公平,办好人民满意的教育,是构建和谐内蒙古的基础性工作,也是把内蒙古建设成为人力资源强区的战略性任务。"努力使全体人民学有所教",这是着眼于人的全面发展的很高的目标要求,也是着眼于不同层次教育需求的很全面的目标要求。努力实现各族人民学有所教,不仅要促进义务教育均衡发展,加快普及高中阶段教育,提高高等教育质量,而且要大力发展职业教育,重视学前教育,关心特殊教育,同时要重点发展民族教育,积极发展远程教育和继续教育,建设全民学习、终身学习的学习型社会。

内蒙古自治区成立 60 多年来,特别是改革开放 30 多年来,内蒙古教育事业得到长足发展,已基本形成从学前教育到高等教育、从普通教育到成人教育比较完整的、具有鲜明地区特点和民族特色的教育体系,少数民族群众受教育水平高于全区人口受教育平均水平(见表 8—1)。近两年来,内蒙古根据牧区学校生源少、农村村设学校设施差、教育质量低的实际,为整合教育资源、改善教育条件、提高农村牧区教育质量,全面调整了农村牧区教育布局,全部撤销牧区苏木镇、嘎查两级学校,全部撤销农村村设学校,根据农村牧区不同的人口密度,形成了牧区在旗所在地集中办学、农村在县和乡镇集中办学的格局。从 2007 年秋季开始,内蒙古在全国率先全部实施义务教育阶段"两免"政策,全区 260 多万义务教育阶段中小学生全部享受"两免"待遇。

同时，教育资源配置不均衡，受教育的机会不平等、过程不平等、结果不平等的现象仍然很严重，农村牧区学校布局调整以后教育费用明显增加，农牧民特别是牧民的教育负担依然比较重，需要切实解决调整学校布局、实行寄宿制后贫困家庭学生的住宿费和生活费问题，确保贫困家庭学生不因学校布局调整而辍学。城乡调查总队对内蒙古 31 个国家级扶贫开发工作重点旗县调查显示，2006 年内蒙古扶贫重点旗县用于学生年人均教育费用支出为 2336 元，比全国贫困地区平均水平高 1228.34 元。主要原因是近年来对农村牧区学校尤其小学进行合并，住校生增多，导致教育总费用增加。

表 8—1　内蒙古教育发展基本情况

单位：所、万人

项目 \ 年份	2000	2006	2007
高等学校数	18	36	36
在校大学生数	7.2	25.3	28.4
♯少数民族学生	1.60	6.94	8.57
每万人口在校大学生	30	106	118
普通中等学校	2218	1747	1640
♯中等专业学校	86	74	75
中等专业学校在校生	10.6	11.5	12.9
♯普通中学	1707	1484	1382
在校学生	130.7	155.2	148.0
♯职业中学	425	189	183
在校学生	20.8	13.6	15.1
小学	10147	4884	4177
在校学生	201.5	156.4	158.5
义务教育阶段学生	326	269	265

资料来源：《内蒙古统计年鉴》。注：2006 年，内蒙古少数民族每万人口在校大学生 134 人，民族中小学 1477 所，少数民族在校学生 43.55 万人。

努力实现各族人民学有所教,应从以下几个方面完善制度,健全体制机制。一是坚持育人为本、德育为先,实施素质教育,完善让所有农村牧区孩子与城里孩子平等受教育,特别是保障经济困难家庭、进城农牧民工子女无障碍、强制接受义务教育,进而完成高中阶段教育的制度。二是坚持深化高等教育教学改革,提高高等教育质量,注重增强学生的实践能力、创造能力和就业创业能力,完善提高高等教育质量、增强大学生就业创业能力的体制机制。三是坚持优先重点发展民族教育,扶持民族教育,完善鼓励少数民族学生同时学习本民族语言文字,资助所有少数民族学生接受系统国民教育的制度。四是高度重视职业教育,加快人力资源开发,把发展职业教育作为经济社会发展的重要基础和教育工作的战略重点,让职业教育真正成为面向全社会、面向人人的,"使无业者有业,使有业者乐业"的教育,特别是大力发展农村牧区职业教育,建立农牧民接受职业技术教育培训的制度和机制,努力使全体劳动者人人有知识、个个有技能,使能人有能力自谋职业、自主创业。五是坚持优化教育资源配置,加强教师队伍建设,重点提高农村牧区教师素质,促进教育信息化,切实提高教育质量,改进教育质量评价方法,完善教师既教书又育人的制度和机制。六是坚持教育公益性质,加大公共财政对教育的投入力度,规范教育收费,明确政府提供公共教育服务的职责,建立保证财政性教育经费增长幅度明显高于财政经常性收入增长幅度的制度。

第四节　努力实现各族人民劳有所得

劳有所得是社会和谐的基本条件,是各族人民群众生存发展的基本前提。努力实现各族人民劳有所得,不断提高各族人民群众的生活水平,是内蒙古一切工作的出发点和落脚点,是构建和谐内蒙古的根本。就业、收入分配和社会保障是民生的三大支柱。努力实现各族人民劳有所得，要实施扩大就业的发展战略，促进以创业带动就业，深化收入分配制度改革，切实增加城乡居民收入。

一、实施扩大就业的发展战略

就业是民生之本。就业是社会成员获得一份工作、拥有一份收入，使就业者及其亲属能够过上正常生活的重要条件，是缓解贫富差距、消除贫困现象的有效途径，是就业者后代健康成长的重要保证。充分就业有助于提高社会整合程度，有助于实现经济发展的根本目的。是不是以充分就业作为经济发展的重要目标，是不是基本实现充分就业，是检验一个地区是不是坚持科学发展、和谐发展的主要标准。

近些年来，与其他省区市相比，内蒙古经济增长速度最快，人口也相对较少，但经济高增长并没有带来劳动者高就业，就业状况没有大的改观。2000 年，内蒙古第一、二、三产业从业人员构成为 52.20%、17.10% 和 30.70%，2007 年三大产业从业人员构成为 52.64%、16.98% 和 30.38%。2007 年与 2000 年相比，第一产业从业人员比例提高了 0.44 个百分点，第二产业从业人员比例下降了 0.12 个百分点，第三产业从业人员比例下降了 0.32 个百分点。内蒙古两个年份三大产业的从业人员构成表明，"十五"以来的 7 年间，产业结构实现大幅调整，却没有带动就业构成的相应调整。第一产业从业人员比例不但没有减少，反而增加了，占 52.64% 的劳动者仍然靠农牧业谋生，这个比例比全国平均水平高 11.84 个百分点，居全国第 25 位。第二产业超常速增长，占 GDP 比重由 37.9% 提高到 51.8%，从业人员比例反而下降了 0.12 个百分点，第二产业只吸纳了 16.98% 的从业人员，这个比例比全国平均水平低 9.82 个百分点，居全国第 25 位。第三产业从业人员比例也比全国平均水平低 2.02 个百分点。内蒙古城镇登记失业率由 2000 年的 3.34％提高到 2007 年的 4.0％。

内蒙古的就业状况表明，离基本实现充分就业还有很大的差距。究其原因，可以列举很多条，但最根本的原因是没有把充分就业作为经济发展的重要目标。努力实现各族人民劳有所得，就应实施扩大就业的发展战略，把充分就业作为经济发展的主要目标，促进以创业带动就业，基本实现充分就业。

实施扩大就业的发展战略，就要千方百计为就业者提供就业机会。应立足于基本实现充分就业，调整产业结构，在发展资本技术密集型产业的同时，大力发展劳动密集型产业、大力发展服务业；优化所有制结构，大力发展个体私营等非公有制经济；改善企业结构，大力发展中小企业；改造产业业态，提高产业集中度，延长产业链，大力发展产业集群，从而创造更多的就业岗位，为就业者提供更多的就业机会。

实施扩大就业的发展战略，就要切实增强城镇吸纳就业的能力。应统筹城乡发展，提高城镇综合承载能力，增强城镇产业支撑，完善市场就业机制，加快推进户籍制度改革和劳动就业制度改革，完善人员流动政策，建立统一规范的人力资源市场，形成城乡劳动者平等就业的制度；规范发展就业服务机构，改进城镇管理，增加城镇就业率，促进农村牧区富余劳动力转移就业；完善面向所有困难群众的就业援助制度，及时帮助零就业家庭解决就业困难，并积极做好高校毕业生就业工作。

实施扩大就业的发展战略，就要切实增强就业者的就业能力。就业的本质是社会对就业者素质的需要和认可。因此，就业者是否具备社会需要和认可的素质、是否具备适应就业岗位的能力，便成了就业的重要因素。提高就业者素质和能力是政府履行公共服务职能的重要方面甚至是主要方面。要建立健全面向全体劳动者的职业教育培训制度,提高全体劳动者的职业技能、就业能力和创业能力,加强对就业者特别是农村牧区富余劳动力的转移就业培训,转变就业观念,树立创业理念,切实提高就业者的就业能力和创业者的创业能力。

实施扩大就业的发展战略,就要促进以创业带动就业。从经济意义上讲,创业是组合劳动、资本、技术、管理等生产要素进行生产经营性活动,就业是提供劳动要素参与组合进行生产活动。而发展经济,从本质上讲,就是激活生产要素,使其相互结合、优化组合,共同创造财富。创业者是生产要素的组合者,就业者是生产要素的提供者。因此,创业者越多,生产要素的组合就越丰富、越活跃,经济发展也就越有活力;创业者越多、越成功,带来的就业机会就越多,带动就业就越有力。以创业带动就业,就要完善支持自主创业、自谋职业政策,使更多劳动者成为创业者。应努力营造鼓励劳动者干事业、支持劳动者干成事业的创业环境,减少创业手续,减免税费负担,降低准入门槛,减轻行业垄断,以降低创业成本;应切实完善创业融资环境,加大创业能力培训,以增强对创业的服务。①

专栏 8—1

就业弹性指数与政府责任

扩大就业说到底要靠经济增长。就业弹性是指经济增长每变化 1 个百分点所对应的就业数量变化的百分比。20 世纪 80 年代,我国 GDP 每增长 1 个百分点,可增加 200 多万个就业岗位,到 90 年代只能增加 80 万个岗位。一般来说,按照

---

① 《人民日报》,2006 年 8 月 21 日。

资本有机构成提高的规律,就业弹性从长期看必然呈现下降趋势。但就业弹性是可调节的,其变化主要取决于经济结构和劳动力成本等因素。如果中小企业、服务业等劳动密集型经济所占比例较大,资本比例较低,就业弹性就较高。而经济结构的变化又与政府的经济政策导向密切相关。近年来,我国正处于经济结构大幅调整时期,新兴产业快速崛起,新技术和资本发挥的作用越来越大,传统产业创造的岗位越来越少,就业弹性下降成为趋势,就业形势仍然比较严峻。在这种情况下,无疑要特别注意实行更加有利于扩大就业的发展战略,实现经济增长与扩大就业的良性互动,包括优化产业结构、所有制结构、企业结构,增强对就业的拉动作用。

扩大就业政府要承担起更大的责任。市场经济条件下,减员增效是企业的内在要求,企业在经营状况良好时通常会创造新的岗位,但企业也有可能为了提高竞争力,即使在效益增长时还减少劳动力,这都无可厚非。政府则不然,随着政府职能的转换,政府对一些具体经济行为不宜管得太多,而主要在于提供一个公平、公正的环境。就业环境恰恰是最需要完善的。政府应把就业放在更重要的位置,不论是招商引资还是结构调整,甚至在日常的城市管理中,都要把吸纳就业摆在重要位置,统筹兼顾,在谋求经济快速稳定增长的同时,让就业增速也"快"起来。(根据 2006 年 7 月 18 日《人民日报》白天亮的文章《期待高增长下的高就业》改编)

二、建立合理的收入分配制度

努力实现各族人民劳有所得,应深化收入分配制度改革,建立健全合理的收入分配制度和机制。合理的收入分配制度是社会公平的重要体现,是劳有所得的重要保障,是建设和谐内蒙古的一项重要制度。

一是建立健全城乡居民收入增长机制。改革开放以来特别是"十五"以来，随着经济快速增长，内蒙古城乡居民收入得到显著提高，城镇居民人均可支配收入由 2000 年的 5129 元增加到 2007 年的 12378 元，农村牧区居民人均纯收入由 2000 年的 2038 元增加到 2007 年的 3953 元。但内蒙古城乡居民收入增加与经济增长不协调，经济超常速增长并没有带来人均收入大幅度增加，城镇居民人均可支配收入与全国平均水平的差距由 2000 年的 1151 元扩大到 2007 年的 1408 元，2007 年农村牧区居民人均纯收入仍比全国平均水平低 187 元，城乡居民收入之比达到 3.13∶1。城乡居民收入增加与经济增长不协调，其原因是多方面的，其中关键的一条与干部政绩评价机制有关，干部政绩考核没有把增加城乡居民收入、提高各族人民生活水平放在首要位置。努力实现各族人民劳有所得，实实在在地提高城乡居民收入，必须从改革干部政绩考核制度入手，建立健全城乡居民收入增长机制。

二是建立健全合理的国民收入分配制度。"逐步提高居民收入在国民收入分配中的比重，提高劳动报酬在初次分配中的比重"，这提高"两个比重"是党的十七大提出的重要论断和重大工作部署。国民收入指的是国民经济各个生产部门在一定时期内新创造的价值的总和。从总体上讲，国民收入分配体现为企业利润、政府财政收入、居民收入，国民收入分配比重就是三者的比例关系。2007 年与 2000 年相比，内蒙古规模以上工业企业利润由 16.10 亿元增加到 641.99 亿元，增长了 38.9 倍；财政总收入由 155.59 亿元增加到 1018.14 亿元，增长了 5.54 倍；而城镇居民人均可支配收入由 5129 元增加到 12378 元，只增长了 1.41 倍；农村牧区居民人均纯收入由 2038 元增加到 3953 元，仅仅增长了 0.94 倍。由内蒙古企业利润、财政收入和居民收入增长情况,可见经济社会发展中国民收入分配不合理可见一斑;也可见党的十七大提出提高"两个比重"决策的英明伟大。努力实现各族人民劳有所得,实实在在地提高城乡居民收入,必须建立健全合理的国民收入分配制度,着力提高低收入者收入,提高贫困标准和最低工资标准,建立企业职工工资正常增长机制和支付保障机制,特别是国有企业及国有控股企业应建立工资集体协商机制、职工工资增长机制——企业职工工资水平与经济效益保持合理比例;工资倍增计划——确定五年职工工资每年递增比例。要推进产权制度创新,包括农村牧区土地、草原管理制度创新,努力创造条件,让更多群众拥有财产性收入。

第五节　努力实现各族人民病有所医

健康是人全面发展的基础。医药卫生事业关系各族人民的健康,关系千家万户的幸福,是重大民生问题。人人享有基本医疗卫生服务,是全面建设小康社会奋斗目标的新要求之一。人人享有就是公平享有,任何公民,无论民族、年龄、性别、职业、地域、支付能力等,都享有同等权利。基本医疗卫生服务,指的是与我国社会主义初级阶段经济社会发展水平相适应的,国家、社会、个人能够负担得起的,投入低、效果好的医疗卫生服务。基本医疗卫生服务,既包括疾病预防控制、计划免疫、健康教育、卫生监督、妇幼保健、精神卫生、应急救治、采供血服务以及食品安全、职业病防治和安全饮用水等公共卫生服务,也包括采用基本药物、使用适宜技术、按照规范诊疗程序提供的急慢性疾病的诊断、治疗和康复等医疗服务。努力实现各族人民病有所医,就要坚持以人为本,把维护各族人民健康权益放在第一位,以人人享有基本医疗卫生服务为根本出发点和落脚点,把基本医疗卫生制度作为公共产品向各族人民提供,让各族人民都享有基本医疗卫生服务,努力使群众少生病、看得起病、治好病。因此,要坚持公共医疗卫生的公益性质,坚持预防为主、以农村牧区为重点、中西医并重、扶持蒙医事业发展的方针,强化政府责任和投入,建设覆盖城乡居民的公共卫生服务体系、医疗服务体系、医疗保障体系、药品供应保障体系,形成四位一体的基本医疗卫生制度,为各族人民群众提供安全、有效、方便、价廉的医疗卫生服务。

改革开放以来,内蒙古医药卫生事业得到较快发展。城乡医疗卫生服务体系建设不断推进,公共卫生服务能力明显增强,新型农村牧区合作医疗制度全面推开,蒙医药事业稳步发展,各族人民群众的健康水平有了较大提高。2007 年,内蒙古有卫生机构 7853 个,其中医院、卫生院 1815 个,乡镇卫生院 1317 个;疾病预防控制机构 140 个,妇幼保健所、站 114 个;医院、卫生院拥有床位 7.4 万张,其中乡镇卫生院 1.31 万张;卫生技术人员 10.58 万人;每万人口卫生机构床位 30.8 张,每万人口拥有医生 20 人。2003 年 12 月,内蒙古在全区范围启动新型农村牧区合作医疗制度,到 2007 年年底,全区参合人数达到 1126.78 万人,参合率为 84.38%。目前在有农牧业人口的 95 个旗县市区全面推开,100% 覆盖了农牧业人口,比国家目标要求提前 1 年实现了全覆盖。内蒙古城市社区卫生服务工作起步于 1997 年,到 2008 年,全区社区卫生服务机构达到 1034 个,覆盖城镇人口 823 万人,占应覆盖人口的 80%。

同时,内蒙古医药卫生事业发展水平与各族人民群众的健康需求和经济社会协调发展的要求相比还有较大差距,城乡、区域之间医疗卫生事业发展不平衡,资源配置不合理,公共卫生和农村牧区卫生工作比较薄弱,医疗保障制度不健全,覆盖面过小、受益率偏低,看病难、看病贵仍然是群众反映强烈的突出问题。内蒙古居民平均期望寿命由自治区成立前的 35 岁上升到

2006 年的 70.7 岁,但仍比 2005 年全国居民平均期望寿命 73.0 岁低 2.3 岁;孕产妇死亡率从自治区成立前的约 2000/10 万下降到 2006 年的 49.7/10 万,但仍比 2007 年全国孕产妇死亡率 36.6/10 万高 13.1 个 10 万点;婴儿死亡率从自治区成立前的 430‰下降到 2006 年的 16.9‰,但仍比 2007 年全国婴儿死亡率 15.3‰高 1.6‰。

努力实现各族人民病有所医,要加快推进覆盖城乡居民的基本医疗保障制度建设。坚持广覆盖、多层次、保基本、可持续的原则,加快建立和完善以基本医疗保障为主体、其他多种形式补充医疗保险和商业健康保险为补充,把全体城乡居民纳入基本医疗保障体系。建立和完善由城镇职工基本医疗保险、城镇居民基本医疗保险、新型农村牧区合作医疗和城乡医疗救助组成的基本医疗保障体系,分别覆盖城镇就业人口、城镇非就业人口、农村牧区人口和城乡困难人群。以提高住院和门诊大病保障为重点,逐步向门诊小病延伸,不断提高筹资和保障水平。

努力实现各族人民病有所医,要加快推进覆盖城乡居民的医疗服务体系建设。坚持非营利性医疗机构为主体、营利性医疗机构为补充,公立医疗机构为主导、非公立医疗机构共同发展的办医原则,建设结构合理、覆盖城乡的医疗服务体系。健全旗县医院为龙头、苏木乡镇卫生院和嘎查村卫生室为基础的农村牧区三级医疗卫生服务网络和以社区卫生服务中心为主体的城市社区卫生服务网络,方便群众看病就医。农村牧区是医疗卫生工作的重点,也是医疗卫生工作的薄弱环节。要加大财政投入,加快农村牧区医疗卫生基础设施和能力建设,大力改善农村牧区医疗卫生条件。要加强农村牧区和城市社区医疗卫生人才队伍建设,特别是全科医生的培养培训,着力提高基层医疗卫生机构服务水平和质量。要充分发挥蒙医药在医疗卫生服务中的作用,制定扶持蒙医药发展政策,促进蒙医药继承和创新。

努力实现各族人民病有所医，要加快推进覆盖城乡居民的公共卫生服务体系。建立健全疾病预防控制、健康教育、妇幼保健、精神卫生、应急救治、采供血、卫生监督和计划生育等专业公共卫生服务网络，完善以基层医疗卫生服务网络为基础的医疗服务体系，建立分工明确、信息互通、资源共享、协调互动的公共卫生服务体系，提高公共卫生服务和突发公共卫生事件应急处置能力，促进城乡居民逐步享有均等化的基本公共卫生服务。基本公共卫生服务逐步均等化是指保证全体城乡居民都能够免费或只需少量付费就可获得安全、有效、方便的基本公共卫生服务，其目的在于加强疾病预防控制，努力使居民少得病或不得病。实现基本公共卫生服务均等化是一个较长期的任务，目前在公共卫生服务范围内应选择最基本的公共卫生服务项目，按项目向城乡居民免费提供服务。促进基本公共卫生服务逐步均等化，要加强专业公共卫生服务机构建设，落实公共卫生服务责任，保障公共卫生服务经费，加强管理、改善服务。

努力实现各族人民病有所医，要加快推进公立医院改革试点。公立医院改革是深化医药卫生体制改革的重要内容。推进公立医院改革试点，一是改革公立医院管理体制、运行机制和监管机制，积极探索政事分开、管办分开的有效形式；二是推进补偿机制改革，逐步取消药品加成，积极探索医药分开的多种有效形式；三是加快形成多元化办医格局，积极稳妥推进部分公立医院专制，鼓励民营资本举办非营利性医院。通过改革，使公立医院切实履行公共服务职能，规范医疗服务行为，调动医务人员积极性，提高医疗服务效率和质量，为人民群众提供安全、有效、方便、价廉、满意的医疗服务。另外，还要建立基本药物制度，保证群众用药安全，减轻群众基本用药费用负担，规范用药行为，满足群众基本用药需求。

专栏 8—2

什么是基本医疗卫生制度

基本医疗卫生制度,就是由政府统一组织、向居民公平提供公共卫生和基本医疗服务的健康保障制度。其主要内容和形式是:以公共财政为主要资金渠道,以公共卫生机构、城市社区卫生和农村卫生机构为主要服务载体,以基本药物和适宜医疗技术为手段,以居民公平享有为目标,向城乡居民免费提供公共卫生服务,通过合理收费提供基本医疗服务。(资料来源:《理论热点面对面 2008》)

总之,努力实现各族人民病有所医,要加快推进覆盖城乡居民的公共卫生服务体系、医疗服务体系、医疗保障体系、药品供应保障体系。这四大体系是覆盖城乡居民的基本医疗卫生制度的核心,四大体系之间是密切联系、相辅相成的,只有配套建设、协调发展,才能建立健全覆盖城乡居民的基本医疗卫生制度,为群众提供安全、有效、方便、价廉的医疗卫生服务,实现人人享有基本医疗卫生服务的目标。

第六节　努力实现各族人民老有所养

实现各族人民老有所养,需要加快建立覆盖城乡居民的社会保障制度,完善社会保障体系。社会保障制度是指国家和社会对生活困难的社会成员予以物质帮助,保障其基本生活的制度和措施。社会保障是生产力发展到一定阶段的产物,是社会进步的一个重要标志。19 世纪 80 年代,世界上第一个完整的社会保障制度在德国建立。经过 100 多年的发展,它已成为现代国家的一项不可或缺的社会经济制度。建立社会保障制度，完善社会保障体系，对于保障人民群众基本生活，保持社会安定，促进经济社会全面协调可持续发展，有着不可替代的重要作用。一是保障人民群众在年老、失业、患病、工伤、生育时的基本收入和基本医疗不受影响，使无收入、低收入以及遭受各种意外伤害的人民群众有生活来源，满足他们的基本生存需求，解除他们的后顾之忧，为各族人民群众筑起一道"安全网"。二是通过调节中高收入群体的部分收入，提高最低收入群体的保障标准，发挥收入再分配的功能，在一定程度上缩小不同社会成员之间的收入差距，使其保持在一个适度的水平，从而发挥"平衡器"作用。三是完善的社会保障制度，既有利于提高劳动者自身素质，在一定程度上激发经济活力，推动经济更快地发展，又可以避免社会消费的过度膨胀，平衡社会供需总量，有利于防止经济发展出现波动，从而发挥"助推器"作用。四是完善的社会保障制度，能为劳动者建立各种风险保障措施，帮助他们消除和抵御各种市场风险，避免因生活缺乏基本保障而引发一系列矛盾，从而发挥"稳定器"作用。

胡锦涛总书记在党的十六届六中全会上指出，建立健全同经济发展水平相适应的社会保障体系，是保障人民群众生活的现实需要，也是推进改革发展、保持社会和谐稳定的必然要求。党的十七大报告进一步强调，加快建立覆盖城乡居民的社会保障体系，保障人民基本生活。社会保障与人民幸福安康息息相关，要把人人享有基本生活保障作为优先目标，坚持效率与公平、统一性与灵活性相结合，立足当前、着眼长远，统筹城乡、整体设计，分步实施、配套推进，积极而为、量力而行，逐步将各类人员纳入社会保障覆盖范围，实现城乡统筹和应保尽保。实现各族人民老有所养，要紧密结合内蒙古实际，坚持广覆盖、保基本、多层次、可持续的方针，以社会保险、社会救助、社会福利为基础,以基本养老、基本医疗、最低生活保障制度为重点,以慈善事业、商业保险为补充,加快建立覆盖城乡居民的社会保障体系。

近年来,内蒙古按照中央关于社会保障工作的一系列方针政策,逐步建立了基本养老、医疗、失业、工伤和生育保险等社会保险体系框架,社会保险制度不断完善,保障水平有了稳步提高。在基本养老、医疗、失业、工伤和生育保险方面,到 2007 年,内蒙古参加基本养老保险人数为 371 万人,参加基本养老保险离退休人数为 97 万人,参加失业保险人数为 224 万人,参加基本医疗保险人数为 353 万人,参加农村牧区社会养老保险人数为 56 万人,参加工伤保险人数为 163.8 万人(2008 年 4 月),参加生育保险人数为 140.5 万人(2008 年 4 月)。同时,社会保障覆盖面窄、社会化程度差,统筹层次低、共济功能弱,地方财政投入不足、支撑能力不强,基金管理不规范、不安全,管理服务的质量和水平需要提高等问题比较突出。

专栏 8—3

我国社会保障制度的四项重要内容

社会保险,是社会保障的核心内容,是指国家通过立法,多渠道筹集资金,在劳动者暂时或者永久丧失劳动能力以及其他原因中断工作,没有经济收入或者劳动收入较少时,给予经济补助,使他们能够享有基本生活条件的一项社会保障制度。主要由养老保险、失业保险、医疗保险、工伤保险和生育保险五个方面构成。

社会救助,是对因各种原因造成生活困难,不能维持最低生活水平的社会成员,由国家和社会给予一定的物质援助的制度。主要包括最低生活保障、农村五保供养、特困户救助、

灾民救助、城市生活无着落的流浪乞讨人员救助等。

社会福利，广义上是指国家为改善和提高全体社会成员的物质生活和精神生活所提供的福利津贴、福利设施和社会服务的总称；狭义上是指国家向老人、儿童、残疾人等社会中需要给予特殊关心的人群提供的必要的生活保障。

慈善事业，是私人或社会团体基于慈悲、同情和救助等观念，为灾民、贫民以及其他生活困难者举办的施舍、救助活动的统称。慈善活动的对象、范围、标准和项目由施舍者确定。

（资料来源：《理论热点面对面 2007》）

加快建立覆盖城乡居民的社会保障体系，就要不断完善社会保险制度，扩大养老、医疗、失业、工伤、生育保险的覆盖范围，促进企业、机关、事业单位基本养老保险制度改革，积极探索建立多种形式的农村牧区养老保险制度；全面推进城镇职工基本医疗保险、城镇居民基本医疗保险、新型农村牧区合作医疗制度建设；不断完善失业、工伤、生育保险制度；建立进城农牧民工社会保障制度，加快解决进城农牧民工子女上学、工伤、医疗和养老保障等问题。2007 年 7 月，国务院启动了城镇居民基本医疗保险试点，并将在 3 年内全面推开，2 亿多城镇中小学阶段的学生、少年儿童和其他非从业城镇居民将享受大病医疗保险。内蒙古在呼和浩特市、包头市、鄂尔多斯市、乌海市和阿拉善盟及 49 个旗县启动了试点工作，参保居民达到 200 万人。

加快建立覆盖城乡居民的社会保障体系，就要不断完善社会救助制度，健全社会救助体系，保障和改善困难群体的基本生活。实施社会救助，要完善农村牧区五保供养、农村牧区特困户救助、灾民救助、城市生活无着落的流浪乞讨人员救助等制度，逐步健全社会救助体系。城乡低保和受灾群众是社会救助的主要对象。要建立城乡居民最低生活保障制度,逐步提高保障水平。我国从1993年开始搞城市最低生活保障制度试点工作,1999年覆盖全国城镇。农村最低生活保障制度试点从1994年开始并逐步推开,2007年中央决定在全国范围建立农村最低生活保障制度。目前,我国城乡低保人数共6619万人,其中绝对贫困人数有1400多万人。2005年,内蒙古纳入城镇居民最低生活保障的人口为70万人,发放保障金6.7亿元。2007年,城镇居民最低生活保障人数增加到80.1万人。2006年,内蒙古开始建立农村牧区居民最低生活保障制度,享受低保的农村牧区特困群众42.75万人,发放低保金1.69亿元,人均年救助397元。2007年,农村牧区居民最低生活保障人数增加到90.6万人,农村牧区五保户供养人数为8.8万人。实施社会救助,必须从保障困难群体的基本生活需求出发,适度扩大救助范围,落实应保尽保,不断加大救助力度,努力改善他们的生活。

加快建立覆盖城乡居民的社会保障体系,就要积极推进社会福利事业,着力改善和提高特殊群体的供养水平。特殊群体是社会福利的重点保障对象,主要包括高龄老年人、农村"五保"对象、城市"三无"人员和孤儿。目前,我国60岁以上老人已近1.6亿人,残疾人近8300万人。2005年,内蒙古农村牧区"五保"集中供养率达到20.7%。积极推进社会福利事业,要不断完善社会福利制度,发扬人道主义精神,发展残疾人事业,保障残疾人合法权益;增强全社会慈善意识,发展慈善事业,完善社会捐赠免税减税政策;发挥商业保险在健全社会保障体系中的重要作用。积极推进社会福利事业,要发展以扶老、助残、救孤、济困、赈灾为重点的社会福利事业,采取资金补助与福利服务相结合的方式,向适度普惠方向发展,使特殊群体切实分享到改革发展的成果;积极推行民办公助、公办民营等多样化发展模式,努力建立服务对象公众化、服务主体多元化、服务内容多层次的社会福利发展新格局。

第七节　努力实现各族人民住有所居

住房问题是涉及千家万户切身利益的问题。住房是体现各族人民群众居住权的核心产品，是满足人们生活需求的最基本的产品。重点解决好广大中低收入者的住房问题，保证人人有房住，政府责无旁贷。党的十七大提出，健全廉租住房制度，加快解决城市低收入家庭住房困难，并将其纳入以改善民生为重点的社会建设问题，充分体现了党和国家对低收入家庭住房问题的高度重视和加快解决低收入家庭住房困难的坚定决心。2007 年 8 月，国务院发布《关于解决城市低收入家庭住房困难的若干意见》，明确要求进一步建立健全城镇廉租住房制度，改进和规范经济适用住房制度，合理确定廉租住房保障对象和保障标准，2007 年年底前所有设区的城市要基本做到应保尽保，2008 年年底前所有县城要基本做到应保尽保。实施廉租住房保障，主要通过发放租赁补贴，增强城市低收入住房困难家庭承租住房的能力。经济适用住房是指政府提供政策优惠，限定套型面积和销售价格，按照合理标准建设，面向城市低收入住房困难家庭供应，具有保障性质的政策性住房。廉租住房制度和经济适用住房制度是我国住房保障体系的重要组成部分，是解决城市低收入家庭住房困难的主要途径。

内蒙古提出要切实解决城市低收入家庭住房困难问题，对城市人均住房建筑面积不足 13 平方米和旗县城区人均住房建筑面积不足 8 平方米的低保家庭要做到应保尽保，逐步扩大廉租住房保障范围。要拓宽资金筹集渠道，加快廉租住房建设，规范和加强经济适用房建设，逐步解决城镇低收入家庭住房困难。截至 2008 年 6 月底，内蒙古经济适用住房竣工面积达到 54.2 万平方米，累计 6657 套。符合廉租住房保障条件的家庭有

9.71万户,已经享受廉租住房保障的家庭7.34万户,占应保家庭的76.48%。

努力实现各族人民住有所居,要从构建和谐内蒙古的战略高度认识住房问题,把解决城镇低收入家庭住房困难和改善农村牧区贫困家庭住房条件,作为维护各族人民群众切身利益的重要工作,作为政府公共服务的一项重要职责,努力构建多层次的住房保障体系。力争到"十一五"期末,使城镇低收入家庭住房条件得到明显改善,使农民工和农村牧区贫困家庭住房条件得到切实改善。

努力实现各族人民住有所居,要进一步建立健全城镇廉租住房制度,逐步扩大廉租住房制度的保障范围,合理确定廉租住房保障对象和保障标准,健全廉租住房保障方式,多渠道增加廉租住房房源,确保廉租住房保障资金来源;要改进和规范经济适用住房制度,规范经济适用住房供应对象,合理确定经济适用住房标准,严格经济适用住房上市交易管理,加强单位集资合作建房管理;要逐步改善其他住房困难群众的居住条件,积极推进旧住宅区综合治理,多渠道改善农牧民工居住条件。

努力实现各族人民住有所居,要切实改善农村牧区贫困家庭住房条件。党的十七大提出的"住有所居"是"努力使全体人民住有所居",必须把切实改善农村牧区贫困家庭住房条件纳入解决"住有所居"范围。2007年,为帮助兴安盟先期改造1万户危草房,内蒙古财政下拨专项资金6000万元,自治区区直属各机关为每个特困户帮扶5000元,当年帮助改造危草房8370户,圆了兴安盟贫困户几代人的新房梦。从总体上看,内蒙古农牧民住房状况堪忧,与全国平均水平的差距越拉越大。根据内蒙古城乡调查总队的调查,2006年,内蒙古城镇居民人均住房面积达到26.56平方米,农村牧区居民人均住房面积达到20.1平方米。2006年,全国城市居民人均住房面积为27.1平方米,农村人均住房面积为 30.7 平方米。1996—2005 年的 10 年间，内蒙古农牧民收入增长了 86.7％，在全国各省区市的排名上升到第 17 位，但农牧民的居住状况并没有随着收入的增加而得到更多的改善。10 年来，内蒙古农牧民的住房质量一直处于全国最低水平，并且与全国平均水平的差距越来越大。"十五"末的 2005 年，内蒙古农牧民人均住房面积为 19.65 平方米，比全国平均水平 29.68 平方米低 10 平方米，居全国各省区市排名倒数第 4 位，稍高于西藏、青海、甘肃三个省份。从房屋建筑结构看，人均钢筋混凝土结构面积为 0.15 平方米，比全国平均水平低 11 平方米，居全国各省区市倒数第 1 位；人均砖木结构面积 11.79 平方米，比全国平均水平低 2.33 平方米。从住房价值看，内蒙古农牧民每平方米住房价值为 167.29 元，比全国平均水平低 100.47 元，居全国各省区市倒数第 4 位，比邻近省份河北的 294.58 元、山西的 276.95 元、黑龙江的 331.97 元、吉林的 270.28 元、辽宁的 343.42 元分别低 43.21％、39.6％、49.6％、38.1％、51.29％，只高于新疆、青海、贵州三个省份（见表 8—2）。

表 8—2　全国、内蒙古农村居民家庭住房情况

单位：平方米/人、元/平方米

年份 项目	2000		2005		2007	
	全国	内蒙古	全国	内蒙古	全国	内蒙古
城镇人均住房面积	20.3	15.54	26.1	26.09	—	28.88
农村人均住房面积	24.82	17.0	29.68	19.7	31.6	21.0
农村人均砖木结构面积	13.61	8.42	14.12	11.79	14.79	13.21
农村人均钢筋混凝土结构面积	6.15	0.05	11.17	0.15	12.55	0.14
农村住房价值	187.41	123.76	267.76	167.29	313.59	202.59

资料来源：《中国统计年鉴》、《内蒙古统计年鉴》。

　　2007 年，内蒙古农村人均住房面积居全国倒数第 3 位，略

高于甘肃、青海；农村人均住房钢筋混凝土结构面积居全国倒数第1位；农村人均住房面积价值居全国第23位。这些都充分说明，内蒙古农牧民住房状况包括面积、质量、价值，均处于全国后列。以农牧民住房状况处于后列，而说走进前列，同样是难以想象的。"小康不小康，关键看住房。"农牧民住房状况是农牧民生活水平和生活质量提高的重要标志，努力实现各族人民住有所居，必须帮助改善农牧民特别是贫困农牧民的居住条件。

和谐社会是全体人民共同建设、共同享有的社会。和谐内蒙古要靠内蒙古各族人民共同建设，既要紧紧依靠各族人民，调动一切积极因素共同建设，又要努力使各族人民学有所教、劳有所得、病有所医、老有所养、住有所居，让发展成果共同享有，真正形成社会和谐人人有责、和谐社会人人共享的生动局面。

本书开篇的一段话是"骏马是草原的精灵。在21世纪最初的几年，从北方草原跑来一匹黑马。"有史以来，马是草原的灵魂，马是草原的精灵。草原不能没有马，没有马的草原不是真正的草原。

周恩来总理曾经形容内蒙古的地图像一匹奔腾的骏马。今天的内蒙古草原是万马奔腾的草原。万马奔腾必有一马当先，一马当先才有万马奔腾。在阳光普照的蓝天白云下，一望无际的绿色大草原上，一马当先，万马奔腾。这是生机与活力的象征，是和谐与美丽的画卷，是内蒙古走进前列的写照。

20世纪50年代，一首《草原晨曲》唱遍草原，唱响全国。"我们像双翼的神马，飞驰在草原上，啊哈嗨咿，草原万里滚绿浪，水肥牛羊壮。啊哈嗨咿，为了远大理想，像燕子似的飞向远方。"人们有理由坚信，今后，内蒙古依然像双翼的神马，舞动科学发展、和谐发展的双翼，将飞得更高、更快、更远，飞向万马奔腾的前列！

后 记

我思考着草原,广阔无垠的草原,是我永不磨灭的记忆。草原上的人们,我的父老乡亲,他们是我永远炽热的爱。祖国,这个伟大的国度使我认识了人生的意义。我,一个牧民的儿子,辽阔的阿拉善教我走向这丰富多彩的新时代。共产党,我人生的向导,把我领进了思考的殿堂。科学发展观,前行的旗帜,使我的思考有了灵魂。

我把思考作为礼物,原本要献给草原的生日——2007年内蒙古自治区成立60周年。因此,我将2000—2007年作为本书分析研究时段。这样的选择反而决定了这本书直到现在才得以出书(刊载2007年法定数据的2008年度统计年鉴到2008年年末才出版),又恰逢一个伟大的历史时刻——祖国母亲的60华诞。现在,就把我心血的凝聚,一并献给我的草原、献给我的祖国!

我把思考看做是时代对我的恩赐。撰写本书的过程中,我参阅了有关专家学者的著作论文,参考或引用了他们的观点,有的在书中标明了出处,有的可能疏漏了,在此,谨向作者致以诚挚的谢意。

我很幸运。我非常敬重的著名经济学家、全国政协经济委员会副主任郑新立,欣然为我的拙著作序。在此衷心感谢郑主任给予我那么多热烈的鼓励和热情的支持。

我要感谢中央政策研究室薛宝生、人民出版社胡元梓对书稿的修改和出版给予的悉心指导和支持。

　　我要感谢内蒙古统计局的史润林、李力、张晶和有关同志，他们帮我核算了很多数据，为我的分析研究提供了方便。有关厅局的领导和同志们为我提供了统计年鉴上没有的专业数据和资料，许多同志朋友一直关心和支持我写这本书，在此向他们一并致谢。

　　我要特别表达对在撰写本书期间故去的我敬爱的母亲阿优尔扎娜的怀念和感谢，老人家以93岁高龄嘱咐她的儿子，要写好书，为百姓、为社会做好事。我要特别感谢我的爱人乌云，是她全力支持我写这本书，独自承担家庭重担，为我的工作学习和生活提供一切方便，使我专心致志地投入研究和写作。我的孩子麦俪思、乌特哈，他们以儿女特有的方式爱护我、支持我、帮助我、照顾我，使我精神愉快地投入研究和写作。正是由于他们的爱和支持，我才顺利完成了如此艰巨的任务。

　　我的思考还不深入、不成熟。撰写这样一部全方位、全景式、大跨度地审视一个地区发展进程的专著，对我来说，尚属初探。研究探索还需要深入，有些问题还需要突破。但一种历史的责任感使我觉得，尽管有些分析显得粗浅，也需要有勇气拿出来。拿出来就是提出问题，提出问题就会引起人们的关注，成为进一步分析研究乃至解决问题的起点。希望读者多提宝贵意见，使本书不断完善，为内蒙古科学发展、走进前列做出贡献。

　　是为记。

布和朝鲁

2009 年 8 月 10 日于呼和浩特

责任编辑:胡元梓

封面设计:曹　春

版式设计:东昌文化

图书在版编目(CIP)数据

奋力走进前列:内蒙古现象研究/布和朝鲁 著. -北京:人民出版社,
2009.12

ISBN 978－7－01－008593－7

Ⅰ. 奋…　Ⅱ. 布…　Ⅲ.①地区经济-经济发展-研究-内蒙古②社会
发展-研究-内蒙古　Ⅳ. F127.26

中国版本图书馆 CIP 数据核字(2009)第 235480 号

奋力走进前列:内蒙古现象研究

FENLI ZOUJIN QIANLIE NEIMENGGU XIANXIANG YANJIU

布和朝鲁　著

人民出版社 出版发行
(100706　北京朝阳门内大街 166 号)

北京集惠印刷有限责任公司印刷　新华书店经销

2009 年 12 月第 1 版　2009 年 12 月北京第 1 次印刷
开本:710 毫米×1000 毫米 1/16　印张:27.5
字数:330 千字　印数:0,001－3,000 册

ISBN 978－7－01－008593－7　定价:50.00 元

邮购地址 100706　北京朝阳门内大街 166 号
人民东方图书销售中心　电话 (010)65250042　65289539